注册会计师全国统一考试辅导教材

# 会计 CPA

## Accounting ｜ 应试指导

戚纯生◎编著

SPM 南方出版传媒、广东人民出版社

·广州·

图书在版编目（CIP）数据

会计应试指导 / 戚纯生编著. —广州：广东人民出版社，2019.5（2021.10重印）
ISBN 978-7-218-13524-3

Ⅰ.①会…　Ⅱ.①戚…　Ⅲ.①会计学—资格考试—自学参考资料
Ⅳ.①F230

中国版本图书馆CIP数据核字（2019）第072367号

Kuaiji Yingshi Zhidao

# 会 计 应 试 指 导

戚纯生　编著

出 版 人：肖风华

责任编辑：陈泽洪
封面设计：林国劲
内文设计：奔流文化
责任技编：吴彦斌

出版发行：广东人民出版社
地　　址：广州市海珠区新港西路204号2号楼（邮政编码：510300）
电　　话：（020）85716809（总编室）
传　　真：（020）85716872
网　　址：http://www.gdpph.com
印　　刷：广东鹏腾宇文化创新有限公司
开　　本：787毫米×1092毫米　1/16
印　　张：24　字　数：350千
版　　次：2019年5月第1版
印　　次：2021年10月第10次印刷
定　　价：58.00元
（随书附赠《会计重点难点随身记》）

如发现印装质量问题，影响阅读，请与出版社（020-32449134）联系调换。
售书热线：020-32449123

# 会计应试指导编委会

# 前 言

注册会计师考试（简称CPA）已进行数载，每年一次的CPA考试对于每一个考生来说都是一次洗礼，CPA在会计界被认为是证书的王冠，是会计专业能力的最强背书，相信有理想的您已经在为顺利通关而努力。据中国注册会计师协会公布，2021年，CPA专业阶段考试的报名人数已达169万，比2020年增加将近8万人。为帮助各位考生顺利通过考试，本书编委会根据《注册会计师全国统一考试大纲——专业阶段考试（概述）》的要求，针对性地推出了本套辅导系列丛书。

本套丛书附赠《重点难点随身记》等配套资料，是业内名师的心血之作，对于考点把握、知识梳理、重难点解答及命题规律总结，都有其独到见解之处。

本套丛书具备如下特点：1. 重点突出，讲解细致。每本书都是对考纲和教材内容的高度提炼，对于重难点的讲解尤为细致。2. 图表总结，简洁明了。对于许多需要记忆与容易混淆的考点，书中均使用图表的方式加以对比总结，让人一目了然。3. 导图引领，脉络清晰。书中每章内容都有思维导图，目的是让考生迅速把握本章脉络以及重要知识点。4. 题目存疑，官网答疑。考生可以将不懂的例题或习题发布至会计学堂官网https://www.acc5.com/的答疑区，或使用"会计考试GO"APP进行提问，将有专业的老师及时为大家解答。

本书编写与出版过程中，尽管编者精益求精，但书中难免出现错漏和不足之处，恳请广大读者批评指正。

辅导资料不在量而在精，做题也必须有个度，我们不提倡题海战术，而是更倾向于帮助考生系统掌握知识。我们希望这套"快速通关"辅导丛书能在您的CPA征程上助您拿到通关之钥。

付出终会得到回报。最后，预祝各位考生顺利通过今年的CPA考试！

本书编委会

# 复习指导

## 一、考试基本情况

| 考试时间 | 预计2022年8月—10月 |
|---|---|
| 考试形式 | 机考 |
| 题型及分值 | 单选题2分/题×12题＝24分 |
| | 多选题2分/题×10题＝20分 |
| | 计算分析题2题，共20分 |
| | 综合题2题，共36分 |

## 二、命题特点分析

（一）"新、热、重"必考

CPA会计科目的考试几乎每一章都会涉及到，非重点章节一般是考客观题，而新修订的"收入""金融工具""租赁""持有待售的非流动资产、资产组和终止经营""债务重组"，以及每年必考的传统重点章节"长期股权投资""企业合并""合并财务报表""股份支付""所得税"等知识点值得考生花费大量时间以熟练掌握并理解运用。

（二）判断分析，必不可少

近年来，CPA会计考试越来越注重于测试考生是否具有成为一名注册会计师的基本职业能力，是否具有一定的判断、分析能力，是否能利用所学知识从复杂的状况中梳理出正确的思路并解决好问题。因此，考生一定要注意活学活用，关于金融工具、收入、持有待售和终止经营这三个重大变化，本年主观题中将极可能涉及10分以上的简答题（比如判断及说明理由），在复习中应提前进行模拟练习，未进考场已准备好答案，岂不美哉！

## 三、教材变化情况及章节重要程度

| 章节 | 变化内容 | 重要程度 |
|---|---|---|
| 第一章　总论 | 内容无实质性变化 | ★ |
| 第二章　存货 | 内容无实质性变化 | ★★ |
| 第三章　固定资产 | 内容无实质性变化 | ★★ |

（续上表）

| 章节 | 变化内容 | 重要程度 |
|---|---|---|
| 第四章　无形资产 | 内容无实质性变化 | ★★ |
| 第五章　投资性房地产 | 内容无实质性变化 | ★★ |
| 第六章　长期股权投资与合营安排 | 新增"重大影响的判断"的分析、"认缴制下尚未出资的股权投资"的处理原则，风险投资机构、共同基金以及类似主体的会计处理原则，因被动稀释导致持股比例下降时，内含商誉的结转相关处理原则 | ★★★ |
| 第七章　资产减值 | 内容无实质性变化 | ★★★ |
| 第八章　负债 | 删除"预收账款"定义及简化处理；删除原教材中对于一般纳税人购进货物用于建造不动产增值税分次抵扣的处理；修改资源税的定义；删除长期应付款科目中对于"应付融资租入固定资产的租赁费"相关知识点表述 | ★ |
| 第九章　职工薪酬 | 内容无实质性变化 | ★★ |
| 第十章　股份支付 | 增加"一次授予、分期行权"知识点的解释及举例；增加集团股份支付中对于合并报表少数股东损益计算的说明、受到激励的高管在集团内调动导致接受服务的企业变更激励费用的确认原则、集团股份支付中对于结算主体的说明 | ★★★ |
| 第十一章　借款费用 | 内容无实质性变化 | ★★ |
| 第十二章　或有事项 | 内容无实质性变化 | ★★ |
| 第十三章　金融工具 | 内容有细微变化 | ★★★ |
| 第十四章　租赁 | 新增承租人发生的租赁资产改良支出不属于使用权资产，应当记入"长期待摊费用"科目的相关表述 | ★★★ |
| 第十五章　持有待售的非流动资产、处置组和终止经营 | 内容无实质性变化 | ★★ |
| 第十六章　所有者权益 | 内容无实质性变化 | ★ |
| 第十七章　收入、费用和利润 | 收入部分增加一些案例，费用部分重新列示"管理费用"的核算范围，利润部分增加了"信用减值损失"的定义 | ★★★ |
| 第十八章　政府补助 | 增加"企业能够收到政府补助"的判断条件及举例 | ★★ |
| 第十九章　所得税 | 新增对于附有业绩条件或服务条件的股权激励计划产生暂时性差异的处理 | ★★★ |
| 第二十章　非货币性资产交换 | 内容无实质性变化 | ★★ |
| 第二十一章　债务重组 | 内容无实质性变化 | ★★ |

（续上表）

| 章节 | 变化内容 | 重要程度 |
|---|---|---|
| 第二十二章 外币折算 | 内容无实质性变化 | ★★ |
| 第二十三章 财务报告 | 新增"相关业务活动产生的现金流量"分类的判断举例；新增构成关联方应在财务报表附注中进行相关披露的情形 | ★★★ |
| 第二十四章 会计政策、会计估计及其变更和差错更正 | 内容无实质性变化 | ★★ |
| 第二十五章 资产负债表日后事项 | 内容无实质性变化 | ★★ |
| 第二十六章 企业合并 | 增加"构成业务要素"、"构成业务的判断条件"、"集中测试度"相关知识点表述；增加同一控制下企业合并的定义两个核心要素的解释；完善非同一控制下企业合并中的或有对价的相关表述；新增反向构成业务与不构成业务的处理原则 | ★★★ |
| 第二十七章 合并财务报表 | 增加"集团内部商品购销交易抵销土地增值税和增值税的处理"的知识点表述；增加"在不丧失控制权下处置对子公司长期股权投资"知识点下确定子公司净资产份额时考虑商誉的处理原则 | ★★★ |
| 第二十八章 每股收益 | 内容无实质性变化 | ★★ |
| 第二十九章 公允价值计量 | 内容无实质性变化 | ★ |
| 第三十章 政府及民间非营利组织会计 | 增加"单位从同级财政取得政府债券资金"的处理原则；增加民间非营利组织设立取得的注册资金的处理原则；增加民间非营利组织接受外币计量的捐赠资产的处理原则、民间非营利组织接受非现金资产捐赠发生的属于其自身的相关税费的处理原则；删除"对于事业单位收回后不需上缴财政的应收账款应当计提坏账准备，对于其他应收款不计提坏账准备"的相关表述；删除"受托代理业务"、"捐赠活动"的区分关键点 | ★★ |

## 四、学习、复习及应试方法建议

（一）对于大多数考生来说，基本上都是零基础，谈不上复习，做好第一步——认真听课

会计是一门逻辑性很强的学科，拥有一个完整的知识体系。财务会计的本质是基于决策有用观，运用确认、初始计量、后续计量、列报手段，向财务报告使用者提供更加相关、有用的财务信息。只有注重对理论、原则、规则、方法的理解，才不会陷入"学了又忘，忘了再学"的尴尬。因此，在学习的过程中，应尝试在大脑中搭建一个知识框架，并据此整理好学习的思路，争取每一章的学习之后，都能自己在大脑中形成粗略的总结。

听课前尽量不要预习，尤其是重点和难点内容，因为你预习也没多大作用，反而浪费了时间。比如长期股权投资、所得税、收入、金融工具、合并财务报表这几项内容，预习基本上是多余的，必须听老师的讲解。

（二）看教材、看辅导书讲解、做辅导书习题，多管齐下

大多数考生喜欢听完一章内容后就急着做题，然后抱怨做不下去或错误不堪入目。其实，听完课后直接做题对大多数考生来说是不现实的，需要先把教材的章节内容再过一遍，然后再看辅导书的知识点解析。这样的话，理解上就会更加扎实一些，接着再通过做题，了解命题上的"套路"，掌握解题技巧。

（三）反复回顾，让记忆始终保持新鲜度

学习都是一个反复记忆与加强的过程，"温故而知新，可以为师矣"，也许并不需要很多的时间，比如学到第五章时，你抽出时间回顾前四章的内容，也许每一章只需要花15分钟的时间，走马观花地浏览教材、辅导书、讲义，可以对保持记忆起到很好的效果。"理解是记忆的基础，反复是记忆的窍门"。尤其对于会计的重难点章节（如长期股权投资、合并报表、收入等），大家需要反复地理解、温习。

（四）重点出击，好钢用在刀刃上

尽管CPA考试范围比较全面，但重难点章节是十分突出的。要"集中火力"把教材中的几个"硬骨头"啃下，如长期股权投资、金融工具、收入、所得税、合并财务报表、持有待售和终止经营这几项内容。

具体会计准则至2020年年末已发布了42项，考试命题上，除未写入教材的5个准则外，其他的一般都要进行命题，但同时由于上段中提到的重难点内容往往会占到35%以上的分值，那么，其他的一些"小准则"，每个准则只能"分摊"到2分左右的分值。在学习这些小准则时，应保持理性，每个准则掌握4～6个主要知识点即可得分，不宜过于细致。历年考试真题及辅导书习题已基本涵盖了这些"小准则"中的重要知识点。

（五）机考环境，趁早适应

机考是大势所趋，考生一定要提前适应。尤其对于年龄偏大的考生群体，机考有可能是一种劣势，因此，建议大家在考试之前务必尝试用模拟机考系统做题，找一找考场上的感觉，尤其是主观题，往往题干较长，更需要掌握阅读技巧。如果因为操作不当导致考试不通过，就追悔莫及了。

（六）节约时间，不看题答题

CPA考试的最大特点就是题量大，也许99%的考生在规定时间内都不能把题做完。节约时间的技巧是：不看题答题。但这只是一个比方，答客观题时，看题干中的前10个字及后10个字，一般就基本上知道该题的考核点是什么了（如果你完整地做完了一本辅导书的习题的话），然后根据选项从题干中找需要的数据及其他条件。答主观题时，这个技巧会让你节约更多的时间，近几年的主观题命题中，要求与题干中所给的资料顺序往往是相同的，可以边解答边看所给资料。反之，一道超过500字的主观题，即使让你通读一遍，也是白白地浪费时间，最佳境界是"题答完了，还不知道是什么题"。

（七）针对偏题怪题，放平心态、理性面对

考试毕竟是考试，过了60分就是成功。会计考试中难免会遇到一些复习过程中忽视掉的内容，这时，大家不要有心理负担，我们可以尝试从会计处理的原理、原则角度出发，进行解题。每一道题都可以归为一种业务，思考一下这种业务的本质是什么，问题有可能就迎刃而解了。实在不行的话，放弃几分又如何？你的时间可以用在其他地方取分。

祝愿各位考生顺利通过今年的CPA会计考试！

# 目　录

# 第一章 总论

## 本章思维导图

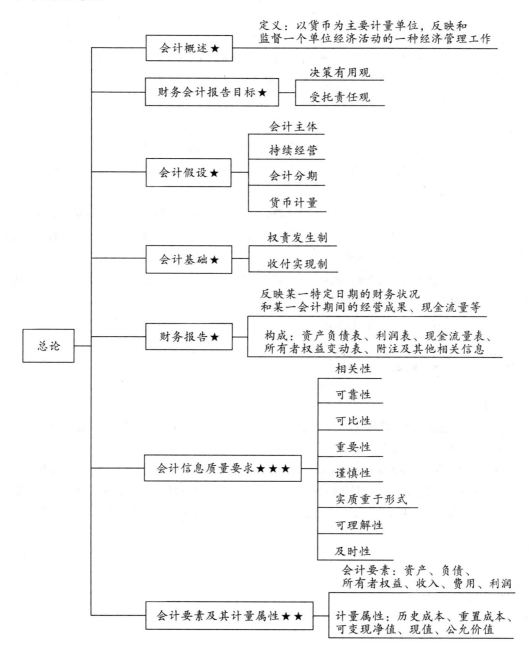

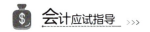 

## 本章考情分析

本章考试分值为2分左右，主要考核会计信息质量要求、会计假设、会计要素及其计量属性等知识点。

## 本章知识点精讲

### 知识点1　财务会计报告目标——决策有用观

微信扫一扫
习题免费练

尽管教材的观点认为"决策有用观"和"受托责任观"并不矛盾、可以并存，但建议考生们在进行本科目的学习时要有侧重的观点——决策有用观。也只有在决策有用观下，才有资产负债观；也只有在资产负债观下，才有许多与旧准则不同的会计核算。根据投资者决策有用的观点，财务报告所提供的信息：

一、应当如实反映企业所拥有或者控制的经济资源、对经济资源的要求权，以及经济资源及其要求权的变化情况；

二、如实反映企业的各项收入、费用、利得和损失的金额及其变动情况；

三、如实反映企业各项经营活动、投资活动和筹资活动等所形成的现金流入和现金流出的情况等。

这些信息有助于现在的或者潜在的投资者正确、合理地评价企业的资产质量、偿债能力、盈利能力和营运效率等，有助于投资者根据相关会计信息作出理性的投资决策，帮助投资者评估与投资有关的未来现金流量的金额、时间和不确定性等。

由于投资者是企业资本的主要提供者，如果财务报告能够满足这一群体的会计信息需求，一般认为也就可以满足其他使用者的大部分信息需求。

以财务会计报告目标为主线，以确认、计量、报告为脉络，对学习及应试大有帮助。

### 知识点2　会计假设

#### 一、会计主体

会计主体，是指企业会计确认、计量和报告的空间范围。只有影响企业本身经济利益的交易或事项才能加以确认、计量、报告。

会计主体不同于法律主体。一般来说，法律主体一定是会计主体，但会计主体不一定是法律主体。比如集团合并报表的编制人是集团公司，但集团公司并不是所有子公司的法律主体；而企业管理的证券投资基金、企业年度基金，尽管不属于法律主体，但属于会计主体，应进行确认、计量、报告。

权益性交易是指所有者以其所有者身份进行的、导致企业所有者权益变动的交易，还包括不同所有者之间的交易，是与"损益性交易"相对的概念。

综合收益是指企业在某一期间除与所有者以其所有者身份进行的交易之外的其他交易或事项所引起的所有者权益变动，包括净利润和其他综合收益。

股东的出资就是典型的权益性交易，所有者以其所有者身份进行的、导致企业所有者权益变动的交易。另外，股利分配、接受股东代为偿债、债务豁免或捐赠、同一控制下企业合并，也是权益性交易。这些交易不影响会计主体的当期损益。需要进一步思考的是，若母公司购买或处置了子公司少数股权但未导致控制权变动，在合并报表层面也应视同权益性交易，差额直接计入所有者权益（资本公积）。

## 二、持续经营

持续经营，是指在可以预见的将来，企业将会按当前的规模和状态继续经营下去，不会停业，也不会大规模削减业务，持续经营是会计分期的前提。

如果一个企业不能持续经营时还仍然按照持续经营进行会计处理（确认、计量、报告），就不能客观地反映企业的财务状况、经营成果和现金流量，会误导会计信息使用者的经济决策。如果计划将非流动资产出售，其账面价值的收回方式将由"使用"改为"出售"，现金流入的时间、金额和性质均将发生改变。因此，有必要将该非流动资产进行重分类（即分类为持有待售），以有助于报表使用者判断企业未来现金流量的时间、金额和不确定性。

比如：2019年甲公司拟处置其子公司乙公司，且符合准则规定的持有待售定义，若2019年甲公司在该子公司净利润中享有的份额为888万元，这888万元归属于母公司股东的净利润在接下来的2020年将不再享有。那么，为了提高财务信息的相关性和可比性质量，就有必要在2019年资产负债表中将长期股权投资进行重分类，在利润表净利润项目下分设持续经营净利润和终止经营净利润。

再如：甲公司某生产线2019年6月已停用，且满足划分为持有待售非流动资产的条件，那么在2019年资产负债表中应将其重分类为持有待售资产。

## 三、会计分期

会计分期，是指假设可以将一个企业持续经营的生产经营活动期间人为地划分为一个个连续的、间隔相同的期间。它是持续经营假设的延续，也是及时性会计信息质量的要求。也正是由于会计分期才有了符合可比性信息质量要求的"同一企业对于不同时期发生的相同或者相似的交易或者事项，应当采用一致的会计政策，不得随意变更"的原则。

## 四、货币计量

货币计量，是指会计主体在财务会计确认、计量和报告时以货币计量，反映会计主体的经营活动。

## 知识点3 会计信息质量要求

会计信息质量要求是对企业财务报告中所提供的会计信息质量的基本要求，是使财务报告中所提供的会计信息对投资者等使用者决策有用应具备的基本特征。

一、相关性要求企业提供的会计信息应当与财务报告使用者的经济决策需要相关，有助于财务报告使用者对企业过去、现在或者未来的情况作出评价或者预测，使财务信息既有反馈价值，又有预测价值。

二、可靠性要求企业应当以实际发生的交易或者事项为依据进行确认、计量和报告，如实反映财务信息，保证财务信息真实可靠、内容完整。

三、可比性要求企业提供的会计信息应当具有可比性。同一企业对于不同时期发生的相同或者相似的交易或者事项，应当采用一致的会计政策，不得随意变更。若需变更，应进行追溯调整。

不同企业发生的相同或者相似的交易或者事项，应当采用相同或者相似的会计政策，确保会计信息口径一致、相互可比。

四、重要性要求企业提供的会计信息应当反映与企业财务状况、经营成果和现金流量有关的所有重要交易或者事项。应当从金额和性质两方面对重要性进行判断。

五、谨慎性要求企业对交易或者事项进行会计确认、计量和报告时应当保持应有的谨慎，不应高估资产或者收益、低估负债或者费用。计提各项资产减值准备、预计负债（对长期股权投资中或有对价的确认、债务重组中或有负债的确认），都是谨慎性的主要运用。

六、实质重于形式要求企业应当按照交易或者事项的经济实质进行会计确认、计量和报告，不应仅以交易或者事项的法律形式为依据。如果企业仅仅以交易或者事项的法律形式为依据进行会计确认、计量和报告，那么就容易导致会计信息失真，无法如实反映经济现实和实际情况。

实质重于形式在会计核算中的主要表现有：

（一）将企业未持有权益但能够控制的结构化主体纳入合并范围；

（二）将附有追索权的商业承兑汇票出售确认为质押贷款等；

（三）发行的附有强制付息义务的优先股确认为负债。

七、可理解性要求企业提供的会计信息应该清晰明了，便于投资者等财务报告使用者理解和使用。

八、及时性要求企业对于已经发生的交易或者事项，应该及时进行确认、计量和报告，不得提前或者延后。及时性可能会对相关性与可靠性产生制约作用。

## 知识点4 对会计要素的理解

### 一、资产

资产，是指企业过去的交易或者事项形成的、由企业拥有或者控制的、预期会给企业带来经济利益的资源，如原材料、固定资产、无形资产等。若企业转移了资产控制权，应确认与之相关的资产转移收益。

资产的确认，需要符合资产的定义，并同时满足：（一）与该资源相关的经济利益很可能流入企业；（二）该资源的成本或者价值能够可靠地计量。

资产的存续期需要通过摊销、折旧、计提减值准备等后续计量，以真实反映资产未来能给企业带来的经济利益的金额。目前采用公允价值进行后续计量的资产包括投资性房地产、以公允价值计量且其变动计入当期损益的金融资产、以公允价值计量且其变动计入其他综合收益的金融资产。在资产负债表上，资产分类为流动资产和非流动资产两大类。

金融工具是指形成一个企业的金融资产，并形成其他方的金融负债或权益工具的合同，如借款单、欠条、股票、债券、股东缴款单等。金融资产主要包括库存现金、银行存款、贷款和应收账款、应收票据、其他应收款项、股权投资、债权投资和衍生金融工具形成的资产等。

企业既没有转移也没有保留金融资产所有权上几乎所有的风险和报酬，若放弃了对资产的控制，应终止确认该资产；若未放弃对该资产的控制，应按继续涉入程度确认有关金融资产。

## 二、负债

负债，是指企业过去的交易或者事项形成的、预期会导致经济利益流出企业的现时义务，如应付账款、长期借款、应付职工薪酬等。负债的确认，需要符合负债的定义，并同时满足：（一）与该义务相关的经济利益很可能流出企业；（二）未来流出的经济利益的金额能可靠计量。潜在义务不能确认为负债。

## 三、所有者权益

所有者权益，是指企业资产扣除负债后，由所有者享有的剩余权益。公司的所有者权益又称为股东权益，是所有者对企业资产的剩余索取权。

所有者权益按其来源主要包括所有者投入的资本、直接计入所有者权益的利得和损失（其他综合收益）、留存收益等。

所有者投入的资本，是指所有者投入企业的资本部分，它既包括构成企业注册资本或者股本部分的金额，也包括投入资本超过注册资本或者股本部分的金额，即资本溢价或者股本溢价。

直接计入所有者权益的利得和损失，是指不应计入当期损益、会导致所有者权益发生增减变动的、与所有者投入资本或者向所有者分配利润无关的利得或者损失。其中，利得是指由企业非日常活动所形成的、会导致所有者权益增加的、与所有者投入资本无关的经济利益的净流入。损失是指由企业非日常活动所发生的、会导致所有者权益减少的、与向所有者分配利润无关的经济利益的净流出。

留存收益是企业历年实现的净利润留存于企业的部分，主要包括累计计提的法定盈余公积、任意盈余公积和未分配利润。

同为利得和损失，尤其可能都是未实现的，哪些应直接计入当期损益，而哪些应计入所有者权益，准则没有分类和定义标准，只采用列举方式，指出了有哪些应直接计入所有者权益的利得和损失。直接计入所有者权益的利得或损失主要包括：（1）以公允价值计量且其变动计入其他综合收益的金融资产公允价值变动额及其所得税影响额；（2）采用权益法核算的长期股权投资，被投资单位除净损益以外所有者权益的其他变动；（3）存货或自用房地产转为投资性房地产，公允价值大于账面价值的差额部分，及其所得税影响；（4）以权益结算的股份支付而形成的费用；（5）现金流量套期和境外经营净投资套期产生的利得或损失，属于有效套期的部分。

其他综合收益是指企业根据企业会计准则规定未在损益中确认的各项利得和损失扣除所得税影响后的净额。

在损益中确认的利得包括与企业日常活动无关的政府补助、盘盈（现金）利得、捐赠利得等。

## 四、收入

收入，是指企业在日常活动中形成的、会导致所有者权益增加的、与所有者投入资本无关的经济利益的总流入。

可以看出，营业外收入、股东投资、其他权益工具、投资收益及公允价值变动损益、其他综合收益都不符合收入的定义。

新收入准则第四条规定，企业应当在履行了合同中的履约义务，即在客户取得相关商品控制权时确认收入。取得相关商品控制权，是指能够主导该商品的使用并从中获得几乎全部的经济利益。企业确认收入的方式应当反映向客户转让商品或服务的模式，确认的金额应反映企业预计因交付这些商品或服务而有权获得的对价。收入的计量以交易价格分摊为基础。

## 五、费用

费用，是指企业在日常活动中发生的、会导致所有者权益减少的、与向所有者分配利润无关的经济利益的总流出。费用的确认至少应当符合以下条件：（一）与费用相关的经济利益应当很可能流出企业；（二）经济利益流出企业的结果会导致资产的减少或负债的增加；（三）经济利益的流出额能可靠计量。

## 六、利润

利润，是指企业在一定会计期间的经营成果，包括收入减去费用后的净额、直接计入当期利润的利得和损失等。在利润表上，利润的表现形式有：营业利润、利润总额、净利润、综合收益。

资产减值损失、公允价值变动损益、投资收益、其他业务收支、其他收益的增减变动，均会影响营业利润。

利得，是指由企业非日常活动所形成的、会导致所有者权益增加的、与所有者投入资本无关的经济利益的净流入。

损失，是指由企业非日常活动所形成的、会导致所有者权益减少的、与所有者分配无关的经济利益的净流出。

## 知识点5 会计要素计量属性

会计计量是将符合确认条件的会计要素登记入账并列报于财务报表而确定其金额的过程。计量属性包括历史成本、重置成本、可变现净值、现值、公允价值。

### 一、历史成本

在历史成本计量下，资产按照购置时支付的现金或者现金等价物的金额，或者按照购置资产时所付出的对价的公允价值计量。现行准则中，大多资产采用历史成本进行计量，如存货、固定资产、长期股权投资等。在历史成本法下，涉及折旧、摊销、减值等后续计量。

### 二、重置成本

在重置成本计量下，资产按照现在购买相同或者相似资产所需支付的现金或者现金等价物的金额计量。在实务中很少涉及，盘盈的固定资产，应按重置成本进行计量。

### 三、可变现净值

在可变现净值计量下，资产按照其正常对外销售所能收到现金或者现金等价物的金额扣减该资产至完工时估计将要发生的成本、估计的销售费用以及相关税费后的金额计量。该运用主要体现在存货的期末计量，若存货可变现净值低于账面成本，应按可变现净值进行列报。

### 四、现值

在现值计量下，资产按照预计从其持续使用和最终处置中所产生的未来净现金流入量的折现金额计量。对于固定资产、无形资产等非流动资产，期末测算其可收回金额，应按预计从其持续使用和最终处置中所产生的未来净现金流入量的现值及销售净额两者中的较大者作为可收回金额。

### 五、公允价值

公允价值，是指市场参与者在计量日发生的有序交易中，出售一项资产所能收到或者转移一项负债所支付的价格。我国会计准则大量引入了公允价值计量属性，但是由于其天生的不可靠性，我国引入公允价值是适度、谨慎和有条件的。在初始计量环节，可以认为公允价值就是计量基础（实际成本往往均是公允的，不公允的需调整为公允价值）；在后续计量环节，采用公允价值计量的资产主要包括投资性房地产、以公允价值计量且其变动计入当期损益的金融资产、以公允价值计量且其变动计入其他综合收益的金融资产。会计计量包括初始计量和后续计量。初始计量是指对某一项目（如固定资产）入账时入账金额的确定，在初始计量时，为取得一项资产发生的相关的、必要的支出原则上都应计入资产的成本。后续计量是指在经过初始计量后，因该项目价值的变动而进行的重新计量，如折旧、摊销、减值、公允价值变动等。

# 第二章　存货

## 本章思维导图

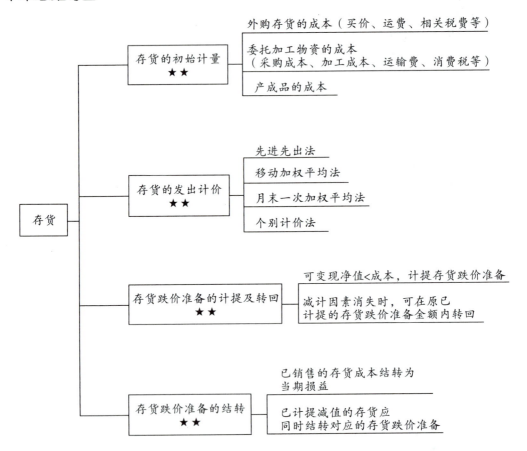

## 本章考情分析

　　本章考试分值在2分左右，主要考核外购、自制存货的入账成本、存货可变现净值计算、存货跌价准备的计提及结转和转回。

## 本章知识点精讲

微信扫一扫
习题免费练

### 知识点 1　外购存货的成本

外购存货的成本是指企业物资从采购到入库前所发生的全部支出，包括购买价款、运费、装卸费、保险费、入库前挑选整理费用、入库前仓储费、运输中的合理损耗、收购未税矿产品代扣代缴的资源税、进口关税、其他相关税费等。

企业采购用于广告营销活动的特定商品，取得相关商品时计入当期损益（销售费用），不作为存货进行核算。

企业采购的低值易耗品、包装物、劳保用品等，属于存货，在"周转材料"科目中进行核算。符合固定资产定义的，应当作为固定资产处理。商品流通企业采购商品的进货费用金额较小的，可以在发生时直接计入当期损益（销售费用）。

### 知识点 2　委托加工物资的成本

制造业企业有时可能会将采购的原材料委托外单位进行初加工，收回后再进行产品生产。加工费自然也就连同初始的原材料成本计入收回后的原材料（原材料将有新的明细科目）的成本。可以抵扣的加工费增值税进项税额不计入委托加工物资的成本。加工完成的物资，有可能是属于应纳消费税的，由于一般情况下消费税的征收是在生产环节，那么加工方（受托方）代扣代缴的消费税是否构成成本呢？这取决于收回后的物资用于继续生产所产出的产品是否为应税（指消费税）消费品。若属于，由于须交纳消费税，基于不重复征税原则，就可以抵扣原委托加工环节受托方代扣代缴的消费税（原理类似于增值税的进项税的抵扣），受托方代扣代缴的消费税就不会形成存货的成本。若收回后以不高于受托方计税价格直接对外出售或生产的是非应税消费品，那么企业在不承担消费税缴纳义务的情况下，自然也不存在抵扣的问题了，此时，受托方代扣代缴的消费税计入存货成本。

### 知识点 3　产成品的成本

产成品的成本包括直接材料、直接人工、制造费用，为了管理的需要，还可以增设废品损失、燃料及动力、辅助材料等。

制造费用是指企业生产单位为生产产品或提供劳务而发生的，应计入产品或劳务成本但没有专设成本项目的各项生产费用，包括车间管理人员的工资、折旧费、生产用无形资产摊销费、劳动保护费（注意：劳动保险费计入管理费用）、季节性生产和修理期间的停工损失等。制造费用属于集合分配类账户，期末采用一定的方法在各成本计算对象间进行分配，计入各成本计算对象的成本中。

季节性生产的企业，停工期间的直接人工、生产用固定资产折旧费用称为停工损失，也形成产成品的成本。

下列费用在发生时确认为当期损益，不计入存货成本：存货在采购入库后领用前所发生的仓储费用，应计入当期损益（管理费用）；非正常消耗的料工费；不能归属于使存货达到目前场所和状态的其他支出；企业采购用于广告营销活动的特定商品，向客户预付货款未取得商品时，应作为预付账款进行处理，待取得相关商品时计入当期损益（销售费用）。

废品损失往往在所难免，定额内的废品损失也计入产成品成本。

## 知识点4 存货发出的计价

存货的后续计量包括存货发出的计价以及存货减值准备的计提。不管是外部采购的原材料，还是自己生产的产成品，其不同时间的成本都有可能是不相同的，即可能存在多个"价"的问题，那么，在发出存货时（如产品的销售、材料的领用），应按什么"价格"结转成本至"主营业务成本""生产成本"中呢？

存货发出的计价方法有先进先出法、加权平均法、个别计价法等。实务中，存货的物流可能是"先进先出"，也可能是"后进先出"，会计上并不强调"价值流"同"物流"的一致。只是根据可比性信息质量要求，发出存货的计价方法一经确认，不得随意变更。

现在取消了后进先出法，但这是为什么呢？这是因为在物价变动的情况下，后进先出法计价使资产负债表的"存货"项目反映的金额"失真"，违背了资产负债观。

不同的发出计价方法下的成本是不同的，故不可以随意变更，这是可比性信息质量的要求。财务会计的本质就是对外提供高质量的财务信息，而可比性是一个重要的财务信息质量要求。若出于信息质量的优化，需要改变发出计价方法的，由于是会计计量基础的变化，属于会计政策变更，应进行追溯调整，以满足财务信息的可比性。

【例1-计算分析题】甲公司是一家女性品牌服装批发企业，主营"纯生"品牌女式外套的销售，销售单价为456.78元（含税），成本结转采用进价法，2018年3月份有关收、发、存的情况如下：

1. 3月1日结存3 000件，单位成本为200元；

2. 3月8日购入2 000件，单位成本为220元；

3. 3月10日销售4 000件；

4. 3月20日购入3 000件，单位成本为230元；

5. 3月28日销售2 000件；

6. 3月31日购入2 000件，单位成本为250元。

要求：

1. 采用先进先出法计算3月份发出存货的成本和3月31日结存存货的成本。

2. 采用月末一次加权平均法计算3月份发出存货的成本和3月31日结存存货的成本。

3. 采用移动加权平均法计算3月份发出存货的成本和3月31日结存存货的成本。

4. 计算采用先进先出法下的营业利润与采用月末一次加权平均法的营业利润的差异。

【答案】

1. 本月可供发出存货成本

＝3 000×200＋2 000×220＋3 000×230＋2 000×250＝2 230 000（元）

先进先出法下，是假设先进来的会先被销售（或领用）出去，则本月销售成本

＝（3 000×200＋1 000×220）＋（1 000×220＋1 000×230）

＝1 270 000（元）

本月月末结存存货成本＝2 230 000－1 270 000＝960 000（元）

2. 加权平均单位成本＝2 230 000÷（3 000＋2 000＋3 000＋2 000）＝223（元/件）

月末一次加权平均法下，平时不计算结转发出存货的成本，只登记存货发出的数量，而等到月末一次计算本月发出存货成本，这是在计算机未普及的环境下的产物，可以节约计算工作量。

本月发出存货成本＝（4 000＋2 000）×223＝1 338 000（元）

本月月末结存存货成本＝2 230 000－1 338 000＝892 000（元）

3. 3月8日购货后移动加权平均单位成本

＝（3 000×200＋2 000×220）÷（3 000＋2 000）＝208（元/件）

3月10日发出存货的成本＝4 000×208＝832 000（元）

3月20日购货后移动加权平均单位成本

＝（1 000×208＋3 000×230）÷（1 000＋3 000）＝224.5（元/件）

3月28日发出存货的成本＝2 000×224.5＝449 000（元）

本月发出存货成本合计＝832 000＋449 000＝1 281 000（元）

本月月末结存存货成本＝2 230 000－1 281 000＝949 000（元）

4. 由于先进先出法下的销售成本为1 270 000元，采用月末一次加权平均法的销售成本为1 338 000元，故与采用月末一次加权平均法相比，采用先进先出法的营业利润会增加68 000元。其原因是3月份的服装采购单价不断上涨。反之，先进先出法下期末存货成本为960 000元，比月末一次加权平均法下多出68 000元。需要强调的是，不管物价趋势向哪个方向变动，采用先进先出法进行存货发出计价，资产负债表上的存货都更能反映当前（资产负债表日）信息。

## 知识点5　存货跌价准备的计提

一、资产，是指企业过去的交易或者事项形成的、由企业拥有或者控制的、预期会给企业带来经济利益的资源。

若因为市场环境、技术环境或企业内部因素等，资产的可变现净值或可收回金额低于账面成本，意味着该资产也将不再给企业带来如账面成本（价值）的经济利益流入，这便是资产的减值。那么，在资产负债表上，也不可再以计提减值前的账面价值金额进行列报。

对于存货，由于其最终都是对外出售（原材料存货是加工后出售），故存货的减值与否，可通过测算其可变现净值是否低于成本进行判断。此项工作耗时耗力，准则规定只有在存在减值迹象时才需要进行减值测试，若存货发生减值应计提存货跌价准备，对应科目为"资产减值损失"，资产负债表上的存货账面价值也就是存货的可变现净值了。

二、存货的可变现净值，是指在日常活动中，存货的估计售价减去至完工时估计将要发生的成本、估计的销售费用以及相关税费后的金额。

【案例】甲公司2018年年末乙产品库存20 000件，成本为每件530元。目前市场价格为每件510元，且销售时还将发生运输费用每件10元。

【分析】根据以上资料可知，乙产品的单位可变现净值为510－10＝500（元），每件减值30元。应计提存货跌价准备60万元。

会计分录为：

借：资产减值损失　　　　　　　　　　　　　　　　　　　　　　　　　　600 000

　　贷：存货跌价准备　　　　　　　　　　　　　　　　　　　　　　　　　　　600 000

三、若是原材料存货，多余的废旧材料处理原则与产成品存货相同；若是将用于生产产品的原材料，则需考虑产成品的市场价格和销售税费，同时还需考虑把原材料加工成产品所要发生的直接人工、制造费用等成本。

【例2-计算题】甲公司2018年年末乙原材料库存3万件，成本为每件450元。每两件乙原材料可加工为一盒丙产品，加工过程中需发生的直接人工和制造费用为每盒120元，产品销售过程中估计将发生运输费用为每盒20元。2018年12月31日，乙原材料的市场价格为每件445.67元，丙产品的市场价格为每盒930元。乙原材料以前期间未发生减值损失，则甲公司2018年年末对乙原材料应计提的存货跌价准备是多少元？

【答案】每两件乙原材料可变现净值＝930－120－20＝790（元）

每两件乙原材料减值额＝450×2－790＝110（元）

每件乙原材料减值额＝110÷2＝55（元）

乙原材料应计提的存货跌价准备＝3×55＝165（万元）

借：资产减值损失    165

 贷：存货跌价准备    165

四、若企业的库存产成品存货的全部数量均与客户签订了不可撤销的销售合同，那么合同销售价格是决定存货可变现净值的因素，而不应考虑市场价格。

【例3-计算题】2018年11月26日，B公司与M公司签订销售合同，由B公司于2019年1月6日向M公司销售笔记本电脑100台，销售价格为每台4 999元。2018年12月31日B公司库存笔记本电脑为98台，单位成本为每台4 979元（预计未来1个季度内都将保持该生产成本不变），市场销售价格为每台5 234元，预计销售税费均为每台60元。2018年12月31日笔记本电脑应计提的存货跌价准备金额为多少万元？

【答案】因笔记本电脑合同数量为100台，实际库存98台，且合同为不可撤销合同，故测算存货的可变现净值时应以合同价格为标准，不需考虑市场价格。

单位笔记本电脑可变现净值＝4 999－60＝4 939（元）

单位笔记本电脑减值额＝4 979－4 939＝40（元）

笔记本电脑应计提减值准备＝98×40＝3 920（元）

借：资产减值损失    3 920

 贷：存货跌价准备    3 920

但事情还没结束。未满足销售需求的2台电脑也将发生亏损，就此2台来说，该合同构成亏损合同。但由于存货并不存在，也自然不存在计提存货跌价准备，而是通过预计负债反映该预期损失，借方对应科目为"营业外支出"。

借：营业外支出    80

 贷：预计负债    80

若笔记本电脑库存数量为120台呢？则测算可变现净值时，超出合同数量的20台应以市场价格

5 234元/台为基础，很明显这20台没有发生减值，5 234－60＝5 174元大于单位成本4 979元。

《企业会计准则第1号——存货》第十八条要求，企业通常应当按照单个存货项目计提存货跌价准备；第十七条要求，企业持有的存货数量多于销售合同订购数量的，超出部分的存货的可变现净值应当以一般销售价格为基础计算。也就是说视同两类存货，不可进行合并。

合同数量100台笔记本电脑应计提减值准备＝100×（4 979－4 939）＝4 000（元）

借：资产减值损失 4 000

　　贷：存货跌价准备 4 000

表2-1　存货可变现净值测算的比较

| 原材料 | 用于出售 | 该原材料的可变现净值＝该原材料估计售价－估计的销售费用和相关税费 |
|---|---|---|
| | 用于生产 | 该原材料的可变现净值＝用该原材料加工成的产成品估计售价－至完工时将要发生的成本－估计的销售费用和相关税费 |
| 产成品 | 无销售合同 | 该产成品的可变现净值＝该产成品的预计市场售价－估计发生的销售费用和相关税费 |
| | 合同数量等于库存数量 | 该产成品的可变现净值＝该产成品的合同售价－估计发生的销售费用和相关税费 |
| | 合同数量小于库存数量 | 1. 合同内部分：可变现净值＝合同售价－估计的销售费用和相关税费<br>2. 合同外部分：可变现净值＝估计的市场售价－估计的销售费用和相关税费 |
| | 有合同无库存或大于库存 | 合同数量大于实际库存数量的存货，其可变现净值低于成本的部分，按亏损合同进行会计处理。 |

# 知识点6　存货跌价准备的转回、结转

一、以前减记存货价值的影响因素已经消失的，减记的金额应当予以恢复，并在原已计提的存货跌价准备金额内转回。

【例4-分析题】2019年年末，甲公司A商品账面成本为500万元，可变现净值为460万元，甲公司对A商品计提了40万元存货跌价准备。至2020年年末，A商品仍未对外出售，导致以前存货出现减值的影响因素已经消失，年末可变现净值为567.89万元。

借：存货跌价准备 40

　　贷：资产减值损失 40

二、已计提了存货跌价准备的存货对外出售时，应结转已计提的存货跌价准备，抵减当期主营业务成本或其他业务成本等（而不是冲减资产减值损失），企业按存货类别计提存货跌价准备的，也应按比例结转相应的存货跌价准备。

存货用于具有商业实质的非货币性资产交换的，按收入准则进行会计处理。

# 第三章　固定资产

## 本章思维导图

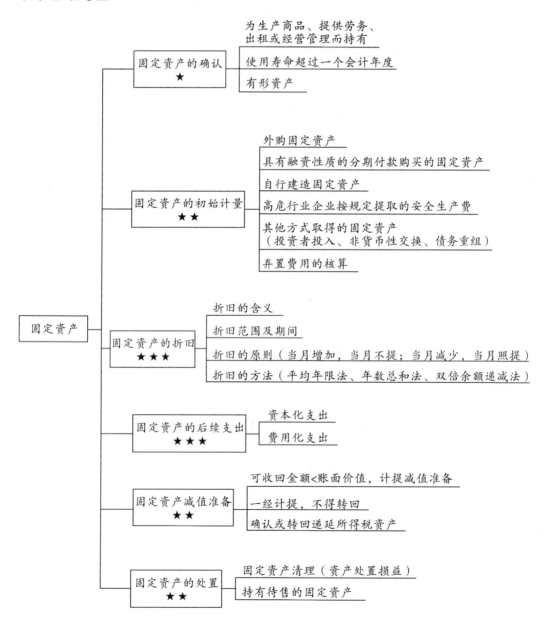

固定资产
- 固定资产的确认 ★
  - 为生产商品、提供劳务、出租或经营管理而持有
  - 使用寿命超过一个会计年度
  - 有形资产
- 固定资产的初始计量 ★★
  - 外购固定资产
  - 具有融资性质的分期付款购买的固定资产
  - 自行建造固定资产
  - 高危行业企业按规定提取的安全生产费
  - 其他方式取得的固定资产（投资者投入、非货币性交换、债务重组）
  - 弃置费用的核算
- 固定资产的折旧 ★★★
  - 折旧的含义
  - 折旧范围及期间
  - 折旧的原则（当月增加，当月不提；当月减少，当月照提）
  - 折旧的方法（平均年限法、年数总和法、双倍余额递减法）
- 固定资产的后续支出 ★★★
  - 资本化支出
  - 费用化支出
- 固定资产减值准备 ★★
  - 可收回金额<账面价值，计提减值准备
  - 一经计提，不得转回
  - 确认或转回递延所得税资产
- 固定资产的处置 ★★
  - 固定资产清理（资产处置损益）
  - 持有待售的固定资产

## 本章考情分析

本章考试的题型以客观题为主，主要考查固定资产的增加、减少和折旧的计算、处置的账务处理，主观题中可以将本章内容与其他章节相结合进行考查，主要是与非货币性资产交换、债务重组、会计估计变更以及合并财务报表中关于固定资产项目的调整抵销等相结合，分值为2～4分。

## 本章知识点精讲

### 知识点1 固定资产的确认

微信扫一扫
习题免费练

固定资产是指为生产商品、提供劳务、出租或经营管理而持有的使用寿命超过一个会计年度的有形资产。

企业外购房屋建筑物所支付的价款应当按照合理的方法在地上建筑物与土地使用权之间进行分配；难以合理分配的，应当全部作为固定资产处理。

对于已达到预定可使用状态但尚未办理竣工决算的固定资产，需要根据工程预算、工程造价或者工程实际发生的成本等资料，按估计价值确定固定资产的成本，并计提折旧。待办理竣工决算后，再按实际成本调整原来的暂估价值，并采用未来适用法重新计算在以后期间应提的折旧。

企业为建造固定资产通过出让方式取得土地使用权而支付的土地出让金，不计入在建工程成本，应确认为无形资产。

修理用备件，在原材料中核算；劳动保护用品、经营过程中周转使用的容器、建筑承包商的钢模板、脚手架等，在周转材料中核算。

### 知识点2 外购固定资产的成本

固定资产的成本，是指企业购建某项固定资产达到预定可使用状态前所发生的一切合理、必要的支出。这些支出包括直接发生的价款、运杂费、包装费、安装成本和专业人员服务费等，也包括间接发生的，如应承担的借款利息、外币借款折算差额以及应分摊的其他间接费用。

需要安装的固定资产，安装时耗用材料允许抵扣的增值税进项税、不需计入固定资产成本（专门用于职工福利的固定资产、小规模纳税人购买的固定资产除外）。

以一笔款项购入多项没有单独标价的固定资产，应当按照各项固定资产的公允价值比例对总成本进行分配，分别确定各项固定资产的成本。该知识点在新的收入准则中也会有体现。

【案例1】A公司2021年8月1日购入精修办公楼一套，价款2 000万元，增值税180万元，并支付契税40万元。当日投入使用，支付全部款项并取得增值税发票。该办公楼使用年限为50年，预计净残值为200万元。

借：固定资产　　　　　　　　　　　　　　　　　　　　　　　　　　　　2 040
　　应交税费——应交增值税（进项税额）　　　　　　　　　　　　　　　　180
　　贷：银行存款　　　　　　　　　　　　　　　　　　　　　　　　　　　　2 220

## 知识点3 购买固定资产分期付款且具有融资性质的

购买固定资产的价款超过正常信用条件延期支付，实质上具有融资性质的，固定资产的成本以购买价款的现值为基础确定。实际支付的价款与购买价款的现值之间的差额，应当在信用期间内采用实际利率法进行摊销，摊销金额除满足借款费用资本化条件的应当计入固定资产成本外，均应当在信用期间内确认为财务费用、计入当期损益。

**【教材例3-2改】**2020年1月1日，甲公司与乙公司签订一项购货合同，甲公司从乙公司购入一台需要安装的特大型设备。合同约定，甲公司采用分期付款方式支付价款。该设备市场销售价为417万元（增值税额为54.21万元），增值税一次性支付，价款首付100万元，在2020年至2023年的4年内每年年末支付100万元。该项交易合同利率相当于10%。

2020年1月1日，设备如期运抵甲公司并开始安装，已用银行存款付讫。2020年12月31日，设备达到预定可使用状态，发生安装费14 690元（其中增值税1 690元），已用银行存款付讫。

1. 购买价款的现值为：1 000 000×[1+（P/A，10%，4）]＝1 000 000×4.17＝4 170 000（元）

借：在建工程 4 170 000

应交税费——应交增值税（进项税额） 542 100

未确认融资费用 830 000

贷：长期应付款 4 000 000

银行存款 1 542 100

2. 2020年12月31日：

对于第一年即2020年，年初融资额为317万元，实际利率为10%，那么实际的融资费用自然就是31.7万元。由于设备正在安装中，故利息费用应资本化，计入在建工程而不是计入财务费用。

借：长期应付款 1 000 000

贷：银行存款 1 000 000

借：在建工程 317 000

贷：未确认融资费用 317 000

借：在建工程 13 000

应交税费——应交增值税（进项税额） 1 690

贷：银行存款 14 690

借：固定资产 4 500 000

贷：在建工程 4 500 000

3. 2021年12月31日：

由于第一年年初融资额为317万元，在第一年年末已偿还本金68.3万元（100－31.7），故第二年年初的融资额为248.7万元（317－68.3）。那么，第二年即2021年的实际融资费用为24.87万元（248.7×10%）。由于设备安装完毕，该利息费用应费用化，计入财务费用。

借：财务费用 248 700

贷：未确认融资费用 248 700

借：长期应付款 1 000 000

贷：银行存款 1 000 000

4．2022年12月31日：

同理，由于第二年年初融资额为248.7万元，在第二年年末已偿还本金75.13万元（100－24.87），故第三年年初的融资额为173.57万元（248.7－75.13）。那么，第三年即2022年的实际融资费用为17.36万元（173.57×10%），计入财务费用。

借：财务费用 173 600

贷：未确认融资费用 173 600

借：长期应付款 1 000 000

贷：银行存款 1 000 000

5．2023年12月31日：

同理，由于第三年年初未偿还融资额尚为173.57万元，在第三年年末已偿还82.64万元（100－17.36），故第四年年初未偿还融资额为90.93万元（173.57－82.64）。那么，第四年即2023年的实际融资费用为9.09万元（90.93×10%），计入财务费用。但由于2023为最后一年（最后一笔款100万元于2023年12月31日支付），为防止尾差出现，故采用倒推法对未确认融资费用进行摊销，倒推金额为9.07万元。

借：财务费用 90 700

贷：未确认融资费用 90 700

借：长期应付款 1 000 000

贷：银行存款 1 000 000

## 知识点4 自行建造固定资产的成本

自行建造固定资产的成本，由按建造该项资产达到预定可使用状态前所发生的必要支出构成，包括工程物资成本、人工成本、交纳的相关税费、应予资本化的借款费用以及应分摊的间接费用等。企业自行建造固定资产包括自营建造和出包建造两种方式。

自营方式下，建设期间发生的工程物资盘亏、报废或毁损，减去残料价值和过失人或保险公司等赔款后的净损失，计入工程成本；工程项目尚未达到预定可使用状态的，计入继续施工的工程成本。

工程达到预定可使用状态前因进行负荷联合试车所发生的净支出，计入工程成本。

所建造的固定资产已达到预定可使用状态，但尚未办理竣工决算的，应当自达到预定可使用状态之日起，根据工程预算、造价或者工程实际成本等，按估计价值转入固定资产，并按有关计提固定资产折旧的规定，计提固定资产折旧，待办理了竣工决算手续后再调整原来的暂估价值，但不需要调整原已计提的折旧额。

【案例2】甲公司为建造一幢厂房，于2018年1月1日借入期限为2年的长期专门借款15 000万元，款项已存入银行。借款利率按市场利率确定为9%，每年付息一次，期满后一次还清本金。2018年年初，工程开工并以银行存款支付工程价款共计9 000万元。2019年年初，又以银行存款支付工程费用6 000万元。该厂房于2019年8月31日完工，达到预定可使用状态。假定不考虑闲置专门借款资金存款的利息收入或者投资收益。该厂房预计使用年限为20年，预计净残值2 250万元，采用直线法计提折旧。

（单位：万元）

1. 2018年1月1日，取得借款时：

借：银行存款             15 000

 贷：长期借款——××银行——本金     15 000

2. 2018年年初，支付工程款时：

借：在建工程——××厂房        9 000

 贷：银行存款           9 000

3. 2018年12月31日，计算应计入工程成本的利息费用：

借款利息＝15 000×9%＝1 350（万元）

借：在建工程——××厂房        1 350

 贷：应付利息——××银行       1 350

4. 2018年12月31日，支付借款利息时：

借：应付利息——××银行        1 350

 贷：银行存款           1 350

5. 2019年年初，支付工程款时：

借：在建工程——××厂房        6 000

 贷：银行存款           6 000

6. 2019年8月31日，工程达到预定可使用状态时：

该期应计入工程成本的利息＝15 000×9%×8÷12＝900（万元）

借：在建工程——××厂房        900

 贷：应付利息——××银行       900

同时将在建工程结转固定资产：

借：固定资产——××厂房        17 250

 贷：在建工程——××厂房       17 250

7. 2019年12月31日，计算9至12月应计入财务费用的利息，并计提折旧。

9至12月应计入财务费用的利息＝15 000×9%×4÷12＝450（万元）

借：财务费用——××借款        450

 贷：应付利息——××银行       450

借：制造费用     250〔（17 250－2 250）÷20×4÷12〕

 贷：累计折旧           250

8. 2019年12月31日，支付利息时：

借：应付利息——××银行        1 350

 贷：银行存款           1 350

9. 2020年1月1日，到期还本时：

借：长期借款——××银行——本金     15 000

 贷：银行存款           15 000

## 知识点5 高危行业企业按规定提取的安全生产费

高危行业企业按照国家规定提取的安全生产费，应当计入相关产品的成本或当期损益，同时贷记"专项储备"科目。

企业使用提取的安全生产费时，属于费用性支出的，直接冲减专项储备。企业使用提取的安全生产费形成固定资产的，应当通过"在建工程"科目归集所发生的支出，待安全项目完工达到预定可使用状态时确认为固定资产；同时，按照形成固定资产的成本冲减专项储备，并确认相同金额的累计折旧，这意味着固定资产与累计折旧的金额相同。该固定资产在以后期间不再计提折旧。

"专项储备"科目期末余额在资产负债表所有者权益项目的"其他综合收益"和"盈余公积"之间增设"专项储备"项目反映。

### 一、高危行业企业按规定提取安全生产费

借：生产成本

　　贷：专项储备

【注意】"专项储备"科目期末余额在资产负债表所有者权益项中反映。

### 二、企业使用提取的安全生产费

（一）属于费用性支出

借：专项储备

　　贷：银行存款

（二）形成固定资产的

借：在建工程

　　应交税费——应交增值税（进项税额）

　　贷：银行存款

项目完工达到预定可使用状态时：

借：固定资产

　　贷：在建工程

同时，按照形成固定资产的成本冲减专项储备，并确认相同金额的累计折旧：

借：专项储备

　　贷：累计折旧

该固定资产在以后期间不再计提折旧。

【注意】如果固定资产未达到预定可使用状态，不冲减专项储备。

## 知识点6 其他方式取得的固定资产的成本

### 一、投资者投入的固定资产

借：固定资产

　　贷：实收资本（股本）

　　　　资本公积——资本（股本）溢价

## 二、以库存商品换取固定资产（按收入准则进行会计处理）

## 三、债务重组取得的固定资产（按债务重组准则进行会计处理）

### 知识点7 存在弃置费用的固定资产

存在弃置费用的固定资产，应以预计弃置费用的现值计入固定资产的入账价值。

借：固定资产

　　贷：预计负债（弃置费用的现值）

每期摊销时：

借：财务费用

　　贷：预计负债

【案例3】乙公司经国家批准2019年1月1日建造完成核电站核反应堆并交付使用，建造成本为250亿元，预计使用寿命40年。根据法律规定，该核反应堆将会对生态环境产生一定的影响，企业应在该项设施使用期满后将其拆除，并对造成的污染进行整治，预计发生弃置费用40亿元。假定适用的折现率为10%。核反应堆属于特殊行业的特定固定资产，确定其成本时应考虑弃置费用。

【分析】1. 2019年1月1日：

弃置费用的现值＝400 000×（P/F，10%，40）＝400 000×0.022 1＝8 840（万元）

固定资产的成本＝2 500 000＋8 840＝2 508 840（万元）

借：固定资产　　　　　　　　　　　　　　　　2 508 840

　　贷：在建工程　　　　　　　　　　　　　　　　　2 500 000

　　　　预计负债　　　　　　　　　　　　　　　　　　　8 840

2.（1）2019年应分担的利息费用＝8 840×10%＝884（万元）

借：财务费用　　　　　　　　　　　　　　　　　　884

　　贷：预计负债　　　　　　　　　　　　　　　　　　　884

（2）2020年应分担的利息费用＝（8 840＋884）×10%＝972.4（万元）

借：财务费用　　　　　　　　　　　　　　　　　　972.4

　　贷：预计负债　　　　　　　　　　　　　　　　　　　972.4

以后的年度，企业应当按照实际利率法计算确定每年财务费用，账务处理略。

### 知识点8 固定资产折旧

一、固定资产会发生有形或无形的损耗，其价值的减损，通过计提折旧进行。

企业应当根据与固定资产有关的经济利益的预期消耗方式，合理选择固定资产折旧方法。不应以包括使用固定资产在内的经济活动所产生的收入为基础进行折旧。可选用的折旧方法包括年限平均法、工作量法、双倍余额递减法和年数总和法等。

应计折旧额是指应当计提折旧的固定资产的原价扣除其预计净残值后的金额。如果已对固定资产计提减值准备，还应当扣除已计提的固定资产减值准备累计金额。

二、折旧范围及期间：原则上所有的固定资产都应计提折旧，但折旧已提满的以及进行更新改造的固定资产不再计提折旧。另外，持有待售的固定资产不再计提折旧，而是通过计提减值对其账面价值进行调整。

固定资产应当按月计提折旧。当月增加的固定资产，当月不计提折旧，从下月起计提折旧；当月减少的固定资产，当月仍计提折旧，从下月起不计提折旧。

处于更新改造过程停止使用的固定资产，应将其账面价值转入在建工程，不再计提折旧。更新改造项目达到预定可使用状态转为固定资产后，再按重新确定的折旧方法和该项固定资产尚可使用寿命计提折旧。

**【例1-计算题】** 2020年12月1日，深圳纯生公司购入固定资产一台，入账价值为500万元，预计可使用5年，预计净残值为50万元。

要求：分别采用直线法、年数总和法、双倍余额递减法计算2021—2025年折旧额。

**【答案】** 直线法下，每年折旧额＝（500－50）÷5＝90（万元）

年数总和法：

2021年折旧额＝（500－50）×5÷15＝150（万元）

2022年折旧额＝（500－50）×4÷15＝120（万元）

2023年折旧额＝（500－50）×3÷15＝90（万元）

2024年折旧额＝（500－50）×2÷15＝60（万元）

2025年折旧额＝（500－50）×1÷15＝30（万元）

双倍余额递减法：

2021年折旧额＝500×2÷5＝200（万元）

2022年折旧额＝（500－200）×2÷5＝120（万元）

2023年折旧额＝（500－200－120）×2÷5＝72（万元）

2024年、2025年折旧额＝（500－200－120－72－50）÷2＝29（万元）

## 知识点9 固定资产更新改造及修理

固定资产后续支出，是指固定资产在使用过程中发生的更新改造支出、修理费用等。

固定资产后续支出符合固定资产确认条件的，应当计入固定资产成本，同时将被替换部分的账面价值扣除；不符合固定资产确认条件的，应当计入当期损益（管理费用、制造费用、销售费用等）。

### 一、资本化的后续支出（不涉及替换零部件）

与固定资产有关的更新改造等后续支出，符合固定资产确认条件的，应当计入固定资产成本，同时将被替换部分的账面价值扣除。企业将固定资产进行更新改造的，应将相关固定资产的原价、已计提的累计折旧和减值准备转销，将固定资产的账面价值转入在建工程，并停止计提折旧。固定资产发生的可资本化的后续支出，通过"在建工程"科目核算。待固定资产发生的后续支出完工并达到预定可使用状态时，再从在建工程转为固定资产，并按重新确定的使用寿命、预计净残值和折旧方法计提折旧。

（一）不涉及替换零部件的情形

**【教材例3-7改】**甲公司有关固定资产更新改造的资料如下：

1. 2017年12月30日，该公司自行建成了一条生产线，建造成本为11 360 000元；采用年限平均法计提折旧；预计净残值率为4%，预计使用寿命为6年。

2. 2019年12月31日，由于生产的产品适销对路，现有生产线的生产能力已难以满足公司生产发展的需要，但若新建生产线则建设周期过长。甲公司决定对现有生产线进行改扩建，以提高其生产能力。假定该生产线未发生减值。

3. 2019年12月31日至2020年3月31日，经过3个月的改扩建，完成了对这条生产线的改扩建工程，达到预定可使用状态共发生支出5 295 200元，全部以银行存款支付。

4. 该生产线改扩建工程达到预定可使用状态后，大大提高了生产能力，预计将其使用寿命延长4年，即为10年。假定改扩建后的生产线的预计净残值率为改扩建后固定资产账面价值的4%；折旧方法仍为年限平均法。

5. 为简化计算过程，整个过程不考虑其他相关税费；公司按年度计提固定资产折旧。

**【分析】**本例中，生产线改扩建后，生产能力大大提高，能够为企业带来更多的经济利益，改扩建的支出金额也能可靠计量，因此该后续支出符合固定资产的确认条件，应计入固定资产的成本。

有关的账务处理如下：

1. 2018年、2019年，即固定资产后续支出发生前：

每年应计提折旧额＝11 360 000×（1－4%）÷6＝1 817 600（元）

借：制造费用 1 817 600

　　贷：累计折旧 1 817 600

2. 2019年12月31日：

固定资产的账面价值＝11 360 000－1 817 600×2＝7 724 800（元）

固定资产转入改扩建（当月减少，当月照提）：

借：在建工程——××生产线 7 724 800

　　累计折旧 3 635 200

　　贷：固定资产——××生产线 11 360 000

3. 2020年1月1日至3月31日，发生改扩建工程支出：

借：在建工程——××生产线 5 295 200

　　贷：银行存款 5 295 200

4. 2020年3月31日，生产线改扩建工程达到预定可使用状态：

固定资产的入账价值＝7 724 800＋5 295 200＝13 020 000（元）

借：固定资产——××生产线 13 020 000

　　贷：在建工程——××生产线 13 020 000

5. 2020年3月31日，转为固定资产后，按重新确定的使用寿命、预计净残值和折旧方法计提折旧。

剩余折旧期为：（10－2）×12－3＝93（月）

每月应计折旧额＝13 020 000×（1－4%）÷93＝134 400（元）

2020年应计提的折旧额＝134 400×9＝1 209 600（元）

会计分录为：

借：制造费用 1 209 600

贷：累计折旧 1 209 600

### （二） 涉及替换零部件的情形

【教材例3-8】某航空公司20×0年12月购入一架飞机，总计花费8 000万元（含发动机），发动机当时的购价为500万元。公司未将发动机作为一项单独的固定资产进行核算。20×9年年初，公司开辟新航线，航程增加。为延长飞机的空中飞行时间，公司决定更换一部性能更为先进的发动机。新发动机购价700万元，另需支付安装费用51 000元。假定飞机的年折旧率为3%，不考虑相关税费的影响，公司的账务处理为：

1．20×9年年初飞机的累计折旧金额为：80 000 000×3%×8＝19 200 000（元）

固定资产转入在建工程：

借：在建工程——××飞机 60 800 000

累计折旧 19 200 000

贷：固定资产——××飞机 80 000 000

2．安装新发动机：

借：在建工程——××飞机 7 051 000

贷：工程物资——××飞机 7 000 000

银行存款 51 000

3．20×9年年初老发动机的账面价值＝5 000 000－5 000 000×3%×8＝3 800 000（元）

终止确认老发动机的账面价值。假定按报废处理，无残值，计入营业外支出。

借：营业外支出 3 800 000

贷：在建工程——××飞机 3 800 000

4．发动机安装完毕，投入使用。固定资产的入账价值为：

60 800 000＋7 051 000－3 800 000＝64 051 000（元）

借：固定资产——××飞机 64 051 000

贷：在建工程——××飞机 64 051 000

## 二、费用化的后续支出

与固定资产有关的修理费用等后续支出，不符合固定资产确认条件的，应当根据不同用途分别在发生时计入当期管理费用或销售费用，与存货的生产和加工相关的固定资产的修理费用计入制造费用。

### 知识点10 固定资产减值准备

一、因为市场环境或企业内部因素等，固定资产的可收回金额可能会低于账面价值。那么，资产负债表上的固定资产金额应按可收回金额为基础进行列示。固定资产的账面价值是指固定资产原价扣减累计折旧和累计减值准备（以前期间计提的）后的金额。

二、可收回金额是指资产的公允价值减去处置费用后的净额与资产预计未来现金流量的现值两者之间较高者。之所以选取较高者，并非不符合谨慎性会计信息质量要求，而是从利益最大化的角度看，该项资产的可收回金额应为二者中的较高者。

有时可能无法可靠估计资产的公允价值减去处置费用后的净额，那就只能以资产预计未来现金流量的现值作为可收回金额。

若可收回金额低于账面价值，应计提固定资产减值准备，并借记"资产减值损失"。减值准备一经计提，在以后期间不得转回。

【例2－计算分析题】甲公司2019年12月15日购入一台入账价值为200万元的生产设备，购入后即达到预定可使用状态。该设备预计使用寿命为10年，预计净残值为12万元，按照年限平均法计提折旧。2021年年末因出现减值迹象，甲公司对该设备进行减值测试，预计该设备的公允价值为110万元，处置费用为26万元，如果继续使用，预计未来使用及处置产生的现金流量现值为79万元。

要求：

1. 计算该生产设备2021年年末的可收回金额。

2. 编制2021年年末计提固定资产减值准备的会计分录。

3. 假定原预计使用寿命、净残值以及选用的折旧方法不变，计算2022年该生产设备应计提折旧额，并编制会计分录。

【答案】1. 公允价值减去处置费用后的净额＝110－26＝84（万元），预计未来使用及处置产生的现金流量现值为79万元。取二者较高者，该生产设备2021年年末的可收回金额为84万元。

2. 2021年年末计提减值准备前该设备账面价值为：

200－（200－12）÷10×2＝162.4（万元），高于可收回金额84万元。

2021年年末应计提减值准备＝162.4－84＝78.4（万元）

| 借：资产减值损失 | 78.4 |
| 贷：固定资产减值准备 | 78.4 |

3. 2022年设备应计提折旧额＝（84－12）÷8＝9（万元）

| 借：制造费用 | 9 |
| 贷：累计折旧 | 9 |

## 知识点11 固定资产的处置

企业出售、转让、报废固定资产或发生固定资产毁损，应当将处置收入扣除账面价值和相关税费后的金额计入当期损益。固定资产的账面价值是固定资产成本扣减累计折旧和累计减值准备后的金额。

在具体会计处理上，应通过"固定资产清理"科目进行核算，不可一步到位，因为固定资产的清理存在着清理的过程。有两点需要特别强调：第一步为将固定资产账面价值转入固定资产清理；固定资产的售价应连同"应交税费——应交增值税（销项税额）"在另一个分录中体现。

【案例4】甲公司2020年4月30日，某项固定资产原值1 000万元，累计折旧600万元，固定资产减值准备50万元。该日该固定资产的公允价值为500万元，管理层决定将该项固定资产对外出售［或换取一项公允价值为565万元的专利技术（不考虑换入增值税）］，另支付清理费用8万元。假设增值税

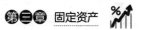

销项税为65万元。（单位：万元）

【分析】1. 将账面价值转入固定资产清理：

借：固定资产清理   350

   累计折旧   600

   固定资产减值准备   50

   贷：固定资产   1 000

2. 借：银行存款/无形资产   565

     贷：固定资产清理   500

       应交税费——应交增值税（销项税额）   65

3. 借：固定资产清理   8

     贷：银行存款   8

4. 借：固定资产清理   142

     贷：资产处置损益   142

# 第四章　无形资产

## 本章思维导图

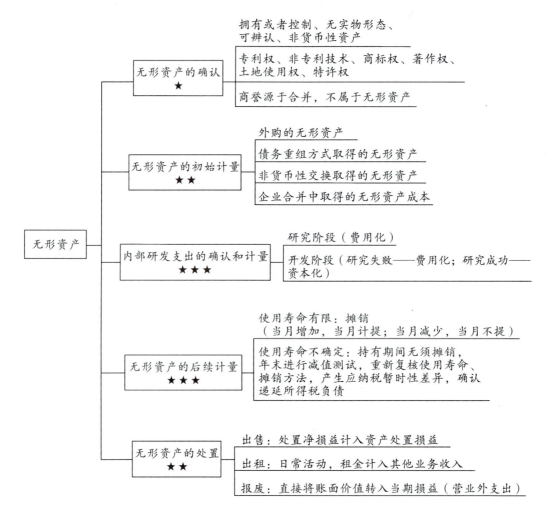

## 本章考情分析

　　本章主要以客观题的形式出现，考查无形资产的初始确认、研发费用、后续计量的处理，在主观题中可以和非货币性资产交换、债务重组、所得税结合起来出题，分值通常为2~3分。

## 本章知识点精讲

### 知识点1 无形资产的确认

微信扫一扫
习题免费练

根据《企业会计准则第6号——无形资产》第三条的规定："无形资产，是指企业拥有或者控制的没有实物形态的可辨认非货币性资产。"商誉的存在无法与企业自身分离，不具有可辨认性，不属于本章所指无形资产。无形资产主要包括专利权、非专利技术、商标权、著作权、土地使用权、特许权等。

企业取得的土地使用权通常应确认为无形资产。土地使用权用于自行开发建造厂房等地上建筑物时，土地使用权与地上建筑物分别进行摊销和提取折旧。

例外的情况有：

一、房地产开发企业取得的土地使用权用于建造对外出售的房屋建筑物，相关的土地使用权应当计入所建造的房屋建筑物成本。

二、企业外购房屋建筑物所支付的价款应当按照合理的方法在地上建筑物与土地使用权之间进行分配；难以合理分配的，应当全部作为固定资产处理。

三、企业改变土地使用权的用途，停止自用土地使用权用于赚取租金或资本增值时，应将其账面价值转为投资性房地产。

【例–单选题】下列各项中，制造企业应确认为无形资产的是（    ）。

A．自创的商誉

B．企业控股合并产生的商誉

C．内部研究开发项目研究阶段发生的支出

D．以缴纳土地出让金方式取得的土地使用权

【答案】D

**学堂点拨**

自创的商誉不确认为无形资产；企业控股合并产生的商誉在合并报表中体现；开发项目研究阶段发生的支出应进行费用化，计入管理费用。由于本题强调了是制造企业而不是房地产开发企业，故选项D正确。

### 知识点2 无形资产的初始计量

**一、外购无形资产**

外购的无形资产，其成本包括：购买价款、相关税费以及直接归属于使该项资产达到预定用途所发生的其他支出。其中，直接归属于使该项资产达到预定用途所发生的其他支出包括使无形资产达到预定用途发生的专业服务费用、测试无形资产是否能够正常发挥作用的费用等。

但为引入新产品进行宣传发生的广告费、管理费用及其他间接费用，无形资产已经达到预定用途以后发生的费用，均不计入无形资产的初始成本。

购买无形资产的价款超过正常信用条件延期支付，实质上具有融资性质的，无形资产的成本应以购买价款的现值为基础确定。实际支付的价款与购买价款的现值之间的差额，应当在付款期间内采用

实际利率法进行摊销，计入当期损益。

## 二、债务重组方式取得无形资产（按债务重组的准则进行会计处理）

## 三、以存货换取无形资产（按收入准则进行会计处理）

### 知识点3 企业合并中取得的无形资产成本

本知识点涉及合并报表，将在合并财务报表一章（第二十七章）详细讲述，本章简单了解即可。

按照《企业会计准则第20号——企业合并》的规定，非同一控制下的企业合并中，购买方取得的无形资产应以其在购买日的公允价值计量，包括被购买企业原已确认的资产，也包括原未确认的资产。

至于同一控制下的合并，不是"购买"，而是一种股权的重新结合。不管是吸收合并还是控制合并，均以无形资产的账面价值为合并基础。

以一笔款项购入多项没有单独标价的无形资产，应当按照各项无形资产的公允价值比例对总成本进行分配，分别确定各项无形资产的成本。该知识点在新的收入准则中也会有体现。

### 知识点4 自行研发无形资产

内部开发活动形成的无形资产，其成本由可直接归属于该资产的创造、生产并使该资产能够以管理层预定的方式运作的所有必要支出组成。可直接归属于该资产的成本包括：开发该无形资产时耗费的材料、劳务成本、注册费、在开发该无形资产过程中使用的其他专利权和特许权的摊销、资本化的利息支出，以及为使该无形资产达到预定用途前所发生的其他费用。

在开发无形资产过程中发生的除上述可直接归属于无形资产开发活动的其他销售费用、管理费用等间接费用、无形资产达到预定用途前发生的可辨认的无效和初始运作损失、为运行该无形资产发生的培训支出等，不构成无形资产的开发成本。

【教材例4-5改】2019年1月1日，甲公司经董事会批准研发某项新产品专利技术，该公司董事会认为，研发该项目具有可靠的技术和财务等资源的支持，并且一旦研发成功将降低该公司生产产品的生产成本。该公司在研究开发过程中发生材料费5 000万元、人工工资1 000万元，以及其他费用4 000万元，总计10 000万元，其中，符合资本化条件的支出为6 000万元。2019年12月31日，该专利技术已经达到预定用途。

【分析】甲公司的账务处理如下（单位：万元）：

1. 发生研发支出：

借：研发支出——费用化支出　　　　　　　　　　　　　　　　　　　4 000
　　　　　　——资本化支出　　　　　　　　　　　　　　　　　　　6 000
　　贷：原材料　　　　　　　　　　　　　　　　　　　　　　　　　5 000
　　　　应付职工薪酬　　　　　　　　　　　　　　　　　　　　　　1 000
　　　　银行存款　　　　　　　　　　　　　　　　　　　　　　　　4 000

2. 2019年12月31日，该专利技术已经达到预定用途：

```
借：管理费用                                              4 000
    无形资产                                              6 000
    贷：研发支出——费用化支出                                     4 000
              ——资本化支出                                     6 000
```

## 知识点5 无形资产摊销

使用寿命有限的无形资产，需要在估计的使用寿命内采用系统合理的方法进行摊销，对于使用寿命不确定的无形资产，不进行摊销，而用每个会计期间进行减值测试来代替。

与固定资产计提折旧起点不同的是，无形资产摊销规定：当月增加的无形资产，当月开始摊销；当月减少的无形资产，当月不再摊销。

企业至少应当于每年年度终了，对使用寿命有限的无形资产的使用寿命及摊销方法进行复核。如果无形资产的使用寿命及经济利益预期消耗方式与以前估计不同的，应当改变摊销期限和摊销方法。

企业应当在每个会计期间对使用寿命不确定的无形资产的使用寿命进行复核。如果有证据表明无形资产的使用寿命是有限的，视为会计估计变更。

无形资产的摊销金额一般应当计入当期损益（管理费用、其他业务成本等）。某项无形资产包含的经济利益通过所生产的产品或其他资产实现的，其摊销金额应当计入相关资产的成本。

无形资产摊销与固定资产折旧类似，但是其有几个特别的知识点：

一、使用寿命不确定的无形资产，会计上缺少摊销的基本条件；因此不进行摊销，但每个会计期间期末需要进行减值测试，以客观地反映其真实的账面价值；

二、减值测试不需要如存货、固定资产一样以"存在减值迹象"为前提，而是每个会计期末都应进行减值测试，这是谨慎性的体现；

三、税法规定使用寿命不确定的无形资产按不少于10年的期限进行摊销，于是产生了纳税差异，应考虑相关递延所得税影响。

【教材例4-6改】2019年1月1日，A公司从外单位购得一项非专利技术，支付价款5 000万元，款项已支付，估计该项非专利技术的使用寿命为10年，该项非专利技术用于产品生产；假定无形资产的净残值为零，并按直线法摊销，假设本题不考虑所得税影响。

【分析】A公司的账务处理如下（单位：万元）：

1. 取得无形资产时：

```
借：无形资产——非专利技术                                     5 000
    贷：银行存款                                              5 000
```

2. 按年摊销时：

```
借：制造费用                                                500
    贷：累计摊销                                              500
```

3. 如果A公司2021年1月1日根据科学技术发展的趋势判断，2019年购入的该项非专利技术在4年后将被淘汰，不能再为企业带来经济利益，决定4年后不再使用，为此，A公司应当在2020年12月31日据此变更该项非专利技术的估计使用寿命，属于会计估计变更，采用未来适用法进行处理。

2021年该项无形资产的摊销金额＝（5 000－500×2）÷4＝1 000（万元）

2021年12月31日：

借：制造费用      1 000

    贷：累计摊销      1 000

## 知识点6 无形资产出售、出租

### 一、出售

借：银行存款

    无形资产减值准备

    累计摊销

    资产处置损益（借方差额）

    贷：无形资产

        应交税费——应交增值税（销项税额）

        资产处置损益（贷方差额）

【案例】2019年1月1日，A公司与B公司签订转让商标权合同，开出的增值税专用发票上注明的价款为200万元，增值税销项税额为12万元，款项已经存入银行。该商标的账面余额为230万元，累计摊销金额为40万元，未计提减值准备。A公司会计处理如下（单位：万元）：

借：银行存款      212

    累计摊销      40

    贷：无形资产      230

        应交税费——应交增值税（销项税额）      12

        资产处置损益      10

【提示】若为客观题，要求计算处置损益，则直接用价款200减去账面价值190即可。增值税销项税是代税务局收取的，不属于企业收入，不影响损益计算结果。

### 二、出租

需强调的是，若属于无形资产中的土地使用权出租，应按投资性房地产进行核算。

# 第五章　投资性房地产

## 本章思维导图

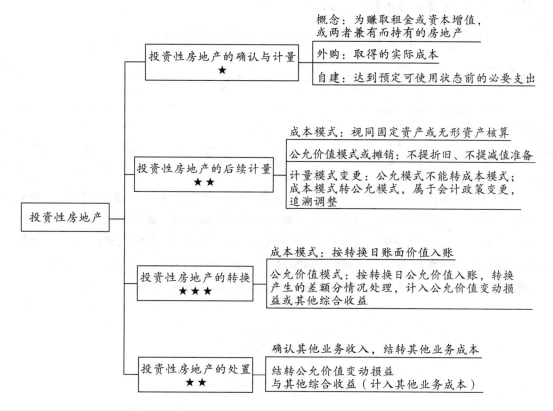

## 本章考情分析

本章考试分值在5分左右，主要考核投资性房地产的确认、成本模式及公允价值模式的后续计量、计量模式转换的追溯调整、自用房地产与投资性房地产转换的会计处理、递延所得税问题。

## 本章知识点精讲

### 知识点1　投资性房地产的确认

投资性房地产，是指为赚取租金或资本增值，或两者兼有而持有的房地产。包括已出租的土地使用权、持有并准备增值后转让的土地使用权、已出租的建筑物等。

微信扫一扫
习题免费练

31

对企业持有以备经营出租的空置建筑物或在建建筑物，只要企业管理当局（董事会或类似机构）作出正式书面决议，明确表明将其用于经营出租且持有意图短期内不再发生变化的，即使尚未签订租赁协议，也应视为投资性房地产。需要强调的是，上述若为多选题的一个选项，应视为正确的表述。

企业取得的土地使用权通常应确认为无形资产，但改变土地使用权用途，用于赚取租金或资本增值的，如直接出租或建造完成后对外出租，应当将其转为投资性房地产。自行开发建造生产用厂房等建筑物，相关的土地使用权与建筑物应当分别进行处理。

集团内部的投资性房地产的出租和交易在编制合并报表时应进行抵销。

## 知识点2　投资性房地产的初始计量

"一通百通"，投资性房地产的初始计量和存货、固定资产等资产没有区别。

## 知识点3　投资性房地产的后续计量——成本模式

投资性房地产的后续计量可以选择成本模式或公允价值模式。但同一企业只能采用一种模式对所有投资性房地产进行后续计量，不得同时采用两种计量模式。

在成本模式下，什么都没改变，只是名字上由"固定资产（或无形资产）"换成"投资性房地产"。租金收入计入其他业务收入，折旧或摊销计入其他业务成本。

【例-计算分析题】甲公司对投资性房地产采用成本模式进行后续计量。自2020年1月1日起，甲公司将一闲置办公楼出租给某单位，租期4年，每年年末收取租金600万元，增值税54万元。该办公楼原价为12 000万元，预计使用年限为40年，预计净残值为零，至2020年1月1日已使用10年，累计折旧3 000万元。2020年1月1日的公允价值为9 876.54万元。2020年12月31日，由于房价持续下跌，甲公司在对该办公楼进行减值测试时，发现其可收回金额为8 600万元。假定不考虑其他相关税费。

要求：

1. 编制2020年1月1日对外出租的会计分录（单位：万元）。

2. 编制2020年12月31日有关会计分录（单位：万元）。

3. 计算该项业务对2020年利润总额的影响。

【答案】

1. 借：投资性房地产 　　　　　　　　　　　　　　　　　　　　　12 000

　　累计折旧 　　　　　　　　　　　　　　　　　　　　　　　　3 000

　　　贷：固定资产 　　　　　　　　　　　　　　　　　　　　　　　12 000

　　　　投资性房地产累计折旧 　　　　　　　　　　　　　　　　　3 000

2. 借：银行存款 　　　　　　　　　　　　　　　　　　　　　　　　654

　　　贷：其他业务收入 　　　　　　　　　　　　　　　　　　　　　600

　　　　应交税费——应交增值税（销项税额）　　　　　　　　　　　54

　借：其他业务成本 　　　　　　　　　　　　　　　　　　　　　　300

　　　贷：投资性房地产累计折旧 　　　　　　　　　　　　　　　　　300

2020年折旧额＝（12 000－3 000）÷（40－10）＝300（万元）

2020年12月31日计提减值准备前投资性房地产账面价值为：（12 000−3 000）−300＝8 700（万元），高于可收回金额8 600万元，应计提投资性房地产减值准备100万元。

借：资产减值损失　　　　　　　　　　　　　　　　　　　　　　　　　100

　　贷：投资性房地产减值准备　　　　　　　　　　　　　　　　　　　　　　100

3. 对甲公司2020年利润总额的影响金额＝600−300−100＝200（万元）

## 知识点4　投资性房地产的后续计量——公允价值模式

可以认为，采用公允价值模式进行后续计量，才诞生了投资性房地产会计准则。学习及应试上，这自然也成为本章的核心知识点。

投资性房地产按公允价值进行后续计量，说起来也就是一句话。《企业会计准则第3号——投资性房地产》第十一条规定："采用公允价值模式进行后续计量的，不对投资性房地产计提折旧或摊销，也不计提减值准备，应当以资产负债表日投资性房地产的公允价值为基础调整其账面价值，公允价值与原账面价值的差额计入当期损益（公允价值变动损益）。"

【案例1】甲公司为从事房地产经营开发的企业。2019年12月31日，甲公司与乙公司签订租赁协议，将甲公司开发完成的一栋精装修的写字楼租赁给乙公司使用，租赁期为10年，起租日为2020年1月1日。写字楼的造价为50 000万元，预计可使用年限为50年。2020年12月31日，该写字楼的公允价值为53 000万元。假设甲公司对投资性房地产采用公允价值计量模式。公司所得税税率为25%。

【分析】甲企业的账务处理如下（单位：万元）：

1. 2020年1月1日，甲公司开发完成写字楼并出租：

借：投资性房地产——成本　　　　　　　　　　　　　　　　　　　　50 000

　　贷：开发成本　　　　　　　　　　　　　　　　　　　　　　　　　　50 000

2. 2020年12月31日，按照公允价值为基础调整其账面价值，公允价值与原账面价值之间的差额计入当期损益：

借：投资性房地产——公允价值变动　　　　　　　　　　　　　　　　　3 000

　　贷：公允价值变动损益　　　　　　　　　　　　　　　　　　　　　　3 000

3. 若公允价值低于账面价值，分录相反。

## 知识点5　投资性房地产的转换——成本模式转公允价值模式计量

企业对投资性房地产的计量模式一经确定，不得随意变更。已采用公允价值模式计量的投资性房地产，不得从公允价值模式转为成本模式。

以成本模式转为公允价值模式的，应当作为会计政策变更处理，进行追溯调整，将计量模式变更时公允价值与账面价值的差额，调整期初留存收益。

追溯调整法是指对某项交易或事项变更会计政策，视同该项交易或事项初次发生时即采用变更后的会计政策，并以此对财务报表相关项目进行调整的方法。采用追溯调整法时，将会计政策变更累积影响数调整列报前期最早期初留存收益，其他相关项目的期初余额和列报前期披露的其他比较数据也应当一并调整。

追溯调整是会计信息质量要求"可比性"的重要运用，比如2017年年初购置的办公楼对外出租并采用成本模式进行计量，假设年末公允价值为4 000万元，大于账面价值的3 200万元，2018年年初改按公允价值进行后续计量，至年末公允价值又增300万元至4 300万元，累计增值1 100万元。若2018年采用未来适用法进行会计处理，体现出的将是投资性房地产2018年公允价值变动额为1 100万元。但是，实质上2018年公允价值变动仅为300万元，另外的800万元为2017年升值所致。我们应当让报表阅读者在2018年利润表上看到的是如下的财务信息：公允价值变动损益本年数300万元、上年数800万元；同样地，我们应当让报表阅读者在2018年资产负债表上看到的是如下的财务信息：投资性房地产期末数为4 300万元、期初数为4 000万元。

财务会计报告的目标就是向报表使用者提供高质量的财务信息，其中可比性是一个重要的会计信息质量要求。希望各位时刻谨记财务会计报告目标。

【案例2】2019年1月1日，甲企业决定将已对外出租8年的一栋写字楼由成本模式转换为公允价值模式计量。该办公楼原价为10 000万元，已计提折旧6 000万元，账面价值为4 000万元，2016年、2017年12月31日的公允价值分别为5 000万元、6 800万元，转换当日该写字楼的公允价值为7 800万元，甲企业按净利润的10%计提盈余公积。假设2019年年末该写字楼的公允价值为8 100万元。假设不考虑所得税。（单位：万元）

【分析】2019年1月1日，将计量模式变更时公允价值与账面价值的差额为3 800万元，调整期初留存收益。

2019年1月1日：

| | | |
|---|---|---|
| 借：投资性房地产——成本 | | 7 800 |
| 投资性房地产累计折旧 | | 6 000 |
| 贷：投资性房地产 | | 10 000 |
| 利润分配——未分配利润 | | 3 420 |
| 盈余公积 | | 380 |

2019年12月31日：

| | | |
|---|---|---|
| 借：投资性房地产——公允价值变动 | | 300 |
| 贷：公允价值变动损益 | | 300 |

若考虑所得税：

递延所得税负债＝3 800×25%＝950（万元），因确认增值3 800万元，相应确认递延所得税负债950万元，考虑所得税因素下的留存收益调增额为2 850万元。

2019年1月1日：

| | | |
|---|---|---|
| 借：投资性房地产——成本 | | 7 800 |
| 投资性房地产累计折旧 | | 6 000 |
| 贷：投资性房地产 | | 10 000 |
| 递延所得税负债 | | 950 |
| 盈余公积 | | 285 |
| 利润分配——未分配利润 | | 2 565 |

## 知识点6 投资性房地产的转换——转换后成本模式计量

投资性房地产的转换是指本不是投资性房地产，现在转换为投资性房地产；或本是投资性房地产，现转为自用。

会计核算上需关注两件事：一是"新的资产"入账价值；二是若有差额，差额计入何种科目。

成本模式下，不管是转入还是转出，都按账面价值进行结转，故不存在"差额"的问题。通过以下的例子可以看出，会计处理上仅相当于换个名字。

**【教材例5-4改】**2019年8月1日，甲企业将出租在外的厂房收回，开始用于本企业生产商品。该项房地产账面价值为3 765万元，其中，原价5 000万元，累计已提折旧1 235万元。假设甲企业采用成本计量模式。

甲企业的账务处理如下（单位：万元）：

借：固定资产　　　　　　　　　　　　　　　　　　　　　　5 000
　　投资性房地产累计折旧　　　　　　　　　　　　　　　　1 235
　　贷：投资性房地产　　　　　　　　　　　　　　　　　　5 000
　　　　累计折旧　　　　　　　　　　　　　　　　　　　　1 235

## 知识点7　投资性房地产的转换——转换后公允价值模式计量

若本不是投资性房地产，现在转换为投资性房地产，并按公允价值模式进行后续计量；或本是投资性房地产，现转为自用。

核算上，"新的资产"入账价值均为转换日的公允价值。那么，转换日的公允价值同账面价值就难免存在差额，具体分为三种情况。请看例题：

**【教材例5-5改】**2019年10月15日，甲企业因租赁期满，将出租的写字楼收回，开始作为办公楼用于本企业的行政管理。2019年10月15日，该写字楼的公允价值为4 800万元。该项房地产在转换前采用公允价值模式计量，原账面价值为4 750万元，其中，成本为4 500万元，公允价值变动为增值250万元。

甲企业的账务处理如下（单位：万元）：

借：固定资产　　　　　　　　　　　　　　　　　　　　　　4 800
　　贷：投资性房地产——成本　　　　　　　　　　　　　　4 500
　　　　　　　　　　——公允价值变动　　　　　　　　　　250
　　　　公允价值变动损益　　　　　　　　　　　　　　　　50

**【教材例5-8改】**2019年6月，甲企业打算搬迁至新建办公楼，由于原办公楼处于商业繁华地段，甲企业准备将其出租，以赚取租金收入。2019年10月30日，甲企业完成了搬迁工作，原办公楼停止自用，并与乙企业签订了租赁协议，将其原办公楼租赁给乙企业使用，租赁期开始日为2019年10月30日，租赁期限为3年。2019年10月30日，该办公楼原价为5亿元，已提折旧14 250万元，公允价值为35 000万元。假设甲企业对投资性房地产采用公允价值模式计量。

甲企业的账务处理如下（单位：万元）：

借：投资性房地产——成本　　　　　　　　　　　　　　　35 000
　　累计折旧　　　　　　　　　　　　　　　　　　　　　14 250
　　公允价值变动损益　　　　　　　　　　　　　　　　　750
　　贷：固定资产　　　　　　　　　　　　　　　　　　　50 000

本例中，新的资产公允价值为35 000万元，与原账面价值的差额750万元为借方差额，计入公允价值变动损益。

【教材例5-7改】2019年3月10日，甲房地产开发公司与乙企业签订了租赁协议，将其开发的一栋写字楼出租给乙企业。租赁期开始日为2019年4月15日。2019年4月15日，该写字楼的建筑安装成本为15 000万元，公允价值为47 000万元。

甲公司的账务处理如下（单位：万元）：

借：投资性房地产——成本               47 000

  贷：开发产品                 15 000

    其他综合收益               32 000

《企业会计准则第3号——投资性房地产》第十六条规定："自用房地产或存货转换为采用公允价值模式计量的投资性房地产时，投资性房地产应当按照转换当日的公允价值计价，转换当日的公允价值小于原账面价值的，其差额计入当期损益（公允价值变动损益）；转换当日的公允价值大于原账面价值的，其差额计入所有者权益（其他综合收益）。"

表5-1　投资性房地产计量模式的转换

| | | 投资性房地产转为自用 | 自用转为投资性房地产 |
|---|---|---|---|
| 转换后成本模式后续计量 | 入账价值 | 账面价值 | 账面价值 |
| | 差额处理 | 无差额 | 无差额 |
| 转换后公允模式后续计量 | 入账价值 | 公允价值 | 公允价值 |
| | 差额处理 | 公允价值变动损益 | 差额在借方：公允价值变动损益<br>差额在贷方：其他综合收益 |

## 知识点8　投资性房地产的处置

当投资性房地产被处置，或者永久退出使用且预计不能从其处置中取得经济利益时，应当终止确认该项投资性房地产。

企业出售、转让、报废投资性房地产或者发生投资性房地产毁损时，应当将处置收入扣除其账面价值和相关税费后的金额计入当期损益（将实际收到的处置收入计入其他业务收入，所处置投资性房地产的账面价值计入其他业务成本）。

借：银行存款

  贷：其他业务收入

    应交税费——应交增值税（销项税额）

借：其他业务成本

  投资性房地产累计折旧（摊销）

  投资性房地产减值准备

  贷：投资性房地产

需要说明的是，在公允价值计量模式下，因为起初的转换可能产生了公允价值变动损益或其他综合收益，而后续计量公允价值变动又产生了公允价值变动损益，在对投资性房地产进行处置时，需一并结转其他业务成本。

# 第六章　长期股权投资与合营安排

## 本章思维导图

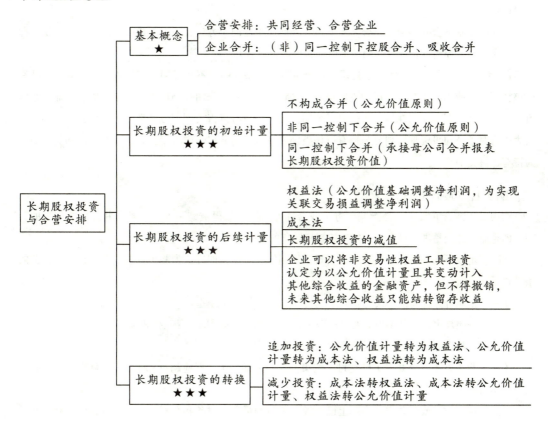

## 本章考情分析

　　本章考试分值在15分左右，是重难点章节，也是历年主观题都会涉及的常规考点，考生应熟练掌握股权投资在不同情况下的会计处理。

## 本章知识点精讲

 长期股权投资的确认

### 一、对子公司投资

　　对子公司投资，是指投资方持有的能够对被投资单位施加控制的股权投资。控制，是指投资方拥

微信扫一扫
习题免费练

有对被投资方的权力，通过参与被投资方的相关活动而享有可变回报，并且有能力运用对被投资方的权力影响其回报金额。

构成企业合并至少包括两层含义：一是取得对另一个或多个企业（或业务）的控制权；二是所合并的企业必须构成业务。业务是指企业内部某些生产经营活动或资产负债的组合，该组合具有投入、加工处理过程和产出能力，能够独立计算其成本费用或所产生的收入。

企业合并的方式包括控股合并、吸收合并和新设合并。

企业合并分为同一控制下合并和非同一控制下合并。

同一控制下合并是指参与合并的各方在合并前后均受同一方或相同的多方最终控制且该控制并非暂时性的。

非同一控制下合并是指参与合并各方在合并前后不受同一方或相同多方最终控制的合并交易，即除判断属于同一控制下企业合并的情况以外其他的企业合并。

【注意】企业取得的转售的子公司，符合持有待售条件的，不在长期股权投资核算，应计入持有待售核算。企业因出售对子公司的投资等原因导致其丧失对子公司控制权的，无论出售后企业是否保留部分权益性投资，应当在拟出售的对子公司投资满足持有待售类别划分条件时，在母公司个别财务报表中将对子公司投资整体划分为持有待售类别，在合并财务报表中将子公司所有的资产和负债划分为持有待售类别。

## 二、购买日（或合并日）

购买日（或合并日），是指购买方（或合并方）实际取得被购买方（或被合并方）控制权的日期，即企业合并交易进行过程中，发生控制权转移的日期。

同时满足以下条件时，一般可认为实现了控制权的转移，即确认为购买日（或合并日）。有关的条件包括：

（一）企业合并合同或协议已获股东大会等内部权力机构通过。

（二）按照规定，合并事项需要经过国家有关主管部门审批的，已获得相关部门的批准。

（三）参与合并各方已办理了必要的财产权转移手续。

（四）购买方（或合并方）已支付了购买价款的大部分（一般应超过50%），并且有能力、有计划支付剩余款项。

（五）购买方（或合并方）实际上已经控制了被购买方的财务和经营政策，享有相应的利益并承担相应的风险。

## 三、对合营企业投资

对合营企业投资，是指投资方持有的对构成合营企业的合营安排的投资。合营安排是指一项由两个或两个以上的参与方共同控制的安排。其特征为：各参与方均受到该安排的约束；两个或两个以上的参与方对该安排实施共同控制。

共同控制，是指按照相关约定对某项安排所共有的控制，并且该安排的相关活动必须经过分享控制权的参与方一致同意后才能决策。

## 四、对联营企业投资

对联营企业投资，是指投资方能够对被投资单位施加重大影响的股权投资。重大影响是指投资方对被投资单位的财务和生产经营决策有参与决策的权力，但并不能控制或与其他方一起共同控制这些政策的制定。比如：在被投资单位的董事会或类似机构中派有代表；参与被投资单位财务和经营政策制定过程；与被投资单位之间发生重要交易；向被投资单位派出管理人员；向被投资单位提供关键技术资料。

在评估投资方对被投资单位是否具有重大影响时，应当考虑潜在表决权的影响（如发行的可转债、认股权证）。

风险投资机构、共同基金以及类似主体可以将其持有的对联营企业或合营企业投资在初始确认时，确认为以公允价值计量且其变动计入当期损益的金融资产，这是长期股权投资准则对于这种特定机构持有的联营企业或合营企业投资的特殊规定，企业不能将其指定为以公允价值计量且其变动计入其他综合收益的金融资产。

## 知识点2　不构成合并的长期股权投资初始计量

长期股权投资的初始计量基本原则是支付对价的公允价值、相关税费形成长期股权投资的初始投资成本，与购买存货、固定资产等处理原则相同。

在发行权益性证券取得长期股权投资的情况下，与发行权益性证券相关的手续费、佣金等，不构成长期股权投资的成本，也不计入管理费用，而是从股本溢价中扣除，不足冲减的，应冲减盈余公积和未分配利润。

若支付对价为固定资产、无形资产，固定资产、无形资产公允价值与账面价值的差额计入资产处置损益。

【例1-分析题】2019年3月5日，A公司通过增发9 000万股本公司普通股（每股面值1元）取得B公司20%的股权，该9 000万股股份的公允价值为15 600万元。为增发该部分股份，A公司向证券承销机构等支付了600万元的佣金和手续费。假定A公司取得该部分股权后，能够对B公司的财务和生产经营决策施加重大影响。A公司另外支付审计、评估费100万元。

【分析】A公司应当以所发行股份的公允价值15 600万元及相关税费100万元作为取得长期股权投资的成本，账务处理为（单位：万元）：

借：长期股权投资　　　　　　　　　　　　　　　　　　　　　　15 700
　　贷：股本　　　　　　　　　　　　　　　　　　　　　　　　9 000
　　　　资本公积——股本溢价　　　　　　　　　　　　　　　　6 600
　　　　银行存款　　　　　　　　　　　　　　　　　　　　　　100

注：在长期股权投资的后续计量中，初始投资成本有可能需要进行调整。

发行权益性证券过程中支付的佣金和手续费，应冲减权益性证券的溢价发行收入，账务处理为（单位：万元）：

借：资本公积——股本溢价　　　　　　　　　　　　　　　　　　600
　　贷：银行存款　　　　　　　　　　　　　　　　　　　　　　600

## 知识点3　构成合并的长期股权投资初始计量——非同一控制下合并

非同一控制下企业合并，长期股权投资的初始计量原则依然是支付对价的公允价值（即视同购

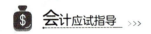

买），与知识点2不同的是，相关税费不计入长期股权投资成本，而直接计入管理费用。这是为了防止合并报表中的商誉信息不实。

比如：甲公司收购乙公司60%股份，形成非同一控制下企业合并。甲公司的合并成本为18 999万元，购买日乙公司可辨认净资产的公允价值为30 000万元，则甲公司在合并报表中体现的合并商誉为999万元。若甲公司收购时支付了审计评估费用200万元，且计入了合并成本，则甲公司在合并报表中体现的合并商誉为1 199万元，很明显它是失真的。

表6-1　与投资有关的相关费用会计处理

| 资产 | 直接相关的税费 | 发行权益性证券支付手续费等 |
| --- | --- | --- |
| 同一控制下控股合并 | 计入管理费用 | 应自权益性证券的溢价发行收入中扣除（冲减资本公积——股本溢价），溢价收入不足的，应冲减盈余公积和未分配利润 |
| 非同一控制下控股合并 | 计入管理费用 | |
| 不形成控股合并 | 计入资产成本 | |
| 以公允价值计量且其变动计入当期损益的金融资产 | 计入投资收益 | |
| 以摊余成本计量的金融资产 | 计入资产成本 | |
| 以公允价值计量且其变动计入其他综合收益的金融资产 | 计入资产成本 | |

【例2-分析题】A公司于2019年3月31日取得B公司70%的股权。为核实B公司的资产价值，A公司聘请专业资产评估机构对B公司的资产进行评估，支付评估费用300万元。合并中，A公司支付的有关资产在购买日的账面价值与公允价值如下表所示。

| 项目 | 账面价值（单位：万元） | 公允价值（单位：万元） |
| --- | --- | --- |
| 土地使用权 | 6 000 | 9 600 |
| 专利技术 | 2 400 | 3 000 |
| 银行存款 | 2 400 | 2 400 |
| 合计 | 10 800 | 15 000 |

假定合并前A公司与B公司不存在任何关联方关系，A公司用作合并对价的土地使用权和专利技术原价为9 600万元，至企业合并发生时已累计摊销1 200万元。

【分析】本例中因A公司与B公司在合并前不存在任何关联方关系，应作为非同一控制下的企业合并处理。支付对价的公允价值为15 000万元，应作为长期股权投资初始投资成本。由于构成了合并，评估费用300万元不计入长期股权投资成本，直接计入管理费用。无形资产公允价值大于账面价值的差额视同出售净损益计入资产处置损益（单位：万元）。

借：长期股权投资　　　　　　　　　　　　　　　　　　　　　　15 000

　　管理费用　　　　　　　　　　　　　　　　　　　　　　　　　　300

　　累计摊销　　　　　　　　　　　　　　　　　　　　　　　　　1 200

　　贷：无形资产　　　　　　　　　　　　　　　　　　　　　　　　　9 600

| 银行存款 | 2 700 |
| 资产处置损益 | 4 200 |

## 知识点4 构成合并的长期股权投资初始计量——同一控制下合并

若参与合并的企业在合并前后均受同一方或相同的多方最终控制且该控制并非暂时性的，该项合并构成同一控制下合并。例如：A公司和B公司均是甲公司的子公司，2019年1月，A公司从甲公司手中取得持有的B公司的全部股权。该项并购并非真正意义上的并购，从集团的立场上，"什么都没改变"。投资企业不应该因此确认相关损益，这只是集团内部资产和权益的重新组合处理。

此时，长期股权投资的初始计量应起到"承接"作用，按被合并方所有者权益在最终控制方合并财务报表中的账面价值的份额与包括最终控制方收购被合并方时形成的商誉之和，作为长期股权投资的初始投资成本。

支付对价的账面价值与长期股权投资初始成本之间出现的贷方差额，直接贷记"资本公积"；若差额在借方，依次冲减资本公积、盈余公积、未分配利润。

对"最终控制方合并财务报表中的净资产价值"的理解：

假设甲公司的母公司P（最终控制方，股东为大老高，持股比例100%）于8年前收购了乙公司60%的股份，支付对价为银行存款5 100万元，当时乙公司净资产公允价值为8 000万元、账面价值为7 000万元，差额为一项固定资产的增值，剩余折旧期为10年。

2019年1月1日，大老高觉得甲公司更适合管理乙公司，于是决议甲公司从母公司手中以100元（或100亿元）的对价取得乙公司的股份。那么，甲公司对乙公司长期股权投资的初始投资成本为多少呢？很明显，对价100元或100亿元都是不公允的，不能以支付的对价为长期股权投资的初始投资成本。

从另一角度看，即使支付对价是公允的，但由于这只是权益性交易，企业集团并未改变，故甲公司也应"原封不动"承接母公司的大旗，即按被合并方所有者权益在最终控制方合并财务报表中的账面价值的份额与包括最终控制方收购被合并方时形成的商誉之和，作为长期股权投资的初始投资成本。

按理说，从合并资产负债表中一看便知乙公司净资产的价值，但是，从学习和应试的角度，若需计算，如何下手呢？

假设过去的8年，乙公司累计实现净利润3 945万元，累计提取盈余公积394.5万元，累计分配股利1 000万元，则乙公司基于公允价值基础持续计算至2018年年末的净资产价值＝8 000＋（3 945－1 000÷10×8－1 000）＝10 145（万元）。在推出最终控制方合并财务报表中的净资产价值后，甲公司对乙公司长期股权投资的初始投资成本也就容易得出了：10 145×60%＋300（商誉）＝6 387（万元），若对价是100元，则贷记"资本公积"6 386.99万元；若对价是100亿元，则借记"资本公积、盈余公积、未分配利润"为99.361 3亿元。

通俗地说，不管母公司股东大老高因这项交易手上拿到了100元还是100亿元，他个人的整体财富没任何改变。

【例3-分析题】甲公司于2020年4月1日自其母公司（P公司）取得B公司100%股权并能够对B公司实施控制。该项交易中，以2019年12月31日为评估基准日，B公司全部股权经评估确定的价值为15亿元，其个别财务报表中净资产账面价值为6.4亿元，以P公司取得B公司时点确定的B公司有关资产、负债价值为基础，考虑B公司后续有关交易事项的影响，2020年4月1日，B公司净资产价值为9.2亿元。

甲公司用以支付购买B公司股权的对价为其账面持有的一项土地使用权，成本为7亿元，已摊销1.5亿元，评估价值为10亿元，同时该项交易中甲公司另支付现金5亿元。当日，甲公司账面所有者权益项目构成为：股本6亿元，资本公积3.6亿元，盈余公积2.4亿元，未分配利润8亿元。

【分析】本例中甲公司对B公司的合并属于同一控制下企业合并。按照会计准则规定，该类合并中投资方应当按照合并取得应享有被合并方在最终控制方合并财务报表中账面净资产的份额确认对被合并方的长期股权投资。该长期股权投资与所支付对价账面价值之间的差额应当调整资本公积，资本公积余额不足冲减的，应当依次冲减盈余公积和未分配利润。

对B公司长期股权投资为9.2亿元，甲公司应进行会计处理为（单位：万元）：

借：长期股权投资      92 000

    累计摊销      15 000

    资本公积      13 000

    贷：无形资产      70 000

      银行存款      50 000

注：由于差额计入资本公积等，不产生资产交换损益。

同一控制下的处理原则为权益结合法，同时也起到了防范利用关联关系操纵利润的作用。

## 知识点5 长期股权投资后续计量——权益法下初始投资成本的调整

在知识点2 "不构成合并的长期股权投资初始计量"中，我们知道长期股权投资的初始成本等于支付对价的公允价值与相关税费之和。与原材料、固定资产、无形资产等不同的是，长期股权投资不是具体的一项资产，而是一个综合体，是可辨认资产公允价值减去可辨认负债公允价值后的差额与持股比例的乘积。被投资企业可辨认净资产公允价值的份额，可能大于也可以小于投资方支付对价的公允价值。

准则规定，长期股权投资的初始投资成本大于投资时应享有被投资单位可辨认净资产公允价值份额的，不调整长期股权投资的初始投资成本，从本质上看这个差额是被投资企业的商誉以及不符合确认条件的资产价值；长期股权投资的初始投资成本小于投资时应享有被投资单位可辨认净资产公允价值份额的，应视同是股权转让方作出的让步，按其差额，借记"长期股权投资——投资成本"科目，贷记"营业外收入"科目。

【例4-分析题】A企业于2019年1月取得B公司30%的股权，支付价款9 000万元。取得投资时被投资单位净资产账面价值为22 500万元（假定被投资单位各项可辨认资产、负债的公允价值与其账面价值相同）。

在B公司的生产经营决策过程中，所有股东均按持股比例行使表决权。A企业在取得B公司的股权后，派人参与了B公司的生产经营决策。因能够对B公司施加重大影响，A企业对该投资应当采用权益法核算。

取得投资时，A企业应进行以下账务处理（单位：万元）：

借：长期股权投资——投资成本      9 000

    贷：银行存款      9 000

长期股权投资的初始投资成本9 000万元大于取得投资时应享有被投资单位可辨认净资产公允价值的份额6 750万元（22 500×30%），两者之间的差额不调整长期股权投资的账面价值。

如果本例中取得投资时被投资单位可辨认净资产的公允价值为36 000万元，A企业按持股比例30%计算确定应享有10 800万元，则初始投资成本与应享有被投资单位可辨认净资产公允价值份额之间的差额1 800万元应计入取得投资当期的营业外收入，账务处理如下（单位：万元）：

借：长期股权投资——投资成本　　　　　　　　　　　　　　　　　9 000
　　贷：银行存款　　　　　　　　　　　　　　　　　　　　　　　　　9 000
借：长期股权投资——投资成本　　　　　　　　　　　　　　　　　1 800
　　贷：营业外收入　　　　　　　　　　　　　　　　　　　　　　　　1 800

【注意】1. 需要特别强调的是，这两个分录，一个属于初始计量，一个属于后续计量。不可以将这两个分录进行合并编制。

2. 第二个分录容易忘记，凡用权益法核算的，要养成习惯，在编制第一个分录时就要考虑是否存在初始投资成本调整的问题。

3. 初始投资成本不仅仅是指支付对价的公允价值，还包括相关税费，调整的金额＝享有被投资企业可辨认净资产的公允价值的份额－初始投资成本。

4. 此调整仅适用于权益法。构成合并的情况下会在合并报表中通过"商誉"或"未分配利润"体现。

权益法下，因其他投资方对被投资单位增资而导致投资方的持股比例被稀释，且稀释后投资方仍对被投资单位采用权益法核算的情况下，投资方在调整相关长期股权投资的账面价值时，面临是否应当按比例结转初始投资时形成的"内含商誉"问题。其中，"内含商誉"是指长期股权投资的初始投资成本大于投资方享有的被投资单位可辨认净资产公允价值份额的差额。投资方因股权比例被动稀释而"间接"处置长期股权投资的情况下，相关"内含商誉"的结转应当比照投资方直接处置长期股权投资处理，即应当按比例结转初始投资时形成的"内含商誉"，并将相关股权稀释影响计入资本公积（其他资本公积）。

## 知识点6　长期股权投资后续计量——权益法下投资收益确认

取得被投资企业股权后，便在被投资企业的净资产中享有一定的份额，或者说享有一定的权益。那么，被投资企业净资产发生增减变动，投资企业也应相应调整长期股权投资的账面价值。被投资企业净资产的变动可能来自于净利润、其他综合收益、资本公积的发生。在被投资企业宣告分派股利时，也应相应冲减长期股权投资账面价值。这就是所谓的长期股权投资权益法，长期股权投资的账面价值也随着被投资企业净资产的变动而变动。

但是，若对被投资企业形成了合并，或者说形成了控制，被投资企业成了子公司，则需要编制合并报表反映整个集团的财务状况、经营成果、现金流量等财务信息。在权益法下，长期股权投资下需设四个明细科目（投资成本、损益调整、其他综合收益、其他权益变动），以反映长期股权投资账面价值的变动。

年末，根据被投资企业实现的净利润及股份比例确认投资收益时：

借：长期股权投资——损益调整
　　贷：投资收益
若被投资企业发生亏损：

借：投资收益

  贷：长期股权投资——损益调整

被投资企业宣告分派上年现金股利时：

借：应收股利

  贷：长期股权投资——损益调整

（若分配股票股利及提取盈余公积，被投资企业净资产未发生变动，投资方不做账务处理。）

实际收到现金股利时：

借：银行存款

  贷：应收股利

### 特例一：未实现关联交易损益

若投资方与被投资方当期存在着关联交易（不管是顺流还是逆流交易），并且期末未实现（如商品未对外出售），则在确认投资收益时，应先对被投资企业的净利润进行调整。此规定体现了在合并报表中抵销未实现关联交易损益在长期股权投资权益法核算中的应用。

【例5-分析题】甲企业于2019年1月取得乙公司20%有表决权股份，能够对乙公司施加重大影响。假定甲企业取得该项投资时，乙公司各项可辨认资产、负债的公允价值与其账面价值相同。2019年8月，乙公司将其成本为600万元的某商品以1 000万元的价格出售给甲企业，甲企业将取得的商品作为存货。至2019年资产负债表日，甲企业仍未对外出售该存货。乙公司2019年实现净利润为3 200万元。假定不考虑所得税因素。

借：长期股权投资——损益调整  560 ｛［（3 200－（1 000－600）］×20%｝

  贷：投资收益  560

若2020年将上述商品全部出售，则需在确认投资收益时，加回2019年抵减的未实现交易损益。假设乙公司2020年实现净利润为4 000万元。假定不考虑所得税因素。

甲企业应确认投资收益＝（4 000＋400）×20%＝880（万元）

借：长期股权投资——损益调整  880

  贷：投资收益  880

若甲企业2020年将上述商品对外出售70%，且乙公司2020年实现净利润为4 000万元。假定不考虑所得税因素。

甲企业应确认投资收益＝（4 000＋400×70%）×20%＝856（万元）

借：长期股权投资——损益调整  856

  贷：投资收益  856

【例6-单选题】一诺公司2×20年1月1日取得久诚公司30%的股权，能够对久诚公司施加重大影响。2×20年度久诚公司实现利润8 000万元，当年6月30日，一诺公司将成本为600万元的商品以1 000万元的价格出售给久诚公司，久诚公司将其作为管理用固定资产并当月投入使用，预计尚可使用年限为10年，净残值为零，采用年限平均法计提折旧，不考虑其他因素，一诺公司在其2×20年度的个别财务报表中应确认对久诚公司投资的投资收益为（  ）万元。

 A. 2 100    B. 2 280    C. 2 286    D. 2 400

【解析】2×20年6月30日，固定资产原价中未实现内部交易利润＝1 000－600＝400（万元），应调减净利润，该固定资产2×20年按成本600万元为基础计算的折旧额＝600÷10×6÷12＝30（万元），而久诚公司却按售价1 000万元为基础计算的折旧额＝1 000÷10×6÷12＝50（万元），所以多提的20万元折旧额应当调增净利润。一诺公司在其2×20年度的个别财务报表中应确认对久诚公司投资的投资收益＝（8 000－400＋20）×30%＝2 286（万元），会计分录：

借：长期股权投资——损益调整         2 286

  贷：投资收益              2 286

【答案】C

【思考题】若本题中，当年6月30日，一诺公司将成本为1 000万元的商品以600万元的价格出售给久诚公司，久诚公司仍将其作为管理用固定资产并于当月投入使用，其他条件不变，则一诺公司在其2×20年度的个别财务报表中应确认对久诚公司投资的投资收益为（ ）万元。

A. 2 514    B. 2 280    C. 2 286    D. 2 400

**学堂 点拨**

1. 若一方购入后作为固定资产、无形资产使用，在未实现内部交易收益的情况下，购入方的折旧、摊销"多提了"，将导致利润"虚减"，因此调整净利润时需将虚减部分加回；反之，在未实现内部交易损失的情况下，购入方的折旧、摊销"少提了"，将导致利润"虚增"，因此调整净利润时需将虚增部分扣除。

2. 若投资时涉及以非现金资产作为支付对价并形成了被投资企业的非现金资产，也属于关联交易，按以上原则处理。

【例7-分析题】2019年1月1日，甲公司、乙公司和丙公司共同出资设立丁公司，注册资本为5 000万元，甲公司持有丁公司注册资本的38%，乙公司和丙公司各持有丁公司注册资本的31%，丁公司为甲、乙、丙公司的合营企业。甲公司以其固定资产（机器）出资，该机器的原价为1 600万元，累计折旧为400万元，剩余折旧年限为7年，未计减值，公允价值为1 900万元；乙公司和丙公司以现金出资，各投资1 550万元。当年丁公司实现净利润1 000万元。

【分析】甲公司的账务处理如下：

2020年1月1日，甲公司对丁公司的投资长期股权投资成本为固定资产的公允价值1 900万元，机器的账面价值与公允价值之间的差额700万元（1 900－1 200），确认为损益。

借：长期股权投资           1 900

  贷：固定资产清理          1 900

借：固定资产清理          1 200

  累计折旧            400

  贷：固定资产           1 600

借：固定资产清理           700

  贷：资产处置损益           700

调整后的净利润＝1 000－（1 900－1 200）＋（1 900－1 200）÷7＝400（万元）

借：长期股权投资——损益调整     152 （400×38%）

  贷：投资收益            152

### 特例二：对优先股股利的考虑

若被投资企业发行了分类为权益工具的可累计优先股、永续债等，无论被投资企业是否宣告分配优先股股利，投资方计算应享有被投资单位的净利润时，均应将归属于其他投资方的累积优先股股利予以扣除，扣除后的净利润才属于普通股股东享有。

**【例8-单选题】**甲公司持有乙公司30%股份，能够对乙公司施加重大影响。2019年1月1日，乙公司按票面金额平价发行6亿元可累积优先股，股息率为6%。2019年12月31日，乙公司宣告并以现金发放当年优先股股息2 000万元。乙公司2020年度实现净利润为8 000万元，年末未对优先股股息支付进行有关公告。假定不考虑其他因素，甲公司2020年应确认的投资收益为（　　）万元。

A．400          B．1 320          C．840          D．0

**【答案】**B

**学堂点拨**

乙公司调整后的净利润＝8 000－60 000×6%＝4 400（万元）

甲公司应确认投资收益＝4 400×30%＝1 320（万元）

借：长期股权投资——损益调整                                    1 320

　　贷：投资收益                                                    1 320

### 特例三：公允价值基础上的净利润

在取得股权时，与股权转让方讨价还价的基础是被投资企业可辨认净资产的公允价值，而不是账面价值。假设不考虑商誉因素，被投资企业可辨认净资产的公允价值为8 000万元，而账面价值为6 000万元。差额为被投资企业库存商品的公允价值大于账面价值所致，大家都知道存货是按历史成本计量的。那么，若要购买该公司20%的股权，双方讨价还价的基础就是可辨认净资产的公允价值为8 000万元，会开出1 600万元的价格。若成交价高于1 600万元，说明投资方接受及认可被投资企业存在的商誉，若成交价低于1 600万元，说明是转让方作出了让步。

假设最终以1 600万元成交，当年被投资企业实现净利润500万元，其中包括评估增值的存货销售实现的300万元。站在投资方角度看，这300万元仅仅是投资成本的收回，而不是真正的投资收益。被投资企业的净利润需进行调整，需以公允价值为基础进行调整，这就是资本保全原则。

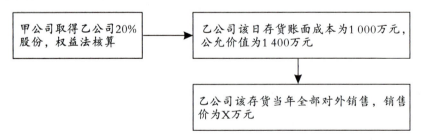

**图6-1　公允价值基础上的净利润**

图6-1表明，甲公司取得股权日相当于以公允价值1 400万元购买了乙公司20%的存货，该批存货当年全部销售，乙公司账面上400万元（1 400－1 000）利润的20%部分即80万元，不应视同为甲公司取得的投资收益，而应看作是成本的收回，因为单就存货来说，甲公司是基于1 400万元的价格购买的。

造成可辨认净资产的公允价值与账面价值差异的原因可能包括：历史成本计量的资产账面价值小

于公允价值（如固定资产、无形资产、存货、以成本模式计量的投资性房地产）、未入账的无形资产、未计提坏账的应收账款、符合确认条件但未入账的预计负债等。

**【例9-分析题】**甲公司于2019年1月10日购入乙公司30%的股份，购买价款为3 300万元，并自取得投资之日起派人参与乙公司的财务和生产经营决策。取得投资当日，乙公司可辨认净资产公允价值为9 000万元，除下表所列项目外，乙公司其他资产、负债的公允价值与账面价值相同。

假定乙公司于2019年实现净利润900万元，其中，在甲公司取得投资时的账面存货有80%对外出售。甲公司与乙公司的会计年度及采用的会计政策相同。固定资产、无形资产均按年限平均法（直线法）提取折旧或摊销，预计净残值均为0。假定甲、乙公司间未发生任何内部交易。下表为乙公司公允价值与账面价值存在差异的资产的详情（单位：万元）：

| 项目 | 账面原价 | 累计折旧或摊销 | 公允价值 | 乙公司预计使用年限 | 甲公司取得投资后剩余使用年限 |
|---|---|---|---|---|---|
| 存货 | 750 | | 1 050 | | |
| 固定资产 | 1 800 | 360 | 2 400 | 20 | 16 |
| 无形资产 | 1 050 | 210 | 1 200 | 10 | 8 |
| 合计 | 3 600 | 570 | 4 650 | | |

存货公允价值与账面价值的差额应调减的利润＝（1 050－750）×80%＝240（万元）

固定资产公允价值与账面价值的差额应调整增加的折旧额＝2 400÷16－1 800÷20＝60（万元）

无形资产公允价值与账面价值的差额应调整增加的摊销额＝1 200÷8－1 050÷10＝45（万元）

调整后的净利润＝900－240－60－45＝555（万元）

甲公司应享有份额＝555×30%＝166.50（万元）

确认投资收益的账务处理如下（单位：万元）：

借：长期股权投资——损益调整　　　　　　　　　　　　　　166.50

　　贷：投资收益　　　　　　　　　　　　　　　　　　　　166.50

本例中，存货的销售产生的利润240万元，站在甲公司（投资方）角度，应视为资本的回收而不是利润；站在甲公司（投资方）角度，固定资产、无形资产应"补提折旧、摊销"60万元和45万元，故均需从净利润中抵销。

## 特例四：超额亏损

投资企业确认应分担被投资单位发生的净亏损，应当以长期股权投资的账面价值以及其他实质上构成对被投资单位净投资的长期权益减记至零为限，投资企业负有承担额外损失义务的除外。

其他实质上构成对被投资单位净投资的长期权益，通常是指长期应收项目。比如，企业对被投资单位的长期债权，该债权没有明确的清收计划、且在可预见的未来期间不准备收回的，实质上构成对被投资单位的净投资，但不包括投资企业与被投资单位之间因销售商品、提供劳务等日常活动所产生的长期债权。

在确认应分担被投资单位发生的亏损时，应当按照以下顺序进行处理：

（一）冲减长期股权投资的账面价值。

（二）长期股权投资的账面价值不足以冲减的，应当以其他实质上构成对被投资单位净投资的长期权益账面价值为限继续确认投资损失，冲减长期应收项目等的账面价值。

（三）经过上述处理，按照投资合同或协议约定企业仍承担额外义务的，应按预计承担的义务确认预计负债，计入当期投资损失。

除上述情况外仍未确认的应分担被投资单位的损失，应在账外备查登记。

被投资单位以后期间实现盈利的，应按与上述相反的顺序处理，减记账外备查登记的金额、已确认预计负债的账面余额、恢复其他实质上构成对被投资单位净投资的长期权益及长期股权投资的账面价值，同时确认投资收益。

## 知识点7　长期股权投资后续计量——权益法下被投资企业净利润以外的净资产变动

【例10-分析题】甲公司持有乙公司25%的股份，并能对乙公司施加重大影响。当期，乙公司将其作为存货的房地产转换为以公允价值模式计量的投资性房地产，转换日公允价值大于账面1 500万元，计入了其他综合收益。不考虑其他因素，甲公司当期按照权益法核算应确认的其他综合收益的会计处理如下：

按权益法核算甲公司应确认的其他综合收益=1 500×25%=375（万元）

借：长期股权投资——其他综合收益　　　　　　　　　　　　　　　　375

　　贷：其他综合收益　　　　　　　　　　　　　　　　　　　　　　　375

被投资单位除净损益、其他综合收益以及利润分配以外所有者权益的其他变动，主要包括被投资单位接受其他股东的资本性投入、被投资单位发行可分离交易的可转换公司债券中包含的权益成分、以权益结算的股份支付等。

【例11-分析题】A企业持有B企业30%的股份，能够对B企业施加重大影响。B企业为上市公司，当期B企业的母公司给予B企业捐赠1 000万元，该捐赠实质上属于资本性投入，B企业将其计入资本公积（股本溢价）。不考虑其他因素，A企业按权益法做如下会计处理：

A企业在确认应享有被投资单位所有者权益的其他变动=1 000×30%=300（万元）

借：长期股权投资——其他权益变动　　　　　　　　　　　　　　　　300

　　贷：资本公积——其他资本公积　　　　　　　　　　　　　　　　　300

【注意】此情况下贷记"资本公积"，而非"其他综合收益""投资收益"。在未来股权处置时，不管是计入其他综合收益还是资本公积，都同样结转投资收益。

表6-2　权益法核算要点

| 1 | 判断是否需要对初始投资成本进行调整 |
| --- | --- |
| 2 | 以公允价值为基础对净利润进行调整 |
| 3 | 剔除未实现关联交易损益 |
| 4 | 考虑优先股股息及可累积优先股因素 |
| 5 | 除净损益以外的其他权益变动 |

## 知识点8　长期股权投资后续计量——成本法

细心的考生可能已知道权益法的适用范围是对被投资企业能够施加共同控制和重大影响的情形，

即20%~50%间的股权投资。那么，若对被投资企业能够实施控制，是否还应采用权益法核算呢？准则观点认为，为使财务信息更具有用性，合并报表既已反映了集团的财务信息，那么每公司个别会计报表反映的财务信息应纯粹是母公司的，而不应包含在子公司享有的权益和损益。实务中，母公司往往也是集团中重要的经营主体，而非仅仅是投资性主体，那么，母公司的财务信息也就同样十分重要。

成本法的"成本"二字的含义为：长期股权投资的账面价值反映投资企业的初始投资成本，不随被投资企业净资产的变动而变动。

【例12-分析题】2019年10月20日，甲公司以15 000万元购入乙公司80%的股权。甲公司取得该部分股权后，能够有权力主导乙公司的相关活动并获得可变回报。2019年乙公司实现净利润2 000万元。2020年3月20日，乙公司宣告分派现金股利1 200万元，甲公司按照其持有比例确定可分回960万元。4月10日收到股利。甲公司对乙公司长期股权投资应进行的账务处理如下（单位：万元）：

2019年10月20日：

借：长期股权投资     15 000

    贷：银行存款     15 000

2019年年末不做账务处理。

2020年3月20日：

借：应收股利     960

    贷：投资收益     960

2020年4月10日：

借：银行存款     960

    贷：应收股利     960

表6-3 采用权益法与成本法核算的比较

| | 权益法 | 成本法 |
|---|---|---|
| 期末被投资单位实现净利润/其他综合收益/其他所有者权益变动 | 借：长期股权投资<br>  贷：投资收益/其他综合收益/资本公积——其他资本公积 | 不做账务处理 |
| 被投资企业宣告分配现金股利 | 借：应收股利<br>  贷：长期股权投资 | 借：应收股利<br>  贷：投资收益 |

【例13-分析题】甲公司持有乙公司30%股权，能够对乙公司实施重大影响，采用权益法核算。2019年5月20日，乙公司宣告分配现金股利1 000万元，甲公司借记应收股利300万元，贷记投资收益300万元。

对以上会计差错的当期更正分录为（单位：万元）：

借：投资收益     300

    贷：长期股权投资     300

## 知识点9 长期股权投资的减值

长期股权投资的核算也是历史成本基础，那么它也同固定资产、无形资产等一样存在着计提减值准备的问题。若可收回金额低于账面价值，应计提长期股权投资减值准备。

## 知识点10 长期股权投资的转换

同是长期股权投资，持有的股份大小不同，对被投资企业财务及经营的影响程度不同，也决定了会计确认、计量的不同。

长期股权投资的转换至少有六种情况。若考虑增减少数股权不改变控股权、出售部分股权后依然采用权益法核算的，共有九种情形。增减少数股权但不改变控股权的两种情形在合并财务报表一章中讲述。本章只重点讲述另外的七种情况。本章需要结合合并财务报表一章一同学习。

### 一、以公允价值计量且其变动计入其他综合收益的金融资产的转换

以公允价值计量且其变动计入其他综合收益的金融资产的转换是指若本来持有10%的非交易性权益工具投资，并按以公允价值计量且其变动计入其他综合收益的金融资产进行核算，现再次追加投资20%或60%，新追加投资的初始投资成本以公允价值为基础（同一控制下合并除外），原10%的以公允价值计量且其变动计入其他综合收益的金融资产应结转至长期股权投资。

以公允价值计量且其变动计入其他综合收益的金融资产应结转至长期股权投资涉及两个问题：一是按什么价值结转；二是以前期间因公允价值变动确认的其他综合收益应当如何结转？

问题一，其他权益工具投资既然本来就是以公允价值计量的，那么转换时应以转换日的公允价值结转至长期股权投资，与账面价值的差额计入留存收益。

问题二，转换后，其他权益工具投资变为长期股权投资，视同对该其他权益工具投资进行了处置，以前期间因公允价值变动确认的其他综合收益结转至留存收益。

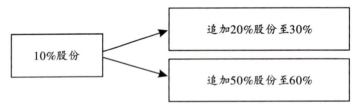

图6-2 追加投资

【例14-计算分析题】2019年1月1日，甲公司以1 270万元购入乙公司5%的股权，甲公司将其划分为以公允价值计量且其变动计入其他综合收益的金融资产，2019年年末该股权的公允价值为1 700万元。2020年2月1日甲公司再次以银行存款4 320万元取得乙公司12%的股权，当日原5%股权的公允价值为1 800万元。取得该部分股权后，甲公司能够对乙公司的相关活动产生重大影响。2020年乙公司实现净利润2 400万元（假定每月实现的利润是均匀的）。2021年3月20日，乙公司宣告分派现金股利1 200万元。

要求：编制甲公司与股权投资有关的会计分录（单位：万元）。

【答案】

2019年1月1日：

借：其他权益工具投资——成本　　　　　　　　　　　　　　　　　　　　　　1 270

　　贷：银行存款　　　　　　　　　　　　　　　　　　　　　　　　　　　　　　1 270

2019年12月31日：

借：其他权益工具投资——公允价值变动 　　　　　　　　　　　430

　　贷：其他综合收益 　　　　　　　　　　　　　　　　　　　　430

2020年2月1日：

借：长期股权投资——投资成本 　　　　　　　　　　　　　　4 320

　　贷：银行存款 　　　　　　　　　　　　　　　　　　　　4 320

借：长期股权投资——投资成本 　　　　　　　　　　　　　　1 800

　　贷：其他权益工具投资——成本 　　　　　　　　　　　　1 270

　　　　　　　　　　　　——公允价值变动 　　　　　　　　430

　　　　盈余公积 　　　　　　　　　　　　　　　　　　　　 10

　　　　利润分配——未分配利润 　　　　　　　　　　　　　 90

借：其他综合收益 　　　　　　　　　　　　　　　　　　　　430

　　贷：盈余公积 　　　　　　　　　　　　　　　　　　　　 43

　　　　利润分配——未分配利润 　　　　　　　　　　　　　387

2020年12月31日：

借：长期股权投资——损益调整 　　374（2 400×11÷12×17%）

　　贷：投资收益 　　　　　　　　　　　　　　　　　　　　374

2021年3月20日：

借：应收股利 　　　　　　　　　　　　　　　　　　　　　　204

　　贷：长期股权投资——损益调整 　　　　　　　　　　　　204

【例15-计算分析题】2019年4月1日，甲公司持有乙公司10%的股权的公允价值为450万元（账面价值为420万元，其中公允价值变动20万元），划分为以公允价值计量且其变动计入其他综合收益的金融资产。当日，又以2 250万元购入乙公司50%的股权，追加投资后，甲公司能够主导乙公司的相关活动并获得可变回报。

要求：编制甲公司与股权投资有关的会计分录（单位：万元）。

【答案】

借：长期股权投资 　　　　　　　　　　　　　　　　　　　2 250

　　贷：银行存款 　　　　　　　　　　　　　　　　　　　2 250

借：长期股权投资 　　　　　　　　　　　　　　　　　　　　450

　　贷：其他权益工具投资——成本 　　　　　　　　　　　　400

　　　　　　　　　　　　——公允价值变动 　　　　　　　　 20

　　　　盈余公积 　　　　　　　　　　　　　　　　　　　　　3

　　　　利润分配——未分配利润 　　　　　　　　　　　　　 27

借：其他综合收益 　　　　　　　　　　　　　　　　　　　　 20

　　贷：盈余公积 　　　　　　　　　　　　　　　　　　　　　2

　　　　利润分配——未分配利润 　　　　　　　　　　　　　 18

【例16-分析题】甲公司于2019年2月取得乙公司10%股权，对乙公司不具有控制、共同控制和重大影响，甲公司将其分类为以公允价值计量且其变动计入其他综合收益的金融资产，投资成本为900

万元，取得时乙公司可辨认净资产公允价值总额为8 400万元（假定公允价值与账面价值相同）。

2020年3月1日，甲公司又以1 800万元取得乙公司12%的股权，当日乙公司可辨认净资产公允价值总额为12 000万元。取得该部分股权后，按照乙公司章程规定，甲公司能够派人参与乙公司的财务和生产经营决策，对该项长期股权投资转为采用权益法核算。假定甲公司在取得乙公司10%的股权后，双方未发生任何内部交易。乙公司通过生产经营活动实现的净利润为900万元，未派发现金股利和利润，按10%的比例计提法定盈余公积。除所实现净利润外，未发生其他所有者权益变动事项。2020年3月1日，甲公司对乙公司投资原10%股权的公允价值为1 300万元，原计入其他综合收益的累计公允价值变动收益为120万元。

【分析】本例中，甲公司对乙公司投资原10%股权的公允价值为1 300万元，结转至长期股权投资；原计入其他综合收益的累计公允价值变动收益120万元转入损益；甲公司对乙公司股权增持后，持股比例改为22%，初始投资成本为3 100万元（1 300+1 800），应享有乙公司可辨认净资产公允价值份额为2 640万元（12 000×22%），前者比后者多460万元，不调整长期股权投资的账面价值。

甲公司对上述交易的会计处理如下（单位：万元）：

借：长期股权投资——投资成本　　　　　　　　　　　　　　　　3 100
　　贷：银行存款　　　　　　　　　　　　　　　　　　　　　　1 800
　　　　其他权益工具投资　　　　　　　　　　　　　　　　　　1 020
　　　　盈余公积　　　　　　　　　　　　　　　　　　　　　　　 28
　　　　利润分配——未分配利润　　　　　　　　　　　　　　　　252
借：其他综合收益　　　　　　　　　　　　　　　　　　　　　　　120
　　贷：盈余公积　　　　　　　　　　　　　　　　　　　　　　　 12
　　　　利润分配——未分配利润　　　　　　　　　　　　　　　　108

【小结】此两种情况下的会计处理没有本质区别，取得新增股份正常进行会计处理；原以公允价值计量且其变动计入其他综合收益的金融资产按转换日的公允价值结转长期股权投资，差额计入留存收益；若存在其他综合收益，结转留存收益。

## 二、权益法核算的长期股权投资的转换

（一）权益法下核算的长期股权投资转换为以公允价值计量且其变动计入其他综合收益的金融资产。

如持股比例为20%，若出售部分股份（如5%），则变为了以公允价值计量且其变动计入其他综合收益的金融资产。

出售部分股权后，剩余股权按以公允价值计量且其变动计入其他综合收益的金融资产核算，是按账面价值结转，还是按当日的公允价值结转？

让我们从例题及解答中寻找答案：

【例17-分析题】甲公司持有乙公司30%的有表决权股份，能够对乙公司施加重大影响，对该股权投资采用权益法核算。2019年10月，甲公司将该项投资中的50%出售给非关联方，取得价款1 800万元。相关股权划转手续于当日完成。甲公司持有乙公司剩余15%股权，无法再对乙公司施加重大影响，转为其他权益工具投资。股权出售日，剩余股权的公允价值为1 800万元。出售该股权时，长期股

权投资的账面价值为3 200万元，其中投资成本2 600万元，损益调整为300万元，因被投资单位的其他债权投资的累计公允价值增加享有部分为200万元，除净损益、其他综合收益和利润分配以外的其他所有者权益变动为100万元，不考虑相关税费等其他因素影响。

【分析】甲公司的会计处理如下（单位：万元）：

1. 确认有关股权投资的处置损益。

借：银行存款            1 800

  贷：长期股权投资——投资成本    1 300（2 600×1÷2）

       ——损益调整     150（300×1÷2）

       ——其他综合收益   100（200×1÷2）

       ——其他权益变动   50（100×1÷2）

    投资收益        200

2. 由于终止采用权益法核算，将原确认的相关其他综合收益全部转入当期损益。

借：其他综合收益          200

  贷：投资收益          200

3. 由于终止采用权益法核算，将原计入资本公积的其他所有者权益变动全部转入当期损益。

借：资本公积——其他资本公积      100

  贷：投资收益          100

4. 剩余股权投资按公允价值结转为其他权益工具投资，当日公允价值为1 800万元，账面价值为1 600万元，两者的差额计入留存收益。

借：其他权益工具投资         1 800

  贷：长期股权投资——投资成本    1300（2600×50%）

       ——损益调整     150（300×50%）

       ——其他综合收益   100（200×50%）

       ——其他权益变动   50（100×50%）

    投资收益        200

注：若本题为单选题，要求计算处置时应确认的投资收益，速算技巧是：投资收益＝1 800+1 800−3 200+200+100＝700（万元）。

**学堂点拨**

转让部分股份后失去重大影响转为公允价值核算的，原确认的其他综合收益全部结转至投资收益或留存收益；原确认的资本公积全部结转投资收益。剩余股权转为"交易性金融资产"或"其他权益工具投资"并按转换日公允价值入账，与剩余股权账面价值的差额计入投资收益。

转让部分股份后对剩余股权仍采用权益法核算的，原权益法下核算的相关其他综合收益应当按处置比例转入当期投资收益或留存收益，因被投资方除净损益、其他综合收益和利润分配以外的其他所有者权益变动而确认的资本公积-其他资本公积，应按处置比例转入当期投资收益。

（二）权益法核算的长期股权投资，转换为成本法核算的长期股权投资，如原持有被投资方40%股份，对被投资方具有重大影响，后来追加30%股份至70%，能够控制被投资方，原权益法下长期股权投资

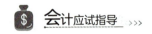

按账面价值结转至成本法核算的长期股权投资初始投资成本，不存在差异，购买日之前因权益法核算形成的其他综合收益或资本公积暂不作处理，待处置该项投资时再按处置长期股权投资的规定进行处理。

【例18-分析题】久诚公司为一上市的集团公司，原持有一诺公司40%股权，能够对一诺公司施加重大影响。2020年1月1日，久诚公司从一诺公司的控股股东——诺言公司处受让一诺公司30%股权，受让价格为6 500万元，款项已用银行存款支付，并办理了股东变更登记手续。久诚公司受让一诺公司30%股权后，共计持有一诺公司70%股权，能够对一诺公司实施控制，久诚公司受让一诺公司30%股权时，所持一诺公司40%股权的账面价值为2 700万元，其中投资成本2 250万元，损益调整435万元，其他权益变动15万元；公允价值为3 100万元。不考虑相关税费及其他因素。

【分析】久诚公司会计处理如下（单位：万元）

长期股权投资的初始投资成本＝2 700＋6 500＝9 200（万元）。

| | |
|---|---|
| 借：长期股权投资 | 6 500 |
| 　　贷：银行存款 | 6 500 |
| 借：长期股权投资 | 2 700 |
| 　　贷：长期股权投资——投资成本 | 2 250 |
| 　　　　　　——损益调整 | 435 |
| 　　　　　　——其他权益变动 | 15 |

**学堂点拨**

持有40%股权投资期间因被投资方其他权益变动确认的资本公积15万元不转入投资收益。

### 三、成本法核算的长期股权投资的转换

本来持有50%以上的股权，出售部分股权后，变成了权益法核算的长期股权投资或以公允价值计量且其变动计入其他综合收益的金融资产。也可理解为因出售部分股权而失去控制权。

第一种情况：本来60%的股权，现转让50%的股权，剩余10%股权。

这种情况似乎不是难题，剩余股权不能对被投资企业产生重大影响，则按以公允价值计量且其变动计入其他综合收益的金融资产核算，入账价值是当日的公允价值，差额计入投资收益。

第二种情况：本来60%的股权，现转让20%的股权，剩余40%股权能够对被投资企业产生重大影响，未来采用权益法核算。

这种情况下，除常规的处理之外，准则规定：由于转让部分股权后仍然在长期股权投资中核算，但计量基础由成本法变为了权益法，需进行追溯调整。会计处理步骤如下：

（一）比较剩余的长期股权投资成本与按照剩余持股比例计算原投资时确定应享有被投资单位可辨认净资产公允价值份额，若差额属于投资作价体现的商誉部分（即正差），不调整长期股权的账面价值；若为负差，应调整长期股权的账面价值，同时调整留存收益。

（二）对于原取得投资时至转为权益法核算之间应享有的被投资单位实现的净损益份额，应调整长期股权投资的账面价值，同时计入留存收益和投资收益（本年的部分）。在计算应享有的份额时，还应关注被投资企业已发放及已宣告发放的现金股利。

（三）其他原因导致的被投资单位可辨认净资产公允价值变动中应享有的份额，在调整长期股权

投资账面价值的同时，应当计入"其他综合收益"或"资本公积——其他资本公积"。

【例19-分析题】2019年1月1日，甲公司支付6 000万元取得乙公司100%的股权，投资当时乙公司可辨认净资产的公允价值为5 000万元。2019年乙公司净资产增加了750万元，其中按购买日公允价值计算实现的净利润500万元，持有其他债权投资的公允价值升值250万元。2020年1月1日，甲公司转让乙公司60%的股权，收取现金4 800万元存入银行，转让后甲公司对乙公司的持股比例为40%，能够对其施加重大影响。2020年1月1日，即甲公司丧失对乙公司的控制权日，乙公司剩余40%股权的公允价值为3 200万元。假定甲、乙公司提取盈余公积的比例均为10%。假定乙公司未分配现金股利，并不考虑其他因素。

【分析】甲公司个别财务报表的处理如下（单位：万元）：

1. 确认部分股权处置收益。

借：银行存款　4 800
　　贷：长期股权投资　3 600
　　　　投资收益　1 200

2. 对剩余股权按权益法进行追溯调整。

借：长期股权投资　300
　　贷：盈余公积　20（500×40%×10%）
　　　　利润分配　180（500×40%×90%）
　　　　其他综合收益　100（250×40%）

经上述调整后，在个别财务报表中，剩余股权的账面价值＝6 000－3 600＋300＝2 700（万元）

假设2019年乙公司实现净利润700万元，则甲公司2019年12月31日：

借：长期股权投资——损益调整　280
　　贷：投资收益　280

注：教材例题还涉及甲公司合并报表的处理，本书作者认为此内容在合并财务报表一章中学习更为合适，此处略去。

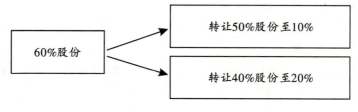

图6-3　股份转让

【提示】转让部分股份正常进行会计处理；剩余股权为以公允价值计量且其变动计入其他综合收益的金融资产的，按转换日公允价值入账，结转至以公允价值计量且其变动计入其他综合收益的金融资产；剩余股权采用权益法核算的，剩余股权需按权益法进行追溯调整，并调整留存收益。

## 知识点11 纳税差异问题

一、在准备长期持有的情况下，对于采用权益法核算的长期股权投资账面价值与计税基础之间的差异，投资企业一般不确认相关的所得税影响。但同时满足以下两个条件的除外：（一）投资企业能够控制暂时性差异转回的时间；（二）该暂时性差异在可预见的未来很可能不会转回。

二、在持有意图由长期持有转变为拟近期出售的情况下，因长期股权投资的账面价值与计税基础不同产生的有关暂时性差异，均应确认相关的所得税影响。

注：尽管大多属于不确认递延所得税负债的情形，但依然是可以进行命题的，让考生简述不确认的理由。

## 知识点12 其他合营安排

《企业会计准则第40号——合营安排》主要条款：

第二条　合营安排，是指一项由两个或两个以上的参与方共同控制的安排。合营安排具有下列特征：

（一）各参与方均受到该安排的约束；

（二）两个或两个以上的参与方对该安排实施共同控制。任何一个参与方都不能够单独控制该安排，对该安排具有共同控制的任何一个参与方均能够阻止其他参与方或参与方组合单独控制该安排。

第三条　合营安排不要求所有参与方都对该安排实施共同控制。合营安排参与方既包括对合营安排享有共同控制的参与方（即合营方），也包括对合营安排不享有共同控制的参与方。

第五条　共同控制，是指按照相关约定对某项安排所共有的控制，并且该安排的相关活动必须经过分享控制权的参与方一致同意后才能决策。

第七条　如果存在两个或两个以上的参与方组合能够集体控制某项安排的，不构成共同控制。

第八条　仅享有保护性权利的参与方不享有共同控制。

第九条　合营安排分为共同经营和合营企业：

共同经营，是指合营方享有该安排相关资产且承担该安排相关负债的合营安排。合营企业，是指合营方仅对该安排的净资产享有权利的合营安排。

第十一条　未通过单独主体达成的合营安排，应当划分为共同经营。

第十二条　通过单独主体达成的合营安排，通常应当划分为合营企业。

第十六条　合营方向共同经营投出或出售资产等（该资产构成业务的除外），在该资产等由共同经营出售给第三方之前，应当仅确认因该交易产生的损益中归属于共同经营其他参与方的部分。投出或出售的资产发生符合《企业会计准则第8号——资产减值》等规定的资产减值损失的，合营方应当全额确认该损失。

第十七条　合营方自共同经营购买资产等（该资产构成业务的除外），在将该资产等出售给第三方之前，应当仅确认因该交易产生的损益中归属于共同经营其他参与方的部分。购入的资产发生符合《企业会计准则第8号——资产减值》等规定的资产减值损失的，合营方应当按其承担的份额确认该部分损失。

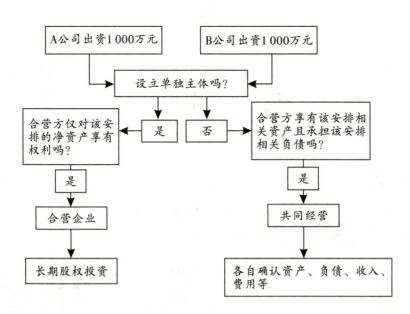

图 6-4　合营安排

一、合营方向共同经营投出或者出售不构成业务的资产的会计处理：

合营方向共同经营投出或出售资产等（该资产构成业务的除外），在共同经营将相关资产出售给第三方或相关资产消耗之前（即未实现内部利润仍包括在共同经营持有的资产账面价值中时），应当仅确认归属于共同经营其他参与方的利得或损失。如果投出或出售的资产发生符合《企业会计准则第8号——资产减值》等规定的资产减值损失的，合营方应当全额确认该损失。

二、合营方自共同经营购买不构成业务的资产的会计处理：

合营方自共同经营购买资产等（该资产构成业务的除外），在将该资产等出售给第三方之前（即未实现内部利润仍包括在合营方持有的资产账面价值中时），不应当确认因该交易产生的损益中该合营方应享有的部分，即此时应当仅确认因该交易产生的损益中归属于共同经营其他参与方的部分。

三、合营方取得构成业务的共同经营的利益份额的会计处理：

企业应当按照企业合并准则的相关规定判断该共同经营是否构成业务。该处理原则不仅适用于收购现有的构成业务的共同经营中的利益份额，也适用于与其他参与方注入既存业务，使共同经营设立时即构成业务。

四、对共同经营不享有共同控制的参与方（非合营方），如果享有该共同经营相关资产且承担该共同经营相关负债的，比照合营方进行会计处理。否则，应当按照相关企业会计准则的规定对其利益份额进行会计处理。

例如，如果该参与方对于合营安排的净资产享有权利并且具有重大影响，则按照长期股权投资准则等相关规定进行会计处理。

如果该参与方对于合营安排的净资产享有权利并且无重大影响，则按照金融工具确认和计量准则等相关规定进行会计处理；向共同经营投出构成业务的资产的，以及取得共同经营的利益份额的，则按照合并财务报表及企业合并等相关准则进行会计处理。

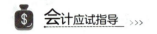 

# 第七章　资产减值

## 本章思维导图

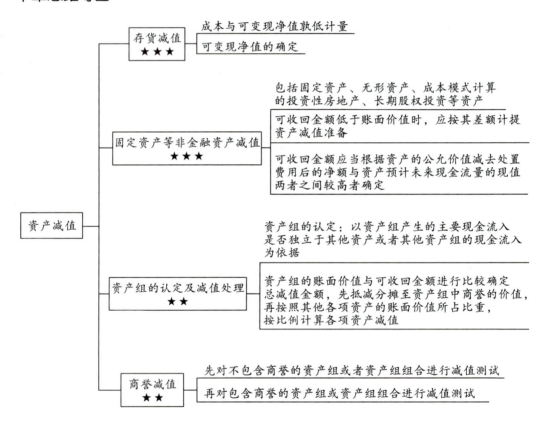

## 本章考情分析

　　本章内容在客观题和主观题中均可能出现，客观题主要考查存货的期末计量、资产预计未来现金流量考虑的因素、资产组的认定及其减值处理，在主观题中主要考查商誉减值测试、会计估计变更、资产负债表日后事项、前期差错更正等，分值在5分左右。

## 本章知识点精讲

### 知识点1 资产可回收金额的计量

固定资产、无形资产、成本模式计量的投资性房地产、使用权资产、长期股权投资等资产存在减值迹象的，应当估计其可收回金额。可收回金额低于账面价值时，应按其差额计提资产减值准备。

可收回金额应当根据资产的公允价值减去处置费用后的净额与资产预计未来现金流量的现值两者之间较高者确定。

处置费用包括与资产处置有关的法律费用、相关税费、搬运费以及为使资产达到可销售状态所发生的直接费用等。

资产的公允价值减去处置费用后的净额与资产预计未来现金流量的现值，只要有一项超过了资产的账面价值，就表明资产没有发生减值，不需再估计另一项金额。

资产的公允价值减去处置费用后的净额，应当根据公平交易中销售协议价格减去可直接归属于该资产处置费用的金额确定。不存在销售协议但存在资产活跃市场的，应当按照该资产的市场价格减去处置费用后的金额确定。资产的市场价格通常应当根据资产的买方出价确定。

在不存在销售协议和资产活跃市场的情况下，应当以可获取的最佳信息为基础，估计资产的公允价值减去处置费用后的净额，该净额可以参考同行业类似资产的最近交易价格或者结果进行估计。

（一）预计未来现金流量的估计

为了预计资产未来现金流量，企业管理层应当在合理和有依据的基础上对资产剩余使用寿命内整个经济状况进行最佳估计，并将资产未来现金流量的预计建立在经企业管理层批准的最近财务预算或预测数据之上。

预计的资产未来现金流量应当包括以下内容：

1. 资产持续使用过程中预计产生的现金流入；

2. 为实现资产持续使用过程中产生的现金流入所必须的预计现金流出（包括为使资产达到预定可使用状态所发生的现金流出）；

**学堂 点睛**

> 对于在建工程，开发过程中的无形资产等，企业在预计其未来现金流量时，应当包括预期为使该类资产达到预定可使用（或者可销售）状态而发生的全部现金流出数。

3. 资产使用寿命结束时，处置资产所收到或者支付的净现金流量。

每期净现金流量＝该期现金流入−该期现金流出

预计资产未来现金流量应当综合考虑下列因素：

1. 以资产的当前状况为基础预计资产未来现金流量；

**学堂 点睛**

> 不应当包括与将来可能会发生的、尚未作出承诺的重组事项或与资产改良有关的预计未来现金流量。

2. 预计资产未来现金流量不应当包括筹资活动和所得税收付产生的现金流量；

3. 对通货膨胀因素的考虑应当和折现率相一致；

4. 涉及内部转移价格的需要作调整。

预计资产未来现金流量的方法

1. 传统法

2. 期望现金流量法

（二）折现率的估计

为了达到资产减值测试的目的，计算资产未来现金流量现值时所使用的折现率应当是反映当前市场货币时间价值和资产特定风险的税前利率。

（三）资产未来现金流量的预计

在预计资产的未来现金流量和折现率的基础上，企业将该资产的预计未来现金流量按照预计折现率在预计使用寿命内予以折现后，即可确定该资产未来现金流量的现值。

计算公式：资产未来现金流量的现值$PV = \Sigma$［第$t$年预计资产未来现金流量$NCF_t$/（1+折现率）$^t$］

（四）外币未来现金流量及其现值的预计

企业使用的资产所收到的未来现金流量为外币时，应按以下顺序确定资产未来现金流量的现值：

1. 以外币（结算货币）表示的未来现金流量现值$= \Sigma$［该资产所产生的未来现金流量（结算货币）×该结算货币使用的折现率的折现系数］

2. 以记账本位币表示的资产未来现金流量的现值=以外币（结算货币）表示的未来现金流量现值×计算资产未来现金流量现值当日的即期汇率

3. 以记账本位币表示的资产未来现金流量的现值与资产公允价值减去处置费用后的净额相比较，两者中的较高者作为其可收回金额，根据可收回金额与资产账面价值相比较，确定是否需要确认减值损失以及确认多少减值损失。

资产减值损失确认后，减值资产的折旧或者摊销费用应当在未来期间作相应调整，以使该资产在剩余使用寿命内，系统地分摊调整后的资产账面价值（扣除预计净残值）。

【例1-多选题】下列各项中，属于固定资产减值测试时预计其未来现金流量不应考虑的因素有（      ）。

A. 筹资活动产生的现金流入或者流出

B. 通货膨胀因素

C. 与已作出承诺的重组事项有关的预计未来现金流量

D. 未来年度为改良资产发生的现金流出

【答案】AD

学堂点拨

选项B，对通货膨胀因素的考虑应当和折现率相一致，选项C，与已作出承诺的重组事项有关的预计未来现金流量应当予以考虑。

## 知识点2　资产组的认定及减值处理

### 一、不含总部资产的资产组认定及减值处理

企业难以对单项资产的可收回金额进行估计的，应当以该资产所属的资产组为基础确定资产组的可收回金额。

资产组的认定，应当以资产组产生的主要现金流入是否独立于其他资产或者其他资产组的现金流入为依据。同时，在认定资产组时，应当考虑企业管理层管理生产经营活动的方式（如是按照生产线、业务种类还是按照地区或者区域等）和对资产的持续使用或者处置的决策方式等。

几项资产的组合生产的产品（或者其他产出）存在活跃市场的，即使部分或者所有这些产品（或者其他产出）均供内部使用，也应当在符合前款规定的情况下，将这几项资产的组合认定为一个资产组。

如果该资产组的现金流入受内部转移价格的影响，应当按照企业管理层在公平交易中对未来价格的最佳估计数来确定资产组的未来现金流量。

资产组一经确定，各个会计期间应当保持一致，不得随意变更。

【教材例7-11改】P公司有一条甲生产线，该生产线生产罐装啤酒，由A、B、C三部机器构成，成本分别为400万元、600万元、1 000万元，使用年限为10年，净残值为零，以年限平均法计提折旧。各机器均无法单独产生现金流量，但整条生产线构成完整的产销单位，属于一个资产组。2019年，该生产线在维护中所需的现金支出远高于最初的预算，因此，对甲生产线进行减值测试。

2019年12月31日，A、B、C三部机器的账面价值分别为200万元、300万元、500万元。估计A机器的公允价值减去处置费用后的净额为150万元，B、C机器都无法合理估计其公允价值减去处置费用后的净额以及未来现金流量的现值。

整条生产线预计尚可使用5年。经估计其未来5年的现金流量及其恰当的折现率后，得到该生产线预计未来现金流量的现值为600万元。由于公司无法合理估计生产线的公允价值减去处置费用后的净额，公司以该生产线预计未来现金流量的现值为其可收回金额。

【分析】鉴于在2019年12月31日该生产线的账面价值为1 000万元，而其可收回金额为600万元，生产线的账面价值高于其可收回金额，因此该生产线已经发生了减值，应当确认减值损失400万元，并将该减值损失分摊到构成生产线的三部机器中。由于A机器的公允价值减去处置费用后的净额为150万元，因此，A机器分摊了减值损失后的账面价值不应低于150万元，即A机器只应确认50万元的减值损失。但若按比例A机器应分摊的减值为80万元，故B机器和C机器应分摊的减值损失应为350万元。

B机器应分摊的减值损失＝350×300÷800＝131.25（万元）

C机器应分摊的减值损失＝350×500÷800＝218.75（万元）

借：资产减值损失　　　　　　　　　　　　　　　　　　　　　　　　　　　400
　　贷：固定资产减值准备——机器A　　　　　　　　　　　　　　　　　　　　50
　　　　　　　　　　　　——机器B　　　　　　　　　　　　　　　　　131.25
　　　　　　　　　　　　——机器C　　　　　　　　　　　　　　　　　218.75

教材上的例题采用二次分配，在实际应试中本例的处理方法更节约时间。

## 二、包含总部资产的资产组减值处理

总部资产的显著特征是难以脱离其他资产或者资产组产生独立的现金流入，而且其账面价值难以完全归属于某一资产组，因此，总部资产通常难以单独进行减值测试，需要结合其他相关资产组或者资产组组合进行。

包含总部资产的资产组减值处理，区分以下两种情况：

（一）总部资产能够按照合理和一致的的基础分摊至资产组，则：

第一步，将总部资产分摊至资产组；

第二步，含总部资产价值的各资产组账面价值与其可收回金额比较；

第三步，若第二步得出减值结论，将减值损失分摊至总部资产和资产组本身，再计算资产组各单项资产减值损失。

（二）总部资产难以分摊至资产组

第一步，在不考虑相关总部资产的情况下，估计和比较资产组的账面价值和可回收金额，计算资产组的账面价值；

第二步，认定由若干个资产组组成的最小的资产组组合；

第三步，确定资产组或资产组组合是否减值，将减值损失分摊至总部资产和资产组，再计算资产组中各单项资产减值损失。

【例2-计算分析题】暖阳旅游公司在A、B、C三地拥有三家分公司，这三家分公司的经营活动由同一个总部负责运作。由于A、B、C三家分公司均能产生独立于其他分公司的现金流入，所以该公司将这三家分公司确定为A、B、C三个资产组。2×20年12月31日，因分公司所在地疫情较为严重，出现减值迹象，需要进行减值测试。假设总部资产的账面价值为100万元，能够按照各资产组账面价值的比例进行合理分摊，A、B、C分公司和总部资产的预计使用寿命均为10年。减值测试时，A、B、C三个资产组的账面价值分别为160万元、80万元和160万元。暖阳公司计算得出A资产组的可收回金额为210万元，B资产组的可收回金额为80万元，C资产组的可收回金额为190万元。

要求：计算A、B、C三个资产组和总部资产应分别计提的减值准备的金额。

【分析】

第一步，将总部资产分摊至各资产组

A、B、C三个资产组的账面价值总额＝160+80+160＝400（万元）；

总部资产应分摊给A资产组的金额＝100×160÷400＝40（万元）；

总部资产应分摊给B资产组的金额＝100×80÷400＝20（万元）；

总部资产应分摊给C资产组的金额＝100×160÷400＝40（万元）

分配后各资产组的账面价值如下：

包含总部资产的A资产组的账面价值＝160+40＝200（万元）；

包含总部资产的B资产组的账面价值＝80+20＝100（万元）；

包含总部资产的C资产组的账面价值＝160+40＝200（万元）

第二步，进行减值测试

包含总部资产的A资产组的账面价值为200万元，可收回金额为210万元，没有发生减值；

包含总部资产的B资产组的账面价值为100万元，可收回金额为80万元，发生减值20万元；

包含总部资产的C资产组的账面价值为200万元,可收回金额190万元,发生减值10万元。

第三步,将各资产组的减值金额在总部资产和各资产组之间进行分配

B资产组减值损失分配给总部资产的数额＝20×20÷100＝4(万元);

C资产组减值损失分配给总部资产的数额＝10×40÷200＝2(万元);

总部资产发生减值＝4+2＝6(万元)

分配给B资产组本身的减值损失＝20×80÷100＝16(万元);

分配给C资产组本身的减值损失＝10×160÷200＝8(万元);

A资产组未发生减值。

## 知识点3 商誉减值

企业(吸收、控股)合并所形成的商誉,至少应当在每年年度终了时进行减值测试。商誉既然与被购买企业的净资产公允价值有关,那么它也可能存在减值。

商誉应当结合与其相关的资产组或者资产组组合进行减值测试。相关的资产组或者资产组组合应当是能够从企业合并的协同效应中受益的资产组或者资产组组合,不应当大于企业所确定的报告分部。

对于已经分摊商誉的资产组或资产组组合,无论是否存在资产组或资产组组合可能发生减值的迹象,每年都应当通过比较包含商誉的资产组或资产组组合的账面价值与可收回金额进行减值测试。

若商誉在初始确认时已分摊至各资产组,则减值损失金额应当按照下列顺序进行分摊:

一、抵减分摊至资产组中商誉的账面价值;

二、根据资产组中除商誉之外的其他各项资产的账面价值所占比重,按比例抵减其他各项资产的账面价值。

以上资产账面价值的抵减,应当作为各单项资产(包括商誉)的减值损失处理,计入当期损益。

例如:合并商誉为1 234万元,若根据不包含商誉的资产组账面价值计算,资产组发生减值1 500万元,则说明资产组真的发生了减值。但是,应先冲减商誉(1 234万元),剩余部分减值266万元在资产组各项资产之间进行分摊。

【例3-计算分析题】甲公司在2019年1月1日以银行存款3 200万元的价格收购了乙企业80%股权。在收购日,乙企业可辨认资产的公允价值3 000万元,没有负债和或有负债。甲公司另支付审计费、律师费123万元。

假定乙企业的所有资产被认定为一个资产组。由于该资产组包括商誉,因此,它至少应当于每年年度终了进行减值测试。2019年乙企业发生严重亏损,甲公司确定该资产组年末的可收回金额为2 340万元,可辨认净资产的账面价值为2 700万元。

要求:

1. 计算甲公司的合并成本并计算商誉。

2. 对不包含商誉的资产组或者资产组组合进行减值测试,计算可收回金额,并与相关账面价值相比较,确认相应的减值损失。

【答案】1. 合并成本＝3 200(万元)

商誉＝3 200－3 000×80%＝800(万元)

2. 资产组可收回金额＝2 340（万元），账面价值为2 700万元，发生减值损失360万元。因未包括商誉的资产组发生了减值，说明资产组发生了减值，商誉800万元应全额计提减值准备，资产组各资产应分摊360万元减值损失。

甲公司合并报表中的会计处理（单位：万元）：

借：资产减值损失——商誉 800
　　　　　　　　——资产组×× 360
　　贷：商誉减值准备 800
　　　　××资产减值准备 360

若包括商誉的资产组减值额为790万元，小于商誉（800万元），则只需计提790万元商誉减值准备。

**【教材例7-13改】**甲企业在2019年1月1日以16 000万元的价格收购了乙企业80％股权。在收购日，乙企业可辨认资产的公允价值为15 000万元，没有负债和或有负债。因此，甲企业在其合并财务报表中确认商誉4 000万元、乙企业可辨认净资产15 000万元和少数股东权益3 000万元。

假定乙企业的所有资产被认定为一个资产组。由于该资产组包括商誉，因此，它至少应当于每年年度终了进行减值测试。在2019年年末，甲企业确定整体资产组的可收回金额为10 000万元，可辨认净资产的账面价值为13 500万元。

**【分析】**由于不包含商誉的资产组减值3 500万元，商誉4 000万元应全额计提减值准备，另外，资产组减值3 500万元在各项资产中分摊。

借：资产减值损失 7 500
　　贷：商誉——商誉减值准备 4 000
　　　　固定资产等减值准备 3 500

若甲企业确定资产组的可收回金额为18 400万元，似乎未发生减值，但是，包含全部商誉价值（含少数股东权益的商誉价值1 000万元）在内的资产组账面价值为18 500万元（4 000÷80％＋13 500），仍表明资产发生了减值，少数股东权益的商誉价值＝（16 000÷80％－15 000）×20％＝1 000（万元）。

# 第八章　负债

## 本章思维导图

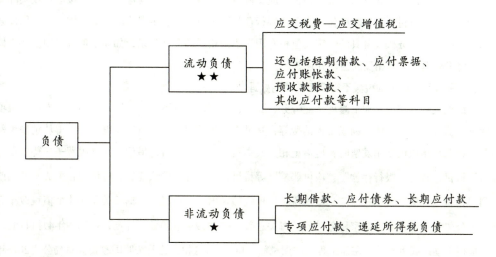

## 本章考情分析

本章考试形式以客观题为主，主要考查可转换公司债券的核算，还可能与职工薪酬、资产负债表日后事项等结合进行考查，历年考试平均分值1～2分。

## 本章知识点精讲

### 知识点　应交增值税

微信扫一扫
习题免费练

增值税一般纳税人应当在"应交税费"科目下设置"应交增值税""未交增值税""预交增值税""待抵扣进项税额""待认证进项税额""待转销项税额""增值税留抵税额""简易计税""转让金融商品应交增值税""代扣代交增值税"等二级明细科目。

增值税一般纳税人应在"应交增值税"明细科目内设置"进项税额""销项税额抵减""已交税金""转出未交增值税""减免税款""出口抵减内销产品应纳税额""销项税额""出口退税""进项税额转出""转出多交增值税"等专栏。

"待认证进项税额"明细科目，核算一般纳税人由于未经税务机关认证而不得从当期销项税额中抵扣的进项税额。包括：一般纳税人已取得增值税扣税凭证、按照现行增值税制度规定准予从销项税

额中抵扣，但尚未经税务机关认证的进项税额；一般纳税人已申请稽核但尚未取得稽核相符结果的海关缴款书进项税额。

### 一、取得资产或接受劳务等业务的账务处理

（一）采购等业务进项税额允许抵扣的账务处理

一般纳税人购进货物、加工修理修配劳务、服务、无形资产，按应计入相关成本费用或资产的金额，借记"在途物资"或"原材料""库存商品""生产成本""无形资产""固定资产""管理费用"等科目，按当月已认证的可抵扣增值税额，借记"应交税费——应交增值税（进项税额）"科目，按当月未认证的可抵扣增值税额，借记"应交税费——待认证进项税额"科目，按应付或实际支付的金额，贷记"应付账款""应付票据""银行存款"等科目。发生退货的，如原增值税专用发票已做认证，应根据税务机关开具的红字增值税专用发票做相反的会计分录；如原增值税专用发票未做认证，应将发票退回并做相反的会计分录。

（二）采购等业务进项税额不得抵扣的账务处理

一般纳税人购进货物、加工修理修配劳务、服务、无形资产或不动产，用于简易计税方法计税项目、免征增值税项目、集体福利或个人消费等，其进项税额按照现行增值税制度规定不得从销项税额中抵扣的，取得增值税专用发票时，应借记相关成本费用或资产科目，借记"应交税费——待认证进项税额"科目，贷记"银行存款""应付账款"等科目，经税务机关认证后，应借记相关成本费用或资产科目，贷记"应交税费——应交增值税（进项税额转出）"科目，根据《关于深化增值税改革有关政策的公告》（财政部、国家税务总局、海关总署公告2019年第39号）规定，自2019年4月1日起，纳税人取得不动产或者不动产在建工程的进项税额不再分2年抵扣，此前按照国家税务总局公告2016年第15号文件规定尚未抵扣完毕的待抵扣进项税额，可自2019年4月税款所属期起从销项税额中抵扣。

（三）货物等已验收入库但尚未取得增值税扣税凭证的账务处理

一般纳税人购进的货物等已到达并验收入库，但尚未收到增值税扣税凭证并未付款的，应在月末按货物清单或相关合同协议上的价格暂估入账，不需要将增值税的进项税额暂估入账。下月初，用红字冲销原暂估入账金额，待取得相关增值税扣税凭证并经认证后，按应计入相关成本费用或资产的金额，借记"原材料""库存商品""固定资产""无形资产"等科目，按可抵扣的增值税额，借记"应交税费——应交增值税（进项税额）"科目，按应付金额，贷记"应付账款"等科目。

（四）小规模纳税人采购等业务的账务处理

小规模纳税人购买物资、服务、无形资产或不动产，取得增值税专用发票上注明的增值税应计入相关成本费用或资产，不通过"应交税费——应交增值税"科目核算。

（五）购买方作为扣缴义务人的账务处理

按照现行增值税制度规定，境外单位或个人在境内发生应税行为，在境内未设有经营机构的，以购买方为增值税扣缴义务人。境内一般纳税人购进服务、无形资产或不动产，按应计入相关成本费用或资产的金额，借记"生产成本""无形资产""固定资产""管理费用"等科目，按可抵扣的增值税额，借记"应交税费——进项税额"科目（小规模纳税人应借记相关成本费用或资产科目），按应

付或实际支付的金额，贷记"应付账款"等科目，按应代扣代缴的增值税额，贷记"应交税费——代扣代交增值税"科目。实际缴纳代扣代缴增值税时，按代扣代缴的增值税额，借记"应交税费——代扣代交增值税"科目，贷记"银行存款"科目。

## 二、销售等业务的账务处理

（一）销售业务的账务处理

企业销售货物、加工修理修配劳务、服务、无形资产或不动产，应当按应收或已收的金额，借记"应收账款""应收票据""银行存款"等科目，按取得的收入金额，贷记"主营业务收入""其他业务收入""固定资产清理"等科目，按现行增值税制度规定计算的销项税额（或采用简易计税方法计算的应纳增值税额），贷记"应交税费——应交增值税（销项税额）"或"应交税费——简易计税"科目（小规模纳税人应贷记"应交税费——应交增值税"科目）。发生销售退回的，应根据按规定开具的红字增值税专用发票做相反的会计分录。

按照国家统一的会计制度确认收入或利得的时点早于按照增值税制度确认增值税纳税义务发生时点的，应将相关销项税额计入"应交税费——待转销项税额"科目，待实际发生纳税义务时再转入"应交税费——应交增值税（销项税额）"或"应交税费——简易计税"科目。

按照增值税制度确认增值税纳税义务发生时点早于按照国家统一的会计制度确认收入或利得的时点的，应将应纳增值税额，借记"应收账款"科目，贷记"应交税费——应交增值税（销项税额）"或"应交税费——简易计税"科目，按照国家统一的会计制度确认收入或利得时，应按扣除增值税销项税额后的金额确认收入。

（二）视同销售的账务处理

企业发生税法上视同销售的行为，应当按照企业会计准则制度相关规定进行相应的会计处理，并按照现行增值税制度规定计算的销项税额（或采用简易计税方法计算的应纳增值税额），借记"应付职工薪酬""利润分配"等科目，贷记"应交税费——应交增值税（销项税额）"或"应交税费——简易计税"科目（小规模纳税人应计入"应交税费——应交增值税"科目）。

（三）全面试行营业税改征增值税前已确认收入，此后产生增值税纳税义务的账务处理

企业营业税改征增值税前已确认收入，但因未产生营业税纳税义务而未计提营业税的，在达到增值税纳税义务时点时，企业应在确认应交增值税销项税额的同时冲减当期收入；已经计提营业税且未缴纳的，在达到增值税纳税义务时点时，应借记"应交税费——应交营业税""应交税费——应交城市维护建设税""应交税费——应交教育费附加"等科目，贷记"主营业务收入"科目，并根据调整后的收入计算确定计入"应交税费——待转销项税额"科目的金额，同时冲减收入。

全面试行营业税改征增值税后，"营业税金及附加"科目名称调整为"税金及附加"科目，该科目核算企业经营活动发生的消费税、城市维护建设税、资源税、教育费附加及房产税、土地使用税、车船使用税、印花税等相关税费；利润表中的"营业税金及附加"项目调整为"税金及附加"项目。

【**教材例8-5**】某旅游企业为增值税一般纳税人，选择差额征税的方式。该企业本期向旅游服务购买方收取的含税价款为53万元（含增值税3万元），应支付给其他接团旅游企业的旅游费用和其他单位的相关费用为42.4万元，其中因允许扣除销售额而减少的销项税额2.4万元。

假设该旅游企业采用总额法确认收入，根据该项经济业务，企业可做如下账务处理（单位：万元）：

借：银行存款 53

　　贷：主营业务收入 50

　　　　应交税费——应交增值税（销项税额） 3

借：主营业务成本 40

　　应交税费——应交税费（销项税额抵减） 2.4

　　贷：应付账款 42.4

# 第九章　职工薪酬

## 本章思维导图

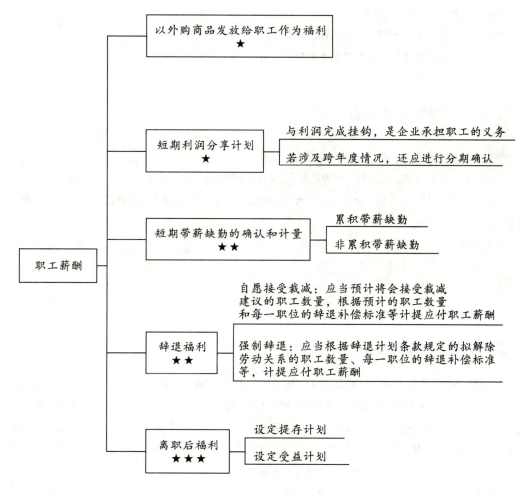

## 本章考情分析

　　本章属于比较重要的章节，可以单独出主观题，也有可能与资产负债表日后事项等章节结合起来出主观题。

## 本章知识点精讲

### 知识点1 以外购商品发放给职工作为福利

**一、购入时：**

借：库存商品等
　　应交税费——应交增值税（进项税额）
　　贷：银行存款

**二、决定发放非货币性福利时：**

借：生产成本、管理费用、在建工程、研发支出等
　　贷：应付职工薪酬——非货币性福利

**三、实际发放时：**

借：应付职工薪酬——非货币性福利
　　贷：库存商品
　　　　应交税费——应交增值税（进项税额转出）

【注意】以自有商品发放给职工作为福利，应按视同销售进行会计处理。

向职工提供免费公司住房，折旧费用应计入管理费用，但会计处理上仍需通过"应付职工薪酬"科目过渡，留下账户记录。

借：管理费用
　　贷：应付职工薪酬
借：应付职工薪酬
　　贷：累计折旧

### 知识点2 短期利润分享计划

【案例】甲公司于2019年年初制订和实施了一项短期利润分享计划，以对公司管理层进行激励。该计划规定，公司全年的净利润指标为1 500万元，如果在公司管理层的努力下完成的净利润超过1 500万元，公司管理层将可以分享超过1 500万元净利润部分的10%作为额外报酬。假定至2019年12月31日，甲公司全年实际完成净利润1 800万元。假定不考虑离职等其他因素，则甲公司管理层按照利润分享计划可以分享利润30万元作为其额外的薪酬。

【分析】（1 800－1 500）×10%＝30（万元）
甲公司2019年12月31日的相关账务处理如下：

借：管理费用　　　　　　　　　　　　　　　　　　　　　　　　　　　300 000
　　贷：应付职工薪酬——利润分享计划　　　　　　　　　　　　　　　　300 000

【注意】1. 利润分享计划是奖金计算的一种形式，与利润完成挂钩，是企业对职工承担的义务，并不属于利润分配，也不属于股份支付。

2. 若涉及跨年度情况，还应进行分期确认。

## 知识点3 短期带薪缺勤的确认和计量

带薪缺勤应当分为累积带薪缺勤和非累积带薪缺勤两类。

### 一、累积带薪缺勤

累积带薪缺勤是指带薪权利可以结转下期的带薪缺勤，本期尚未用完的带薪缺勤权利可以在未来期间使用。企业应当在职工提供服务从而增加了其未来享有的带薪缺勤权利时，确认与累积带薪缺勤相关的职工薪酬，并以累积未行使权利而增加的预期支付金额计量。

### 二、非累积带薪缺勤

非累积带薪缺勤是指带薪权利不能结转下期的带薪缺勤，本期尚未用完的带薪缺勤权利将予以取消，并且职工离开企业时也无权获得现金支付。企业应当在职工实际发生缺勤的会计期间确认与非累积带薪缺勤相关的职工薪酬。

【例1–单选题】甲公司共有200名职工，其中50名为总部管理人员，150名为直接生产工人。从2019年1月1日起，该公司实行累积带薪缺勤制度。该制度规定，每名职工每年可享受5个工作日带薪年休假，未使用的年休假只能向后结转一个日历年度，超过1年未行使的权利作废；职工休年休假时，首先使用当年享受的权利，不足部分再从上年结转的带薪年休假中扣除；职工离开公司时，对未使用的累积带薪年休假无权获得现金支付。截至2019年年末，每个职工当年平均未使用带薪年休假为2天。甲公司预计2020年150名直接生产工人将享受不超过5天的带薪年休假，剩余50名总部管理人员每人将平均享受6.5天年休假，该公司总部管理人员平均每名职工每个工作日工资为400元。甲公司2019年年末因带薪缺勤计入管理费用的金额为（　　　　）元。

    A. 20 000　　　　　　B. 30 000　　　　　　C. 60 000　　　　　　D. 0

【答案】B

### 学堂点拨

甲公司2019年年末应当预计由于累积未使用的带薪年休假而导致预期将支付的工资负债，根据甲公司预计2020年职工的年休假情况，只有50名总部管理人员会使用2019年的未使用带薪年休假1.5天（6.5－5），而其他2018年累积未使用的带薪年休假都将失效，所以应计入管理费用的金额＝50×（6.5－5）×400＝30 000（元）。

## 知识点4 辞退福利

辞退福利是指在企业与职工签订的劳动合同未到期之前，企业由于种种原因需要提前终止劳动合同而辞退员工，根据劳动合同对被辞退员工的补偿。对于强制辞退，应当根据辞退计划条款规定的拟解除劳动关系的职工数量、每一职位的辞退补偿标准等，计提应付职工薪酬。企业对于自愿接受裁减建议的情况（因接受裁减的职工数量不确定），应当预计将会接受裁减建议的职工数量，并根据预计的职工数量和每一职位的辞退补偿标准等，计提应付职工薪酬。

【例2–计算分析题】甲公司为一家家电生产企业，主要生产A、B、C三种家电产品。甲公司管理层于2018年11月制订了一项业务重组计划。该业务重组计划的主要内容如下：从2019年1月1日起关闭

C产品生产线；从事C产品生产的员工共计250人，部门主管及技术骨干等50人可选择自愿接受裁减，其他200人都将被辞退。

根据被辞退员工的职位、工作年限等因素，甲公司将一次性给予被辞退员工不同标准的补偿，除部门主管及技术骨干外，每人一次性补偿10万元，选择自愿接受裁减的部门主管及技术骨干，每人一次性补偿30万元，预计将有60%的部门主管及技术骨干会选择自愿接受裁减。C产品生产线关闭之日，租用的厂房将被腾空。上述业务重组计划已于2018年12月2日经甲公司董事会批准，并于12月3日对外公告。2018年12月31日，上述业务重组计划尚未实际实施，员工补偿及相关支出尚未支付。

为了实施上述业务重组计划，甲公司预计发生的损失还包括：因撤销厂房租赁合同将支付违约金25万元；因将用于C产品生产的固定资产等转移至仓库将发生运输费3万元；因对留用员工进行培训将发生支出1万元；因推广新款B产品将发生广告费用2 500万元；因处置用于C产品生产的固定资产将发生减值损失150万元。

要求：根据以上资料，进行与辞退福利有关的会计处理。

【答案】因辞退员工将支付的补偿和因撤销厂房租赁合同将支付违约金属于与重组有关的直接支出。

因重组义务应确认的预计负债金额＝200×10＋50×60%×30＋25＝2 925（万元），但辞退福利通过"应付职工薪酬"核算，不通过预计负债，会计处理如下（单位：万元）：

借：管理费用　　　　　　　　　　　　　　　　　　　　　　　2 900
　　贷：应付职工薪酬——辞退福利　　　　　　　　　　　　　　2 900

【注意】因撤销厂房租赁合同将支付违约金25万元应计入预计负债，因处置用于C产品生产的固定资产将发生减值损失150万元，应计提固定资产减值准备。

# 知识点5 离职后福利

离职后福利计划，是指企业与职工就离职后福利达成的协议，或者企业为向职工提供离职后福利制定的规章或办法等。按照企业承担的风险和义务情况，离职后福利计划分为设定提存计划和设定受益计划两种类型。

## 一、设定提存计划

设定提存计划，也称确定缴费计划，是指向独立的基金缴存固定费用后，企业不再承担进一步支付义务的离职后福利计划。如：企业向单独主体（如基金等）缴存固定费用后（如800万元），不再承担进一步支付义务的离职后福利计划。美国的401K计划属于这种类型。

按税法规定，此项费用符合确定性原则，可在税前扣除，不涉及递延所得税问题。而设定受益计划下的费用不符合确定性原则，涉及纳税差异问题。

## 二、设定受益计划

设定受益计划，也称确定给付计划，是指保证员工退休后按期获得固定的养老年金的离职后福利计划。在设定提存计划下，风险实质上要由职工来承担（如养老、失业保险）。在设定受益计划下，风险实质上由企业来承担。如：公司原总经理退休后，向其每年支付10万元，直至其去世。

在设定受益计划（确定给付计划）下，企业根据员工退休时的工资水平和工作年限、企业在职职工与退休职工人数、工资增长率、死亡率、预定利率等的预测，预先确定其养老金支付额，然后依照精算原理确定各年的缴费水平。也正是因为其为预计数，故存在以后期间的调整问题。

计划资产是指企业按计划规定提存给基金组织并由其管理运营的资产。换句话说，企业定期向基金组织缴存一定数额的资金，不断地积累形成一项资产（或一次性投入），就是设定受益计划的资产，简称计划资产。企业一般应设置"企业年金计划资产"资产类账户核算企业年金委托资产的增减变动，反映其每年支付的年金及企业年金计划资产的公允价值变动。比如：甲公司为保证员工退休时的福利支付，每年向年金信托基金缴存200万元，并由其进行股票、债券组合投资以产生投资收益。

设定受益计划有可能存在盈余，比如设定受益计划资产"企业年金计划资产"2017年年末公允价值为789万元（其中成本770万元，公允价值变动19万元），而设定受益计划义务的现值为740万元，则产生49万元的盈余。设定受益计划的盈余是指设定受益计划资产公允价值与设定受益计划义务现值的差额。

那么，可否认为该设定受益计划的净资产就是49万元呢？准则规定，企业应当以设定受益计划的盈余和资产上限两项的孰低者计量设定受益计划净资产。本例中，甲公司企业能够从设定受益计划中取得的"退款额"为30万元（770－740），这个30万元"退款额"被定义为资产上限，因其低于盈余，应以资产上限30万元确认设定受益净资产，上限变动差额19万元计入其他综合收益。

设定受益义务的现值，是指企业在不扣除任何计划资产的情况下，为履行当期和以前期间职工服务产生的义务所需的预期未来支付额的现值。企业应当通过下列两步确定设定受益义务现值和当期服务成本：（一）根据预期累计福利单位法，计量设定受益计划所产生的义务，并确定相关义务的归属期间。（二）确定折现率，将设定受益计划所产生的义务予以折现，以确定设定受益计划义务的现值和当期服务成本。

设定受益计划中应确认的计入当期损益的金额＝当期服务成本＋过去服务成本＋结算利得或损失＋设定受益净负债或净资产的利息净额

设定受益净负债或净资产的重新计量应当计入其他综合收益，且在后续期间不应重分类计入损益，但是企业可以在权益范围内转移这些在其他综合收益中确认的金额。重新计量设定受益计划净负债或净资产所产生的变动包括：

（一）精算利得和损失；

（二）计划资产回报，扣除包含在设定受益净负债或净资产的利息净额中的金额；

（三）资产上限影响的变动，扣除包括在设定受益净负债或净资产的利息净额中的金额。

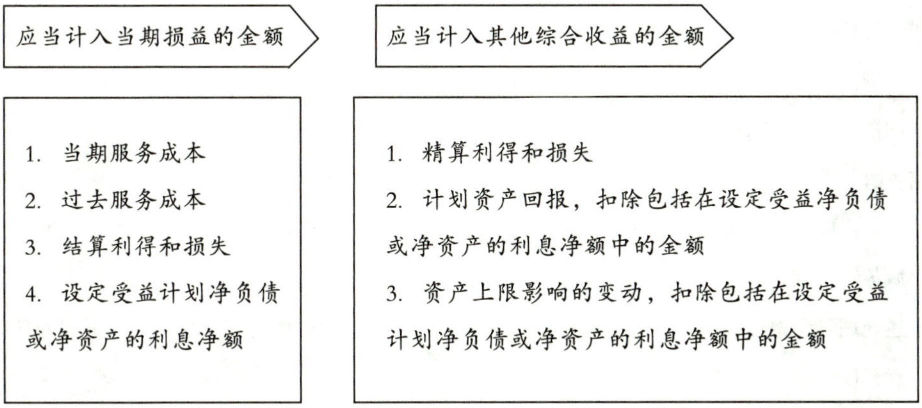

图9-1 设定受益计划中应确认的计入当期损益与应计入其他综合收益的金额

**【例3-单选题】**下列各项有关职工薪酬的会计处理中，正确的是（　　　）。

A．因重新计量设定受益计划净负债产生的精算损失应计入当期损益

B．与设定受益计划负债相关的利息费用应计入其他综合收益

C．与设定受益计划相关的过去服务成本应计入期初留存收益

D．与设定受益计划相关的当期服务成本应计入当期损益

**【答案】**D

**学堂点拨**

　　选项A，因重新计量设定受益计划净负债产生的精算损失应该计入其他综合收益；选项B，与设定受益计划负债相关的利息费用应该计入当期损益；选项C，与设定受益计划相关的过去服务成本应该计入当期成本或损益。

**【教材例9-8改】**设定受益计划：甲公司2016年1月1日建立一项福利计划向其未来退休的管理层提供退休补贴，在退休时企业将每年向其支付退休补贴直至其去世。技术部高级工程师张总（现年55岁）将于2020年年底退休，即服务期还有5年。退休后每年可领取57 730元退休补贴，预计张某能高寿至85岁。假设折现率为10%。

累计退休福利在其退休时点（2020年年底）的折现额＝57 730×（P/A，10%，25）＝524 016（元）

张总工作期间平均每年福利＝524 016÷5＝104 803（元）

2016年当期服务成本＝104 803×（P/F，10%，4）＝71 582（元）

2016年年末会计分录：

借：管理费用——当期服务成本　　　　　　　　　　　　　　　　　　　71 582

　　贷：应付职工薪酬——设定受益计划　　　　　　　　　　　　　　　　71 582

**【注意】**此应付职工薪酬在资产负债表中应反映为长期负债。

2017年当期服务成本＝104 803×（P/F，10%，3）＝78 740（元）

2017年年末会计分录：

借：管理费用——当期服务成本　　　　　　　　　　　　　　　　　　　78 740

　　贷：应付职工薪酬——设定受益计划　　　　　　　　　　　　　　　　78 740

对期初义务计提利息：

借：财务费用　　　　　　　　　　　　　　　　　　　　　　　　　　　7 158.2

　　贷：应付职工薪酬——设定受益计划　　　　　　　7 158.2（71 582×10%）

以后各年，依此类推。

上述处理导致退休前的各年当期服务成本不相等，且越接近退休时点金额越大，下列处理方法为个人观点，仅供参考。

每年的服务成本理应相同，累计退休福利在其退休时点（2020年年底）的折现额524 016元，除以

期数为5年、折现率为10%的年金终值系数，524 016÷（F/A，10%，5）＝85 833（元），即为张总每年的服务成本。

| 年份 | 2016 | 2017 | 2018 | 2019 | 2020 | 合计 |
|---|---|---|---|---|---|---|
| 当期服务成本 | 85 833 | 85 833 | 85 833 | 85 833 | 85 833 | 429 165 |
| 期初义务 | 0 | 85 833 | 180 249 | 284 107 | 398 351 | |
| 计提利息 | 0 | 8 583 | 18 025 | 28 411 | 39 835 | 94 854 |
| 期末义务 | 85 833 | 180 249 | 284 107 | 398 351 | 524 019 | |

【注意】2020年年末累计义务524 019与折现额524 016的差额为计算尾差所致。

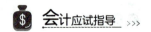 

# 第十章　股份支付

## 本章思维导图

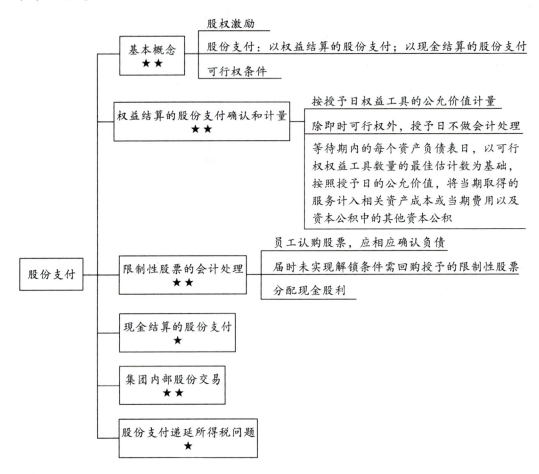

## 本章考情分析

　　本章考试形式以客观题为主，主要考查股份支付类型的判断与账务处理、权益结算的股份支付、现金结算的股份支付等，历年考试平均分值3分左右。

## 本章知识点精讲

### 知识点1 股份支付基本概念

#### 一、股权激励

股权激励的主要形式包括股票期权、现金股票增值权、限制性股票等。例如：甲公司目前股价为7.80元/股，3年后各中高层管理人员，可以以每股5.60元的价格，购买公司股票3万股；以2年后公司股票收盘价计算，公司中高层每人享受5万股公司股票增值价差；现在授予中高层管理人员每人10万股股票，均可以5.50元/股的价格认购公司定向增发的股票。

限制性股票是指公司为了实现某一特定目标，先将一定数量的股票赠与或以较低价格售予激励对象。只有当实现预定目标后，激励对象才可将限制性股票抛售并从中获利；若预定目标没有实现，公司有权将免费赠与的限制性股票收回或者将售出股票以激励对象购买时的价格回购。

对于处于成熟期的企业，由于其股价的上涨空间有限，因此采用限制性股票模式较为合适。

股票期权是指股份公司赋予激励对象（如经理人员）在未来某一特定日期内以预先确定的价格和条件购买公司一定数量股份的选择权。持有这种权利的经理人可以按照该特定价格购买公司一定数量的股票，也可以放弃购买股票的权利，但股票期权本身不可转让。

股票期权模式比较适合那些初始资本投入较少、资本增值较快、处于成长初期或扩张期的企业，如网络、高科技等风险较高的企业等。

【案例1】2019年1月，为奖励并激励高管，上市公司A公司与其管理层成员签署股份支付协议，规定如果管理层成员在其后3年中都在公司中任职服务，并且公司股价每年均提高10%以上，管理层成员即可以低于市价的价格购买一定数量的本公司股票。

【案例2】2019年年初，公司为其200名中层以上职员每人授予100份现金股票增值权，这些职员从2019年1月1日起在该公司连续服务3年，即可按照当时股价的增长幅度获得现金，该增值权应在2023年12月31日之前行使。

【案例3】甲公司为上市公司，采用授予职工限制性股票的形式实施股权激励计划。2019年1月1日，公司以非公开发行方式向100名管理人员每人授予10万股自身股票（每股面值为1元），授予价格为每股6元。当日，100名管理人员全部出资认购，总认购款项为6 000万元，甲公司履行了相关增资手续。甲公司估计该限制性股票股权激励在授予日的公允价值为每股6元。

激励计划规定，这些管理人员从2019年1月1日起在甲公司连续服务满3年的，所授予股票将于2022年1月1日全部解锁；期间离职的，甲公司将按照原授予价格每股6元回购。2019年1月1日至2022年1月1日期间，所授予股票不得上市流通或转让；激励对象因获授限制性股票而取得的现金股利由公司代管，作为应付股利在解锁时向激励对象支付；对于未能解锁的限制性股票，甲公司在回购股票时应扣除激励对象已享有的该部分现金股利。

#### 二、股份支付

股份支付，是指企业为获取职工和其他方提供服务而授予权益工具或者承担以权益工具为基础确定的负债的交易。

（一）以权益结算的股份支付，是指企业为获取服务而以股份（如限制性股票）或其他权益工具（如股票期权）作为对价进行结算的交易。

（二）以现金结算的股份支付，是指企业为获取服务而承担的以股份或其他权益工具为基础计算的交付现金或其他资产义务的交易。如现金股票增值权等。

会计核算上，主要涉及两个问题：一是应确认为金融负债还是权益工具；二是以什么时点的期权公允价值进行计量，以及公允价值变动是否确认？

准则规定，对于权益结算涉及职工的股份支付，应当按照授予日权益工具的公允价值计入成本费用和资本公积（其他资本公积），不确认其后续公允价值变动；对于现金结算涉及职工的股份支付，应当按照每个资产负债表日权益工具的公允价值重新计量，确定成本费用和应付职工薪酬，可行权日之后，应付职工薪酬公允价值的变动计入公允价值变动损益。

股份支付的主要环节：授予日、可行权日、行权日、出售日。

## 三、可行权条件

可行权条件是指能够确定企业是否得到职工或其他方提供的服务、且该服务使职工或其他方具有获取股份支付协议规定的权益工具或现金等权利的条件；反之，为非可行权条件。可行权条件包括服务期限条件和业绩条件。

（一）服务期限条件

服务期限条件是指职工或其他方完成规定服务期限才可行权的条件。

（二）业绩条件

业绩条件是指职工或其他方完成规定服务期限且企业已经达到特定业绩目标才可行权的条件，具体包括市场条件和非市场条件。

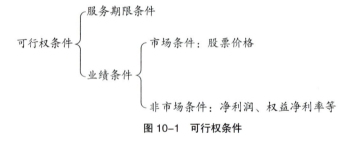

图 10-1　可行权条件

## 知识点2　权益结算的股份支付确认和计量

### 一、权益结算的股份支付核算原则

（一）应按授予日权益工具的公允价值计量，在等待期内均摊，并且不确认其后续公允价值变动。

（二）除即时可行权外，授予日不做会计处理。

（三）企业应在等待期内的每个资产负债表日，以可行权权益工具数量的最佳估计数为基础，按照权益工具在授予日的公允价值，将当期取得的服务计入相关资产成本或当期费用，同时计入资本公积中的其他资本公积。

对于换取其他方服务的股份支付，企业应当以股份支付所换取的服务的公允价值计量。

如果企业取消了所授予的权益工具，应视同加速可行权处理，确认剩余等待期内的所有费用。

【例1-分析题】甲公司股票期权授予日为2019年1月1日，当日股票市价为5.50元/股，行权价为2.10元，数量20万股/人。期限条件为2年，即可行权日为2021年1月1日。对象：中高层10人。根据B-S模型测算的期权价值为4.20元/股，假设2019年没有人离职，2020年也没有人离职。甲公司应如何做账务处理？

【答案】

甲公司账务处理如下（单位：万元）：

1. 2019年1月1日：

授予日不做账务处理，因为其属于授予日不可即刻行权。

2. 2019年12月31日，将当期取得的服务计入相关费用和资本公积：

借：管理费用　　　　　　　　　　　　　　　420（4.2×20×10×1÷2）

　　贷：资本公积——其他资本公积　　　　　　　　　　　　　420

3. 2020年12月31日，将当期取得的服务计入相关费用和资本公积：

借：管理费用　　　　　　　　　　　　　　　420

　　贷：资本公积——其他资本公积　　　　　　　　　　　　　420

4. 2021年1月1日，激励对象行权：

借：银行存款　　　　　　　　　　　　　　　420（20×2.1×10）

　　资本公积——其他资本公积　　　　　　　840

　　贷：股本　　　　　　　　　　　　　　　　200（20×10×1）

　　　资本公积——股本溢价　　　　　　　　1 060（差额）

【例2-单选题】关于权益结算的股份支付的计量，下列说法中错误的是（　　　　）。

A. 应按授予日权益工具的公允价值计量，不确认其后续公允价值变动

B. 对于换取职工服务的股份支付，企业应当按在等待期内的每个资产负债表日的公允价值计量

C. 对于授予后立即可行权的换取职工提供服务的权益结算的股份支付，应在授予日按照权益工具的公允价值计量

D. 对于换取职工服务的股份支付，企业应当按照权益工具在授予日的公允价值，将当期取得的服务计入相关资产成本或当期费用，同时计入资本公积中的其他资本公积

【答案】B

**学堂点拨**

以权益结算的股份支付应按授予日权益工具的公允价值而不是等待期内的每个资产负债表日权益工具的公允价值计量；对于现金结算的股份支付，是按等待期内的每个资产负债表日金融负债（应付职工薪酬）的公允价值计量。

【教材例10-3改】2018年12月，甲公司披露了股票期权计划，具体如下：

1. 股票期权的条件

根据公司《股权激励计划》的规定，满足下列条件时，激励对象可以获授股票期权：

（1）公司2019—2020年2年净利润平均增长率不低于15%；

（2）若公司2019—2020年2年净利润平均增长率低于15%，但公司2019—2021年3年净利润平均增

长率不低于12%。

激励对象拥有在授权日起5年内的可行权日以行权价格购买公司股票的权利。

2. 股票期权的授予日、授予对象、授予数量和行权价格

（1）股票期权的授予日：2019年1月1日。

（2）授予对象：董事、总经理、副总经理、技术总监、市场总监、董秘、财务总监以及核心技术及业务人员等20人。

（3）行权价格：本次股票期权的行权价格为3元/股。

（4）授予数量：授予激励对象每人20万份股票期权，标的股票总数占当时总股本2.5%。

根据甲公司测算，其股票期权在授权日的公允价值为5.40元/份。

2019年，甲公司实际净利润增长率为13%，有2名激励对象离开，但甲公司预计2020年将保持快速增长，2020年有望达到可行权条件。另外，企业预计2020年没有激励对象离开企业。

2020年甲公司净利润增长率为12%，有2名激励对象离开，但甲公司预计2021年将保持快速增长，2021年12月31日有望达到可行权条件。另外，企业预计2021年没有激励对象离开企业。

2021年甲公司净利润增长率为17%，有2名激励对象离开。2022年6月7日，甲公司激励对象全部行权。

要求：对甲公司的股票期权进行相关会计处理（单位：万元）。

【分析】

1. 本例中的可行权条件是一项非市场业绩条件。

2. 第一年年末，虽然净利润增长率为13%，但公司预计能实现2年平均增长15%的要求，所以公司将其预计等待期调整为2年。由于有2名管理人员离开，公司同时调整了期满（2年）后预计可行权期权的数量（20－2－0）。

3. 第二年年末，虽然2年实现15%增长的目标再次落空，但公司仍然估计能够在第三年取得较理想的业绩，从而实现3年平均增长12%的目标。

所以公司将其预计等待期调整为3年。第二年有2名管理人员离开。第三年年末，目标实现，实际离开人数为2人。公司根据实际情况确定累计费用，并据此确认了第三年费用和调整。

【答案】

1. 服务费用和资本公积计算过程如下表所示（单位：万元）：

| 年份 | 计算 | 当期应确认费用 |
|---|---|---|
| 2019 | （20－2－0）×20×5.4×1÷2＝972 | 972 |
| 2020 | （20－2－2－0）×20×5.4×2÷3＝1 152 | 180 |
| 2021 | （20－2－2－2）×20×5.4＝1 512 | 360 |

2. 账务处理：

（1）2019年1月1日授予日不做账务处理，因为其属于授予日不可立即行权。

（2）2019年12月31日，将当期取得的服务计入相关费用和资本公积：

借：管理费用　　　　　　　　　　　　　　　　　　　　　　　　　972

　　　　贷：资本公积——其他资本公积　　　　　　　　　　　　　　　　　　　972

　　【注意】因预计2020年年末能达到可行权条件，故乘以1/2。

　　（3）2020年12月31日，将当期取得的服务计入相关费用和资本公积：

　　借：管理费用　　　　　　　　　　　　　　　　　　　　　　　　　　　　180

　　　　贷：资本公积——其他资本公积　　　　　　　　　　　　　　　　　　　180

　　（4）2021年12月31日，将当期取得的服务计入相关费用和资本公积：

　　借：管理费用　　　　　　　　　　　　　　　　　　　　　　　　　　　　360

　　　　贷：资本公积——其他资本公积　　　　　　　　　　　　　　　　　　　360

　　（5）2022年6月7日，激励对象行权：

　　借：银行存款　　　　　　　　　　　　　　840（14×20×3）

　　　　资本公积——其他资本公积　　　　　　1 512

　　　　贷：股本　　　　　　　　　　　　　　280（14×20×1）

　　　　　　资本公积——股本溢价　　　　　　　　　　　　　　　　　　　2 072

　　**【注意】股票的来源可以向职工定向增发，也可以采用回购股票方式。**

　　**【例3-计算分析题】**2018年1月，为奖励并激励高管，上市公司A公司与其管理层成员签署股份支付协议，规定如果管理层成员在其后3年中都在公司中任职服务，并且公司股价每年均提高10%以上，管理层成员即可以低于市价的价格购买一定数量的本公司股票。同时作为协议的补充，公司把全体管理层成员的年薪提高了50 000元，但公司将这部分年薪按月存入公司专门建立的内部基金，3年后，管理层成员可用属于其个人的部分抵减未来行权时支付的购买股票款项。如果管理层成员决定退出这项基金，可随时全额提取。A公司以期权定价模型估计授予的此项期权在授予日的公允价值为600万元。在授予日，A公司估计3年内管理层离职的比例为10%；第二年年末，A公司调整其估计离职率为5%；到第三年年末，公司实际离职率为6%。在第一年中，公司股价提高了10.5%，第二年提高了11%，第三年提高了6%。公司在第一年、第二年年末均预计下年能实现当年股价增长10%以上的目标。请问A公司应如何处理？

　　**【答案】**第一年年末应确认的服务费用=600×1÷3×90%=180（万元）

　　第二年年末应确认的服务费用=600×2÷3×95%-180=200（万元）

　　第三年年末应确认的服务费用=600×94%-180-200=184（万元）

　　94%的管理层成员满足了市场条件之外的全部可行权条件。尽管股价增长10%以上的市场条件未得到满足，A公司在三年的年末也均相应确认费用。

　　**【例4-计算分析题】**A公司为一上市公司。2019年1月1日，公司向其200名管理人员每人授予10 000股股票期权，这些职员从2019年1月1日起在该公司连续服务3年，即可以5元每股购买10 000股A公司股票，从而获益。根据B-S模型，公司估计该期权在授予日每股的公允价值为18元。2019年有20名职员离开A公司，A公司估计3年中离开的职员的比例将达到20%；2020年有10名职员离开公司，公司将估计的职员离开比例修正为15%；2021年又有15名职员离开。股票来源为公司从二级市场回购股票。2021年12月10日回购股票155万股，假设回购均价为20元/股。假设全部155名职员都在2022年2月7日行权，服务费用和资本公积计算过程如下表所示（单位：万元）。

| 年份 | 计算 | 当期应确认费用 |
|---|---|---|
| 2019 | 200×1×（1−20%）×18×1÷3 | 960 |
| 2020 | 200×1×（1−15%）×18×2÷3−960 | 1 080 |
| 2021 | 155×1×18−2 040 | 750 |

请问A公司应如何做账务处理（单位：万元）？

【答案】

A公司账务处理如下：

1. 2019年1月1日：授予日不做账务处理。

2. 2019年12月31日：

借：管理费用 960

　　贷：资本公积——其他资本公积 960

3. 2020年12月31日：

借：管理费用 1 080

　　贷：资本公积——其他资本公积 1 080

4. 2021年12月10日：

借：库存股 3 100

　　贷：银行存款 3 100

5. 2021年12月31日：

借：管理费用 750

　　贷：资本公积——其他资本公积 750

6. 假设全部155名职员都在2022年2月7日行权：

借：银行存款 775

　　资本公积——其他资本公积 2 790

　　贷：库存股 3 100

　　　　资本公积——股本溢价 465

## 二、行权条件和条款的修改

（一）如果修改增加了所授予的权益工具的公允价值，企业应按照权益工具公允价值的增加相应地确认取得服务的增加。权益工具公允价值的增加，是指修改前后的权益工具在修改日的公允价值之间的差额。

（二）如果修改增加了所授予的权益工具的数量，企业应将增加的权益工具的公允价值相应地确认为取得服务的增加。

（三）如果企业按照有利于职工的方式修改可行权条件，如缩短等待期、变更或取消业绩条件（非市场条件），企业在处理可行权条件时，应当考虑修改后的可行权条件。

（四）如果修改减少了授予的权益工具的公允价值，企业应当继续以权益工具在授予日的公允价值为基础，确认取得服务的金额，而不应考虑权益工具公允价值的减少。

（五）如果修改减少了授予的权益工具的数量，企业应当将减少部分作为已授予的权益工具的取消来进行处理。

（六）如果企业以不利于职工的方式修改了可行权条件，如延长等待期、增加或变更业绩条件（非市场条件），企业在处理可行权条件时，不应考虑修改后的可行权条件。

如果企业取消了所授予的权益工具，应视同加速可行权处理，确认剩余等待期内的所有费用。

### 三、一次授予、分期行权的股票期权

对于"一次授予、分期行权"，即在授予日一次授予员工若干权益工具，之后每年分批达到可行权条件，每个批次是否可行权的结果通常是相对独立的，在会计处理时应将其作为同时授予的几个独立的股份支付计划。

【例5-计算分析题】A公司于2019年1月2日进行了一项股权激励计划的授予，向公司高级管理人员授予了股票期权180万份，根据B-S模型确定的授予日股票期权每份公允价值为10元。该股权激励计划要求职工行权时在职，且行权业绩考核指标和行权情况如下：

2019年度加权平均净资产收益率不低于10%；以2018年经审计的净利润为基数，公司2019年度经审计净利润较2018年度增长率达到或超过40%；

2020年度加权平均净资产收益率不低于11%；以2018年经审计的净利润为基数，公司2020年度经审计净利润较2018年度增长率达到或超过80%；

2021年度加权平均净资产收益率不低于12%；以2018年经审计的净利润为基数，公司2021年度经审计净利润较2018年度增长率达到或超过120%；

三个年度的行权比例分别为20%、30%、50%，即36万股、54万股、90万股。

假定2019年度净利润较2018年经审计利润增长率下降约20%；2020年度净利润较2018年经审计净利润增长率达到80%；2021年度净利润较2018年经审计净利润增长率达到120%。假设不考虑离职情况。

要求：计算期权激励计划等待期内各年资产负债表日应确认的股权激励费用。

【答案】1. A公司对于第一部分股票期权（即第一个期权计划）的股权激励费用，资产负债表日2019年的实际业绩指标未达到计划的业绩条件，即未达到"2019年度经审计净利润较2018年度增长率达到或超过40%"的可行权条件，该部分股票期权的可行权数量为0，应确认的与这一部分期权相关的股权激励累计费用为0。

2. 对于第二部分和第三部分股票期权的股权激励费用，在各期资产负债表日，应根据可行权职工人数变动、预计2020年和2021年加权平均净资产收益率、经审计净利润增长率是否达到业绩条件等重新估计修正预计可行权的权益工具数量。由于三个部分股票期权的可行权条件相互独立，2019年的实际业绩不达标不意味着未来年度业绩不达标，但管理层仍需要重新估计第二、第三部分业绩达标的可能性，采用以下方法计算当期应确认的成本费用金额：

（1）计入2019年的费用＝（0＋54×1/2＋90×1/3）×10＝570（万元）

（2）计入2020年的费用＝（54×1/2＋90×1/3）×10＝570（万元）

（3）计入2021年的费用＝90×1/3×10＝300（万元）

若2019年业绩满足行权条件，则2020年、2021年同上，

计入2019年的费用＝（36＋54×1/2＋90×1/3）×10＝930（万元）

## 知识点3　限制性股票的会计处理

限制性股票，指公司为了实现某一特定目标，先将一定数量的股票赠与或以较低价格售予激励对象。只有当实现预定目标后，激励对象才可将限制性股票抛售并从中获利；若预定目标没有实现，公司有权将免费赠与的限制性股票收回或者将售出股票以激励对象购买时的价格回购。

对于赠与或以较低价格售予激励对象，企业也是为了获取员工的服务，服务成本费用的确认、计量，与股票期权的会计处理原则相同。

不同的是，员工现在既已行权持有了公司股票，成了公司的股东，公司在进行现金股利分配时，应如何进行会计处理呢？是否按常规的利润分配进行会计处理？

这里需要考虑限制性股票条款中关于现金股利的约定，若将来未达到解锁条件，已分配的现金股利是否撤销（或退回），同时需要预计未来能否达到解锁条件。

若预计未来能达到解锁条件，且即使未达到解锁条件，现金股利也是不可撤销的，则该现金股利的分配应按正常的利润分配进行处理，借记"利润分配"，贷记"应付股利"。

### 一、员工认购股票时，由于企业同时产生了回购的义务，应相应确认负债

借：银行存款
　　贷：股本
　　　　资本公积
借：库存股
　　贷：其他应付款

【注意】若届时不需回购，第二个分录对冲即可。借记"其他应付款"，贷记"库存股"。

### 二、若届时未实现解锁条件需回购授予的限制性股票

借：其他应付款
　　贷：银行存款
借：股本
　　资本公积
　　贷：库存股

### 三、分配现金股利的会计处理

（一）若现金股利不可撤销，且预计未来可解锁，视同利润分配。

借：利润分配
　　贷：应付股利

（二）若现金股利不可撤销，且预计未来不可解锁，视同为短期利润分享计入费用。

借：管理费用
　　贷：应付股利

（三）若现金股利可撤销，且预计未来可解锁，视同利润分配，并同时冲减预计的其他应付款。因为万一未来达不到解锁条件，公司可从回购款中抵销分配的现金股利。

借：利润分配

贷：应付股利

同时，借：其他应付款

　　　　贷：库存股

（四）若现金股利可撤销，且预计未来不可解锁，这是对员工最不利的两种情况，企业分配的现金股利应冲减其他应付款。

借：其他应付款

　　贷：应付股利

表 10-1　分配现金股利的会计处理

| 限制性股票 | 现金股利不可撤销 | 现金股利可撤销 |
|---|---|---|
| 预计未来可解锁 | 借：利润分配<br>　　贷：应付股利 | 借：利润分配<br>　　贷：应付股利<br>同时，借：其他应付款<br>　　　　贷：库存股 |
| 预计未来不可解锁 | 借：管理费用<br>　　贷：应付股利 | 借：其他应付款<br>　　贷：应付股利 |

【说明】1. 若预计未来可解锁，不管现金股利是否可撤销，均视同利润分配；

2. 若预计未来不可解锁，不做利润分配处理。若现金股利不可撤销，视同是短期利润分享计入管理费用；若可撤销，则承担的回购义务负债减少。

【例6-计算分析题】上市公司金环大数据公司2018年1月1日采用定向增发方式授予全体销售骨干20人每人10万股限制性股票，认购价为8元/股，该日股票收盘价为14元/股。全体销售骨干均足额认购，支付了股款。解锁期为2年，解锁条件为公司2018年和2019年累计净利润达到11.99亿元。若到期未达到解锁条件，公司将以认购价回购（并不考虑利息）。2018年公司实现净利润5亿元，但公司预计2018年和2019年累计净利润将达到15亿元。2018年1月1日，该限制性股票的公允价值为6元/股。

2019年3月20日，金环大数据公司宣告分配现金股利0.45元/股。

要求：

1. 编制2018年1月1日会计分录（单位：万元）。

2. 编制2018年12月31日会计分录（单位：万元）。

3. 若预计未来可解锁，（1）现金股利可撤销；（2）现金股利不可撤销。分别编制2019年3月20日会计分录（单位：万元）。

4. 若预计未来不可解锁，（1）现金股利可撤销；（2）现金股利不可撤销。分别编制2019年3月20日会计分录（单位：万元）。

【答案】1. 借：银行存款　　　　　　　　　　　　　　　　1 600

　　　　　贷：股本　　　　　　　　　　　　　　　　　　200

　　　　　　资本公积——股本溢价　　　　　　　　　　1 400

　　　借：库存股　　　　　　　　　　　　　　　　　　1 600

　　　　　贷：其他应付款——限制性股票回购义务　　　1 600

2. $20 \times 10 \times 6 \times 1/2 = 600$（万元）

借：销售费用  600
  贷：资本公积——其他资本公积  600

3. 预计未来可解锁：

（1）现金股利可撤销：

借：利润分配——应付现金股利  90
  贷：应付股利——限制性股票股利  90

同时按分配的现金股利金额冲减已确认的负债和库存股：

借：其他应付款——限制性股票回购义务  90（$10 \times 20 \times 0.45$）
  贷：库存股  90

（2）现金股利不可撤销：

借：利润分配——应付现金股利  90
  贷：应付股利——限制性股票股利  90

4. 预计未来不可解锁：

（1）现金股利可撤销：

借：其他应付款——回购义务  90
  贷：应付股利——限制性股票股利  90

（2）现金股利不可撤销：

借：管理费用  90
  贷：应付股利——限制性股票股利  90

## 知识点4 现金结算的股份支付

一、完成等待期内的服务或达到规定业绩条件以后才可行权的以现金结算的股份支付，在等待期内的每个资产负债表日，应当以对可行权情况的最佳估计为基础，按照企业承担负债的公允价值金额，均摊计入当期取得的服务成本或费用和相应的负债。

借：管理费用等
  贷：应付职工薪酬

二、授予后立即可行权的以现金结算的股份支付，应当在授予日以企业承担负债的公允价值计入相关成本或费用，相应增加负债。

三、可行权日之后，后续信息表明企业当期承担债务的公允价值与以前估计不同的，应当进行调整，并在可行权日调整至实际可行权水平。企业应当在相关负债结算前的每个资产负债表日以及结算日，对负债的公允价值重新计量，其变动计入当期损益。

借：公允价值变动损益
  贷：应付职工薪酬

【小结】

1. 现金结算的股份支付，应按资产负债表日公允价值计量，除即时可行权外，授予日不做会计处理。

2. 企业应在等待期内的每个资产负债表日，以对可行权情况的最佳估计为基础，按照企业承担负债的公允价值金额，均摊计入当期取得的服务成本或费用和相应的负债。

3. 在资产负债表日，后续信息表明企业当期承担债务的公允价值与以前估计不同的，应当进行调整，对负债的公允价值重新计量。在可行权日以后，企业应当在相关负债结算前的每个资产负债表日以及结算日，对负债的公允价值重新计量，其变动计入公允价值变动损益。

## 知识点5 集团内部股份交易

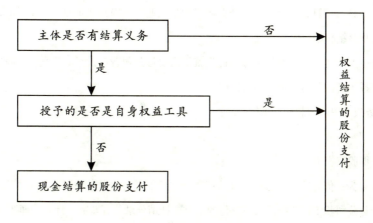

图10-2 集团内部股份交易

【案例4】甲公司是一家上市公司，2019年年初对公司中高层管理人员实施了股票期权激励计划，但激励对象未包括其下属3家子公司A公司、B公司、C公司的高管人员。三家子公司的高管人员心有不满，萌生退意。

2020年年初，甲公司对A公司高管实施了股票期权激励计划，主要条款为：若至2019年年末，A公司销售收入达到8亿元，且净利润达到1.2亿元，同时应收账款余额不超过8 000万元。15名高管可享受以每股6.80元的价格购买甲公司定向增发的股票10万股。

2020年4月1日，甲公司对B公司高管实施了现金股票增值权激励计划，主要条款为：以4月1日甲公司股票收盘价为基准，2年后，8名高管可享受每人10万股的股票增值价差，行权期为6个月。

2020年5月1日，甲公司对C公司高管实施了限制性股票激励计划，主要条款为：5月1日，6名高管均可按5.65元/股的价格购买D公司（也是甲公司的子公司）股票10万股，该日D公司股票收盘价为7.80元/股。若2年内C公司累计实现净利润达到34 560万元，该限制性股票可以解锁。

【分析】1. 在以上几种情况下，由于甲公司授予了激励，但接受服务的企业却不是甲公司，甲公司（母公司）应作为长期股权投资处理，贷记"资本公积"或"应付职工薪酬"。

借：长期股权投资

　　贷：资本公积/应付职工薪酬

给予A公司高管实施的股票期权激励计划，授予的权益工具为甲公司本身的，应贷记"资本公积"；给予B公司高管实施的现金股票增值权激励计划，应贷记"应付职工薪酬"；给予C公司高管实施的限制性股票激励计划，由于不是自身权益工具，属于金融负债性质，应贷记"应付职工薪酬"。

2. 对于接受服务的企业，作为受益方当然是借记"管理费用"：

借：管理费用

　　贷：资本公积或应付职工薪酬

接受服务企业没有结算义务或授予本企业职工的是其本身权益工具的，应当将该股份支付交易作为权益结算的股份支付处理。

接受服务企业具有结算义务且授予本企业职工的是企业集团内其他企业权益工具的，应当将该股份支付交易作为现金结算的股份支付处理。

若接受服务企业同时也具有结算义务，此事就不需要母公司费口舌了。只是，在高度集权的情况下，子公司没有授予自己公司高管激励的权利。

3. 合并财务报表中应编制如下抵销分录：

借：资本公积

　　贷：长期股权投资

抵销后的效果为：借方留下子公司管理费用，贷方留下母公司资本公积，从集团角度视角看，相当于母公司授予母公司职工权益结算股份支付的结果。抵销分录若有差额，计入管理费用。

母公司向子公司高管授予股份支付，在合并财务报表中计算子公司少数股东损益时，虽然子公司的股权激励全部都是由母公司结算，子公司少数股东损益中应包含按照少数股东持股比例分享的子公司股权激励费用。

如果受到激励的高管在集团内调动导致接受服务的企业变更，但高管人员应取得的股权激励并未发生实质性变化，则应根据受益情况，在等待期内按照合理的标准（例如按服务时间）在原接受服务的企业与新接受服务的企业间分摊该高管的股权激励费用。

集团内股份支付，包括集团内任何主体的任何股东，并未限定结算的主体为控股股东，非控股股东授予职工公司的权益工具满足股份支付条件时，也应当视同集团内股份支付进行处理。

# 第十一章　借款费用

## 本章思维导图

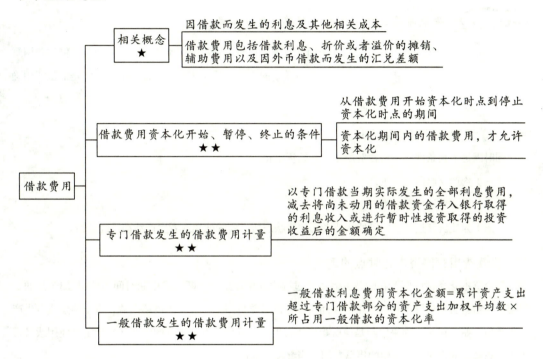

## 本章考情分析

借款费用作为独立的一章，主要考点是借款费用的会计核算，包括：借款费用资本化开始、暂停、终止的条件；专门借款利息资本化的计算；一般借款利息资本化的计算。

## 本章知识点精讲

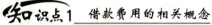 借款费用的相关概念

一、借款费用，是指企业因借款而发生的利息及其他相关成本。

借款费用包括借款利息、折价或者溢价的摊销、辅助费用以及因外币借款而发生的汇兑差额等。承租人根据租赁会计准则所确认的融资费用属于借款费用。

二、企业发生的借款费用，可直接归属于符合资本化条件的资产的购建或者生产的，应当予以资本化，计入符合资本化条件的资产成本；其他借款费用，应当在发生时根据其发生额确认为财务费用，计入当期损益。符合资本化条件的资产，是指需要经过相当长时间（一年或一年以上）的购建或者生产活动才能达到预定可使用或者可销售状态的固定资产、投资性房地产和存货等资产。

三、借款费用应予资本化的借款范围既包括专门借款，也包括一般借款。其中，对于一般借款，只有在购建或者生产符合资本化条件的资产占用了一般借款时，才应将与一般借款相关的借款费用资本化；否则，所发生的借款费用应当计入当期损益。

## 知识点2　借款费用资本化开始、暂停、终止的条件

借款费用资本化期间，是指从借款费用开始资本化时点到停止资本化时点的期间，但借款费用暂停资本化的期间不包括在内。只有发生在资本化期间内的借款费用，才允许资本化，它是借款费用确认和计量的重要前提。

### 一、借款费用开始资本化的时点

同时满足下列条件的，借款费用才能开始资本化：

（一）资产支出已经发生；

（二）借款费用已经发生；

（三）为使资产达到预定可使用或者可销售状态所必要的购建或者生产活动已经开始。

### 二、借款费用暂停资本化时点的确定

符合资本化条件的资产在购建或者生产过程中发生非正常中断、且中断时间连续超过3个月的，应当暂停借款费用的资本化。在中断期间所发生的借款费用，应当计入当期损益，直至购建或者生产活动重新开始。但是，如果中断是使所购建或者生产的符合资本化条件的资产达到预定可使用或者可销售状态必要的程序，所发生的借款费用应当继续资本化。

表 11-1　正常中断与非正常中断

| 项目 | 概念 | 示例 |
|---|---|---|
| 正常中断 | 资产达到预定可使用或者可销售状态必要的程序、可预见的不可抗力导致的中断为正常中断 | 正常测试、调试停工；<br>东北因冬季无法施工停工等 |
| 非正常中断 | 由于企业管理决策上的原因或者其他不可预见的原因等所导致的中断为非正常中断 | 企业因与施工方发生了质量纠纷；<br>工程、生产用料没有及时供应；<br>资金周转发生了困难；<br>施工、生产发生了安全事故；<br>发生了劳动纠纷等 |

### 三、借款费用停止资本化时点的确定

购建或者生产符合资本化条件的资产达到预定可使用状态或者可销售状态时，借款费用应当停止资本化。在符合资本化条件的资产达到预定可使用或者可销售状态之后所发生的借款费用，应当在发生时根据其发生额确认为费用，计入当期损益。购建或者生产符合资本化条件的资产达到预定可使用或者可销售状态，可从下列几个方面进行判断：

（一）符合资本化条件的资产的实体建造（包括安装）或者生产工作已经全部完成或者实质上已经完成。

（二）所购建或者生产的符合资本化条件的资产与设计要求、合同规定或者生产要求相符或者基本相符，即使有极个别与设计、合同或者生产要求不相符的地方，也不影响其正常使用或者销售。

（三）继续发生在所购建或生产的符合资本化条件的资产上的支出金额很少或者几乎不再发生。

购建或者生产符合资本化条件的资产需要试生产或者试运行的，在试生产结果表明资产能够正常生产出合格产品、或者试运行结果表明资产能够正常运转或者营业时，应当认为该资产已经达到预定可使用或者可销售状态。

购建或者生产的符合资本化条件的资产的各部分分别完工，且每部分在其他部分继续建造过程中可供使用或者可对外销售，且为使该部分资产达到预定可使用或可销售状态所必要的购建或者生产活动实质上已经完成的，应当停止与该部分资产相关的借款费用的资本化。

购建或者生产的资产的各部分分别完工，但必须等到整体完工后才可使用或者可对外销售的，应当在该资产整体完工时停止借款费用的资本化。

## 知识点3 专门借款发生的借款费用计量

### 借款利息资本化金额的确定

在借款费用资本化期间内，每一会计期间的利息（包括折价或溢价的摊销）资本化金额，应当按照下列方法确定：

为购建或者生产符合资本化条件的资产而借入专门借款的，应当以专门借款当期实际发生的全部利息费用，减去将尚未动用的借款资金存入银行取得的利息收入或进行暂时性投资取得的投资收益后的金额确定。

专门借款利息资本化金额不与资产支出相挂钩，但是需要符合资本化要求的期间。

【例1-计算分析题】甲公司于2019年1月1日正式动工兴建一幢厂房，工期预计为一年零六个月，工程采用出包方式，分别于2019年1月1日、7月1日和2020年1月1日支付工程进度款。甲公司为建造厂房于2019年1月1日专门借款3 000万元，借款期限为3年，年利率为5%。另外在2019年7月1日又专门借款6 000万元，借款期限为5年，年利率为6%。借款利息按年支付（如无特别说明，名义利率与实际利率相同）。甲公司将闲置借款资金用于固定收益债券短期投资，该短期投资月收益率为0.3%。厂房于2020年6月30日完工，达到预定可使用状态，尚未办理竣工结算，预计尚欠工程款1 223万元。

甲公司为建造该厂房的支出金额如表所示（单位：万元）。

| 日期 | 每期资产支出金额 | 累计资产支出金额 | 闲置借款资金用于短期投资资金 |
|---|---|---|---|
| 2019年1月1日 | 1 500 | 1 500 | 1 500 |
| 2019年7月1日 | 3 500 | 5 000 | 4 000 |
| 2020年1月1日 | 3 500 | 8 500 | 500 |
| 总计 | 8 500 | —— | —— |

要求：

1．指出借款费用资本化期间。

2．计算2019年专门借款发生的利息金额、利用闲置的专门借款资金进行短期投资的收益、利息资本化金额，并编制2019年相关会计分录（单位：万元）。

3．计算2020年专门借款发生的利息金额、利用闲置的专门借款资金进行短期投资的收益、利息资本化金额，并编制2020年相关会计分录（单位：万元）。

【答案】1．借款费用资本化期间为2019年1月1日至2020年6月30日。

2．2019年专门借款发生的利息金额＝3 000×5%＋6 000×6%×6÷12＝330（万元）

在资本化期间内利用闲置的专门借款资金进行短期投资的收益＝1 500×0.3%×6＋4 000×0.3%×6＝99（万元）

专门借款利息费用的资本化金额，应当以其实际发生的利息费用减去将闲置的借款资金进行短期投资取得的投资收益后的金额确定。

2019年的利息资本化金额＝330－99＝231（万元）

2019年1月1日：

借：银行存款      3 000

    贷：长期借款      3 000

2019年1月1日：

借：在建工程      1 500

    贷：银行存款      1 500

2019年7月1日：

借：银行存款      6 000

    贷：长期借款      6 000

借：在建工程      3 500

    贷：银行存款      3 500

2019年12月31日：

借：在建工程      231

    应收利息      99

    贷：应付利息      330

3．2020年1月1日至6月30日专门借款发生的利息金额

＝3 000×5%×6÷12＋6 000×6%×6÷12＝255（万元）

2020年1月1日至6月30日短期投资收益＝500×0.3%×6＝9（万元）

公司2020年的利息资本化金额＝255－9＝246（万元）

2020年1月1日：

| | | |
|---|---|---|
| 借：在建工程 | | 3 500 |
| 贷：银行存款 | | 3 500 |

2020年6月30日：

| | | |
|---|---|---|
| 借：在建工程 | | 246 |
| 应收利息 | | 9 |
| 贷：应付利息 | | 255 |
| 借：固定资产 | | 10 200 |
| 贷：在建工程 | | 8 977（8 500＋231＋246） |
| 应付账款 | | 1 223 |

## 知识点4  一般借款发生的借款费用计量

为购建或者生产符合资本化条件的资产而占用了一般借款的，企业应当根据累计资产支出超过专门借款部分的资产支出加权平均数乘以所占用一般借款的资本化率，计算确定一般借款应予资本化的利息金额。资本化率应当根据一般借款加权平均利率计算确定。

利息资本化金额＝资产支出加权平均数×资本化率

有关计算公式如下：

一般借款利息费用资本化金额

＝累计资产支出超过专门借款部分的资产支出加权平均数×所占用一般借款的资本化率

资产支出加权平均数＝Σ（每笔资产支出金额×每笔资产支出在当期所占用的天数/当期天数）

所占用一般借款的资本化率

＝所占用一般借款加权平均利率

＝所占用一般借款当期实际发生的利息之和÷所占用一般借款本金加权平均数

所占用一般借款本金加权平均数＝Σ（所占用每笔一般借款本金×每笔一般借款在当期所占用的天数/当期天数）

一般借款利息费用化金额＝一般借款利息总额－一般借款资本化利息费用

注：在资本化期间内，外币专门借款本金及利息的汇兑差额，应当予以资本化，计入符合资本化条件的资本成本；外币一般借款的汇兑差额计入当期损益，不予资本化。

**【例2-2019单选题】** 2×18年1月1日，甲公司为购建生产线借入3年期专门借款3 000万元，年利率为6%。当年发生与购建生产线相关的支出包括：1月1日支付材料款1 800万元；3月1日支付工程进度款1 600万元；9月1日支付工程进度款2 000万元。甲公司将暂时未使用的专门借款用于货币市场投资，月利率为0.5%，除专门借款外，甲公司尚有两笔流动资金借款：一笔为2×17年10月借入的2年期借款2 000万元，年利率为5.5%；另一笔为2×18年1月1日借入的1年期借款3 000万元，年利率为4.5%。假定上述借款的实际利率与名义利率相同，不考虑其他因素，甲公司2×18年度应予资本化的一般借款利息金额是（    ）。

A. 45万元　　　　　B. 49万元　　　　　C. 60万元　　　　　D. 55万元

【解析】一般借款资本化率＝（2 000×5.5%＋3 000×4.5%）÷（2 000＋3 000）×100%＝4.9%，一般借款利息资本化金额＝（1 800＋1 600-3 000）×4.9%×10÷12＋2 000×4÷12×4.9%＝49（万元）。

【答案】B

【例3-计算分析题】甲公司建造厂房没有专门借款，占用的都是一般借款，该厂房于2019年1月1日开始动工兴建，2020年6月30日完工。

甲公司为建造厂房占用的一般借款有两笔，具体如下：

1. 向A银行长期贷款2 000万元，期限为2017年12月31日至2020年12月31日，年利率为6%，按年支付利息；

2. 按面值发行公司债券1亿元，于2017年1月1日发行，期限为5年，年利率为8%，按年支付利息。

假定这两笔一般借款除了用于厂房建设外，没有用于其他符合资本化条件的资产的购建或者生产活动。

单位：万元

| 日  期 | 每期资产支出金额 | 累计资产支出金额 |
|---|---|---|
| 2019年1月1日 | 1 500 | 1 500 |
| 2019年7月1日 | 3 500 | 5 000 |
| 2020年1月1日 | 3 500 | 8 500 |
| 总计 | 8 500 | |

要求：

1. 计算2019年利息资本化金额。

2. 计算2020年利息资本化金额。

【答案】

1. 2019年一般借款资本化率（年）＝（2 000×6%＋10 000×8%）÷（2 000＋10 000）＝7.67%

2019年累计资产支出加权平均数＝1 500×12÷12＋3 500×6÷12＝3 250（万元）

2019年为建造厂房的利息资本化金额＝3 250×7.67%＝249.275（万元）

2. 2020年累计资产支出加权平均数＝8 500×6÷12＝4 250（万元）

2020年为建造厂房的利息资本化金额＝4 250×7.67%＝325.975（万元）

# 第十二章　或有事项

## 本章思维导图

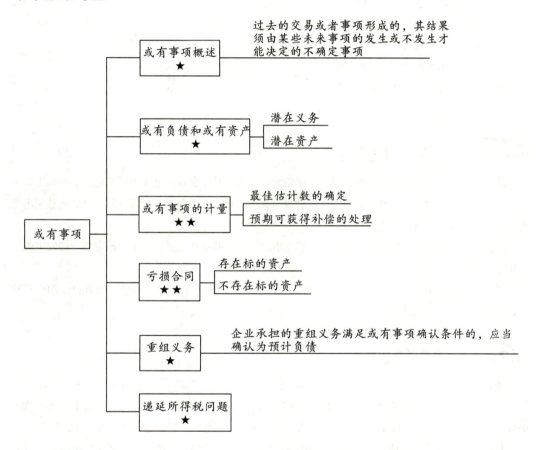

**或有事项**

- 或有事项概述 ★ ── 过去的交易或者事项形成的，其结果须由某些未来事项的发生或不发生才能决定的不确定事项
- 或有负债和或有资产 ★ ── 潜在义务 / 潜在资产
- 或有事项的计量 ★★ ── 最佳估计数的确定 / 预期可获得补偿的处理
- 亏损合同 ★★ ── 存在标的资产 / 不存在标的资产
- 重组义务 ★ ── 企业承担的重组义务满足或有事项确认条件的，应当确认为预计负债
- 递延所得税问题 ★

## 本章考情分析

　　或有事项会计准则规定确认的负债，涉及预计负债科目，尽管知识点不多，但几乎历年考试都会涉及。

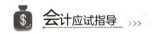 

## 本章知识点精讲

### 知识点1 或有事项概述

微信扫一扫
习题免费练

或有事项，是指过去的交易或者事项形成的，其结果须由某些未来事项的发生或不发生才能决定的不确定事项。常见的或有事项有：未决诉讼或未决仲裁、债务担保、产品质量保证（含产品安全保证）、环境污染整治、承诺、亏损合同、重组义务等。

与或有事项相关的义务同时满足以下条件的，应当确认为预计负债：

一、该义务是企业承担的现时义务（包括法定义务和推定义务）；

二、履行该义务很可能（概率大于50%小于等于95%）导致经济利益流出企业。

三、该义务的金额能够可靠地计量

借：营业外支出、管理费用、销售费用等

　　贷：预计负债

### 知识点2 或有负债和或有资产

或有负债，是指过去的交易或者事项形成的潜在义务，其存在须通过未来不确定事项的发生或不发生予以证实；或过去的交易或者事项形成的现时义务，履行该义务不是很可能导致经济利益流出企业或该义务的金额不能可靠计量。

或有资产，是指过去的交易或者事项形成的潜在资产，其存在须通过未来不确定事项的发生或不发生予以证实。

或有负债和或有资产不符合负债或资产的定义和确认条件，企业不应当确认或有负债和或有资产，而应当进行相应的披露。

### 知识点3 或有事项的计量

或有事项的计量主要涉及两方面：一是最佳估计数的确定；二是预期可获得补偿的处理。

企业清偿预计负债所需支出全部或部分预期由第三方补偿的，补偿金额只有在基本确定（概率95%以上）能够收到时才能作为资产单独确认，且确认的补偿金额不应超过预计负债的账面价值。

【教材例12-4】2019年11月1日，甲股份有限公司因合同违约而被乙公司起诉。2019年12月31日，公司尚未接到法院的判决。在咨询了公司的法律顾问后，甲公司认为最终的法律判决很可能对公司不利。甲公司预计将要支付的赔偿金额、诉讼费等费用为160万元至200万元之间的某一金额，而且这个区间内每个金额的可能性都大致相同，其中诉讼费为3万元。乙公司预计如无特殊情况很可能在诉讼中获胜，估计将来很可能获得赔偿金额190万元。

此例中，乙公司不应当确认或有资产，仅应当在2019年12月31日的报表附注中披露或有资产190万元。

甲股份有限公司应在资产负债表中确认一项预计负债，（160＋200）÷2＝180（万元），同时在2019年12月31日的附注中进行披露。

甲公司的有关账务处理如下（单位：万元）：

借：管理费用——诉讼费　　　　　　　　　　　　　　　　　　　　　　　　3

　　营业外支出　　　　　　　　　　　　　　　　　　　　　　　　　　　177

　　贷：预计负债——未决诉讼　　　　　　　　　　　　　　　　　　　　180

【例－单选题】甲公司于2×19年1月1日成立，承诺产品售后3年内向消费者免费提供维修服务，预计保修费在销售收入的3%至5%之间，且这个区间内每个金额发生的可能性相同。当年甲公司实现的销售收入为2 000万元，实际发生的保修费为30万元。不考虑其他因素，甲公司2×19年12月31日资产负债表中预计负债项目的期末余额为（　　）万元。

A. 30　　　　　　　　B. 50　　　　　　　　C. 70　　　　　　　　D. 80

【解析】当年计提预计负债＝2 000×（3%＋4%）÷2＝80（万元），当年实际发生保修费用冲减预计负债30万元，所以2×19年12月31日资产负债表中预计负债的期末余额＝80-30＝50（万元），会计分录：

借：销售费用　　　　　　　　　　　　　　　　　　　　　　　　　　　　80

　　贷：预计负债　　　　　　　　　　　　　　　　　　　　　　　　　　80

借：预计负债　　　　　　　　　　　　　　　　　　　　　　　　　　　　30

　　贷：银行存款　　　　　　　　　　　　　　　　　　　　　　　　　　30

【答案】B

## 知识点4　亏损合同

一、亏损合同存在标的资产的，应当对标的资产进行减值测试并按规定确认减值损失，如果预计亏损超过该减值损失，应将超过部分确认为预计负债。

二、合同不存在标的资产的，亏损合同相关义务满足预计负债确认条件时，应当确认为预计负债。预计负债的金额应是执行合同发生的损失和撤销合同发生的损失的较低者，即应该按照退出该项合同的最低净成本计量。

借：营业外支出

　　贷：预计负债

【例－单选题】甲企业是一家大型机床制造企业，2019年11月1日与乙公司签订了一项不可撤销销售合同，约定于2020年4月1日以500万元的价格向乙公司销售大型机床一台。若不能按期交货，甲企业需按照总价款的10%支付违约金。至2019年12月31日，甲企业尚未开始生产该机床；由于原料上涨等因素，甲企业预计生产该机床成本不可避免地升至520万元。假定不考虑其他因素。2019年12月31日，甲企业的下列处理中，正确的是（　　）。

A. 确认预计负债20万元　　　　　　　B. 确认预计负债50万元

C. 确认存货跌价准备20万元　　　　　D. 确认存货跌价准备50万元

【答案】A

学堂点拨

因为不存在标的资产，所以不确认存货跌价准备，执行合同的损失为20万元（520－500），不执行合同支付的违约金为50万元（500×10%），所以应选择执行合同，确认的预计负债为20万元。

借：营业外支出　　　　　　　　　　　　　　　　　　　　　　　20
　　贷：预计负债　　　　　　　　　　　　　　　　　　　　　　　20

## 知识点5　重组义务

企业承担的重组义务满足预计负债确认条件的，应当确认为预计负债。企业应当按照与重组有关的直接支出确定预计负债金额。直接支出不包括留用职工岗前培训、市场推广、新系统和营销网络投入等支出。

重组，是指企业制定和控制的，将显著改变企业组织形式、经营范围或经营方式的计划实施行为。

属于重组的事项主要包括：一、出售或终止企业的部分业务；二、对企业的组织结构进行较大调整；三、关闭企业的部分营业场所，或将营业活动由一个国家或地区迁移到其他国家或地区。

下列情况同时存在时，表明企业承担了重组义务：

一、有详细、正式的重组计划，包括重组涉及的业务、主要地点、需要补偿的职工人数及其岗位性质、预计重组支出、计划实施时间等；

二、该重组计划已对外公告，重组计划已经开始实施，或已向受其影响的各方通告了该计划的主要内容，从而使各方形成了对该企业将实施重组的合理预期。

因重组计划产生的职工辞退福利，确认的预计负债应通过"应付职工薪酬"科目核算，不在"预计负债"科目核算。

【例－多选题】贷方为预计负债时，借方的对应科目可能包括（　　　　）

A．营业外支出　　　　B．销售费用　　　　C．固定资产　　　　D．主营业务成本

【答案】ABCD

学堂点拨

与未决诉讼有关的预计负债，对应的科目有"营业外支出"、"管理费用"选项A正确；与未构成单项履约义务的产品质量保证有关的预计负债，对应科目是"销售费用"，选项B正确；矿山、核电站等特殊固定资产的弃置费用有关预计负债，对应科目是"固定资产，选项C正确，无标的资产的亏损合同，之前计提的预计负债，后续存在标的资产并销售，相应冲销"主营业务成本"，选项D正确。

【例－选择题2018】经董事会批准，甲公司于2×17年6月30日至年底期间关闭了部分业务，发生相关费用如下：（1）将关闭部分业务的设备转移至继续使用地点支付费用1 500万元；（2）遣散部分

职工支付补偿款600万元；（3）对剩余职工进行再培训发生费用250万元；（4）为提升公司形象而推出新广告发生费用250万元。下列各项中，不应作为甲公司与重组相关的直接支出确认预计负债的有（　　）。

A．遣散部分职工支付赔偿

B．为设备转移至继续使用地点支付的费用

C．为提升公司形象而推出新广告发生的费用

D．对剩余职工进行再培训发生的费用

【解析】企业应当按照与重组相关的直接支出确定预计负债的金额，选项B、C和D均不属于与重组相关的直接支出。

【答案】BCD

# 第十三章　金融工具

## 本章思维导图

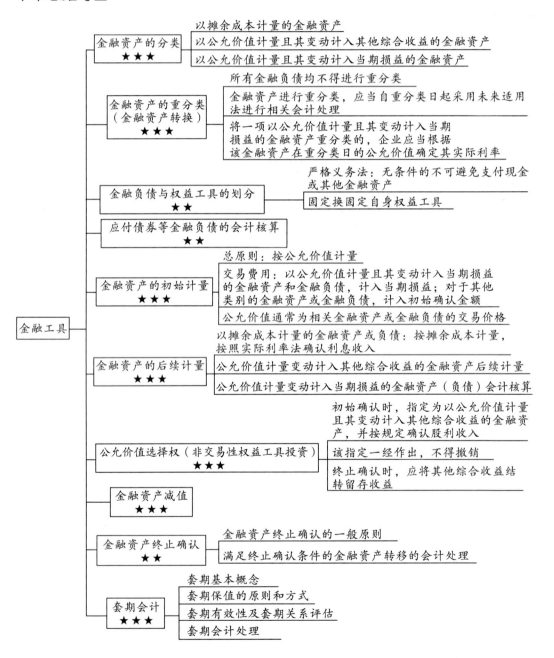

## 本章考情分析

本章内容考查占14分左右，2020年考试进行主观题命题的可能性很大，与收入、持有待售及终止经营、长期股权投资、合并报表共同成为2020年会计主观题命题的热门。另外客观题可能也会涉及2~3题。

## 本章知识点精讲

### 知识点1 金融资产的分类

微信扫一扫
习题免费练

一、企业应当根据其管理金融资产的业务模式和金融资产的合同现金流量特征，将金融资产划分为以下三类：

（一）以摊余成本计量的金融资产；

（二）以公允价值计量且其变动计入其他综合收益的金融资产；

（三）以公允价值计量且其变动计入当期损益的金融资产。

企业管理金融资产的业务模式，是指企业如何管理其金融资产以产生现金流量。企业管理金融资产的业务模式，应当以企业关键管理人员决定的对金融资产进行管理的特定业务目标为基础确定。

企业确定管理金融资产的业务模式，应当以客观事实为依据，不得以按照合理预期不会发生的情形为基础确定。企业管理金融资产的业务模式是一种事实而不是认定。

业务模式决定企业所管理金融资产现金流量的来源是收取合同现金流量、出售金融资产还是两者兼有。

金融资产的合同现金流量特征，是指金融工具合同约定的、反映相关金融资产经济特征的现金流量属性。

企业分类为以摊余成本计量的金融资产和以公允价值计量且其变动计入其他综合收益的金融资产，其合同现金流量特征，应当与基本借贷安排相一致。即在特定日期产生的合同现金流量仅为对本金和以未偿付本金金额为基础的利息的支付（Solely Payments of Principal and Interest，简称SPPI），例如普通债券投资、银行的贷款资产。而衍生工具和权益工具基本上在这一步就被去掉了，直接掉入以公允价值计量且其变动计入当期损益的金融资产类别。不过，以公允价值计量且其变动计入其他综合收益的金融资产的业务模式还决定其又是以出售该金融资产为目标。

表13-1 金融资产的分类

| 以摊余成本计量的金融资产 | 1. 企业管理该金融资产的业务模式是以收取合同现金流量为目标<br>2. 该金融资产的合同条款规定，在特定日期产生的现金流量，仅为对本金和以未偿付本金金额为基础的利息的支付 |
| --- | --- |
| 以公允价值计量且其变动计入其他综合收益的金融资产 | 1. 企业管理该金融资产的业务模式既以收取合同现金流量为目标又以出售该金融资产为目标<br>2. 该金融资产的合同条款规定，在特定日期产生的现金流量，仅为对本金和以未偿付本金金额为基础的利息的支付<br>在初始确认时，企业可以将非交易性权益工具投资指定为以公允价值计量且其变动计入其他综合收益的金融资产。该指定一经作出，不得撤销 |

（续上表）

| 以公允价值计量且其变动计入当期损益的金融资产 | 分类为以摊余成本计量的金融资产和分类为以公允价值计量且其变动计入其他综合收益的金融资产之外的金融资产，企业应当将其分类为以公允价值计量且其变动计入当期损益的金融资产<br>在初始确认时，如果能够消除或显著减少会计错配，企业可以将金融资产指定为以公允价值计量且其变动计入当期损益的金融资产。该指定一经作出，不得撤销 |
| --- | --- |

即使符合分类为第一类或第二类金融资产的条件，但若分类为第三类金融资产能消除或显著减少会计错配，企业仍可以将该金融资产分类为第三类金融资产，即以公允价值计量且其变动计入当期损益的金融资产。

新准则的重大变化之一是将金融资产由"四分类"改为"三分类"，并以业务模式＋合同现金流量特征为分类标准，本知识点极可能在命题中出现。

二、金融资产或金融负债满足下列条件之一的，表明企业持有该金融资产或承担该金融负债的目的是交易性的：

（一）取得相关金融资产或承担相关金融负债的目的，主要是为了近期出售或回购；

（二）相关金融资产或金融负债在初始确认时属于集中管理的可辨认金融工具组合的一部分，且有客观证据表明近期实际存在短期获利模式；

（三）相关金融资产或金融负债属于衍生工具。但符合财务担保合同定义的衍生工具以及被指定为有效套期工具的衍生工具除外。

企业在非同一控制下的企业合并中确认的或有对价构成金融资产的，该金融资产应当分类为以公允价值计量且其变动计入当期损益的金融资产，不得指定为以公允价值计量且其变动计入其他综合收益的金融资产。

表 13-2 金融资产的四个主要科目含义

| 债权投资 | 符合且仅符合收取利息及本金的债券投资（摊余成本计量） |
| --- | --- |
| 其他债权投资 | 除收取利息和本金外，还可能会出售（双重计量） |
| 其他权益工具投资 | 非交易性的权益工具投资，且指定为以公允价值计量且其变动计入其他综合收益的金融资产 |
| 交易性金融资产 | 不属于以上分类的股票、债券、基金、衍生品投资，以公允价值计量且其变动计入当期损益（公允价值变动损益） |

【例1-单选题】2019年3月，甲公司经董事会决议将闲置资金2 000万元用于购买银行理财产品。理财产品协议约定：该产品规模15亿元，为非保本浮动收益理财产品，预期年化收益率为4.5%；资金主要投向为银行间市场及交易所债券；产品期限为364天，银行将按月向投资者公布理财计划涉及资产的市值情况；到期资产价值扣除银行按照资产初始规模的0.5%计算的手续费后全部分配给投资者；在产品设立以后，不存在活跃市场，不允许提前赎回且到期前不能转让。不考虑其他因素，甲公司对持有的该银行理财产品，正确的会计处理是（    ）。

A. 作为以摊余成本计量的金融资产，按照预期收益率确认利息收入

B. 作为以公允价值计量且其变动计入其他综合收益的金融资产，按照预期收益率确认利息收入

C. 作为以公允价值计量且其变动计入当期损益的金融资产

D. 不好判断

【答案】C

**学堂点拨**

> 该金融资产为非保本浮动收益理财产品，回收金额不固定，合同现金流量特征不符合"在特定日期产生的合同现金流量仅为对本金和以未偿付本金金额为基础的利息的支付"，尽管产品设立以后，不存在活跃市场，不允许提前赎回且到期不能转让，但依然应分类以公允价值计量且其变动计入当期损益的金融资产。

【例2-单选题】2019年4月25日，甲公司与上游企业原材料主要供应商乙公司达成战略同盟，成为战略伙伴关系，至4月30日止，甲公司出资19 980万元在二级市场购买乙公司股票999万股，占乙公司总股本的3.33%。甲公司购买乙公司股票仅为稳定双方战略合作关系，并非交易性目的。则甲公司可以将该股票投资指定为（ ），但该指定一经作出，不得撤销。

A. 以摊余成本计量的金融资产，通过"债权投资"科目核算

B. 以公允价值计量且其变动计入其他综合收益的金融资产，通过"其他权益工具投资"科目核算

C. 以公允价值计量且其变动计入当期损益的金融资产，通过"交易性金融资产"科目核算

D. 以公允价值计量且其变动计入其他综合收益的金融资产，通过"其他债权投资"科目核算

【答案】B

**学堂点拨**

> 在初始确认时，企业可以将非交易性权益工具投资指定为以公允价值计量且其变动计入其他综合收益的金融资产，该指定一经作出，不得撤销。

## 知识点2 金融资产的初始计量

一、企业初始确认金融资产或金融负债，应当按照公允价值计量。对于以公允价值计量且其变动计入当期损益的金融资产和金融负债，相关交易费用应当直接计入当期损益；对于其他类别的金融资产或金融负债，相关交易费用应当计入初始确认金额。

但是，企业初始确认的应收账款未包含重大融资成分或不考虑不超过一年的合同中的融资成分的，应当按照交易价格进行初始计量。详见"收入、费用和利润"一章（第十六章）。

二、交易费用，是指可直接归属于购买、发行或处置金融工具的增量费用。增量费用是指企业没有发生购买、发行或处置相关金融工具的情形就不会发生的费用，包括支付给代理机构、咨询公司、券商、证券交易所、政府有关部门等的手续费、佣金、相关税费及其他必要支出，不包括债券溢价、折价、融资费用、内部管理成本和持有成本等与交易不直接相关的费用。

【例3-计算分析题】2019年1月1日，甲公司支付价款1 120万元从上海证券交易所购入A公司同日发行的5年期公司债券12 500份，另支付交易费用18万元。债券票面价值总额为1 000万元，票面年利率为8.72%，于年末支付本年度债券利息，本金在债券到期时一次性偿还。

【分析】

1. 若甲公司根据其管理该债券的业务模式和该债券的合同现金流量特征，将该债券分类为以摊余成本计量的金融资产。

借：债权投资——成本　　　　　　　　　　　　　　　　　　　　1 000
　　　　　　　——利息调整　　　　　　　　　　　　　　　　　　138
　　贷：银行存款　　　　　　　　　　　　　　　　　　　　　　　　　1 138

2. 若甲公司根据其管理该债券的业务模式和该债券的合同现金流量特征，将该债券分类为以公允价值计量且其变动计入其他综合收益的金融资产。

借：其他债权投资——成本　　　　　　　　　　　　　　　　　　　1 000
　　　　　　　　——利息调整　　　　　　　　　　　　　　　　　　138
　　贷：银行存款　　　　　　　　　　　　　　　　　　　　　　　　　1 138

3. 若甲公司根据其管理该债券的业务模式和该债券的合同现金流量特征，将该债券分类为以公允价值计量且其变动计入当期损益的金融资产。

借：交易性金融资产——成本　　　　　　　　　　　　　　　　　　1 120
　　投资收益　　　　　　　　　　　　　　　　　　　　　　　　　　18
　　贷：银行存款　　　　　　　　　　　　　　　　　　　　　　　　　1 138

三、公允价值通常为相关金融资产或金融负债的交易价格。金融资产或金融负债公允价值与交易价格存在差异的，企业应当区别下列情况进行处理：

（一）在初始确认时，金融资产或金融负债的公允价值依据相同资产或负债在活跃市场上的报价或者以仅使用可观察市场数据的估值技术确定的，企业应当将该公允价值与交易价格之间的差额确认为一项利得或损失。

（二）在初始确认时，金融资产或金融负债的公允价值以其他方式确定的，企业应当将该公允价值与交易价格之间的差额递延。初始确认后，企业应当根据某一因素在相应会计期间的变动程度将该递延差额确认为相应会计期间的利得或损失。该因素应当仅限于市场参与者对该金融工具定价时将予考虑的因素，包括时间等。

例如：甲公司将应收账款2 000万元出售给乙商业银行，该应收账款本金为2 050万元，1年后到期，按等风险同类公司市场利率计算的现值为1 990万元，则乙商业银行对该金融资产的入账价值应为1 990万元，差额计入利得。该知识点考试命题上一般不会涉及主观题，但不排除客观题的出现。

四、权益工具投资或合同存在报价的，企业不应当将成本作为对其公允价值的最佳估计。

【例4-计算分析题】2019年1月1日，甲公司购入乙公司当日发行的3年期分期付息（于次年初支付上年度利息）、到期还本债券，面值为2 000万元，票面年利率为8%，实际支付价款为2 080万元，另支付交易费用3万元。甲公司将该金融资产分类为以摊余成本计量的金融资产。

【分析】

借：债权投资——成本　　　　　　　　　　　　　　　　　　　　2 000
　　　　　　　——利息调整　　　　　　　　　　　　　　　　　　　83
　　贷：银行存款　　　　　　　　　　　　　　　　　　　　　　　　　2 083

注：若分类为以公允价值计量且变动计入其他综合收益的金融资产，该初始计量会计处理相同。

【例5-分析题】2018年5月13日，甲公司支付价款1 060万元从二级市场购入乙公司发行的股票100万股，每股价格10.60元（含已宣告但尚未发放的现金股利0.60元）（企业取得金融资产所支付的价款中包含的已宣告但尚未发放的债券利息和现金股利，应当单独确认为应收项目进行处理），另支付交易费用1万元。甲公司将其分类为以公允价值计量且变动计入当期损益的金融资产。

【分析】

借：交易性金融资产　　　　　　　　　　　　　　　　　　　　1 000
　　应收股利　　　　　　　　　　　　　　　　　　　　　　　　　60
　　投资收益　　　　　　　　　　　　　　　　　　　　　　　　　 1
　　贷：银行存款　　　　　　　　　　　　　　　　　　　　　 1 061

## 知识点3　以摊余成本计量的金融资产后续计量

一、金融资产或金融负债的摊余成本，应当以该金融资产或金融负债的初始确认金额经下列调整后的结果确定：

（一）扣除已偿还的本金；

（二）加上或减去采用实际利率法将该初始确认金额与到期日金额之间的差额进行摊销形成的累计摊销额；

（三）扣除累计计提的损失准备（仅适用于金融资产）。

二、企业应当按照实际利率法确认利息收入（一般原则）。利息收入应当根据金融资产账面余额乘以实际利率计算确定。这里的"账面余额"与"摊余成本"不是一个概念，账面余额应理解为实际的投资额或经调整后的实际投资额，投资收益=实际投资额×实际利率。在不存在减值准备的情况下，账面余额与摊余成本相同；存在减值准备的情况下，账面余额-减值准备=摊余成本。

已发生信用减值的金融资产，企业应当在后续期间，按照该金融资产的摊余成本和实际利率计算确定其利息收入。投资收益=摊余成本×实际利率。

三、实际利率法，是指计算金融资产或金融负债的摊余成本以及将利息收入或利息费用分摊计入各会计期间的方法。

实际利率，是指将金融资产或金融负债在预计存续期的估计未来现金流量，折现为该金融资产账面余额或该金融负债摊余成本所使用的利率。在确定实际利率时，应当在考虑金融资产或金融负债所有合同条款（如提前还款、展期、看涨期权或其他类似期权等）的基础上估计预期现金流量，但不应当考虑预期信用损失。

【例6-计算分析题】2018年1月1日，甲公司支付价款950万元（含交易费用），从活跃市场上购入XYZ公司3年期债券，面值为1 000万元，票面年利率为8%，按年支付利息（即每年支付80万元），本金最后一次支付。合同约定，该债券的发行方在遇到特定情况时可以将债券赎回，且不需要为提前赎回支付额外款项。XYZ公司在购买该债券时，预计发行方不会提前赎回。

甲公司将该金融资产分类为摊余成本计量的金融资产，且不考虑所得税、减值损失等因素。甲公司在初始确认时先计算确定该债券的实际利率为10%。设该债券的实际利率为r，则：80×（P/A，r，3）+1 000×（P/F，r，3）=950。

【分析】采用插值法，可以计算得出实际利率r=10%。

2018年1月1日：

借：债权投资——成本 1 000

　　贷：银行存款 950

　　　　债权投资——利息调整 50

2018年12月31日：

投资收益为实际投资额×实际利率=950×10%=95（万元）

借：应收利息 80

　　债权投资——利息调整 15（倒挤）

　　　　贷：投资收益 95

借：银行存款 80

　　贷：应收利息 80

2018年12月31日账面余额=950+15=965（万元）

2019年12月31日：投资收益=965×10%=96.5（万元）

借：应收利息 80

　　债权投资——利息调整 16.5（倒挤）

　　　　贷：投资收益 96.5

借：银行存款 80

　　贷：应收利息 80

2019年12月31日账面余额=965+16.5=981.5（万元）

2020年12月31日：

投资收益=981.5×10%=98.15（万元），但为了平账，本期利息调整的摊销额=50-15-16.5=18.5（万元）；

本期应确认的投资收益=80+18.5=98.50（万元），投资收益为倒挤数。

借：应收利息 80

　　债权投资——利息调整 18.5

　　　　贷：投资收益 98.5（倒挤）

借：银行存款 80

　　贷：应收利息 80

借：银行存款 1 000

　　贷：债权投资——成本 1 000

| 年份 | 期初账面余额 | 本期投资收益 | 本期利息收入 | 本期摊销额 |
|------|------------|------------|------------|----------|
| 2018 | 950 | 95 | 80 | 15 |
| 2019 | 965 | 96.5 | 80 | 16.5 |
| 2020 | 981.5 | 98.5 | 80 | 18.5 |
| 合计 | | 290 | 240 | 50 |

注：在理解的基础上记忆，是很流行的说法。但是，若真的理解了，似乎并不需要记忆。从财务

学角度，投资收益＝实际投资额×实际利率，摊销额为倒挤，是掌握本知识点的关键。

假定甲公司购买的债券不是分次付息，而是到期一次还本付息，且利息不是以复利计算。购买价为930万元，交易费用为1.6万元。假设甲公司所购买债券的实际利率r，则：

（80×3＋1 000）×（P/F，r，3）＝931.6

采用插值法，可以计算得出实际利率r＝10%。

2018年1月1日：

借：债权投资——成本 1 000
　　贷：银行存款 931.6
　　　　债权投资——利息调整 68.4

2018年12月31日：

投资收益＝实际投资额×实际利率＝931.6×10%＝93.16（万元）

借：债权投资——应计利息 80
　　　　——利息调整 13.16（倒挤）
　　贷：投资收益 93.16

2018年12月31日该金融资产账面余额＝931.6＋80＋13.16＝1 024.76（万元）

2019年12月31日：

投资收益＝1 024.76×10%＝102.48（万元）

借：债权投资——应计利息 80
　　　　——利息调整 22.48（倒挤）
　　贷：投资收益 102.48

2019年12月31日账面价值余额＝1 024.76＋80＋22.48＝1 127.24（万元）

投资收益＝1 127.24×10%＝112.72（万元），但为了平账，本期利息调整的摊销额＝68.4－13.16－22.48＝32.76（万元），本期应确认的投资收益＝80＋32.76＝112.76（万元），投资收益为倒挤数。

借：债权投资——应计利息 80
　　　　——利息调整 32.76
　　贷：投资收益 112.76（倒挤）
借：银行存款 1 240
　　贷：债权投资——成本 1 000
　　　　——应计利息 240

【例7-单选题】2018年1月1日，甲公司支付价款1 900万元（含交易费用），从活跃市场上购入XYZ公司3年期债券，面值2 000万元，票面年利率8%，按年支付利息（即每年支付160万元），到期还本。假设实际利率为10%。甲公司将该金融资产分类为以摊余成本计量的金融资产，自初始确认时债券信用风险未显著增加，2018年年末确认的12个月预期信用损失为12万元。2018年12月31日，该金融资产的账面余额和摊余成本分别为（　　）万元。

A．1 930，1 918　　B．1 870，1 860　　C．1 930，1 920　　D．1 930，1 908

【答案】A

## 学堂点拨

2018年折价摊销额＝1 900×10%－2 000×8%＝30（万元），期末账面余额＝1 900+30＝1 930（万元），本期应计提减值准备＝1 930－1 918＝12（万元），其中借记信用减值损失12万元，贷记债权投资减值准备12万元，期末摊余成本＝期末账面余额－减值准备＝1 930－12＝1 918（万元）。需要补充的是，既然2018年年末（即2019年年初）的账面余额是1 930万元，且该金融资产未发生信用减值，则2019年的投资收益＝1 930×10%＝193（万元）。

【例8–计算分析题】2018年1月1日，甲公司自证券市场购入面值总额为2 000万元的债券。购入时实际支付价款2 078.98万元，另支付相关交易费用10万元。该债券发行日为2016年1月1日，系分期计息、到期还本付息债券，期限为5年，票面年利率为5%，每年12月31日支付当年利息。假设经测算实际年利率为4%，甲公司将该债券投资分类为以摊余成本计量的金融资产。

要求：

1. 编制2018年有关会计分录（单位：万元）。

2. 分别计算该金融资产在2018、2019年12月31日的账面余额。

【答案】

1. 2018年1月1日：

借：债权投资——成本 2 000

　　　——利息调整 88.98

　　贷：银行存款 2 088.98

2018年12月31日：

借：应收利息 100

　　贷：投资收益 83.56（2 088.98×4%）

　　债权投资——利息调整 16.44（倒挤）

2. 该项金融资产在2018年12月31日的账面余额

＝2 088.98－16.44

＝2 088.98－（2 000×5%－2 088.98×4%）

＝2 088.98×（1+4%）－2 000×5%

＝2 072.54（万元）

注：上述详细计算过程的目的是告诉各位同学解题的速算技巧。假设购买价为P万元，其他资料不变，则该项金融资产在2018年12月31日的账面余额＝P×（1+4%）－2 000×5%。在应付客观题时，不需编制会计分录即可快速得出答案。

同理，该金融资产在2019年12月31日的账面余额

＝[2 088.98×（1+4%）－2 000×5%]×（1+4%）－2 000×5%

＝2 072.54×（1+4%）－2 000×5%＝2 055.44（万元）

2019年12月31日：

借：应收利息 100

　　贷：投资收益 82.90（2 072.54×4%）

债权投资——利息调整　　　　　　　　　　　　　　　　　　17.1（倒挤）

2019年12月31日账面余额验证：

2 072.54－17.1＝2 055.44（万元）。另外，以上速算技巧不管是溢价还是折价影响，为通用公式。

四、对于购入或源生的已发生信用减值（即初始确认时已发生减值）的金融资产，企业应当自初始确认起，按照摊余成本和经信用调整的实际利率计算确定其利息收入。

对于购入或源生的未发生信用减值、但在后续期间成为已发生信用减值的金融资产，企业应当在后续期间，按照该金融资产的摊余成本和实际利率计算确定其利息收入。企业按照上述规定对金融资产的摊余成本运用实际利率法计算利息收入的，若该金融工具在后续期间因其信用风险有所改善而不再存在信用减值，并且这一改善在客观上可与应用上述规定之后发生的某一事件相联系（如债务人的信用评级被上调），企业应当转按实际利率乘以该金融资产账面余额来计算确定利息收入。

经信用调整的实际利率，是指将购入或源生的已发生信用减值的金融资产在预计存续期的估计未来现金流量，折现为该金融资产摊余成本的利率。在确定经信用调整的实际利率时，应当在考虑金融资产的所有合同条款（例如提前还款、展期、看涨期权或其他类似期权等）以及初始预期信用损失的基础上估计预期现金流量。

这种情况下，投资收益＝摊余成本×经调整后的实际利率。

五、合同各方之间支付或收取的、属于实际利率或经信用调整的实际利率组成部分的各项费用、交易费用及溢价或折价等，应当在确定实际利率或经信用调整的实际利率时予以考虑。

企业通常能够可靠估计金融工具（或一组类似金融工具）的现金流量和预计存续期。在极少数情况下，金融工具（或一组金融工具）的估计未来现金流量或预计存续期无法可靠估计的，企业在计算确定其实际利率（或经信用调整的实际利率）时，应当基于该金融工具在整个合同期内的合同现金流量。

六、企业与交易对手方修改或重新议定合同，未导致金融资产终止确认，但导致合同现金流量发生变化的，应当重新计算该金融资产的账面余额，并将相关得或损失计入当期损益。但不涉及实际利率的调整。

## 知识点4　公允价值计量变动计入其他综合收益的金融资产后续计量

一、在计算利息收入、投资收益和摊余成本方面，与知识点3相同。区别在于期末需按公允价值对账面价值进行调整，并计入其他综合收益。

二、企业可以将非交易性权益工具投资指定为以公允价值计量且其变动计入其他综合收益。当该金融资产终止确认时，之前计入其他综合收益的累计利得或损失应当从其他综合收益中转出，计入留存收益，即盈余公积和未分配利润。

注：在某些特殊投资中，公允价值变动计入当期损益可能并不反映企业的业绩，比如甲公司的第一大客户要求甲公司购买其10%的股份并作为非交易性权益投资。另外，终止确认时禁止循环将其他综合收益结转投资收益，否则就失去了指定持有期间公允价值变动计入其他综合收益的意义。

三、以公允价值计量且其变动计入其他综合收益的金融资产，企业应当在其他综合收益中确认其损失准备，并将减值损失或利得计入当期损益，且不应减少该金融资产在资产负债表中列示的账面

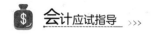

价值。

**【例9-计算分析题】** 甲公司通过进行债券投资及出售来赚取利息收入和市场价差，并调剂现金的余缺，核算上分类为公允价值计量且其变动计入其他综合收益的金融资产。2018年1月1日甲公司支付价款900万元购入B公司到期日为3年期的公司债券，该公司债券的票面总金额为1 000万元，票面年利率6%，利息每年年末支付，本金到期支付。经测算，实际年利率为10%。2018年12月31日，该债券的市场价格为940万元。2019年1月5日，甲公司将该债券出售，取得价款941万元，不考虑交易费用和其他因素的影响。

**【分析】** 甲公司会计处理如下（单位：万元）：

1. 2018年1月1日：

借：其他债权投资——成本　　　　　　　　　　　　　　　　　　　　1 000

　　贷：其他债权投资——利息调整　　　　　　　　　　　　　　　　　　　　100

　　　　银行存款　　　　　　　　　　　　　　　　　　　　　　　　　　　　900

2. 2018年12月31日：

投资收益＝实际投资额×实际利率＝900×10%＝90（万元）

利息调整摊销额＝90－1 000×6%＝30（万元）

2018年该金融资产账面余额＝900＋30＝930（万元）

借：应收利息　　　　　　　　　　　　　　　　　　　　　　　　　　　60

　　其他债权投资——利息调整　　　　　　　　　　　　　　　　　　　30

　　贷：投资收益　　　　　　　　　　　　　　　　　　　　　　　　　　90

借：银行存款　　　　　　　　　　　　　　　　　　　　　　　　　　　60

　　贷：应收利息　　　　　　　　　　　　　　　　　　　　　　　　　　60

按公允价值调整账面余额：940－930＝10（万元）

借：其他债权投资——公允价值变动　　　　　　　　　　　　　　　　10

　　贷：其他综合收益　　　　　　　　　　　　　　　　　　　　　　　　10

此时，账面余额与摊余成本的含义便不再相同。

3. 2019年1月5日：

借：银行存款　　　　　　　　　　　　　　　　　　　　　　　　　　　941

　　其他债权投资——利息调整　　　　　　　　　　　　　　　　　　　70

　　贷：其他债权投资——成本　　　　　　　　　　　　　　　　　　　　1 000

　　　　　　　　　　　——公允价值变动　　　　　　　　　　　　　　　　10

　　　　投资收益　　　　　　　　　　　　　　　　　　　　　　　　　　1

借：其他综合收益　　　　　　　　　　　　　　　　　　　　　　　　　10

　　贷：投资收益　　　　　　　　　　　　　　　　　　　　　　　　　　10

**【例10-计算分析题】** 2018年7月10日，甲公司与环宇公司签订股权转让合同，以2 600万元的价格受让环宇公司所持天天课堂公司2%股权。同日，甲公司向环宇公司支付股权转让款2 600万元；天天课堂公司的股东变更手续办理完成。受让天天课堂公司股权后，甲公司将其指定为以公允价值计量且其变动计入其他综合收益的金融资产。

2018年12月31日，甲公司所持上述天天课堂公司股权的公允价值为2 800万元。

2019年5月6日，天天课堂公司股东会批准利润公配方案，向全体股东共计分配现金股利500万元，2019年7月12日，甲公司收到天天课堂公司分配的股利10万元。

2019年12月31日，甲公司所持上述天天课堂公司股权的公允价值为3 200万元。

2020年9月6日，甲公司将所持天天课堂公司2%股权予以转让，取得款项3 300万元。

其他有关资料：

1．甲公司对天天课堂公司不具有控制、共同控制或重大影响。

2．甲公司按实际净利润的10%计提法定盈余公积，不计提任意盈余公积。

3．不考虑税费及其他因素。

要求：

根据上述资料，编制甲公司与购入、持有及处置天天课堂公司股权相关的全部会计分录（单位：万元）。

【答案】

2018年7月10日：

借：其他权益工具投资——成本　　　　　　　　　　　　　　　　　　　　2 600

　　贷：银行存款　　　　　　　　　　　　　　　　　　　　　　　　　　　2 600

2018年12月31日：

借：其他权益工具投资——公允价值变动　　　　　　　　　　　　　　　　200

　　贷：其他综合收益　　　　　　　　　　　　　　　　　　　　　　　　　200

2019年5月6日：

借：应收股利　　　　　　　　　　　　　　　　　　　　　　　　　　　　10

　　贷：投资收益　　　　　　　　　　　　　　　　　　　　　　　　　　　10

2019年7月12日：

借：银行存款　　　　　　　　　　　　　　　　　　　　　　　　　　　　10

　　贷：应收股利　　　　　　　　　　　　　　　　　　　　　　　　　　　10

2019年12月31日：

借：其他权益工具投资——公允价值变动　　　　　　　　　　　　　　　　400

　　贷：其他综合收益　　　　　　　　　　　　　　　　　　　　　　　　　400

2020年9月6日：

借：银行存款　　　　　　　　　　　　　　　　　　　　　　　　　　　3 300

　　贷：其他权益工具投资——成本　　　　　　　　　　　　　　　　　　　2 600

　　　　　　　　　　——公允价值变动　　　　　　　　　　　　　　　　　600

　　　　盈余公积　　　　　　　　　　　　　　　　　　　　　　　　　　　10

　　　　利润分配——未分配利润　　　　　　　　　　　　　　　　　　　　90

借：其他综合收益　　　　　　　　　　　　　　　　　　　　　　　　　　600

　　贷：盈余公积　　　　　　　　　　　　　　　　　　　　　　　　　　　60

　　　　利润分配——未分配利润　　　　　　　　　　　　　　　　　　　　540

## 知识点5 金融资产的重分类（金融资产转换）

一、企业改变其管理金融资产的业务模式时，应当按照《企业会计准则第22号——金融工具确认和计量》的规定对所有受影响的相关金融资产进行重分类。尽管业务模式的改变很罕见，但不影响命题的出现。

当企业由于收购某一企业从而对原以交易性为目的的股票转为非交易性，或者某商业银行终止经营信用贷款业务，拟出售剩余的信用贷款等，主体管理金融资产的业务模式就发生了变更。若仅仅是因为市场状况发生了重大变化，管理层改变了金融资产的持有意图，不属于业务模式变更。

二、企业对所有金融负债均不得进行重分类。

三、企业对金融资产进行重分类，应当自重分类日起采用未来适用法进行相关会计处理，不得对以前已经确认的利得、损失（包括减值损失或利得）或利息进行追溯调整。重分类日，是指导致企业对金融资产进行重分类的业务模式发生变更后的首个报告期间的第一天。例如，甲上市公司决定于2018年3月22日改变某金融资产的业务模式，则重分类日为2018年4月1日（即下一个季度会计期间的期初）；乙上市公司决定于2018年4月15日改变某金融资产的业务模式，则重分类日为2018年7月1日。

四、企业将一项以公允价值计量且其变动计入当期损益的金融资产重分类的，企业应当根据该金融资产在重分类日的公允价值确定其实际利率。同时，企业应当自重分类日起对该金融资产适用本准则关于金融资产减值的相关规定，并将重分类日视为初始确认日。

表 13-3　金融资产重分类会计处理对比

| 债权投资 | 其他债权投资 | 交易性金融资产 |
|---|---|---|
| 转换为其他债权投资：<br>按照该金融资产在重分类日的公允价值进行计量。原账面价值与公允价值之间的差额计入其他综合收益。该金融资产重分类不影响其实际利率和预期信用损失的计量 | 转换为债权投资：<br>将之前计入其他综合收益的累计利得或损失转出，调整该金融资产在重分类日的公允价值，并以调整后的金额作为新的账面价值，即视同该金融资产一直以摊余成本计量。该金融资产重分类不影响其实际利率和预期信用损失的计量 | 转换为债权投资：<br>应当以其在重分类日的公允价值作为新的账面余额。并重新计算实际利率 |
| 转换为以公允价值计量且其变动计入当期损益的金融资产：<br>按照该资产在重分类日的公允价值进行计量。原账面价值与公允价值之间的差额计入当期损益 | 转换为以公允价值计量且其变动计入当期损益的金融资产：<br>继续以公允价值计量该金融资产。同时，企业应当将之前计入其他综合收益的累计利得或损失从其他综合收益转入当期损益 | 转换为以公允价值计量且其变动计入其他综合收益的金融资产：<br>应当继续以公允价值计量该金融资产 |

【总结】1. 新的资产入账价值（公允价值）与原资产账面价值的差额，是计入其他综合收益还是计入投资收益，取决于新资产的性质；

2. 原确认了其他综合收益的金融资产，其他综合收益是否结转当期损益取决于新资产的性质，即视同以前就是按新的资产核算的情况下是怎样的结果；

3．交易性金融资产的转出非常平静，由于其账面价值即是公允价值，同时也不存在原确认的其他综合收益，故不存在调整，直接按原账面价值（也为公允价值）结转新资产。若因时间因素导致有差额，差额计入投资收益。

【例11-计算分析题】纯生公司将持有的乙公司债券投资划分为某类金融资产，2018年4月30日乙公司债券账面价值为5 100万元，其中其他综合收益为100万元（若有），已确认的减值准备为0万元，12个月预期信用损失为0万元。其后，公司变更了该债券管理的业务模式，假设重分类日为2018年5月1日，在重分类日，该债券的公允价值为5 120万元。

**表13-4　金融资产重分类会计处理对比**

单位：万元

| 债权投资 | 其他债权投资 | 交易性金融资产 |
|---|---|---|
| 转换为其他债权投资：<br>借：其他债权投资　　5 120<br>　贷：债权投资　　　　5 100<br>　　　其他综合收益　　　20 | 转换为债权投资：<br>借：债权投资　　　　5 000<br>　　　其他综合收益　　100<br>　贷：其他债权投资　　5 100 | 转换为债权投资：<br>借：债权投资　　　　5 120<br>　贷：交易性金融资产　5 120<br>注：需重新计算实际利率 |
| 转换为交易性金融资产：<br>借：交易性金融资产　5 120<br>　贷：债权投资　　　　5 100<br>　　　公允价值变动损益　20 | 转换为交易性金融资产：<br>借：交易性金融资产　5 120<br>　贷：其他债权投资　　5 100<br>　　　公允价值变动损益　20<br>借：其他综合收益　　100<br>　贷：公允价值变动损益　100 | 转换为其他债权投资：<br>借：其他债权投资　　5 120<br>　贷：交易性金融资产　5 120<br>注：需重新计算实际利率 |

## 知识点6　金融负债与权益工具的划分

一、金融工具，是指形成一方的金融资产并形成其他方的金融负债或权益工具的合同。只有合同双方通过强制性合同约定的收取、交付（或交换金融工具）的权利或义务，才属于一项金融工具。一项金融工具属于金融负债还是权益工具，往往很明了。但是对于一些"夹层工具"，则需要按"严格义务法"进行划分。产生了交付经济资源义务的合同，才被分类为金融负债；除金融负债之外的金融工具，被划分为权益工具。

二、金融资产，是指企业持有的现金、其他方的权益工具以及符合下列条件之一的资产：

（一）从其他方收取现金或其他金融资产的合同权利；

（二）在潜在有利条件下，与其他方交换金融资产或金融负债的合同权利；

（三）将来须用或可用企业自身权益工具进行结算的非衍生工具合同，且企业根据该合同将收到可变数量的自身权益工具；

（四）将来须用或可用企业自身权益工具进行结算的衍生工具合同，但以固定数量的自身权益工具交换固定金额的现金或其他金融资产的衍生工具合同除外。其中，企业自身权益工具不包括应当按照《企业会计准则第37号——金融工具列报》分类为权益工具的可回售工具或发行方仅在清算时才有义务向另一方按比例交付其净资产的金融工具，也不包括本身就要求在未来收取或交付企业自身权益工具的合同。

三、金融负债，是指企业符合下列条件之一的负债：

（一）向其他方交付现金或其他金融资产的合同义务；

（二）在潜在不利条件下，与其他方交换金融资产或金融负债的合同义务；

（三）将来须用或可用企业自身权益工具进行结算的非衍生工具合同，且企业根据该合同将交付可变数量的自身权益工具；

（四）将来须用或可用企业自身权益工具进行结算的衍生工具合同，但以固定数量的自身权益工具交换固定金额的现金或其他金融资产的衍生工具合同除外。

例如：

1. 企业向银行的借款、应付账款、发行的普通债券等；

2. 卖出看涨期权（或看跌期权），收到期权费用；

3. 发行优先股，3年后按股票收盘价为标准计算转换为普通股；

4. 发行认股权证，2年后可按股票收盘价的90%为标准认购普通股。

如果企业不能无条件地避免以交付现金或其他金融资产来履行一项合同义务，则该合同义务符合金融负债的定义。如果企业能够无条件地避免交付现金或其他金融资产，则不构成金融负债。

四、权益工具，是指能证明拥有某个企业在扣除所有负债后的资产中的剩余权益的合同。在同时满足下列条件的情况下，企业应当将发行的金融工具分类为权益工具：

（一）该金融工具应当不包括交付现金或其他金融资产给其他方，或在潜在不利条件下与其他方交换金融资产或金融负债的合同义务；

（二）将来须用或可用企业自身权益工具结算该金融工具。如为非衍生工具，该金融工具应当不包括交付可变数量的自身权益工具进行结算的合同义务；如为衍生工具，企业只能通过以固定数量的自身权益工具交换固定金额的现金或其他金融资产结算该金融工具，企业自身权益工具不包括应按照金融工具准则分类为权益工具的特殊金融工具，也不包括本身就要求在未来收取或交付企业自身权益工具的合同。

五、区分金融负债和权益工具需考虑的因素

（一）合同所反映的经济实质；

（二）工具的特征。

六、金融负债和权益工具区分的基本原则

（一）是否存在无条件地避免交付现金或其他金融资产的合同义务，如果企业不能无条件地避免以交付现金或其他金融资产来履行一项合同义务，则该合同义务符合金融负债的定义。

（二）是否通过交付固定数量的自身权益工具结算，如果一项金融工具须用或可用企业自身权益工具进行结算，需要考虑用于结算该工具的企业自身权益工具，是作为现金或其他金融资产的替代品，还是为了使该工具持有方享有在发行方扣除所有负债后的资产中的剩余权益。如果是前者，该工具是发行方的金融负债；如果是后者，该工具是发行方的权益工具。

1. 非衍生工具：不包括交付非固定数量的发行方自身权益工具进行结算的合同义务，属于权益工具。即股数固定。

2. 衍生工具：只能通过交付固定数量的发行方自身权益工具交换固定金额的现金或其他金融资产进行结算，属于权益工具。即"固定换固定"。

七、金融负债与权益工具划分举例：

【案例1】甲公司发行了一项年利率为8%、无固定还款期限、可自主决定是否支付利息的不可累积永续债，其他合同条款如下：

1. 该永续债嵌入了一项看涨期权，允许甲公司在发行第五年及之后以面值回购该永续债；

2. 如果甲公司在第五年年末没有回购该永续债，则之后的票息率增加至12%（通常称为"票息递增"特征）；

3. 该永续债票息在甲公司向其普通股股东支付股利时必须支付（即"股利推动机制"）。

【分析】甲公司根据相应的议事机制能够自主决定普通股股利的支付，但基于"股利推动机制"普通股股利支付，尽管影响永续债利息的支付，但仅为甲公司实现股东利益的行为。本质上，该永续债并未形成支付现金或其他金融资产的合同义务；尽管甲公司有可能在第五年年末行使其回购权，但是甲公司并没有回购的合同义务，因此该永续债应整体被分类为权益工具。

【案例2】甲公司与乙公司签订的合同约定，甲公司6个月后以800万元等值的自身权益工具偿还所欠乙公司债务。

【分析】本例中，甲公司需偿还的负债金额800万元是固定的，但甲公司需交付的自身权益工具的数量随着其权益工具市场价格的变动而变动，该金融工具应当划分为金融负债。

【案例3】甲公司与乙公司签订的合同约定，甲公司以100盎司黄金等值的自身权益工具偿还所欠乙公司债务。

【分析】本例中，甲公司需偿还的负债金额随黄金价格变动而变动，同时，甲公司需交付的自身权益工具的数量随着其权益工具市场价格的变动而变动。在这种情况下，该金融工具应当划分为金融负债。

【案例4】甲公司发行了名义金额为人民币100元的优先股500万份，合同条款规定甲公司在3年后将优先股强制转换为普通股，转股价格为转股日前一工作日的该普通股市价。

【分析】本例中，转股价格是变动的，未来须交付的普通股数量是可变的，实质可视作甲公司将在3年后使用自身普通股并按其市价履行支付优先股每股人民币100元的义务。在这种情况下，该强制可转换优先股整体是一项金融负债。

【案例5】一家在多地上市的企业，向其所有的现有普通股股东提供每持有2股股份可购买其1股普通股的权利（配股比例为2股配1股），配股价格为配股当日股价的70%。由于该企业在多地上市，受到各地区当地的法规限制，配股权行权价的币种须与当地货币一致。

【分析】本例中，由于企业是按比例向其所有同类普通股股东提供配股权，尽管汇率的变化将会导致不同地区的股东的现金金额不同，但数量是固定的。该配股权应当分类为权益工具。

【案例6】甲公司发行10亿元优先股。按合同条款约定，甲公司可根据相应的议事机制自主决定是否派发股利，如果甲公司的控股股东发生变更（假设该事项不受甲公司控制），甲公司必须按面值赎回该优先股。

【分析】本例中，该或有事项（控股股东变更）不受甲公司控制，属于或有结算事项。同时，该事项的发生或不发生也并非不具有可能性。由于甲公司不能无条件地避免赎回股份的义务，因此，该工具应当划分为一项金融负债。

【案例7】甲公司为乙公司的母公司，其向乙公司的少数股东签出一份在未来6个月后以乙公司普通股为基础的看跌期权，如果6个月后乙公司股票价格下跌，乙公司少数股东有权要求甲公司无条件地以固定价格购入乙公司少数股东所持有的乙公司股份。

【分析】本例中，在甲公司个别报表中，由于该看跌期权的价值随着乙公司股票价格的变动而变动，并将于未来约定日期进行结算，因此该看跌期权符合衍生工具的定义而确认为一项衍生金融负债。

而在集团合并财务报表中，由于看跌期权使集团整体承担了不能无条件地避免以现金或其他金融资产回购乙公司股票的合同义务，合并财务报表中应当将该义务确认为一项金融负债。

【案例8】甲公司设立时发行了1 000万单位A类股份，而后发行了5 000万单位B类股份给其他投资人，B类股份为可回售股份。假设甲公司只发行了A、B两种金融工具，A类股份为甲公司最次级权益工具。

【分析】本例中，在甲公司的整个资本结构中，A类股份并不重大，且甲公司的主要资本来自B类股份，但由于B类股份并非甲公司发行的最次级的工具，因此应当将B类股份归类为金融负债。

【案例9】甲企业为一合伙企业。相关入股合同约定：新合伙人加入时按确定的金额和持股比例入股，合伙人退休或退出时以其持股的公允价值予以退还；合伙企业营运资金均来自合伙人入股，合伙人持股期间可按持股比例分得合伙企业的利润（但利润分配由合伙企业自主决定）；当合伙企业清算时，合伙人可按持股比例获得合伙企业的净资产。

【分析】本例中，由于合伙企业在合伙人退休或退出时有向合伙人交付金融资产的义务，因而该可回售工具（合伙人入股合同）满足金融负债的定义。同时，其作为可回售工具具备了以下特征：1. 合伙企业清算时合伙人可按持股比例获得合伙企业的净资产；2. 该入股款属于合伙企业中最次级类别的工具；3. 所有的入股款具有相同的特征；4. 合伙企业仅有以金融资产回购该工具的合同义务；5. 合伙人持股期间可获得的现金流量总额，实质上基于该工具存续期内企业的损益、已确认和未确认净资产的变动。

因而，该金融工具应当确认为权益工具。

【案例10】甲公司控制乙公司，因此甲公司的合并财务报表包括乙公司。乙公司资本结构的一部分由可回售工具（其中一部分由甲公司持有）组成，这些可回售工具在乙公司个别财务报表中符合权益工具分类的要求。

【分析】甲公司在可回售工具中的权益在合并时抵销。对于其他外部投资者持有的乙公司发行的可回售工具，其在甲公司合并财务报表中不应作为少数股东权益列示，而应作为金融负债列示。

八、发行金融工具产生的利息、股利、利得或损失的处理。

金融工具属于金融负债的，相关利息、股利、利得或损失，以及赎回或再融资产生的利得或损失等，应当计入当期损益（财务费用）。

金融工具属于权益工具的，其发行（含再融资）、回购、出售或注销时，发行方应当作为权益的变动处理；发行方不应当确认权益工具的公允价值变动；发行方对权益工具持有方的分配应作利润分配处理，发放的股票股利不影响所有者权益总额。

与权益性交易相关的交易费用应当从权益中扣减。只有那些可直接归属于发行新的权益工具或者购买此前已经发行在外的权益工具的增量费用才是与权益交易相关的费用。已发行的股份上市流通相关费用，不得计入权益。

在企业首次公开募股的过程中，除了会新发行一部分可流通的股份外，也往往会将已发行的股份进行上市流通，在这种情况下，企业需要运用专业判断以确定哪些交易费用与权益交易（发行新股）相关，这部分交易费用应计入权益核算；哪些交易费用与其他活动（将已发行的股份上市流通）相关，尽管也是在发行权益工具的同时发生的，但是应当计入当期损益。与多项交易相关的共同交易费用，应当在合理的基础上，采用与其他类似交易一致的方法，在各项交易间进行分摊。

## 知识点7 永续债等类似金融工具的会计处理

一、永续债等类似金融工具发行方会计分类应当考虑的因素

永续债等类似金融工具（以下简称永续债）发行方在确定永续债的会计分类是权益工具还是金融负债（以下简称会计分类）时，应当根据本节的规定并同时考虑下列因素：

（一）关于到期日

1. 永续债发行方在确定永续债会计分类时，应当以合同到期日等条款内含的经济实质为基础，谨慎判断是否能无条件地避免交付现金或其他金融资产的合同义务。

2. 当永续债合同其他条款未导致发行方承担交付现金或其他金融资产的合同义务时，发行方应当区分下列情况处理。

（1）永续债合同明确规定无固定到期日且持有方在任何情况下均无权要求发行方赎回该永续债或清算的，通常表明发行方没有交付现金或其他金融资产的合同义务。企业应将该永续债分类为权益工具。

（2）永续债合同未规定固定到期日且同时规定了未来赎回时间（即"初始期限"）的：

①当该初始期限仅约定为发行方清算日时，通常表明发行方没有交付现金或其他金融资产的合同义务。但清算确定将会发生且不受发行方控制，或者清算发生与否取决于该永续债持有方的，发行方仍具有交付现金或其他金融资产的合同义务。

②当该初始期限不是发行方清算日且发行方能自主决定是否赎回永续债时，发行方应当谨慎分析自身是否能无条件地自主决定不行使赎回权。如不能，通常表明发行方有交付现金或其他金融资产的合同义务。

（二）关于清偿顺序

永续债发行方在确定永续债会计分类时，应当考虑合同中关于清偿顺序的条款。当永续债合同其他条款未导致发行方承担交付现金或其他金融资产的合同义务时，发行方应当区分下列情况处理：

1. 合同规定发行方清算时永续债劣后于发行方发行的普通债券和其他债务的，通常表明发行方没有交付现金或其他金融资产的合同义务，企业应将该永续债分类为权益工具。

2. 合同规定发行方清算时永续债与发行方发行的普通债券和其他债务处于相同清偿顺序的，应当审慎考虑此清偿顺序是否会导致持有方对发行方承担交付现金或其他金融资产合同义务的预期，并据此确定其会计分类。

（三）关于利率跳升和间接义务

永续债合同规定没有固定到期日、同时规定了未来赎回时间、发行方有权自主决定未来是否赎回且如果发行方决定不赎回则永续债票息率上浮（即"利率跳升"或"票息递增"）的，发行方应当结

合所处实际环境考虑该利率跳升条款是否构成交付现金或其他金融资产的合同义务：

1. 如果跳升次数有限、有最高票息限制（即"封顶"）且封顶利率未超过同期同行业同类型工具平均的利率水平，或者跳升总幅度较小且封顶利率未超过同期同行业同类型工具平均的利率水平，可能不构成间接义务。

2. 如果永续债合同条款虽然规定了票息封顶，但该封顶票息水平超过同期同行业同类型工具平均的利率水平，通常构成间接义务。

二、关于永续债持有方会计分类的要求

除符合第六章长期股权投资规定适用范围外，永续债持有方应当按下列规定对永续债进行会计处理。

| 属于权益工具投资 | 不属于权益工具投资（持有方应当谨慎考虑永续债中包含的选择权） |
|---|---|
| 分类为：<br>（一）以公允价值计量且其变动计入当期损益的金融资产；<br>（二）以公允价值计量且其变动计入其他综合收益的非交易性权益工具投资（符合条件时） | 分类为：<br>（一）以摊余成本计量的金融资产；<br>（二）以公允价值计量且其变动计入其他综合收益的金融资产；<br>（三）以公允价值计量且其变动计入当期损益的金融资产 |

### 知识点8 应付债券等金融负债的会计核算

**一、普通债券（分期付息、一次还本）会计处理**

**【例12-计算分析题】**2016年12月31日，甲公司经批准发行5年期一次还本、分期付息的公司债券1 000万元，债券利息在每年12月31日支付，票面利率为年利率6%。假定债券发行时的市场利率为5%。债券实际发行价格为1 043.27万元。

**【分析】**1. 2016年12月31日发行债券时：

| | | |
|---|---|---|
| 借：银行存款 | | 1 043.27 |
| 贷：应付债券——面值 | | 1 000 |
| ——利息调整 | | 43.27 |

2. 2016年12月31日计算利息费用时：

| | | |
|---|---|---|
| 借：财务费用/在建工程 | 52.16（1 043.27×5%） | |
| 应付债券——利息调整 | 7.84 | |
| 贷：应付利息 | | 60 |

注：企业承担的利息费用＝实际融资额×实际利率，2016年12月31日应付债券的摊余成本为1 035.43（1 043.27－7.84）万元。

3. 2020年12月31日归还债券本金及最后一期利息费用时：

| | | |
|---|---|---|
| 借：财务费用 | 50.51 | |
| 应付债券——面值 | 1 000 | |

| | |
|---|---|
| ——利息调整 | 9.49 |
| 贷：银行存款 | 1 060 |

【例13-单选题】2018年1月1日，甲公司发行分期付息、到期一次还本的5年期公司债券，实际收到的款项为18 800万元，该债券面值总额为18 000万元，票面年利率为5%。利息于每年年末支付；实际年利率为4%，2018年12月31日，甲公司该项应付债券的摊余成本为（　　）万元。

A. 18 000　　　　　B. 18 652　　　　　C. 18 800　　　　　D. 18 948

【答案】B

**学堂点拨**

2018年12月31日，甲公司该项应付债券的摊余成本为：

18 800－（18 000×5%－18 800×4%）＝18 800×（1＋4%）－18 000×5%＝18 652（万元）

| | |
|---|---|
| 借：财务费用 | 752（18 800×4%） |
| 应付债券——利息调整 | 148 |
| 贷：应付利息 | 900（18 000×5%） |

注：1. 不管是溢价还是折价，摊余成本"18 800×（1＋4%）－18 000×5%"计算原理相同。例如发行价（实际融资额）为P万元，实际利率为X%，其他资料不变，则2018年年末的摊余成本＝P×（1＋X%）－18 000×5%。

2. 若需计算2019年12月31日甲公司该项应付债券的摊余成本，则同样的思路：

2019年12月31日应付债券摊余成本＝[P×（1＋X%）－18 000×5%]×（1＋X%）－18 000×5%。

## 二、复合金融工具

企业发行的某些非衍生金融工具（如可转换公司债券、可分离公司债券）既含有负债成分，又含有权益成分。对此，企业应当在初始确认时将负债和权益成分进行分拆，分别进行处理。

在进行分拆时，应当先确定负债成分的公允价值并以此作为其初始确认金额，再按照该金融工具整体的发行价格扣除负债成分初始确认金额后的金额确定权益成分的初始确认金额。负债成分的公允价值＝利息的现值＋本金的现值。

为发行该非衍生金融工具而发生的交易费用，应当在负债成分和权益成分之间按照各自的相对公允价值进行分摊。

【提示】企业购买可转债进行投资，应分类为以公允价值计量且其变动计入当期损益的金融资产。

【例14-计算分析题】甲公司2018年8月1日发行了面值为10亿元的可转换公司债券，发行价为10.6亿元，票面利率为8.35%，该债券公允价值为10.40亿元。

1. 权益成分公允价值＝10.6－10.4＝0.2（亿元），分录如下（单位：万元）：

| | |
|---|---|
| 借：银行存款 | 106 000 |
| 贷：应付债券——可转换公司债券（面值） | 100 000 |
| 应付债券——可转换公司债券（利息调整） | 4 000 |
| 其他权益工具 | 2 000 |

后续计量的分录如下（具体数字略）：

2. 计息及摊销时。

借：财务费用（实际融资额×实际利率）

应付债券——可转换公司债券（利息调整）

贷：应付利息

3. 持有人转换为股票时。

借：应付债券——可转换公司债券（面值）

贷：股本

应付债券——可转换公司债券（利息调整）

资本公积——股本溢价

借：其他权益工具

贷：资本公积——股本溢价

4. 企业赎回债券时。

借：应付债券——可转换公司债券（面值）

其他权益工具

财务费用

资本公积（差额）

贷：银行存款

应付债券——可转换公司债券（利息调整）

企业发行附有赎回选择权的可转换公司债券，其在赎回日可能支付利息补偿金，应当在债券发行日至债券约定赎回届满日期间计提应付利息，计提的应付利息分别计入相关资产成本或财务费用。

5. 发行认股权证的情况下，发行及计息的处理原则与可转换公司债券相同，若认股权证持有方到期没有行权，则借记"其他权益工具"，贷记"资本公积——股本溢价"。

【例15-计算分析题】甲公司2018年1月1日按面值100元的105%发行了2 000万份可转换债券，取得总收入21亿元。该债券期限为3年，票面年利率为6%，利息按年支付；每份债券均可在债券发行1年后的任何时间转换为25股普通股。甲公司发行该债券时，二级市场上与之类似但没有转股权的债券的市场利率为9%。假定不考虑其他相关因素，甲公司将发行的债券划分为以摊余成本计量的金融负债。（为了方便计算负债与权益成分的公允价值保留到万位）

先对负债部分进行计量，债券发行收入与负债部分的公允价值之间的差额，分配到所有者权益，计入其他权益工具。本例不涉及交易费用，不存在费用比例分摊。已知：（P/F，9%，3）=0.772 2；（P/A，9%，3）=2.531 3

1. 2018年1月1日，负债成分公允价值=200 000×0.772 2+200 000×6%×2.531 3=184 815.6（万元）

权益成分公允价值=210 000-184 815.6=25 184.4（万元）

| | | |
|---|---|---|
| 借：银行存款 | | 210 000 |
| 应付债券——可转换公司债券（利息调整） | | 15 184.4 |
| 贷：应付债券——可转换公司债券（面值） | | 200 000 |
| 其他权益工具 | | 25 184.4 |

2．2018年12月31日，计提和实际支付利息：

借：财务费用　　　　　　　　　　　　　　16 633.40（实际融资额184 815.6×实际利率9%）

　　贷：应付利息　　　　　　　　　　　　　　　　　　　　　　　　　　　12 000

　　　　应付债券——可转换公司债券（利息调整）　　　　　　　　　　　　4 633.40

借：应付利息　　　　　　　　　　　　　　　　　　　　　　　　　　　　　12 000

　　贷：银行存款　　　　　　　　　　　　　　　　　　　　　　　　　　　12 000

3．2019年12月31日，计提和实际支付利息：

借：财务费用　　　　　　　　　　　　　17 050.41［（184 815.6＋4 633.4）×9%］

　　贷：应付利息　　　　　　　　　　　　　　　　　　　　　　　　　　　12 000

　　　　应付债券——可转换公司债券（利息调整）　　　　　　　　　　　　5 050.41

借：应付利息　　　　　　　　　　　　　　　　　　　　　　　　　　　　　12 000

　　贷：银行存款　　　　　　　　　　　　　　　　　　　　　　　　　　　12 000

4．假设2020年12月31日全部持有人行权：

借：应付债券——可转换公司债券（面值）　　　　　　　　　　　　　　　200 000

　　贷：股本　　　　　　　　　　　　　　　　　　　　　　　　　　　　　50 000

　　　　应付债券——可转换公司债券（利息调整）　5 500.59（15 184.4－4 633.4－5 050.41）

　　　　资本公积——股本溢价　　　　　　　　　　　　　　　　　　　144 499.41

借：其他权益工具　　　　　　　　　　　　　　　　　　　　　　　　　25 184.4

　　贷：资本公积——股本溢价　　　　　　　　　　　　　　　　　　　　25 184.4

【思考】若是部分行权呢？或全部放弃行权呢？

## 三、公允价值计量的金融负债

【例16-计算分析题】2018年7月1日，甲公司经批准在全国银行间债券市场公开发行10亿元人民币短期融资券，期限为1年，票面年利率5.58%，每张面值为100元，到期一次还本付息。所募集资金主要用于公司购买生产经营所需的原材料及配套件等。公司将该短期融资券指定为以公允价值计量且其变动计入当期损益的金融负债。假定不考虑发行短期融资券相关的交易费用。

2018年12月31日，该短期融资券市场价格为每张120元（不含利息）；2019年3月31日，该短期融资券市场价格为每张110元（不含利息）；2019年6月30日，该短期融资券到期兑付完成。

据此，甲公司账务处理如下（单位：万元）：

1．2018年7月1日，发行短期融资券。

借：银行存款　　　　　　　　　　　　　　　　　　　　　　　　　　　100 000

　　贷：交易性金融负债——成本　　　　　　　　　　　　　　　　　　100 000

2．2018年12月31日，年末确认公允价值变动和利息费用。

借：公允价值变动损益　　　　　　　　　　　　　　　　　　　　　　　20 000

　　贷：交易性金融负债——公允价值变动　　　　　　　　　　　　　　20 000

借：投资收益　　　　　　　　　　　　　　　　　　　　　　　　　　　2 790

|  | |
|---|---|
| 贷：应付利息 | 2 790 |

3. 2019年3月31日，季末确认公允价值变动和利息费用。

|  | |
|---|---|
| 借：交易性金融负债——公允价值变动 | 10 000 |
| 贷：公允价值变动损益 | 10 000 |
| 借：投资收益 | 1 395 |
| 贷：应付利息 | 1 395 |

4. 2019年6月30日，短期融资券到期。

|  | |
|---|---|
| 借：投资收益 | 1 395 |
| 贷：应付利息 | 1 395 |
| 借：交易性金融负债——成本 | 100 000 |
| ——公允价值变动 | 10 000 |
| 应付利息 | 5 580 |
| 贷：银行存款 | 105 580 |
| 投资收益 | 10 000 |

## 知识点9　公允价值计量变动计入当期损益的金融资产会计核算

【例17-计算分析题】甲公司2018年3月20日自证券市场购入乙公司发行的股票100万股，共支付价款860万元，其中包括交易费用4万元，甲公司将购入的乙公司股票分类为公允价值计量变动计入当期损益的金融资产。2018年3月31日，乙公司股票每股收盘价为9元。2018年4月10日收到乙公司发放的现金股利每股1元。2018年4月30日，乙公司股票每股收盘价为8.20元。2018年5月10日，甲公司将该股票全部出售，收到价款830万元。不考虑其他因素。

要求：编制2018年3—5月有关会计分录（单位：万元）。

【答案】

1. 2018年3月20日：

|  | |
|---|---|
| 借：交易性金融资产——成本 | 856 |
| 投资收益 | 4 |
| 贷：银行存款 | 860 |

2. 2018年3月31日：

|  | |
|---|---|
| 借：交易性金融资产——公允价值变动 | 44 |
| 贷：公允价值变动损益 | 44 |

3. 2018年4月10日：

|  | |
|---|---|
| 借：银行存款 | 100 |
| 贷：投资收益 | 100 |

4. 2018年4月30日：

|  | |
|---|---|
| 借：公允价值变动损益 | 80 |
| 贷：交易性金融资产——公允价值变动 | 80 |

5. 2018年5月10日：

借：银行存款　　　　　　　　　　　　　　　　　　　　　　　830

　　交易性金融资产——公允价值变动　　　　　　　　　　　　36

　　贷：交易性金融资产——成本　　　　　　　　　　　　　　856

　　　　投资收益　　　　　　　　　　　　　　　　　　　　　10

对该金融资产按公允价值计量，变动计入公允价值变动损益，是资产负债观的体现，使资产信息更加相关可靠。从现金流上分析，可以看出该项投资产生的投资收益为70万元。

【例18-计算分析题】2017年1月1日，甲公司从二级市场购入丙公司债券，支付价款合计1 020 000元（含已到付息期但尚未领取的利息20 000元），另发生交易费用20 000元，该债券面值1 000 000元，剩余期限为2年，票面年利率为4%，每半年末付息一次。甲公司根据其管理该债券的业务模式和该债券合同现金量特征，将该债券分类为以公允价值计量且其变动计入当期损益的金融资产。其他资料如下：

1. 2017年1月5日，收到丙公司债券2016年下半年利息20 000元；

2. 2017年6月30日，丙公司债券公允价值为1 150 000元（不含利息）；

3. 2017年7月5日，收到丙公司债券2017年上半年利息；

4. 2017年12月31日，丙公司债券的公允价值为1 100 000元（不含利息）；

5. 2018年1月5日，收到丙公司债券2017年下半年利息；

6. 2018年6月20日，通过二级市场出售丙公司债券，取得价款1 180 000元（含1季度利息10 000元）。

假定不考虑其他因素，甲公司的账务处理如下：

1. 2017年1月1日，从二级市场购入丙公司债券：

借：交易性金融资产——成本　　　　　　　　　　　　　　1 000 000

　　应收利息　　　　　　　　　　　　　　　　　　　　　　20 000

　　投资收益　　　　　　　　　　　　　　　　　　　　　　20 000

　　贷：银行存款　　　　　　　　　　　　　　　　　　　1 040 000

2. 2017年1月5日，收到该债券2016年下半年利息20 000元：

借：银行存款　　　　　　　　　　　　　　　　　　　　　　20 000

　　贷：应收利息　　　　　　　　　　　　　　　　　　　　20 000

3. 2017年6月30日，确认丙公司债券公允价值变动和投资收益：

借：交易性金融资产——公允价值变动　　　　　　　　　　　150 000

　　贷：公允价值变动损益　　　　　　　　　　　　　　　　150 000

借：应收利息　　　　　　　　　　　　　　　　　　　　　　20 000

　　贷：投资收益　　　　　　　　　　　　　　　　　　　　20 000

4. 2017年7月10日，收到丙公司债券2017年上半年利息：

借：银行存款　　　　　　　　　　　　　　　　　　　　　　20 000

　　贷：应收利息　　　　　　　　　　　　　　　　　　　　20 000

5. 2017年12月31日，确认丙公司债券公允价值变动和投资收益：

借：公允价值变动损益　　　　　　　　　　　　　　　　50 000

　　贷：交易性金融资产——公允价值变动　　　　　　　　　　50 000

借：应收利息　　　　　　　　　　　　　　　　　　　　20 000

　　贷：投资收益　　　　　　　　　　　　　　　　　　　　　20 000

6. 2018年1月5日，收到丙公司债券2017下半年利息：

借：银行存款　　　　　　　　　　　　　　　　　　　　20 000

　　贷：应收利息　　　　　　　　　　　　　　　　　　　　　20 000

7. 2018年6月20日，通过二级市场出售丙公司债券：

借：银行存款　　　　　　　　　　　　　　　　　　　1 180 000

　　贷：交易性金融资产——成本　　　　　　　　　　　　1 000 000

　　　　　　　　　　　——公允价值变动　　　　　　　　　100 000

　　　　投资收益　　　　　　　　　　　　　　　　　　　　80 000

表 13-5　金融资产的初始计量及后续计量比较

| 类别 | 初始计量 | 后续计量 |
| --- | --- | --- |
| 交易性金融资产 | 公允价值，交易费用计入当期损益 | 公允价值，公允价值变动计入当期损益 |
| 债权投资 | 公允价值，交易费用计入初始入账金额，构成成本组成部分 | 按摊余成本和实际利率计算利息收入 |
| 其他债权投资 | 公允价值，交易费用计入初始入账金额，构成成本组成部分 | 公允价值变动计入其他综合收益 |
| 其他权益工具投资 | 公允价值，交易费用计入初始入账金额，构成成本组成部分 | 公允价值，公允价值变动计入其他综合收益，处置时结转为留存收益 |

## 知识点10　金融资产分类特殊规定及公允价值选择权（非交易性权益工具投资）

在初始确认时，企业可以将非交易性权益工具投资指定为以公允价值计量且其变动计入其他综合收益的金融资产，并按规定确认股利收入。该指定一经作出，不得撤销。即该金融资产终止确认时，应将其他综合收益结转留存收益。

在初始确认时，为了提供更相关的会计信息，企业可以将一项金融资产、一项金融负债或者一组金融工具（金融资产、金融负债或者金融资产及负债）指定为以公允价值计量且其变动计入当期损益的金融资产或金融负债，但该指定应当满足下列条件之一：

一、金融资产或金融负债能够消除或显著减少会计错配；

二、根据正式书面文件载明的企业风险管理或投资策略，以公允价值为基础对金融负债组合或金融资产和金融负债组合进行管理和业绩评价，并在企业内部以此为基础向关键管理人员报告。

企业将一项金融资产、一项金融负债或者一组金融工具（金融资产、金融负债或者金融资产及负债）指定为以公允价值计量且其变动计入当期损益的，一经作出不得撤销。

【例19-计算分析题】2017年5月6日，甲公司支付价款1 016万元（含交易费用1万元和已宣告但未发放现金股利15万元），购入乙公司发行的股票200万股，占乙公司有表决权股份的3%。甲公司将其指定为以公允价值计量且其变动计入其他综合收益的非交易性权益工具投资。

2017年5月10日，甲公司收到乙公司发放的现金股利15万元。

2017年6月30日，该股票市价为每股5.60元。

2017年12月31日，甲公司仍持有该股票，当日，该股票市价为每股5.50元。

2018年5月9日，乙公司宣告发放股利2 000万元。

2018年5月13日，甲公司收到乙公司发放的现金股利。

2018年5月20日，甲公司以8元/股的价格将股票全部转让。

假定不考虑其他因素，甲公司的账务处理如下（单位：万元）：

1．2017年5月6日，购入股票：

借：应收股利　　　　　　　　　　　　　　　　　　　　　　　　　　15

　　其他权益工具投资——成本　　　　　　　　　　　　　　　　　　1 001

　　　贷：银行存款　　　　　　　　　　　　　　　　　　　　　　　　　1 016

2．2017年5月10日，收到现金股利：

借：银行存款　　　　　　　　　　　　　　　　　　　　　　　　　　15

　　　贷：应收股利　　　　　　　　　　　　　　　　　　　　　　　　　　15

3．2017年6月30日，确认股票价格变动：

借：其他权益工具投资——公允价值变动　　　　　119（200×5.6－1 001）

　　　贷：其他综合收益　　　　　　　　　　　　　　　　　　　　　　　119

4．2017年12月31，确认股票价格变动：

借：其他综合收益　　　　　　　　　　　　20（1 001＋119－200×5.5）

　　　贷：其他权益工具投资——公允价值变动　　　　　　　　　　　　　　20

5．2018年5月9日，确认应收现金股利：

借：应收股利　　　　　　　　　　　　　　　　　　　　　　　　　　60

　　　贷：投资收益　　　　　　　　　　　　　　　　　　　　　　　　　　60

6．2018年5月13日，收到现金股利：

借：银行存款　　　　　　　　　　　　　　　　　　　　　　　　　　60

　　　贷：应收股利　　　　　　　　　　　　　　　　　　　　　　　　　　60

7．2018年5月20日，出售股票：

借：银行存款　　　　　　　　　　　　　　　　　　　　　　　　　　1 600

　　其他综合收益　　　　　　　　　　　　　　　　　　　　　　　　99

　　　贷：其他权益工具投资——成本　　　　　　　　　　　　　　　　　1 001

　　　　　　　　　　　　　　——公允价值变动　　　　　　　　　　　　99

　　　盈余公积——法定盈余公积　　　　　　　　　　　　　　　　　　59.9

　　　利润分配——未分配利润　　　　　　　　　　　　　　　　　　　539.1

【提示】1．投资成本1 001万元，售价1 600万元，净赚599万元。但不在投资收益科目反映。

2．指定为以公允价值计量且其变动计入其他综合收益的非交易性权益工具投资，不管是出售时的差额还是计入其他综合收益的累计公允价值变动，均一起结转留存收益。

## 知识点11 金融资产减值

一、金融工具减值的账务处理。

（一）减值准备的计提和转回

企业应当在资产负债表日计算金融工具（或金融工具组合）预期信用损失。如果该预期信用损失大于该工具（或组合）当前减值准备的账面金额，企业应当将其差额确认为减值损失，会计分录：

借：信用减值损失

　　贷：坏账准备

　　　　债权投资减值准备

　　　　其他综合收益——信用减值准备

如果资产负债表日计算的预期信用损失小于该工具（或组合）当前减值准备的账面金额（例如，从按照整个存续期预期信用损失计量损失准备转为按照为未来12个月预期信用损失计量损失准备时，可能出现这一情况），则应当将差额确认为减值利得，作相反的会计分录。

（二）已发生减值损失金融资产的核销

企业实际发生信用损失，认定相关金融资产无法收回，经批准予以核销的，应当根据批准的核销金额，借记"贷款损失准备"等科目，贷记相应的资产科目，如"贷款"、"应收账款"、"合同资产"、"应收租赁款"等，若核销金额大于已计提的损失准备，还应按其差额借记"信用减值损失"科目。

二、企业应当以预期信用损失为基础，对下列项目进行减值会计处理并确认损失准备：

（一）分类为以摊余成本计量的金融资产和分类为以公允价值计量且其变动计入其他综合收益的金融资产；

（二）租赁应收款；

（三）合同资产（合同资产是指《企业会计准则第14号——收入》定义的合同资产）；

（四）企业发行的分类为以公允价值计量且其变动计入当期损益的金融负债以外的贷款承诺和财务担保合同。

三、预期信用损失，是指以发生违约的风险为权重的金融工具信用损失的加权平均值。

信用损失，是指企业按照原实际利率折现的、根据合同应收的所有合同现金流量与预期收取的所有现金流量之间的差额，即全部现金短缺的现值。其中，对于企业购买或源生的已发生信用减值的金融资产，应按照该金融资产经信用调整的实际利率折现。由于预期信用损失考虑付款的金额和时间分布，因此即使企业预计可以全额收款但收款时间晚于合同规定的到期期限，也会产生信用损失。

在估计现金流量时，企业应当考虑金融工具在整个预计存续期的所有合同条款（如提前还款、展期、看涨期权或其他类似期权等）。企业所考虑的现金流量应当包括出售所持担保品获得的现金流量，以及属于合同条款组成部分的其他信用增级所产生的现金流量。

企业通常能够可靠估计金融工具的预计存续期。在极少数情况下，金融工具预计存续期无法可靠估计的，企业在计算确定预期信用损失时，应当基于该金融工具的剩余合同期间。

四、应收账款、合同资产，以及购买或源生的已发生信用减值的金融资产，企业应当在资产负债表日仅将自初始确认后整个存续期内预期信用损失的累计变动确认为损失准备。除以上资产外，企业应当在每个资产负债表日评估相关金融工具的信用风险自初始确认后是否已显著增加，分别计量其损失准备、确认预期信用损失及其变动。

（一）如果该金融工具的信用风险自初始确认后已显著增加，企业应当按照相当于该金融工具整个存续期内预期信用损失的金额计量其损失准备。无论企业评估信用损失的基础是单项金融工具还是金融工具组合，由此形成的损失准备的增加或转回金额，应当作为减值损失或利得计入当期损益。

（二）如果该金融工具的信用风险自初始确认后并未显著增加，企业应当按照相当于该金融工具未来12个月内预期信用损失的金额计量其损失准备，无论企业评估信用损失的基础是单项金融工具还是金融工具组合，由此形成的损失准备的增加或转回金额，应当作为减值损失或利得计入当期损益。

未来12个月内预期信用损失，是指因资产负债表日后12个月内（若金融工具的预计存续期少于12个月，则为预计存续期）可能发生的金融工具违约事件而导致的预期信用损失，是整个存续期预期信用损失的一部分。

五、以公允价值计量且其变动计入其他综合收益的金融资产，企业应当在其他综合收益中确认其损失准备，并将减值损失或利得计入当期损益，且不应减少该金融资产在资产负债表中列示的账面价值。

六、企业在前一会计期间已经按照相当于金融工具整个存续期内预期信用损失的金额计量了损失准备，但在当期资产负债表日，该金融工具已不再属于自初始确认后信用风险显著增加的情形的，企业应当在当期资产负债表日按照相当于未来12个月内预期信用损失的金额计量该金融工具的损失准备，由此形成的损失准备的转回金额应当作为减值利得计入当期损益。

七、企业通常应当在金融工具逾期前确认该工具整个存续期预期信用损失。企业在确定信用风险自初始确认后是否显著增加时，企业无须付出不必要的额外成本或努力即可获得合理且有依据的前瞻性信息的，不得仅依赖逾期信息来确定信用风险自初始确认后是否显著增加。

八、对于购买或源生的已发生信用减值的金融资产，企业应当在资产负债表日仅将自初始确认后整个存续期内预期信用损失的累计变动确认为损失准备。在每个资产负债表日，企业应当将整个存续期内预期信用损失的变动金额作为减值损失或利得计入当期损益。即使该资产负债表日确定的整个存续期内预期信用损失小于初始确认时估计现金流量所反映的预期信用损失的金额，企业也应当将预期信用损失的有利变动确认为减值利得。这意味着如同坏账准备、存货跌价准备一样，可以转回。

九、企业应当按照下列方法确定其信用损失：

（一）对于金融资产，信用损失应为企业应收取的合同现金流量与预期收取的现金流量之间差额的现值。

（二）对于租赁应收款项，信用损失应为企业应收取的合同现金流量与预期收取的现金流量之间差额的现值。其中，用于确定预期信用损失的现金流量，应与按照《企业会计准则第21号——租赁》用于计量租赁应收款项的现金流量保持一致。

（三）对于未提用的贷款承诺，信用损失应为在贷款承诺持有人提用相应贷款的情况下，企业应

127

收取的合同现金流量与预期收取的现金流量之间差额的现值。企业对贷款承诺预期信用损失的估计，应当与其对该贷款承诺提用情况的预期保持一致。

（四）对于财务担保合同，信用损失应为企业就该合同持有人发生的信用损失向其作出赔付的预计付款额，减去企业预期向该合同持有人、债务人或任何其他方收取的金额之间差额的现值。

（五）对于资产负债表日已发生信用减值但并非购买或源生已发生信用减值的金融资产，信用损失应为该金融资产账面余额与按原实际利率折现的估计未来现金流量的现值之间的差额。

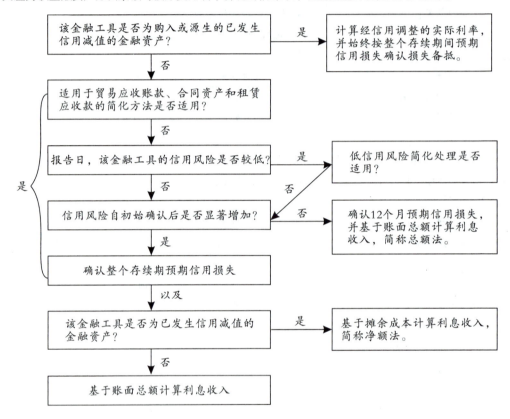

图 13-1　金融工具减值

## 知识点12　金融资产终止确认的一般原则

一、金融资产转移，是指企业（转出方）将金融资产（或其现金流量）让与或交付给该金融资产发行方之外的另一方（转入方）。金融资产终止确认，是指企业将之前确认的金融资产从其资产负债表中予以转出。

二、金融资产的一部分满足下列条件之一的，企业应当将终止确认的规定适用于该金融资产部分，除此之外，企业应当将终止确认的规定适用于该金融资产整体：

（一）该金融资产部分仅包括金融资产所产生的特定可辨认现金流量。

如企业就某债务工具与转入方签订一项利息剥离合同，合同规定转入方有权获得该债务工具利息现金流量，但无权获得该债务工具本金现金流量，终止确认的规定适用于该债务工具的利息现金流量。

（二）该金融资产部分仅包括与该金融资产所产生的全部现金流量完全成比例的现金流量部分。

如企业就某债务工具与转入方签订转让合同，合同规定转入方拥有获得该债务工具全部现金流量一定比例的权利，终止确认的规定适用于该债务工具全部现金流量一定比例的部分。

三、金融资产满足下列条件之一的，应当终止确认：

（一）收取该金融资产现金流量的合同权利终止；

（二）该金融资产已转移，且该转移满足《企业会计准则第23号——金融资产转移》关于终止确认的规定。

金融资产转移，包括下列两种情形：

（一）企业将收取金融资产现金流量的合同权利转移给其他方；

（二）企业保留了收取金融资产现金流量的合同权利，但承担了将收取的该现金流量支付给一个或多个最终收款方的合同义务，且同时满足下列条件：

1. 企业只有从该金融资产收到对等的现金流量时，才有义务将其支付给最终收款方。企业提供短期垫付款，但有权全额收回该垫付款并按照市场利率计收利息的，视同满足本条件。

2. 转让合同规定禁止企业出售或抵押该金融资产，但企业可以将其作为向最终收款方支付现金流量义务的保证。

3. 企业有义务将代表最终收款方收取的所有现金流量及时划转给最终收款方，且无重大延误。企业无权将该现金流量进行再投资，但在收款日和最终收款方要求的划转日之间的短暂结算期内，将所收到的现金流量进行现金或现金等价物投资，并且按照合同约定将此类投资的收益支付给最终收款方的，视同满足本条件。

四、企业在发生金融资产转移时，应当评估其保留金融资产所有权上的风险和报酬的程度，并分别按下列情形处理：

（一）企业转移了金融资产所有权上几乎所有风险和报酬的，应当终止确认该金融资产，并将转移中产生或保留的权利和义务单独确认为资产或负债；

（二）企业保留了金融资产所有权上几乎所有风险和报酬的，应当继续确认该金融资产；

（三）企业既没有转移也没有保留金融资产所有权上几乎所有风险和报酬的，应当根据其是否保留了对金融资产的控制，分别按照下列情形处理：企业未保留对该金融资产控制的，应当终止确认该金融资产，并将转移中产生或保留的权利和义务单独确认为资产或负债；企业保留了对该金融资产控制的，应当按照其继续涉入被转移金融资产的程度继续确认有关金融资产，并相应确认相关负债。

企业承担的金融资产未来净现金流量现值变动的风险没有因转移而发生显著变化的，表明该企业仍保留了金融资产所有权上几乎所有风险和报酬。如将贷款整体转移并对该贷款可能发生的所有损失进行全额补偿，或者出售一项金融资产但约定以固定价格或者售价加上出借人回报的价格回购。

企业承担的金融资产未来净现金流量现值变动的风险相对于金融资产的未来净现金流量现值的全部变动风险不再显著的，表明该企业已经转移了金融资产所有权上几乎所有风险和报酬。如无条件出售金融资产，或者出售金融资产且仅保留以其在回购时的公允价值进行回购的选择权。

企业在判断是否保留了对被转移金融资产的控制时，应当根据转入方是否具有出售被转移金融资产的实际能力而确定。被转移金融资产不存在市场或转入方不能单方面自由地处置被转移金融资产的，通常表明转入方不具有出售被转移金融资产的实际能力。转入方能够单方面将被转移金融资产整体出售给不相关的第三方，且没有额外条件对此项出售加以限制的，表明转入方有出售被转移金融资产的实际能力，从而表明企业未保留对被转移金融资产的控制；在其他情形下，表明企业保留了对被转移金融资产的控制。

存在看跌期权或担保而限制转入方出售被转移金融资产的，转出方实际上保留了对被转移金融资产的控制。如存在看跌期权或担保且很有价值，导致转入方实际上不能在不附加类似期权或其他限制条件的情形下将该被转移金融资产出售给第三方，从而限制了转入方出售被转移金融资产的能力，转入方将持有被转移金融资产以获取看跌期权或担保付款的，企业保留了对被转移金融资产的控制。

在金融资产转移不满足终止确认条件的情况下，转入方不应当将被转移金融资产全部或部分确认为自己的资产。转入方应当终止确认所支付的现金或其他对价，同时确认一项应收转出方的款项。企业（转出方）同时拥有以固定金额重新控制整个被转移金融资产的权利和义务的（如以固定金额回购被转移金融资产），在满足关于摊余成本计量规定的情况下，转入方可以将其应收款项以摊余成本计量。

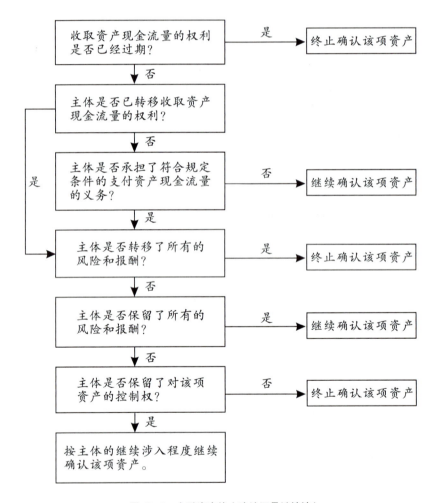

图 13-2　金融资产终止确认还是继续涉入

【例20-多选题】2018年5月1日，老戚、老张、老郭、小王（以上简称均代表具体的公司）分别卖出了持有的金融资产，不应对该金融资产终止确认的是（　　）。

A. 老戚卖出持有的普通债券给甲公司，转让价为1 000万元，约定1年后按1 000万元加3%的利息回购

B. 老张卖出持有的普通债券给乙公司，转让价为2 345万元，约定1年后以当日公允价值回售给老张

C. 老郭卖出持有的普通债券给丙公司，转让价为3 456万元，约定2个月后以3 466万元价格回售给老郭

D. 小王卖出持有的股票给丁公司，转让价为45 678万元，同时签订看跌期权，行权价为45 500万元，该日股票的市场价为43 500万元

【答案】ACD

## 学堂点拨

选项A，老戚将于1年后按1 000万元加3%的利息回购该债券，保留了该金融资产所有权上几乎所有的风险和报酬，不应终止确认该金融资产。

选项B，合同约定1年后乙公司以当日公允价值回售给老张，转移了该金融资产所有权上几乎所有的风险和报酬，应终止确认该金融资产。

选项C，合同约定2个月后丙公司以3 466万元价格回售给老郭，该交易为虚售交易，不应终止确认该金融资产。

选项D，该看跌期权为重大价内期权，小王极可能行权，从而再次拥有该股票，保留了该金融资产所有权上几乎所有的风险和报酬，不应终止确认该金融资产。

表13-6 金融资产转移的确认总结

| 情形 | | 确认结果 |
|---|---|---|
| 转移了金融资产所有权上几乎所有的风险和报酬 | | 终止确认该金融资产。将转移中产生或保留的权利和义务单独确认为资产或负债 |
| 既没有转移也没有保留金融资产所有权上几乎所有的风险和报酬 | 放弃了对金融资产的控制 | 终止确认该金融资产。将转移中产生或保留的权利和义务单独确认为资产或负债 |
| | 未放弃对金融资产的控制 | 按照其继续涉入被转移金融资产的程度继续确认有关金融资产，并相应确认相关负债 |
| 保留了金融资产所有权上几乎所有的风险和报酬 | | 继续确认该金融资产，并将收到的对价确认为金融负债 |

【例21-多选题】甲公司系一家在深圳证券交易所挂牌交易的上市公司，2018年公司有关金融资产转移业务的相关资料如下：

1. 2018年2月1日，甲公司将应收乙公司应收账款出售给丙商业银行，取得银行存款2 300万元。合同约定，在丙银行不能从乙公司收到票款时，可向甲公司追偿20万元。该应收账款是2018年1月1日向乙公司出售原材料而取得的，金额为2 340万元。

2．2018年4月1日，甲公司将其一项金融资产出售给乙公司，取得出售价款500万元，同时与乙公司签订协议，约定1年后按照当日的公允价值再将该金融资产回购。

3．2018年4月10日，甲公司将其持有的AA级债券出售给丁公司，价款为2 000万元。同时与丁公司签订了看跌期权合约，并收取期权费10万元。从合约条款判断，该看跌期权是一项重大价内期权。

4．2018年4月11日，甲公司将其信贷资产整体转移给戊信托机构，同时保证对戊信托公司可能发生的信用损失进行全额补偿。

5．2018年5月15日，甲公司将一组8 000万元的贷款整体出售给辛银行，不承担本金和利息到期不能收回的责任，但保留收取本金和利息的权利，甲公司向辛银行收取服务费用100万元（收取的费用预计能够充分补偿企业所提供服务的），并约定只有从该金融资产收到对等的现金流量时，才有义务将其支付给辛银行，甲公司无权将该现金流量进行再投资。

甲公司对以上金融资产转移的会计处理，说法正确的有（　　　）。

A．事项1，在丙银行不能从乙公司收到票款时，可向甲公司追偿20万元（不具重要性），表明与应收账款所有权有关的主要风险与报酬已经转移，应当终止确认相关的应收债权

B．事项2，尽管甲公司在出售同时与买入方签订协议，约定1年后进行回购，但回购价为该金融资产的当日的公允价值，应当终止确认该金融资产

C．与该金融资产相关的看跌期权合约，为重大价内期权，金融资产转入方很可能到期不会行权，应当终止确认该金融资产

D．甲公司在将其信贷资产进行转移的同时对买方可能发生的信用损失进行全额补偿，这说明该金融资产相关的风险并没有全部转移，所以甲公司不应终止确认该项金融资产

【答案】ABD

**学堂点拨**

选项C，该看跌期权为重大价内期权，金融资产转入方期权到期日很可能会行权，不应当终止确认该金融资产。比如：甲公司签出以该金融资产为标的的看跌期权（丁公司为该看跌期权买入方），甲公司收取丁公司期权费10万元，该期权行权价为2 030万元，2018年4月10日与该债券的期权价格为2 005万元。假使丁公司即日可行权，那么丁公司很可能会行权，因为可获得15万元的收益（以2 050万元卖出该看跌期权）。

表13-7　终止和继续确认被转移金融资产的常见情形

| 应当终止确认被转移金融资产的常见情形 | 应当继续确认被转移金融资产的常见情形 |
| --- | --- |
| 1．企业无条件出售金融资产<br>2．企业出售金融资产，同时约定按回购日该金融资产的公允价值回购 | 1．企业出售金融资产并与转入方签订回购协议，协议规定企业将回购原被转移金融资产，或者将予回购的金融资产与售出的金融资产相同或实质上相同、回购价格固定或原售价加上合理回报 |

（续上表）

| 应当终止确认被转移金融资产的常见情形 | 应当继续确认被转移金融资产的常见情形 |
|---|---|
| 3．企业出售金融资产，同时与转入方签订看跌期权合同（即转入方有权将该金融资产返售）或看涨期权合同（即转出方有权回购），且根据合同条款判断，该看跌期权或看涨期权为一项重大价外期权（即期权合约的条款设计，使得金融资产的转入方或转出方极小可能会行权）<br>注：即使买入方不附有追索权，也不能表明转出方一定转移了金融资产的主要风险和报酬，新准则将该条取消 | 2．企业进行融出证券或证券出借<br>3．企业出售金融资产并附有将市场风险敞口转回给企业的总回报互换<br>4．企业出售短期应收款项或信贷资产，并且全额补偿转入方可能因资产发生的信用损失<br>5．企业出售金融资产，同时与转入方签订看跌期权合同或看涨期权合同，且根据合同条款判断，该看跌期权或看涨期权为一项重大价内期权（即期权合约的条款设计，使得金融资产的转入方或转出方很可能会行权） |

## 知识点13　满足终止确认条件的金融资产转移的会计处理

一、金融资产转移整体满足终止确认条件的，应当将下列两项金额的差额计入当期损益：

（一）被转移金融资产在终止确认日的账面价值；

（二）因转移金融资产而收到的对价，与原直接计入其他综合收益的公允价值变动累计额中对应终止确认部分的金额之和。

【例22-计算分析题】2018年4月1日，甲公司将持有的乙公司发行的10年期公司债券出售给丙公司，经协商出售价格为3 260万元，2018年3月31日该债券公允价值为3 100万元。该债券于2016年1月1日发行，甲公司持有该债券时已将其分类为以公允价值计量且其变动计入其他综合收益的金融资产，面值为3 000万元，年利率6%（等于实际利率），每季末支付利息。

【分析】甲公司已将债券所有权上的风险和报酬全部转移给丙公司，因此，应当终止确认该金融资产。由于该债券实际利率等于票面利率，且按季支付利息，故2018年3月31日的账面价值为3 000万元，该债券的公允价值为3 100万元，应确定已计入所有者权益（其他综合收益）的公允价值变动额为100万元。出售该债券形成的收益为260（3 260－3 100＋100）万元。

借：银行存款　　　　　　　　　　　　　　　　　　　　　　　　　3 260
　　贷：其他债权投资——成本　　　　　　　　　　　　　　　　　　　　3 100
　　　　投资收益　　　　　　　　　　　　　　　　　　　　　　　　　　160

同时，将原计入所有者权益的公允价值变动利得或损失转出：

借：其他综合收益　　　　　　　　　　　　　　　　　　　　　　　　100
　　贷：投资收益　　　　　　　　　　　　　　　　　　　　　　　　　　100

二、企业保留了向该金融资产提供相关收费服务的权利（包括收取该金融资产的现金流量，并将所收取的现金流量划转给指定的资金保管机构等），应当就该服务合同确认一项服务资产或服务负债。如果企业将收取的费用预计超过对服务的充分补偿，应当将该服务权利作为继续确认部分确认为一项服务资产。如果将收取的费用预计不能充分补偿企业所提供服务的，则应当将由此形成的服务

义务确认为一项服务负债，并以公允价值进行初始计量。

企业因金融资产转移导致整体终止确认金融资产，同时获得了新金融资产或承担了新金融负债或服务负债的，应当在转移日确认该金融资产、金融负债（包括看涨期权、看跌期权、担保负债、远期合同、互换等）或服务负债，并以公允价值进行初始计量。该金融资产扣除金融负债和服务负债后的净额应当作为上述第一点（"一"）中的对价的组成部分。

接上例，若甲公司保留了收取债券利息和本金的权利，并约定在收取的5天后支付给丙公司，丙公司支付服务费用的公允价值为50万元，甲公司预计由此产生的服务义务公允价值为30万元。则出售该债券时：

借：银行存款　　　　　　　　　　　　　　　　　　　3 260
　　服务资产　　　　　　　　　　　　　　　　　　　　20
　　　贷：其他债权投资——成本　　　　　　　　　　　3 100
　　　　　投资收益　　　　　　　　　　　　　　　　　180

同时，将原计入所有者权益的公允价值变动利得或损失转出：

借：其他综合收益　　　　　　　　　　　　　　　　　100
　　　贷：投资收益　　　　　　　　　　　　　　　　　100

三、企业转移了金融资产的一部分，且该被转移部分整体满足终止确认条件的，应当将转移前金融资产整体的账面价值，在终止确认部分和继续确认部分（在此种情形下，所保留的服务资产应当视同继续确认金融资产的一部分）之间，按照转移日各自的相对公允价值进行分摊，并将下列两项金额的差额计入当期损益：

（一）终止确认部分在终止确认日的账面价值；

（二）终止确认部分收到的对价，与原计入其他综合收益的公允价值变动累计额中对应终止确认部分的金额之和。对价包括获得的所有新资产减去承担的所有新负债后的金额。

原计入其他综合收益的公允价值变动累计额中对应终止确认部分的金额，应当按照金融资产终止确认部分和继续确认部分的相对公允价值，对该累计额进行分摊后确定。

四、企业保留了被转移金融资产所有权上几乎所有风险和报酬而不满足终止确认条件的，应当继续确认被转移金融资产整体，并将收到的对价确认为一项金融负债。

在继续确认被转移金融资产的情形下，金融资产转移所涉及的金融资产与所确认的相关金融负债不得相互抵销。在后续会计期间，企业应当继续确认该金融资产产生的收入（或利得）和该金融负债产生的费用（或损失），不得相互抵销。

## 知识点14　继续涉入被转移金融资产的会计处理

一、企业既没有转移也没有保留金融资产所有权上几乎所有风险和报酬，且保留了对该金融资产控制的，应当按照其继续涉入被转移金融资产的程度继续确认该被转移金融资产，并相应确认相关负债。

二、被转移金融资产和相关负债应当在充分反映企业因金融资产转移所保留的权利和承担的义务的基础上进行计量。企业应当按照下列规定对相关负债进行计量：

（一）被转移金融资产以摊余成本计量的，相关负债的账面价值等于继续涉入被转移金融资产的账面价值减去企业保留的权利（如果企业因金融资产转移保留了相关权利）的摊余成本并加上企业承担的义务（如果企业因金融资产转移承担了相关义务）的摊余成本；相关负债不得指定为以公允价值计量且其变动计入当期损益的金融负债。

（二）被转移金融资产以公允价值计量的，相关负债的账面价值等于继续涉入被转移金融资产的账面价值减去企业保留的权利（如果企业因金融资产转移保留了相关权利）的公允价值并加上企业承担的义务（如果企业因金融资产转移承担了相关义务）的公允价值，该权利和义务的公允价值应为按独立基础计量时的公允价值。

三、企业通过对被转移金融资产提供担保方式继续涉入的，应当在转移日按照金融资产的账面价值和担保金额两者的较低者，继续确认被转移金融资产，同时按照担保金额和担保合同的公允价值（通常是提供担保收到的对价）之和确认相关负债。担保金额，是指企业所收到的对价中，可被要求偿还的最高金额。

在后续会计期间，担保合同的初始确认金额应当随担保义务的履行进行摊销，计入当期损益。被转移金融资产发生减值的，计提的损失准备应从被转移金融资产的账面价值中抵减。

【例23-计算分析题】2018年4月1日，甲公司将持有的乙公司发行的10年期公司债券出售给丙公司，经协商出售价格为3 260万元，2018年3月31日该债券公允价值为3 100万元。该债券于2016年1月1日发行，甲公司持有该债券时已将其分类为以公允价值计量且其变动计入其他综合收益的金融资产，面值为3 000万元，年利率6%（等于实际利率），每季末支付利息。甲公司通过担保公司对该债券的出售提供担保，担保额为300万元，实际损失若超过300万元由乙公司自行承担，该项担保的公允价值为27万元。

【分析】企业通过对被转移金融资产提供担保方式继续涉入的，应当在转移日按照金融资产的账面价值和担保金额两者的较低者，继续确认被转移金融资产，同时按照担保金额和担保合同的公允价值（通常是提供担保收到的对价）之和确认相关负债。本例中，应确认的继续涉入资产为300万元，应确认的继续涉入负债为327（300+27）万元。

借：银行存款                  3 260
  继续涉入资产                300
  贷：其他债权投资——成本           3 100
    继续涉入负债            327
    投资收益              133

同时，将原计入所有者权益的公允价值变动利得或损失转出：

借：其他综合收益                100
  贷：投资收益               100

四、企业因持有看涨期权或签出看跌期权而继续涉入被转移金融资产，且该金融资产以摊余成本计量的，应当按照其可能回购的被转移金融资产的金额继续确认被转移金融资产，在转移日按照收到的对价确认相关负债。被转移金融资产在期权到期日的摊余成本和相关负债初始确认金额之间的差额，应当采用实际利率法摊销，计入当期损益，同时调整相关负债的账面价值。相关期权行权的，应当在行权时，将相关负债的账面价值与行权价格之间的差额计入当期损益。

企业因持有看涨期权或签出看跌期权（或两者兼有，即上下限期权）而继续涉入被转移金融资产，且以公允价值计量该金融资产的，应当分别按以下情形进行处理：

（一）企业因持有看涨期权而继续涉入被转移金融资产的，应当继续按照公允价值计量被转移金融资产，同时按照下列规定计量相关负债：

1. 该期权是价内或平价期权的，应当按照期权的行权价格扣除期权的时间价值后的金额，计量相关负债；

2. 该期权是价外期权的，应当按照被转移金融资产的公允价值扣除期权的时间价值后的金额，计量相关负债。

（二）企业因签出看跌期权形成的义务而继续涉入被转移金融资产的，应当按照该金融资产的公允价值和该期权行权价格两者的较低者，计量继续涉入形成的资产；同时，按照该期权的行权价格与时间价值之和，计量相关负债。

（三）企业因持有看涨期权和签出看跌期权（即上下限期权）而继续涉入被转移金融资产的，应当继续按照公允价值计量被转移金融资产，同时按照下列规定计量相关负债：

1. 该看涨期权是价内或平价期权的，应当按照看涨期权的行权价格和看跌期权的公允价值之和，扣除看涨期权的时间价值后的金额，计量相关负债；

2. 该看涨期权是价外期权的，应当按照被转移金融资产的公允价值和看跌期权的公允价值之和，扣除看涨期权的时间价值后的金额，计量相关负债。

五、企业按继续涉入程度继续确认的被转移金融资产以及确认的相关负债不应当相互抵销。企业应当对继续确认的被转移金融资产确认所产生的收入（或利得），对相关负债确认所产生的费用（或损失），两者不得相互抵销。

六、企业对金融资产的继续涉入仅限于金融资产一部分的，企业应当根据《企业会计准则第23号——金融资产转移》第十六条的规定，按照转移日因继续涉入而继续确认部分和不再确认部分的相对公允价值，在两者之间分配金融资产的账面价值，并将下列两项金额的差额计入当期损益：

（一）分配至不再确认部分的账面金额（以转移日计量的为准）；

（二）不再确认部分所收到的对价。

如果涉及转移的金融资产为以公允价值计量且其变动计入其他综合收益的金融资产的，不再确认部分的金额对应的原计入其他综合收益的公允价值变动累计额计入当期损益。

## 知识点15 套期会计

### 一、套期概述

套期，是指企业为管理价格风险、外汇风险、利率风险、信用风险等特定风险引起的风险敞口，指定金融工具为套期工具，以使套期工具的公允价值或现金流量变动，预期抵销被套期项目全部或部分公允价值或现金流量变动的风险管理活动。

在企业的经营中，企业面临着以上特定风险，随着期货、远期合约、期权等金融衍生工具的出现，便可以对这些风险进行防范，全部或部分抵销风险。非金融企业所面对的风险往往是价格风险和外汇风险，而金融企业所面对的往往是外汇风险、利率风险、信用风险。

利用套期规避风险举例：

1. 甲公司是一家汽车轮胎生产企业，橡胶为其主要原材料，需要进口，每个月大约进口2 000吨的橡胶。甲公司担心3个月后橡胶价格上涨给企业造成损失，则可以从期货市场上买入3个月期以橡胶为标的的期货合约。若3个月后橡胶现货市场价格明显上涨，此时期货合约平仓赚取的收益，便可抵销由于橡胶价格上涨给企业造成的损失。

2. 乙公司是一家汽车轮胎生产企业，橡胶为其主要原材料，需要进口并以美元结算，每个月大约进口5 000万美元的橡胶。乙公司担心3个月后美元汇率上升给企业造成损失，则可以在外汇期货市场上买入3个月期美元期货合约。若3个月后美元汇率明显上涨，此时买入的美元期货合约赚取的收益，便可抵销由于美元汇率上升给企业造成的损失。

说明：

1. 在以上案例中，期货合约为套期工具，原材料橡胶为被套期项目。

2. 除签出期权外，以公允价值计量且其变动计入当期损益的衍生工具均可作为套期工具。

3. 套期分为公允价值套期、现金流量套期和境外经营净投资套期。以上案例中，案例1～2属于对现金流量变动风险敞口进行套期。

4. 通过期货交易并非总能规避风险，若操作不当甚至可能造成更大的损失（如中航油事件），尤其是采用卖出套期保值方式的情况下（因为行权的权利为对手方）。

5. 风险管理目标，是指企业在某一特定套期关系层面上，确定如何指定套期工具和被套期项目，以及如何运用指定的套期工具对指定为被套期项目的特定风险敞口进行套期。

二、套期分类

（一）公允价值套期，是指对已确认的资产或负债（如固定利率债务的未来利息支付）、尚未确认的确定承诺（如已签订合同且有明确交易对价的未来资产购买或销售），或上述项目组成部分的公允价值变动风险敞口进行的套期。该公允价值变动源于特定风险，且将影响企业的损益或其他综合收益。

其中，影响其他综合收益的情形，仅限于企业对指定为以公允价值计量且其变动计入其他综合收益的非交易性权益工具投资的公允价值变动风险敞口进行的套期。这样的处理，是为了"一致性"的需要。

若企业存在着未确认的确定承诺（如签订了一项6个月后以固定价格购买煤炭的合同），若未来实际履约时市场价格却降低了，企业也相对地蒙受了损失，为规避价格风险对该确定承诺进行套期，称为公允价值套期。

（二）现金流量套期，是指对现金流量变动风险敞口进行的套期。该现金流量变动源于与已确认的资产或负债（如浮动利率债务的未来利息支付）、极可能发生的预期交易，或与上述项目组成部分有关的特定风险，且将影响企业的损益。

案例1～2中，在未事先签订合同的情况下，橡胶未来的买价具有不确定性，且企业预计很可能对企业不利，造成采购成本增加或销售价格减少，所采用的套期为对现金流量套期。

对于现金的支出方来说，预期交易导致未来可能多支付的材料进口价格、多支付的设备进口价格、浮动利率贷款多支付的贷款利息等均为现金流动性风险，对此进行的套期，称为现金流量套期。

（三）境外经营净投资套期，是指对境外经营净投资外汇风险敞口进行的套期。境外经营净投资，是指企业在境外经营净资产中的权益份额。

表 13-8 公允价值套期与现金流量套期区分

| 公允价值套期 | 现金流量套期 |
| --- | --- |
| 1. 航空公司签订了一项3个月后以固定外币金额购买飞机的合同（未确认的确定承诺），为规避外汇风险对确定承诺的外汇风险进行套期<br>2. 企业对承担的固定利率负债的公允价值变动风险进行套期<br>3. 电力公司签订了一项6个月后以固定价格购买煤炭的合同（未确认的确定承诺），为规避价格变动风险对该确定承诺的价格变动风险进行套期 | 1. 航空公司为规避3个月后预期很可能发生的与购买飞机（预期交易）相关的现金流量变动风险进行套期<br>2. 企业对承担的浮动利率债务的现金流量变动风险进行套期<br>3. 商业银行对3个月后预期很可能发生的与以公允价值计量且其变动计入其他综合收益的金融资产处置相关的现金流量变动风险进行套期 |
| 套期目的：对价格风险进行套期 | 套期目的：对现金流动性风险进行套期 |
| 公允价值套期改变了被套期项目的会计处理 | 现金流量套期改变了套期工具的会计处理 |

注：对确定承诺的外汇风险进行的套期，企业可以将其作为公允价值套期处理，也可以将其作为现金流量套期处理。

三、套期工具和被套期项目

（一）套期工具，是指企业为进行套期而指定的、其公允价值或现金流量变动预期可抵销被套期项目的公允价值或现金流量变动的金融工具，包括：

1. 以公允价值计量且其变动计入当期损益的衍生工具，但签出期权除外。企业只有在对购入期权（包括嵌入在混合合同中的购入期权）进行套期时，签出期权才可以作为套期工具。嵌入在混合合同中但未分拆的衍生工具不能作为单独的套期工具。

2. 以公允价值计量且其变动计入当期损益的非衍生金融资产或非衍生金融负债，但指定为以公允价值计量且其变动计入当期损益、且其自身信用风险变动引起的公允价值变动计入其他综合收益的金融负债除外。

3. 对于外汇风险套期，企业可以将非衍生金融资产（选择以公允价值计量且其变动计入其他综合收益的非交易性权益工具投资除外）或非衍生金融负债的外汇风险成分指定为套期工具。

注：企业自身权益工具不属于企业的金融资产或金融负债，不能作为套期工具。

在确立套期关系时，企业应当将符合条件的金融工具整体指定为套期工具，但下列情形除外：

1. 对于期权，企业可以将期权的内在价值和时间价值分开，只将期权的内在价值变动指定为套期工具；

2. 对于远期合同，企业可以将远期合同的远期要素和即期要素分开，只将即期要素的价值变动指定为套期工具；

3. 对于金融工具，企业可以将金融工具的外汇基差单独分拆，只将排除外汇基差后的金融工具指定为套期工具；

注：企业可以将套期工具的一定比例指定为套期工具，但不可以将套期工具剩余期限内某一时段的公允价值变动部分指定为套期工具。

对于一项由签出期权和购入期权组成的期权（如利率上下限期权），或对于两项或两项以上金融工具（或其一定比例）的组合，其在指定日实质上相当于一项净签出期权的，不能将其指定为套期工具。只有在对购入期权（包括嵌入在混合合同中的购入期权）进行套期时，净签出期权才可以作为套期工具。

**【例24-多选题】**下列通常不能作为套期工具的有（　　）。

A．企业签出的期权
B．非衍生金融资产

C．非衍生金融负债
D．在活跃市场上没有报价的权益工具投资

**【答案】**AD

**学堂点拨**

选项A，期权的潜在损失可能远远大于被套期项目的潜在利得，不能作为套期工具；选项B、C，非衍生金融资产和非衍生金融负债可以作为套期工具，如对外汇风险进行套期，可以将非衍生金融资产指定为套期工具；选项D，金融工具作为套期工具的基本条件是其公允价值应当能够可靠地计量，在活跃市场上没有报价的权益工具投资，不能作为套期工具。

**【例25-多选题】**下列关于是否可以作为套期工具的有关说法，正确的有（　　）。

A．以公允价值计量且其变动计入当期损益的衍生工具（签出期权除外）可以作为套期工具

B．企业自身权益工具不属于企业的金融资产或金融负债，不能作为套期工具

C．企业可以将非衍生金融资产（选择以公允价值计量且其变动计入其他综合收益的非交易性权益工具投资除外）指定为对外汇风险套期的套期工具

D．企业可以将非衍生金融负债指定为对外汇风险套期的套期工具

**【答案】**ABCD

**学堂点拨**

为进行套期而指定的、其公允价值或现金流量变动预期可抵销被套期项目的公允价值或现金流量变动的金融工具为套期工具。签出期权的风险可能远远大于被套期项目的风险，不能作为套期工具；企业自身权益工具的公允价值变动并不会给企业带来收益（或损失），也不能作为套期工具；在进行外汇风险套期时，企业可以将非衍生金融资产（有例外）或非衍生金融负债指定为套期工具。

（二）被套期项目，是指使企业面临公允价值或现金流量变动风险，且被指定为被套期对象的、能够可靠计量的项目。企业可以将下列单个项目、项目组合或其组成部分指定为被套期项目：

1．已确认的资产或负债；

2．尚未确认的确定承诺；确定承诺，是指在未来某特定日期或期间，以约定价格交换特定数量资源、具有法律约束力的协议；

3．极可能发生的预期交易；预期交易，是指尚未承诺但预期会发生的交易；

4．境外经营净投资；

5．项目组成部分。

表 13-9　尚未确认的确定承诺和极可能发生的预期交易举例

| 尚未确认的确定承诺 | 极可能发生的预期交易 |
| --- | --- |
| 金夏航空公司于2018年5月1日签订了一项3个月后以3 000万美元购买一架飞机的合同 | 金夏航空公司计划于2018年8月购买一架飞机用于新开发的航线 |

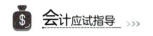 

（续上表）

| 尚未确认的确定承诺 | 极可能发生的预期交易 |
| --- | --- |
| 风险：3个月后飞机价格下跌 | 风险：3个月后飞机价格上涨 |
| 套期性质：公允价值套期 | 套期性质：现金流量套期 |

注：新准则放宽了被套期项目的指定范围。除了旧准则包括的已确认的资产或负债、未确认的确定承诺、极可能发生的预期交易以及对境外经营的净投资之外，新准则还包括非金融项目的风险组成部分、汇总风险敞口、项目组和净头寸。

其中非金融项目的风险组成部分是指项目整体公允价值或现金流量变动中仅由某一或多个特定风险引起的公允价值或现金流量变动部分（风险成分），该风险成分中能可靠计量的即可被指定为被套期项目。比如，某汽车生产企业所需半成品轮胎，轮胎的价格变动是其主要风险之一，由于市场上没有轮胎期货合约，而轮胎价格受橡胶原材料价格的影响，因此，可以按固定价格买入橡胶期货合约，将未来购买轮胎的成本中橡胶原材料部分指定为被套期项目。

汇总风险敞口是指符合被套期项目条件的风险敞口与衍生工具组合形成的风险敞口。

项目组是指出于风险管理目的对一组项目进行组合管理，而且组合中的每一个项目（包括项目组成部分）都可以单独被指定为被套期项目。

净头寸是指可以对风险净敞口进行套期。比如企业可以针对手里持有的3 000万应收账款和2 000万应付账款进行套期，即针对1 000万净头寸的风险进行套期，但是值得注意的是这里的净头寸是存量的概念，不是流量的概念。

运用套期会计时，在合并财务报表层面，只有与企业集团之外的对手方之间交易形成的资产、负债、尚未确认的确定承诺或极可能发生的预期交易才能被指定为被套期项目，只有与企业集团之外的对手方签订的合同才能被指定为套期工具。

对于同一企业集团内的主体之间的交易，在企业个别财务报表层面可以运用套期会计，在企业集团合并财务报表层面不得运用套期会计，但下列情形除外：

（一）在合并财务报表层面，符合《企业会计准则第33号——合并财务报表》规定的投资性主体与其以公允价值计量且其变动计入当期损益的子公司之间的交易，可以运用套期会计。

（二）企业集团内部交易形成的货币性项目的汇兑收益或损失，不能在合并财务报表中全额抵销的，企业可以在合并财务报表层面将该货币性项目的外汇风险指定为被套期项目。

（三）企业集团内部极可能发生的预期交易，按照进行此项交易的主体的记账本位币以外的货币标价，且相关的外汇风险将影响合并损益的，企业可以在合并财务报表层面将该外汇风险指定为被套期项目。

## 知识点16 套期有效性及套期关系评估

一、公允价值套期、现金流量套期或境外经营净投资套期同时满足下列条件的，才能运用《企业会计准则第24号——套期会计》规定的套期会计方法进行处理：

（一）套期关系仅由符合条件的套期工具和被套期项目组成。

（二）在套期开始时，企业正式指定了套期工具和被套期项目，并准备了关于套期关系和企业从事套期的风险管理策略和风险管理目标的书面文件。该文件至少载明了套期工具、被套期项目、被套期风险的性质以及套期有效性评估方法（包括套期无效部分产生的原因分析以及套期比率确定方法）等内容。

（三）套期关系符合套期有效性要求。

二、套期有效性，是指套期工具的公允价值或现金流量变动能够抵销被套期风险引起的被套期项目公允价值或现金流量变动的程度。

套期工具的公允价值或现金流量变动大于或小于被套期项目的公允价值或现金流量变动的部分为套期无效部分。

套期同时满足下列条件的，企业应当认定套期关系符合套期有效性要求：

（一）被套期项目和套期工具之间存在经济关系。该经济关系使得套期工具和被套期项目的价值因面临相同的被套期风险而发生方向相反的变动。

（二）被套期项目和套期工具经济关系产生的价值变动中，信用风险的影响不占主导地位。

（三）套期关系的套期比率，应当等于企业实际套期的被套期项目数量与对其进行套期的套期工具实际数量之比，但不应当反映被套期项目和套期工具相对权重的失衡，这种失衡会导致套期无效，并可能产生与套期会计目标不一致的会计结果。

例如，企业确定拟采用的套期比率是为了避免确认现金流量套期的套期无效部分，或是为了创造更多的被套期项目进行公允价值调整以达到增加使用公允价值会计的目的，可能会产生与套期会计目标不一致的会计结果。

三、套期关系再平衡

套期关系由于套期比率的原因而不再符合套期有效性要求，但指定该套期关系的风险管理目标没有改变的，企业应当进行套期关系再平衡。

套期关系再平衡，是指对已经存在的套期关系中被套期项目或套期工具的数量进行调整，以使套期比率重新符合套期有效性要求。

基于其他目的对被套期项目或套期工具所指定的数量进行变动，不构成《企业会计准则第24号——套期会计》所称的套期关系再平衡。

企业在套期关系再平衡时，应当首先确认套期关系调整前的套期无效部分，并更新在套期剩余期限内预期将影响套期关系的套期无效部分产生原因的分析，同时相应更新套期关系的书面文件。

### 知识点17　套期会计处理

套期会计的目标是在财务报表中反映企业采用套期进行风险管理活动的影响。对于满足规定条件的套期，企业可以运用套期会计方法进行处理。

套期会计方法，是指企业将套期工具和被套期项目产生的利得或损失在相同会计期间计入当期损益（或其他综合收益）以反映风险管理活动影响的方法。

# 一、公允价值套期与现金流量套期会计处理比较

表 13-10   公允价值套期与现金流量套期会计处理比较

| 公允价值套期会计处理 | 现金流量套期会计处理 |
| --- | --- |
| 套期工具产生的利得或损失应当计入当期损益；<br>被套期项目形成的利得或损失应当计入当期损益，同时调整未以公允价值计量的已确认被套期项目的账面价值 | 套期工具产生的利得或损失中属于套期有效的部分，作为现金流量套期储备计入其他综合收益；<br>套期工具产生的利得或损失中属于套期无效的部分（即扣除计入其他综合收益后的其他利得或损失），应当计入当期损益 |
| 被套期项目为尚未确认的确定承诺（或其组成部分）的，其在套期关系指定后因被套期风险引起的公允价值累计变动额应当确认为一项资产或负债，相关的利得或损失应当计入各相关期间损益。当履行确定承诺而取得资产或承担负债时，应当调整该资产或负债的初始确认金额，以包括已确认的被套期项目的公允价值累计变动额 | 被套期项目为预期交易，且该预期交易使企业随后确认一项非金融资产或非金融负债的，企业应当将原在其他综合收益中确认的现金流量套期储备金额转出，计入该资产或负债的初始确认金额；<br>非金融资产或非金融负债的预期交易形成一项适用于公允价值套期会计的确定承诺时，企业应当将原在其他综合收益中确认的现金流量套期储备金额转出，计入该资产或负债的初始确认金额 |
| 被套期项目为以摊余成本计量的金融工具（或其组成部分）的，企业对被套期项目账面价值所作的调整应当按照开始摊销日重新计算的实际利率进行摊销，并计入当期损益；<br>被套期项目为以公允价值计量的金融工具（或其组成部分）的，不存在对被套期项目账面价值再进行调整 | 不属于上条涉及的现金流量套期，企业应当在被套期的预期现金流量影响损益的相同期间，将原在其他综合收益中确认的现金流量套期储备金额转出，计入当期损益；<br>如果在其他综合收益中确认的现金流量套期储备金额是一项损失，且该损失全部或部分预计在未来会计期间不能弥补的，企业应当在预计不能弥补时，将预计不能弥补的部分从其他综合收益中转出，计入当期损益 |
| 如果被套期项目是"指定的非交易性权益工具投资（或其组成部分）"，套期工具及被套期项目产生的利得或损失应当计入其他综合收益 | 当企业对现金流量套期终止运用套期会计时，在其他综合收益中确认的累计现金流量套期储备金额，应当按照下列规定进行处理：被套期的未来现金流量预期仍然会发生的，累计现金流量套期储备的金额应当予以保留；被套期的未来现金流量预期不再发生的，累计现金流量套期储备的金额应当从其他综合收益中转出，计入当期损益 |

注：1. 对于公允价值套期，实质上就是调整被套期项目的计量方法，将被套期项目由成本计量转换成公允价值计量，从而与套期工具计量方法相一致，将公允价值的变动计入到当期损益。对于现金流量套期，实质上就是调整套期工具的计量方法，将套期工具由公允价值计量计入当期损益转为计入其他综合收益，待被套期项目现金流发生变化的时候由其他综合收益转到当期损益，从而实现与被套期项目现金流变动计入到利润表的时间相一致。

2. 现金流量套期储备的金额，应当按照下列两项的绝对额中较低者确定：

（1）套期工具自套期开始的累计利得或损失；

（2）被套期项目自套期开始的预计未来现金流量现值的累计变动额。每期计入其他综合收益的现金流量套期储备的金额应当为当期现金流量套期储备的变动额。

【例26-计算分析题】2018年1月1日，甲公司为规避所持有铜存货公允价值变动风险，与某金融机构签订了一项铜期货合同，并将其指定为对2018年前两个月存货的商品价格变化引起的公允价值变动风险的套期工具。铜期货合同的标的资产与被套期项目铜存货在数量、质次、价格变动和产地方面相同。本示例中假设套期工具与被套期项目因铜价变化引起的公允价值变动一致，且不考虑期货市场中每日无负债结算制度的影响。

2018年1月1日，铜期货合同的公允价值为零，被套期项目（铜存货）的账面价值和成本均为10 000万元，公允价值为11 000万元，即预期销售毛利为1 000万元。2018年1月31日，铜期货合同公允价值上涨了250万元，铜存货的公允价值下降了250万元。2018年2月28日，铜期货合同公允价值下降了150万元，铜存货的公允价值上升了150万元。当日，甲公司将铜存货以10 970万元的价格出售，并将铜期货合同结算。

要求：

1. 甲公司的该项套期是否符合套期有效性要求，并说明理由。

2. 编制有关会计分录（单位：万元）。

【答案】1. 该项套期中，铜存货为被套期项目，铜期货合同为套期工具。铜存货与铜期货合同存在经济关系，且经济关系产生的价值变动中信用风险不占主导地位，套期比率也反映了套期的实际数量，符合套期有效性要求。

2. 甲公司的账务处理如下：

（1）2018年1月1日，确认被套期项目（注：从此便以公允价值计量）：

借：被套期项目——库存商品铜　　　　　　　　　　　　　　10 000
　　贷：库存商品——铜　　　　　　　　　　　　　　　　　　　10 000

（2）2018年1月31日，确认套期工具及被套期项目公允价值变动：

借：套期工具——铜期货合同　　　　　　　　　　　　　　　　250
　　贷：套期损益　　　　　　　　　　　　　　　　　　　　　　　250

借：套期损益　　　　　　　　　　　　　　　　　　　　　　　250
　　贷：被套期项目——库存商品铜　　　　　　　　　　　　　　　250

注：本例中假设套期工具与被套期项目因铜价变化引起的公允价值变动完全一致。

（3）2018年2月28日确认套期工具及被套期项目公允价值变动：

借：套期损益　　　　　　　　　　　　　　　　　　　　　　　150
　　贷：套期工具——库存商品铜　　　　　　　　　　　　　　　　150

借：被套期项目——库存商品铜　　　　　　　　　　　　　　　150
　　贷：套期损益　　　　　　　　　　　　　　　　　　　　　　　150

同时，确认销售收入和销售成本，并对期货合同进行结算：

借：银行存款　　　　　　　　　　　　　　　　　　　　　　10 970
　　贷：主营业务收入　　　　　　　　　　　　　　　　　　　　10 970

借：主营业务成本　　　　　　　　　　　　　　　　　　　　9 900
　　贷：被套期项目——库存商品铜　　　　　　　　　　　　　　9 900

借：银行存款　　　　　　　　　　　　　　　100（期货上赚了100万元）

贷：套期工具——铜期货合同　　　　　　　　　　　　　　　　　　　100

注：由于甲公司采用套期进行风险管理，规避了铜存货公允价值变动风险，因此铜存货公允价值下降没有对预期毛利1 000万元（11 000－10 000）产生重大不利影响，在销售时实现的毛利为970万元，加上套期损益100万元，合计980万元收益，基本实现保值效果。

同时，甲公司运用公允价值套期会计将套期工具与被套期项目的公允价值变动计入相同会计期间的损益，消除了因企业风险管理活动可能导致的损益波动。

【例27-计算分析题】甲公司预期在2018年2月28日销售一批商品A，数量为100吨，预期售价为8 000万元，账面成本为7 777万元。为规避该预期销售中与商品价格有关的现金流量变动风险，甲公司于2018年1月1日与某金融机构签订了一项商品期货合同，将于2018年2月28日以总价8 000万元的价格销售100吨商品A，且将其指定为对该预期商品销售的套期工具。商品期货合同的标的资产与被套期预期销售商品在数量、质次、价格变动和产地等方面相同，并且商品期货合同的结算日和预期商品销售日均为2018年2月28日。

2018年1月1日，商品期货合同的公允价值为0（因为刚刚签订的，当然是0了）。2018年1月31日，商品期货合同的公允价值上涨了500万元，预期销售价格下降了500万元。2018年2月28日，商品期货合同的公允价值较上月底下跌了100万元，预期销售价格较上月底上涨了100万元。甲公司将商品A全部出售，销售价为7 600万元。甲公司于2018年2月28日结算了商品期货合同，期货实现盈利400万元。

假设该套期符合套期有效性的条件，不考虑商品销售相关的增值税及其他因素，且商品期货合约自套期开始的累计利得或损失与被套期项目自套期开始因商品价格变动引起未来现金流量现值的累计变动额一致。

甲公司的账务处理如下（单位：万元）：

1. 2018年1月1日，套期工具公允价值为0，无须进行账务处理。

2. 2018年1月31日确认套期工具公允价值，并计入现金流量套期储备：

借：套期工具——商品期货合同　　　　　　　　　　　　　　　　　500

　　贷：其他综合收益——套期储备　　　　　　　　　　　　　　　　500

注：套期工具自套期开始的累计利得或损失与被套期项目自套期开始的预计未来现金流量现值的累计变动额一致，因此将套期工具公允价值变动作为现金流量套期储备计入其他综合收益，不可计入当期损益。

3. 2018年2月28日确认套期工具公允价值，并计入现金流量套期储备：

借：其他综合收益——套期储备　　　　　　　　　　　　　　　　　100

　　贷：套期工具——商品期货合同　　　　　　　　　　　　　　　　100

4. 2018年2月28日确认销售收入并结转销售成本，同时结转现金流量套期储备（其他综合收益）转入主营业务收入：

借：应收账款　　　　　　　　　　　　　　　　　　　　　　　　7 600

　　贷：主营业务收入　　　　　　　　　　　　　　　　　　　　　7 600

借：主营业务成本　　　　　　　　　　　　　　　　　　　　　　7 777

　　贷：库存商品　　　　　　　　　　　　　　　　　　　　　　　7 777

注：似乎亏损了，但别急，后面还有分录。

5. 结算商品期货合同：

借：银行存款　　　　　　　　　　　　　　　　　　　　400

　　贷：套期工具——商品期货合同　　　　　　　　　　　400

6. 结转现金流量套期储备：

借：其他综合收益——套期储备　　　　　　　　　　　　400

　　贷：主营业务收入　　　　　　　　　　　　　　　　400

注：经套期，主营业务收入仍为8 000万元，企业仍实现了预期毛利。另外，若企业是分批销售该商品的，则套期储备也应按比例结转。

## 二、境外经营净投资套期会计处理

（一）对境外经营净投资的套期，包括对作为净投资的一部分进行会计处理的货币性项目的套期，应当按照类似于现金流量套期会计的规定处理：

1. 套期工具形成的利得或损失中属于套期有效的部分，应当计入其他综合收益。全部或部分处置境外经营时，上述计入其他综合收益的套期工具利得或损失应当相应转出，计入当期损益；

2. 套期工具形成的利得或损失中属于套期无效的部分，应当计入当期损益。

（二）企业根据准则规定对套期关系作出再平衡的，应当在调整套期关系之前确定套期关系的套期无效部分，并将相关利得或损失计入当期损益。

## 三、被套期项目为风险净敞口、一组项目的公允价值套期

（一）对于被套期项目为风险净敞口的套期，被套期风险影响利润表不同列报项目的，企业应当将相关套期利得或损失单独列报，不应当影响利润表中与被套期项目相关的损益列报项目金额（如营业收入或营业成本）。

对于被套期项目为风险净敞口的公允价值套期，涉及调整被套期各组成项目账面价值的，企业应当对各项资产和负债的账面价值作相应调整。

（二）除规定外，对于被套期项目为一组项目的公允价值套期，企业在套期关系存续期间，应当针对被套期项目组合中各组成项目，分别确认公允价值变动所引起的相关利得或损失，按照规定进行相应处理，计入当期损益或其他综合收益。涉及调整被套期各组成项目账面价值的，企业应当对各项资产和负债的账面价值作相应调整。

除规定外，对于被套期项目为一组项目的现金流量套期，企业在将其他综合收益中确认的相关现金流量套期储备转出时，应当按照系统、合理的方法将转出金额在被套期各组成项目中分摊，并按照规定进行相应处理。

企业根据规定将期权的内在价值和时间价值分开，只将期权的内在价值变动指定为套期工具时，应当区分被套期项目的性质是与交易相关还是与时间段相关。

被套期项目与交易相关的，对其进行套期的期权时间价值具备交易成本的特征。

## 四、信用风险敞口的公允价值选择权

（一）企业使用以公允价值计量且其变动计入当期损益的信用衍生工具管理金融工具（或其组成

部分）的信用风险敞口时，可以在该金融工具（或其组成部分）初始确认时、后续计量中或尚未确认时，将其指定为以公允价值计量且其变动计入当期损益的金融工具，并同时作出书面记录，但应当同时满足下列条件：

1. 金融工具信用风险敞口的主体（如借款人或贷款承诺持有人）与信用衍生工具涉及的主体相一致；

2. 金融工具的偿付级次与根据信用衍生工具条款须交付的工具的偿付级次相一致。

上述金融工具（或其组成部分）被指定为以公允价值计量且其变动计入当期损益的金融工具的，企业应当在指定时将其账面价值（如有）与其公允价值之间的差额计入当期损益。如该金融工具是按照《企业会计准则第22号——金融工具确认和计量》第十八条分类为以公允价值计量且其变动计入其他综合收益的金融资产的，企业应当将之前计入其他综合收益的累计利得或损失转出，计入当期损益。

（二）同时满足下列条件的，企业应当对按照准则规定的金融工具（或其一定比例）终止以公允价值计量且其变动计入当期损益：

1. 上述公允价值选择权规定的条件不再适用，例如信用衍生工具或金融工具（或其一定比例）已到期、被出售、合同终止或已行使，或企业的风险管理目标发生变化，不再通过信用衍生工具进行风险管理；

2. 金融工具（或其一定比例）按照《企业会计准则第22号——金融工具确认和计量》的规定，仍然不满足以公允价值计量且其变动计入当期损益的金融工具的条件。

当企业对金融工具（或其一定比例）终止以公允价值计量且其变动计入当期损益时，该金融工具（或其一定比例）在终止时的公允价值应当作为其新的账面价值。同时，企业应当采用与该金融工具被指定为以公允价值计量且其变动计入当期损益之前相同的方法进行计量，比如按摊余成本计量、按公允价值计量且其变动计入其他综合收益或当期损益。

## 五、套期终止

（一）企业发生下列情形之一的，应当终止运用套期会计：

1. 因风险管理目标发生变化，导致套期关系不再满足风险管理目标；

2. 套期工具已到期、被出售、合同终止或已行使；

3. 被套期项目与套期工具之间不再存在经济关系，或者被套期项目和套期工具经济关系产生的价值变动中，信用风险的影响开始占主导地位；

4. 套期关系不再满足《企业会计准则第24号——套期会计》所规定的运用套期会计方法的其他条件。在适用套期关系再平衡的情况下，企业应当首先考虑套期关系再平衡，然后评估套期关系是否满足本准则所规定的运用套期会计方法的条件。

（二）终止套期会计可能会影响套期关系的整体或其中一部分，在仅影响其中一部分时，剩余未受影响的部分仍适用套期会计。

（三）套期关系同时满足下列条件的，企业不得撤销套期关系的指定并由此终止套期关系：

1. 套期关系仍然满足风险管理目标；

2. 套期关系仍然满足本准则运用套期会计方法的其他条件。

# 第十四章　租赁

## 本章思维导图

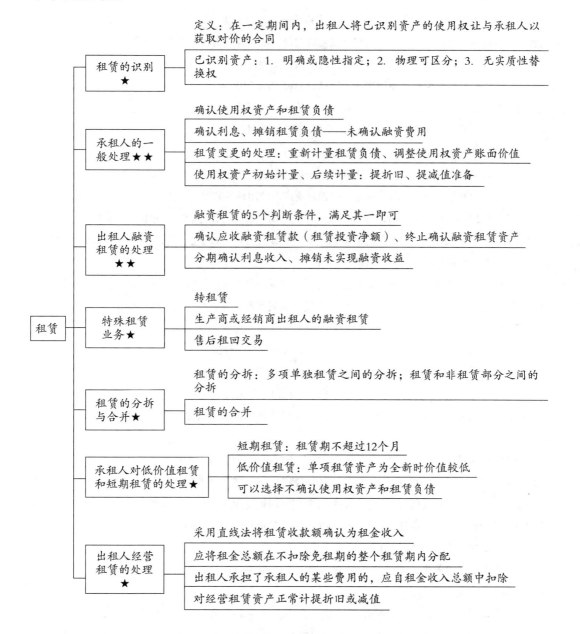

**租赁的识别★**
- 定义：在一定期间内，出租人将已识别资产的使用权让与承租人以获取对价的合同
- 已识别资产：1. 明确或隐性指定；2. 物理可区分；3. 无实质性替换权

**承租人的一般处理★★**
- 确认使用权资产和租赁负债
- 确认利息、摊销租赁负债——未确认融资费用
- 租赁变更的处理：重新计量租赁负债、调整使用权资产账面价值
- 使用权资产初始计量、后续计量：提折旧、提减值准备

**出租人融资租赁的处理★★**
- 融资租赁的5个判断条件，满足其一即可
- 确认应收融资租赁款（租赁投资净额）、终止确认融资租赁资产
- 分期确认利息收入、摊销未实现融资收益

**特殊租赁业务★**
- 转租赁
- 生产商或经销商出租人的融资租赁
- 售后租回交易

**租赁的分拆与合并★**
- 租赁的分拆：多项单独租赁之间的分拆；租赁和非租赁部分之间的分拆
- 租赁的合并

**承租人对低价值租赁和短期租赁的处理★**
- 短期租赁：租赁期不超过12个月
- 低价值租赁：单项租赁资产为全新时价值较低
- 可以选择不确认使用权资产和租赁负债

**出租人经营租赁的处理★**
- 采用直线法将租赁收款额确认为租金收入
- 应将租金总额在不扣除免租期的整个租赁期内分配
- 出租人承担了承租人的某些费用的，应自租金收入总额中扣除
- 对经营租赁资产正常计提折旧或减值

租赁

## 本章考情分析

本章内容按修订后的准则重新编写，该准则对几乎所有的企业都产生重大影响，逢新必考，考生应引起特别关注。

## 本章知识点精讲

### 知识点1　租赁的识别

微信扫一扫
习题免费练

一、合同是否为租赁或者包含租赁。

在合同开始日，企业应当评估合同是否为租赁或者包含租赁。如果合同中一方让渡了在一定期间内控制一项或多项已识别资产使用的权利以换取对价，则该合同为租赁或者包含租赁。

（一）客户是否有权获得在使用期间内因使用已识别资产所产生的几乎全部经济利益。

（二）客户是否有权在该使用期间主导已识别资产的使用。

除非合同条款和条件发生变化，企业无须重新评估合同是否为租赁或者包含租赁。

二、在评估是否有权获得因使用已识别资产所产生的几乎全部经济利益时，企业应当在约定的客户可使用资产的权利范围内考虑其所产生的经济利益。

存在下列情况之一的，可视为客户有权主导对已识别资产在整个使用期间内的使用：

（一）客户有权在整个使用期间主导已识别资产的使用目的和使用方式。

（二）已识别资产的使用目的和使用方式在使用期开始前已预先确定，并且客户有权在整个使用期间自行或主导他人按照其确定的方式运营该资产，或者客户设计了已识别资产并在设计时已预先确定了该资产在整个使用期间的使用目的和使用方式。

三、已识别资产通常由合同明确指定，也可以在资产可供客户使用时隐性指定。但是，即使合同已对资产进行指定，如果资产的供应方在整个使用期间拥有对该资产的实质性替换权，则该资产不属于已识别资产。

同时符合下列条件时，表明供应方拥有资产的实质性替换权：

（一）资产供应方拥有在整个使用期间替换资产的实际能力；

（二）资产供应方通过行使替换资产的权利将获得经济利益。

企业难以确定供应方是否拥有对该资产的实质性替换权的，应当视为供应方没有对该资产的实质性替换权。

【例1-分析题】甲公司是山西省一家煤炭生产企业，2020年1月1日，与大秦货运股份有限公司（以下简称供应商）签订合同，合同标的为10节特定类型火车车厢5年的使用权。合同指定了具体的火车车厢，车厢为供应商所有。甲公司有权决定何时何地使用这些车厢以及使用其运输什么货物；不使用时，车厢存放在供应商处。甲公司可将车厢用于其他目的（如存储），但合同明确规定客户不能运输特定类型的货物（如爆炸物）。

若某个车需要保养或维修，供应商应以同类型的车厢进行替换。否则，除非客户违约，大秦公司在这5年期间不得收回车厢。

在甲公司要求时，供应商提供火车头和司机。火车头在供应商处存放，供应商向司机发出指示，详细说明客户的货物运输要求。供应商可选择使用任一火车头履行客户的要求，并且该火车头既可用于运输该客户的货物，也可用于运输其他客户的货物（即如果其他客户要求运输的货物目的地与该客户要求的目的地距离不远且时间范围接近，供应商可选择在该火车头挂多达100节车厢）。

【分析】

1. 该合同包含火车车厢的租赁，客户拥有10节车厢的5年使用权。

已识别资产为10节车厢，合同明确指定了这些车。用于牵引车厢的火车头不是被识别资产，因为合同中既未明确也未隐含地指定某一火车头。

2. 客户在5年使用期内拥有控制这10节车厢使用的权利，因为：

（1）客户有权获得在5年使用期内使用车厢所产生的几乎全部经济利益。在整个使用期内（包括车厢不用于运输客户货物的时间），客户拥有这些车厢的专属使用权。

（2）客户有权主导车厢的使用。在合同规定的使用权范围内，客户可就车厢的使用方式和使用目的作出相关决定，可决定何时何地使用车厢以及使用车厢运输什么货物。客户还可决定在车厢不用于运输货物时是否使用以及如何使用（如是否或何时用于存储）。在5年使用期内，客户有权改变这些决定。

尽管配备火车头和司机（由供应商控制）来牵引车厢对于车厢的有效使用必不可少，但供应商在这方面的决定并未赋于其主导车厢使用方式和使用目的的权利。因此，供应商在使用期内不能控制车厢的使用。

【例2-分析题】接上例，双方合同约定：因供应商有大量类似车厢可用于履行合同要求，供应商可在众多车头中选择其中来履行客户的要求。无须客户批准即可替换每节车厢和车头。

【分析】

该合同不包含火车车厢或车头的租赁。

理由：用于运输客户货物的火车车厢和车头不是被识别资产。供应商有替换火车车厢和车头的实质性权利。

1. 在整个使用期间，供应商有实际能力替换每节车厢和车头，且用于替换的车厢和车头是供应商易于获得的，且无须客户批准即可替换每节车厢和车头。

2. 供应商可通过替换车厢和车头获得经济利益，替换使供应商能够使用已位于所在地的车厢或车头来执行任务（如起点附近的铁路货场的任务），或利用因客户未使用而闲置的车厢或车头。

因此，客户不能主导被识别的车或车头的使用，也无权获得使用被识别的车或车头所产生的几乎全部经济利益。由于供应商可以选择使用哪些车厢和车头来进行每次特定运输，并可以获得使用火车车厢和车头所产生的几乎全部经济利益，故供应商主导火车车厢和车头的使用。

【例3-分析题】2020年1月1日，李丽女装股份有限公司与乙服装厂（以下简称供应商）签订了购买一定数量的特定类型和质量的衬衫的3年期合同。衬衫的类型、质量和数量在合同中有明确规定。

供应商仅有一家工厂符合李丽女装需求。供应商无法用另一家工厂生产的衬衫供货或从第三方供应商购买衬衫。工厂的产能超过李丽女装所签订合同的产量（即客户未就工厂的几乎全部产能签订合同）。

由供应商作出有关工厂运营的决策，包括工厂运行的生产水平以及将产量中不用于履行该客户合同的部分用以履行哪些客户合同。

【分析】

该合同不包含租赁。该工厂是被识别资产，工厂是被隐含指定的，因为供应商仅可通过使用该资产履行合同。李丽女装不控制工厂的使用，原因在于李丽女装无权获得使用工厂所产生的几乎全部经济利益。这是因为供应商可以决定工厂的使用方式和使用目的、在使用期内使用工厂履行其他客户合同。

李丽女装不控制工厂使用的另一个原因是客户无权主导工厂的使用，无权主导在3年使用期内工厂的使用方式和使用目的。客户的权利权限于与供应商签订的合同中规定的工厂产出。客户对工厂的使用享有与从工厂购买衬衫的其他客户一样的权利。供应商有权主导工厂的使用，因为供应商可（即供应商有权决定工厂运行的生产水平以及将所生产的产品用于履行哪些客户合同）。

## 知识点2 租赁的分拆和合并

一、同时符合下列条件的，使用已识别资产的权利构成合同中的一项单独租赁：

（一）承租人可从单独使用该资产或将其与易于获得的其他资源一起使用中获利。

（二）该资产与合同中的其他资产不存在高度依赖或高度关联关系。

合同中同时包含多项单独租赁的，承租人和出租人应当将合同予以分拆，并分别各项单独租赁进行会计处理。

二、合同中同时包含租赁和非租赁部分的，承租人和出租人应当将租赁和非租赁部分进行分拆，租赁部分应当分别按照本准则进行会计处理，非租赁部分应当按照其他适用的企业会计准则进行会计处理。

承租人选择不分拆的，应当将各租赁部分及与其相关的非租赁部分分别合并为租赁，按照本准则进行会计处理。但是，对于按照《企业会计准则第22号——金融工具确认和计量》应分拆的嵌入衍生工具，承租人不应将其与租赁部分合并进行会计处理。

在分拆合同包含的租赁和非租赁部分时，承租人应当按照各租赁部分单独价格及非租赁部分的单独价格之和的相对比例分摊合同对价，出租人应当根据《企业会计准则第14号——收入》关于交易价格分摊的规定分摊合同对价。

三、企业与同一交易方或其关联方在同一时间或相近时间订立的两份或多份包含租赁的合同，在符合下列条件之一时，应当合并为一份合同进行会计处理：

（一）该两份或多份合同基于总体商业目的而订立并构成一揽子交易，若不作为整体考虑则无法理解其总体商业目的。

（二）该两份或多份合同中的某份合同的对价金额取决于其他合同的定价或履行情况。

（三）该两份或多份合同让渡的资产使用权合起来构成一项单独租赁。

【例4-分析题】2020年1月1日，新疆四矿有限公司与八一重工有限公司签订一项租赁合同，标的为一台推土机、一辆卡车和一台长臂挖掘机，用于新疆四矿的采矿业务，租赁期为4年。出租人还同意在整个租赁期内维护各项设备。合同总对价为600万元，按年分期支付，每年支付150万元，另需根据维护长臂挖掘机所用的工时支付可变付款额。可变付款额的上限为长臂挖掘机更换成本的2%。对价包含了各项设备维护服务的费用。

【分析】

1. 推土机、卡车和长臂挖掘机的租赁分别属于单独的租赁组成部分。

理由：

（1）承租人能够从单独使用这三项设备中的每一项，或将其与易于获得的其他资源一起使用中获益（例如，承租人可以容易地租赁或购买其他卡车或挖掘机用于其业务）；

（2）尽管承租人租赁这三项设备只有一个目的（即从事采矿业务），但这些机器既非彼此高度依赖，也非彼此高度关联。承租人是否从出租人处租赁其他设备的不会对承租人从租赁的各项设备中获利的能力产生重大影响。

承租人应将合同对价进行分摊至三个租赁组成部分和非租赁组成部分（维护服务）。

2. 有多家供应商为类似推土机和类似卡车提供维护服务，对于这两项租赁设备的维护服务在存在可观察的单独价格。承租人能够确定推土机和卡车的维护服务的可观察单独价格分别为32万元、16万元。长臂挖掘机是高度专业化机械，其他供应商不出租类似的挖掘机或为类似的挖掘机提供维护服务。然而，出租人对向其购买相似长臂挖掘机的客户提供4年的维护服务，4年维护服务合同的可观察对价为固定金额56万元，分4年支付，另需根据维护长臂挖掘机所用的工时支付可变金额。可变金额的上限为长臂挖掘机更换成本的2%。因此，承租人估计长臂挖掘机维护服务的单独价格为56 000元加上可变金额。承租人能够确定推土机、卡车和长臂挖掘机的可观察单独价格分别为170万元、102万元和224万元。

承租人将全部可变价分摊至长臂挖掘机的维护，从而分摊至合同的非租赁组成部分。然后，对各项租赁组成部分进行会计处理，将分摊的对价作为各租赁组成部分的租赁付款额。

## 知识点3 承租人的会计处理——相关术语解释

使用权资产，是指承租人可在租赁期内使用租赁资产的权利。

租赁期开始日，是指出租人提供租赁资产使其可供承租人使用的起始日期。

租赁期，是指承租人有权使用租赁资产且不可撤销的期间。

续租选择权，即有权选择续租该资产，且合理确定将行使该选择权的，租赁期还应当包含续租选择权涵盖的期间。

租赁激励，是指出租人为达成租赁向承租人提供的优惠，包括出租人向承租人支付的与租赁有关的款项、出租人为承租人偿付或承担的成本等。

初始直接费用，是指为达成租赁所发生的增量成本。增量成本是指若企业不取得该租赁，则不会发生的成本。

租赁内含利率，是指使出租人的租赁收款额的现值与未担保余值的现值之和等于租赁资产公允价值与出租人的初始直接费用之和的利率。

承租人增量借款利率，是指承租人在类似经济环境下为获得与使用权资产价值接近的资产，在类似期间以类似抵押条件借入资金须支付的利率。

租赁付款额，是指承租人向出租人支付的与在租赁期内使用租赁资产的权利相关的款项，包括：固定付款额及实质固定付款额（存在租赁激励的，扣除租赁激励相关金额）；取决于指数或比率的可变租赁付款额；承租人合理确定将行使购买选择权的，该购买选择权的行权价格；租赁期反映出承租人将行使终止租赁选择权的，行使终止租赁选择权需支付的款项；根据承租人提供的担保余值预计应支付的款项。

担保余值，是指与出租人无关的一方向出租人提供担保，保证在租赁结束时租赁资产的价值至少为某指定的金额。

未担保余值，是指租赁资产余值中，出租人无法保证能够实现或仅由与出租人有关的一方予以担保的部分。

可控范围，发生承租人可控范围内的重大事件或变化，且影响承租人是否合理确定将行使相应选择权的，承租人应当对其是否合理确定将行使续租选择权、购买选择权或不行使终止租赁选择权进行重新评估。

**【例5-分析题】** 2020年1月1日，甲船运公司同乙融资租赁公司签订了使用指定船只的5年期合同，甲公司有3年续租选择权，船只在合同中有明确规定，且乙融资租赁公司没有替换权。甲公司无法合理确认是顾客将行使续租选择权。

甲公司决定所运输的货物、船只是否航行以及航行的时间和目的港，但需遵守合同规定的限制条件，乙公司负责船只的操作和维护，并负责船上货物的安全运输，合同期间，甲公司不得雇佣其他人员操作船只或自行操作船只。

甲公司应于每年年初支付租金300万元，经评估，船只5年后的公允价值为800万元，协议约定，甲公司担保5年的公允价值不低于600万元，并办理担保手续。

2020年1月1日，甲公司支付船只租赁中介佣金50万元。甲公司不能合理确定租赁内含利率，增量贷款利率为10%。

**【分析】**

1. 该合同包含租赁。合同中存在被识别资产——指定船只，甲公司拥有该船只5年的使用权，且乙公司无权替换被指定的船只。

理由：甲公司有权获得在5年使用期内因使用船只所产生的几乎全部经济利益；尽管乙公司负责船只的操作和维护，但甲公司有权主导船只的使用。

2. 本例中，使用权资产，是指甲公司可在租赁期内使用船只的权利。租赁期开始日是2020年1月1日；租赁期是2020年1月1日至2024年12月31日；甲公司有3年续租选择权，若甲公司合理确定将行使该选择权的，租赁期是2020年1月1日至2027年12月31日；本例不涉及乙公司为达成租赁向甲公司提供的优惠，即租赁激励；初始直接费用为50万元；担保余值为600万元，未担保余值为200万元（800－600）；因甲公司不能合理确定租赁内含利率，应以增量贷款利率10%作为租赁内含利率。

租赁付款额为300×5＝1 500万元，本例中租赁付款额是固定付款，不存在可变租赁付款额。

一、在租赁期开始日，承租人应当对租赁确认使用权资产和租赁负债，短期租赁和低价值资产租赁可进行简化处理。

二、使用权资产应当按照成本进行初始计量。该成本包括：

（一）租赁负债的初始计量金额（租赁负债应当按租赁期开始日尚未支付的租赁付款额的现值进行初始计量）；

（二）在租赁期开始日或之前支付的租赁付款额，存在租赁激励的，扣除已享受的租赁激励相关金额；

（三）承租人发生的初始直接费用；

（四）承租人为拆卸及移除租赁资产、复原租赁资产所在场地或将租赁资产恢复至租赁条款约定状态预计将发生的成本。

## 知识点4 承租人的会计处理

一、使用权资产，是指承租人可在租赁期内使用租赁资产的权利。

在租赁期开始日，承租人应当按照成本对使用权资产进行初始计量。

该成本包括下列四项：

（一）租赁负债的初始计量金额。

（二）在租赁期开始日或之前支付的租赁付款额；存在租赁激励的，应扣除已享受的租赁激励相关金额。

（三）承租人发生的初始直接费用。

（四）承租人为拆卸及移除租赁资产、复原租赁资产所在场地或将租赁资产恢复至租赁条款约定状态预计将发生的成本。前述成本属于为生产存货而发生的，适用《企业会计准则第1号——存货》。

关于上述第四项成本，承租人有可能在租赁期开始日就承担了上述成本的支付义务，也可能在特定期间内因使用标的资产而承担了相关义务。承租人应在其有义务承担上述成本时，将这些成本确认为使用权资产成本的一部分。

与标的资产建造或设计相关的成本不包括承租人为获取标的资产使用权而支付的款项，此类款项无论在何时支付，均属于租赁付款额。

二、在租赁期开始日后，承租人应当按以下原则对租赁负债进行后续计量：

（一）确认租赁负债的利息时，增加租赁负债的账面金额；

（二）支付租赁付款额时，减少租赁负债的账面金额；

（三）因重估或租赁变更等原因导致租赁付款额发生变动时，重新计量租赁负债的账面价值。

承租人应当按照固定的周期性利率计算租赁负债在租赁期内各期间的利息费用，并计入当期损益。未纳入租赁负债计量的可变租赁付款额（即并非取决于指数或比率的可变租赁付款额）应当在实际发生时计入当期损益。

三、承租人能够合理确定租赁期届满时取得租赁资产所有权的，应当在租赁资产剩余使用寿命内计提折旧。无法合理确定租赁期届满时能够取得租赁资产所有权的，应当在租赁期与租赁资产剩余使用寿命两者孰短的期间内计提折旧。

四、承租人应当按照《企业会计准则第8号——资产减值》的规定，确定使用权资产是否发生减值，并对已识别的减值损失进行会计处理。

五、承租人发生的租赁资产改良支出不属于使用权资产，应当记入"长期待摊费用"科目。

【例6-计算分析题】甲公司2020年执行修订后的租赁会计准则，2020年1月1日，同乙房地产公司（以下简称"乙公司"）签订了为期10年的办公楼租赁合同，有5年续租选择权，租赁面积2 000平方米，每平方米年租金500元，每年年初支付。甲公司支付地产中介佣金费用29.1万元。作为对甲公司的租赁激励，乙公司同意为甲公司报销5万元地产中介佣金。

在租赁期开始日，甲公司得出结论认为不能合理确定将行使续租选择权，另外租赁内含利率无法直接确定，甲公司的增量贷款利率为年10%。

要求：编制租赁期甲公司2020—2021年相关会计分录。

【答案】

租赁负债=100×（P/A，10%，9）=575.9（万元）

使用权资产=575.9+100+（29.1-5）=700（万元）

借：使用权资产 675.9

租赁负债——未确认融资费用 324.1

| | |
|---|---|
| 贷：租赁负债——租赁付款额 | 900 |
|       银行存款 | 100 |
| 借：使用权资产 | 29.1 |
|     贷：银行存款 | 29.1 |
| 借：银行存款 | 5 |
|     贷：使用权资产 | 5 |

使用权资产的初始成本＝675.9＋29.1－5＝700（万元）

甲公司2020年应计提折旧＝700÷10＝70（万元）

甲公司2020年应计提利息＝575.9×10%＝57.59（万元）

| | |
|---|---|
| 借：管理费用 | 70 |
|     贷：使用权资产累计折旧 | 70 |

注：承租人应于租期日开始日对使用权资产计提折旧。

| | |
|---|---|
| 借：财务费用 | 57.59 |
|     贷：租赁负债——未确认融资费用 | 57.59（575.9×10%） |

2021年1月1日，支付当年租金100万元：

| | |
|---|---|
| 借：租赁负债——租赁付款额 | 100 |
|     贷：银行存款 | 100 |

计提2021年折旧：

| | |
|---|---|
| 借：管理费用 | 70 |
|     贷：使用权资产累计折旧 | 70 |

计提2021年利息（注：表达为计提比表达为摊销更容易理解）：

2021年初租赁负债的摊余成本＝575.9－100＋57.59＝533.49（万元）

2021年应确认的利息费用＝533.49×10%＝53.35（万元）

| | |
|---|---|
| 借：财务费用 | 53.35 |
|     贷：租赁负债——未确认融资费用 | 53.35 |

注：在2020年末编制资产负债表时，租赁负债的账面余额为633.49（575.9＋57.59）万元，而将于一年内到期的负债为46.65（100－53.35）万元，应在"一年内到期的非流动负债"项目填列，其余的586.84万元在"租赁负债"项目中填列。

**【例7-计算分析题】**2019年12月20日，甲公司同B物业公司签订办公楼租赁合同，约定租赁租期为5年，起租日为2020年1月1日。

租金总额为600万元，合同签订日预付定金100万元，每年年末支付100万元。甲公司于合同签订日另外支付地产中介佣金费用4.69万元，甲公司预计5年后为将办公楼恢复至租赁条款约定状态将发生成本10万元。

租赁内含利率为10%，已知（P/A，10%，5）＝3.791，（P/F，10%，5）＝0.621。

要求：

1. 编制2019年12月20日支付定金的会计分录。

2. 计算2020年1月1日使用权资产的入账价值并编制会计分录。

**【答案】**

1. 借：预付账款 　　　　　　　　　　　　　　　　　　　100
　　　贷：银行存款 　　　　　　　　　　　　　　　　　　100

2. 使用权资产的入账价值＝100＋100×3.791＋4.69＋10×0.621＝490（万元）

借：使用权资产 　　　　　　　　　　　　　　　　　　　490
　　租赁负债——未确认融资费用 　　　　　　　　　　　120.9
　　贷：预付账款 　　　　　　　　　　　　　　　　　　100
　　　租赁负债——租赁付款额 　　　　　　　　　　　　500
　　　预计负债 　　　　　　　　　　　　　　　　　　　6.21
　　　银行存款 　　　　　　　　　　　　　　　　　　　4.69

## 知识点5　承租人租赁负债的重新计量及租赁变更

### 一、租赁负债的重新计量

在租赁期开始日后，当发生下列四种情形时，承租人应当按照变动后的租赁付款额的现值重新计量租赁负债，并相应调整使用权资产的账面价值。使用权资产的账面价值已调减至零，但租赁负债仍需进一步调减的，承租人应当将剩余金额计入当期损益。

（一）实质固定付款额发生变动。

如果租赁付款额最初是可变的，但在租赁期开始日后的某一时点转为固定，那么，在潜在可变性消除时，该付款额成为实质固定付款额，应纳入租赁负债的计量中。

承租人应当按照变动后租赁付款额的现值重新计量租赁负债。在该情形下，承租人采用的折现率不变，即采用租赁期开始日确定的折现率。

**【例8-分析题】**2020年1月1日，承租人甲公司签订了一份为期10年的机器租赁合同。租金于每年年末支付，并按以下方式确定：第一年，租金是可变的，根据该机器在第一年下半年的实际产能确定；第二至十年，每年的租金根据该机器在第一年下半年的实际产能确定，即租金将在第一年年末转变为固定付款额。

在租赁期开始日，甲公司无法确定租赁内含利率，其增量借款利率为5%。假设在第一年年末，根据该机器在第一年下半年的实际产能所确定的租赁付款额为每年200 000元。

**【分析】**

本例中，在租赁期开始时，由于未来的租金尚不确定，因此甲公司的租赁负债为零。在第一年年末，租金的潜在可变性消除，成为实质固定付款额（即每年200 000元），因此甲公司应基于变动后的租赁付款额重新计量租赁负债，并采用不变的折现率（即5%）进行折现。在支付第一年的租金之后，甲公司后续年度需支付的租赁付款额为1 800 000元（即200 000×9），租赁付款额在第一年年末的现值为1 421 560元［即200 000×（P/A，5%，9）］，未确认融资费用为378 440元（即1 800 000－1 421 560）。

甲公司在第一年年末的相关账务处理如下：

支付第一年租金：

| 借：制造费用等 | 200 000 |
| 贷：银行存款 | 200 000 |

确认使用权资产和租赁负债：

| 借：使用权资产 | 1 421 560 |
| 租赁负债——未确认融资费用 | 378 440 |
| 贷：租赁负债——租赁付款额 | 1 800 000 |

（二）担保余值预计的应付金额发生变动。

在租赁期开始日后，承租人应对其在担保余值下预计支付的金额进行估计。该金额发生变动的，承租人应当按照变动后租赁付款额的现值重新计量租赁负债。在该情形下，承租人采用的折现率不变。

【例9-分析题】沿用【例8】，假设双方约定的由承租人担保的设备余值为30万元。甲公司对该设备在租赁期结束时的公允价值进行监测，假设在第一年年末，甲公司预计该设备在租赁期结束时的公允价值为17万元。那么，甲公司应将该担保余值下预计应付的金额13万元纳入租赁付款额，并使用不变的折现率来重新计量租赁负债。

130 000×（P/F，5%，9）=130 000×0.644 6=83 798（元）

| 借：使用权资产 | 83 798 |
| 租赁负债——未确认融资费用 | 46 202 |
| 贷：租赁负债——租赁付款额 | 130 000 |

（三）用于确定租赁付款额的指数或比率发生变动。

在租赁期开始日后，因浮动利率的变动而导致未来租赁付款额发生变动的，承租人应当按照变动后租赁付款额的现值重新计量租赁负债。在该情形下，承租人应采用反映利率变动的修订后的折现率进行折现。

在租赁期开始日后，因用于确定租赁付款额的指数或比率（浮动利率除外）的变动而导致未来租赁付款额发生变动的，承租人应当按照变动后租赁付款额的现值重新计量租赁负债。在该情形下，承租人采用的折现率不变。

需要注意的是，仅当现金流量发生变动时，即租赁付款额的变动生效时，承租人才应重新计量租赁负债，以反映变动后的租赁付款额。承租人应基于变动后的合同付款额，确定剩余租赁期内的租赁付款额。

【例10-分析题】2019年1月1日承租人甲公司签订了一项为期10年的不动产租赁合同，每年的租赁付款额为50 000元，于每年年初支付。合同规定，租赁付款额在租赁期开始日后每两年基于过去24个月消费者价格指数的上涨进行上调。租赁期开始日的消费者价格指数为125。

假设在租赁第三年年初的消费者价格指数为135，甲公司在租赁期开始日采用的折现率为5%。在第三年年初，在对因消费者价格指数变化而导致未来租赁付款额的变动进行会计处理以及支付第三年的租赁付款额之前，租赁负债为339 320元［即50 000 +50 000×（P/A，5%，7）］。经消费者价格指数调整后的第三年租赁付款额为54 000元［即50 000×（135÷125）］。

【分析】

本例中，因用于确定租赁付款额的消费者价格指数的变动，而导致未来租赁付款额发生变动，甲公司应当于第三年年初重新计量租赁负债，以反映变动后的租赁付款额，即租赁负债应当以每年54 000元的租赁付款额（剩余8笔）为基础进行重新计量。

在第三年年初，甲公司按以下金额重新计量租赁负债：每年54 000元的租赁付款额按不变的折现率（即5%）进行折现，为366 466元［即54 000＋54 000×（P/A，5%，7）］。因此，甲公司的租赁负债将增加27 146元，即重新计量后的租赁负债（366 466元）与重新计量前的租赁负债（339 320元）之间的差额。

不考虑其他因素，甲公司相关账务处理如下：

借：使用权资产　　　　　　　　　　　　　　　　　　　　　　　　　　　27 146

　　租赁负债——未确认融资费用　　　　　　　　　　　　　　　　　　　　4 854

　　贷：租赁负债——租赁付款额　　　　　　　　　　　　　　　　　　　　　　32 000

（四）购买选择权、续租选择权或终止租赁选择权的评估结果或实际行使情况发生变化。

租赁期开始日后，发生下列情形的，承租人应采用修订后的折现率对变动后的租赁付款额进行折现，以重新计量租赁负债：

1. 发生承租人可控范围内的重大事件或变化，且影响承租人是否合理确定将行使续租选择权或终止租赁选择权的，承租人应当对其是否合理确定将行使相应选择权进行重新评估。上述选择权的评估结果发生变化的，承租人应当根据新的评估结果重新确定租赁期和租赁付款额。前述选择权的实际行使情况与原评估结果不一致等导致租赁期变化的，也应当根据新的租赁期重新确定租赁付款额。

2. 发生承租人可控范围内的重大事件或变化，且影响承租人是否合理确定将行使购买选择权的，承租人应当对其是否合理确定将行使购买选择权进行重新评估。评估结果发生变化的，承租人应根据新的评估结果重新确定租赁付款额。

上述两种情形下，承租人在计算变动后租赁付款额的现值时，应当采用剩余租赁期间的租赁内含利率作为折现率；无法确定剩余租赁期间的租赁内含利率的，应当采用重估日的承租人增量借款利率作为折现率。

要强调的是，发生承租人可控范围内的重大事件或变化，且影响承租人是否合理确定将行使相应选择权的，承租人应当对其是否合理确定将行使续租选择权、购买选择权或不行使终止租赁选择权进行重新评估。

【例11】承租人甲公司与出租人乙公司签订了一份为期5年的设备租赁合同。甲公司计划开发自有设备以替代租赁资产，自有设备计划在5年内投入使用。甲公司拥有在租赁期结束时以50 000元购买该设备的选择权。每年的租赁付款额固定为100 000元，于每年年末支付。甲公司无法确定租赁内含利率，其增量借款利率为5%。

在租赁期开始日，甲公司对行使购买选择权的可能性进行评估后认为，不能合理确定将行使购买选择权。这是因为，甲公司计划开发自有设备，继而在租赁期结束时替代租赁资产。

假设在第三年年末，甲公司作出削减开发项目的战略决定，包括上述替代设备的开发。该决定在甲公司的可控范围内，并影响其是否合理确定将行使购买选择权。此外，甲公司预计该设备在租赁期结束时的公允价值为200 000元。甲公司重新评估其行使购买选择权的可能性后认为，其合理确定将行使该购买选择权。

原因是：在租赁期结束时不大可能有可用的替代设备，并且该设备在租赁期结束时的预期市场价值（200 000元）远高于行权价格（50 000元）。因此，甲公司应在第三年年末将购买选择权的行权价格纳入租赁付款额中。

## 二、租赁变更的会计处理

（一）租赁变更，是指原合同条款之外的租赁范围、租赁对价、租赁期限的变更，包括增加或终止一项或多项租赁资产的使用权，延长或缩短合同规定的租赁期等。

（二）租赁发生变更且同时符合下列条件的，承租人应当将该租赁变更作为一项单独租赁进行会计处理：

1. 该租赁变更通过增加一项或多项租赁资产的使用权而扩大了租赁范围；

2. 增加的对价与租赁范围扩大部分的单独价格按该合同情况调整后的金额相当。

租赁变更未作为一项单独租赁进行会计处理的，在租赁变更生效日，承租人应当按照规定分摊变更后合同的对价，重新确定租赁期，并按照变更后租赁付款额和修订后的折现率计算的现值重新计量租赁负债。

在计算变更后租赁付款额的现值时，承租人应当采用剩余租赁期间的租赁内含利率作为修订后的折现率；无法确定剩余租赁期间的租赁内含利率的，应当采用租赁变更生效日的承租人增量借款利率作为修订后的折现率。租赁变更生效日，是指双方就租赁变更达成一致的日期。

（三）租赁变更导致租赁范围缩小或租赁期缩短的，承租人应当相应调减使用权资产的账面价值，并将部分终止或完全终止租赁的相关利得或损失计入当期损益。其他租赁变更导致租赁负债重新计量的，承租人应当相应调整使用权资产的账面价值。

【例12-分析题】2019年1月1日，承租人就某栋建筑物的某一层楼签订了为期10年的租赁，具有5年的续租选择权。初始租赁期内租赁付款额为每年50万元，选择权期间为每年55万元，所有款项应在每年年初支付。在租赁开始日，承租人得出结论认为不能合理确定将行使续租选择权。

为获得该项租赁，承租人发生的初始直接费用为20万元，其中，15万元为向该楼层前任租户支付的款项，5万元为向安排此租赁的房地产中介支付的佣金。作为对签署此项租赁的承租人的激励，出租人同意为承租人报销5万元的佣金，以及7万元的装修费。承租人实际发生装修费用97万元。

租赁内含利率无法直接确定。承租人的增量借款利率为每年5%，该利率反映的是承租人以类似抵押条件借入期限为10年、与使用权资产等值的相同币种的供款而必须支付的固定利率。

【分析】

1. 在租赁开始日，承租人得出结论认为不能合理确定将行使续租选择权。因此，将租赁期确定为10年。

2. 租赁期开始日：

租赁付款额的现值＝50＋50×（P/A，5%，9）＝405.39（万元）

注：为便于阅读，计算金额尾数取整数，下同。

| | | |
|---|---|---|
| 借：使用权资产 | 4 053 900 | |
|     租赁负债——未确认融资费用 | 946 100 | |
|       贷：租赁负债——租赁付款额 | | 4 500 000 |
|         银行存款 | | 500 000 |
| 借：使用权资产 | 200 000 | |
|     贷：银行存款 | | 200 000 |
| 借：银行存款 | 50 000 | |

| | 贷：使用权资产 | 50 000 |
|---|---|---|

使用权资产成本＝4 053 900＋200 000−50 000＝4 203 900（元）

| 借：长期待摊费用 | 970 000 |
|---|---|
| 贷：银行存款 | 970 000 |

| 借：银行存款 | 70 000 |
|---|---|
| 贷：长期待摊费用 | 70 000 |

注：使用权资产的成本不包括承租人发生的装修费，装修费补偿不应作为租赁激励，应冲减装修费用进行会计处理。

3. 2019年12月31日：

使用权资产年折旧额＝4 203 900÷10＝420 390（元）

| 借：管理费用 | 420 390 |
|---|---|
| 贷：使用权资产累计折旧 | 420 390 |

年末，租赁负债应计提利息＝3 553 900×5%＝177 700（元）

| 借：财务费用 | 177 700 |
|---|---|
| 贷：租赁负债——未确认融资费用 | 177 700 |

4. 2020年1月1日：

| 借：租赁负债——租赁付款额 | 500 000 |
|---|---|
| 贷：银行存款 | 500 000 |

2020年12月31日：

| 借：管理费用 | 420 390 |
|---|---|
| 贷：使用权资产累计折旧 | 420 390 |

租赁负债应计提利息＝（3 553 900＋177 700−500 000）×5%＝161 580（元）

| 借：财务费用 | 161 580 |
|---|---|
| 贷：租赁负债——未确认融资费用 | 161 580 |

第一年至第六年的使用权资产和租赁负债如下：

| 租赁负债（利率：5%） | | | | |
|---|---|---|---|---|
| 年份 | 期初余额 | 租赁付款额 | 利息费用 | 期末余额 |
| 第一年 | 3 553 900 | —— | 177 700 | 3 731 620 |
| 第二年 | 3 731 620 | 500 000 | 161 580 | 3 393 200 |
| 第三年 | 3 393 200 | 500 000 | 144 660 | 3 037 850 |
| 第四年 | 3 037 850 | 500 000 | 126 890 | 2 664 740 |
| 第五年 | 2 664 740 | 500 000 | 108 230 | 2 272 970 |
| 第六年 | 2 272 970 | 500 000 | 88 650 | 1 861 620 |

| 使用权资产 | | | |
|---|---|---|---|
| 年份 | 期初余额 | 折旧费用 | 期末余额 |
| 第一年 | 4 203 900 | 420 390 | 3 783 510 |
| 第二年 | 3 783 510 | 420 390 | 3 363 120 |
| 第三年 | 3 363 120 | 420 390 | 2 942 730 |
| 第四年 | 2 942 730 | 420 390 | 2 522 340 |
| 第五年 | 2 522 340 | 420 390 | 2 101 950 |
| 第六年 | 2 101 950 | 420 390 | 1 681 560 |

【例13-分析题】接上例，在租赁的第六年，承租人收购丙公司。承租人由于员工人数增加而需在合适的建筑物中租赁两个楼层。为使成本最小化，承租人在其租赁的建筑物中单独就另一楼层签订了为期8年的租赁合同，该楼层在第七年年末时可供使用。

承租人得出结论认为，由于其收购了主体A并决定搬迁主体A，其可合理确定将行使续租选择权。

第六年年末时，承租人的增量借款利率为6%，该利率反映的是承租人以类似抵押条件借入期限为9年、与使用权资产等值的相同币种的借款而必须支付的固定利率。承租人预计在整个租赁期内平均地消耗该使用权资产的未来利益，因此按直线法对使用权资产计提折旧。

第六年年末时，在对租赁期变动进行会计处理之前，租赁负债为1 861 620元（即剩余4期付款额500 000元按原来的年利率5%折现的现值）。

【分析】承租人按照以下金额进行重新计量租赁负债：剩余四期每年付款额500 000元和承受后五期每年付款额550 000元按照修改后的年折现率6%进行折现的现值。

$50+50×（P/A，6%，3）+55×（P/A，6%，5）×（P/F，6%，3）×10 000=3 781 740（元）$

租赁负债及使用权资产调整$=3 781 740-1 861 620=1 920 120（元）$

重新计量之后，承租人使用权资产的账面金额$=1 681 560+1 920 120=3 601 680（元）$

第七年及以后各年折旧额$=3 601 680÷9≈400 000（元）$

借：使用权资产    1 920 120

    租赁负债——未确认融资费用    829 880

    贷：租赁负债——租赁付款额    2 750 000

第七年应确认的利息费用$=（3 781 740-500 000）×6%=196 900（元）$

自第七年年初起，承租人按照修改后的年折现率为6%对租赁负债计算利息费用。

第七年至第十五年的租赁负债如下：

| 租赁负债 | | | |
|---|---|---|---|
| 年份 | 期初余额 | 租赁付款额 | 利息费用 | 期末余额 |
| 第七年 | 3 781 740 | 500 000 | 196 900 | 3 478 640 |
| 第八年 | 3 478 640 | 500 000 | 178 720 | 3 157 360 |
| 第九年 | 3 157 360 | 500 000 | 159 440 | 2 816 800 |
| 第十年 | 2 816 800 | 500 000 | 139 010 | 2 455 810 |
| 第十一年 | 2 455 810 | 500 000 | 114 350 | 2 020 160 |
| 第十二年 | 2 020 160 | 500 000 | 88 210 | 1 558 370 |
| 第十三年 | 1 558 370 | 500 000 | 60 500 | 1 068 870 |
| 第十四年 | 1 068 870 | 500 000 | 31 130 | 550 000 |
| 第十五年 | 550 000 | 500 000 | —— | —— |

【例14-分析题】承租人签订了一项为期6年的不动产租赁合同，每年的租赁付款额为200万元，于每年年初支付。合同规定，租赁付款额每两年基于过去24个月消费者价格指数的上涨上调一次。租赁期开始日的消费者价格指数为125。

租赁内含利率无法直接确定。承租人的增量借款利率为每年5%，该利率反映的是承租人以类似抵押条件借入期限为6年、与使用权资产等值的相同币种的借款而必须支付的固定利率。不考虑初始直接费用。

【分析】1. 租赁开始日：

$200+200×（P/A，5%，5）=1\,066$（万元）

| 借：使用权资产 | 1 066 |
|---|---|
| 租赁负债——未确认融资费用 | 134 |
| 贷：租赁负债——租赁付款额 | 1 000 |
| 银行存款 | 200 |

2. 租赁期的第一年：

| 借：利息费用 | 43 |
|---|---|
| 贷：租赁负债——未确认融资费用 | 43 |
| 借：管理费用 | 178 |
| 贷：使用权资产累计折旧 | 178 |

3. 租赁期的第二年：

| 借：租赁负债——租赁付款额 | 200 |
|---|---|
| 贷：银行存款 | 200 |
| 借：财务费用 | 35 |
| 贷：租赁负债——未确认融资费用 | 35［（866+43-200）×5%］ |
| 借：管理费用 | 178 |
| 贷：使用权资产累计折旧 | 178 |

4. 在第三年年初，消费者价格指数为140。在对消费者价格指数变化导致未来租赁付款额变动进行会计处理以及支付第三年的租赁付款额之前，租赁负债为866+43-200+35=744（万元）或200+200×（P/A，5%，3）=744（万元）。

经价格指数调整后的第三、四年付款额为224万元（2 000 000×140÷125）。因为用于确定付款额的消费者价格指数变动，导致未来租赁付款额发生变动，承租人对租赁负债进行重装新计量，以反映修改后的租赁付款额。

$224+224×（P/A，5%，3）=833$（万元）

调整额=833-744=89（万元）

| 借：使用权资产 | 89 |
|---|---|
| 租赁负债——未确认融资费用 | 7 |
| 贷：租赁负债——租赁付款额 | 96（24×4） |

第三年年初，承租人支付第三年的租赁付款额，并确认如下：

| 借：租赁负债——租赁付款额 | 224 |
|---|---|

　　　　贷：银行存款　　　　　　　　　　　　　　　　　　　　　　　　　　　224

　　第三年年末，计提利息，（833－224）×5%＝30（万元）：

　　借：利息费用　　　　　　　　　　　　　　　　　　　　　　　　　　　30

　　　　贷：租赁负债——未确认融资费用　　　　　　　　　　　　　　　　　　30

　　**【例15-分析题】**2019年1月1日，承租人甲公司与出租人乙公司签订了为期7年的商铺租赁合同。每年的租赁付款额为450 000元，在每年年末支付。甲公司无法确定租赁内含利率，其增量借款利率为5.04%。

　　除固定付款额外，合同还规定租赁期间甲公司商铺当年销售额超过1 000 000元的，当年应再支付按销售额的2%计算的租金，于当年年末支付。

　　**【分析】**1. 在租赁期开始日，甲公司按租赁付款额的现值所确认的租赁负债为2 600 000元。在第一年年末，甲公司向乙公司支付第一年的租赁付款额450 000元，其中，131 040元（即2 600 000×5.04%）是当年的利息，318 960元（即450 000－131 040）是本金，即租赁负债的账面价值减少318 960元。甲公司的账务处理为：

　　借：租赁负债——租赁付款额　　　　　　　　　　　　　　　　　450 000

　　　　贷：银行存款　　　　　　　　　　　　　　　　　　　　　　　450 000

　　借：财务费用——利息费用　　　　　　　　　　　　　　　　　　131 040

　　　　贷：租赁负债——未确认融资费用　　　　　　　　　　　　　　131 040

　　2. 由于该可变租赁付款额与未来的销售额挂钩，而并非是取决于指数或比率的，因此不应被纳入租赁负债的初始计量中。假设在租赁的第三年，该商铺的销售额为1 500 000元。甲公司第三年年末应支付的可变租赁付款额为30 000元（1 500 000×2%），在实际发生时计入当期损益。甲公司的账务处理为：

　　借：销售费用　　　　　　　　　　　　　　　　　　　　　　　　30 000

　　　　贷：银行存款等　　　　　　　　　　　　　　　　　　　　　　30 000

　　**【例16-分析题】**承租人甲公司与出租人乙公司签订为期5年的库房租赁合同，每年年末支付固定租金10 000元。甲公司拥有在租赁期结束时以300 000元购买该库房的选择权。在租赁期开始日，甲公司评估后认为，不能合理确定将行使该购买选择权。

　　第三年年末，该库房所在地房价显著上涨，甲公司预计租赁期结束时该库房的市价为600 000元，甲公司重新评估后认为，能够合理确定将行使该购买选择权。

　　**【分析】**该库房所在地区的房价上涨属于市场情况发生的变化，不在甲公司的可控范围内。因此，虽然该事项导致购买选择权的评估结果发生变化，但甲公司不应在第三年年末重新计量租赁负债。

　　然而，如果甲公司在第三年年末不可撤销的通知乙公司，其将在第五年年末行使购买选择权，则属于购买选择权实际行使情况发生了变化，甲公司需要在第三年年末按修订后的折现率对变动后的租赁付款额进行折现，重新计量租赁负债。

　　**【例17-分析题】**承租人甲公司与出租人乙公司签订了一份办公楼租赁合同，每年的租赁付款额为50万元，于每年年末支付。甲公司无法确定租赁内含利率，其增量借款利率为5% 。不可撤销租赁期为5年，并且合同约定在第五年年末，甲公司有权选择以每年50万元续租5年，也有权选择以1 000万元购买该房产。

甲公司在租赁期开始时评估认为，可以合理确定将行使续租选择权，而不会行使购买选择权，因此将租赁期确定为10年。

【分析】在租赁期开始日，租赁负债和使用权资产为386万元，即50×（P/A，5%，10）＝386（万元）。

在租赁期开始日，甲公司的账务处理为：

借：使用权资产 386

租赁负债——未确认融资费用 114（500－386）

贷：租赁负债——租赁付款额 500

在第四年，该房产所在地房价显著上涨，甲公司预计租赁期结束时该房产的市价为2 000万元，甲公司在第四年年末重新评估后认为，能够合理确定将行使上述购买选择权，而不会行使上述续租选择权。

该房产所在地区的房价上涨属于市场情况发生的变化，不在甲公司的可控范围内。因此，虽然该事项导致购买选择权及续租选择权的评估结果发生变化，但甲公司不需重新计量租赁负债。

在第五年年末，甲公司实际行使了购买选择权。截至该时点，使用权资产的原值为386万元，累计折旧为193万元（即386×5÷10）；支付了第五年租赁付款额之后，租赁负债的账面价值为216.49万元，其中，租赁付款额为250万元，未确认融资费用为33.51万元。

甲公司行使购买选择权的会计分录为：

借：固定资产——办公楼 976.51

使用权资产累计折旧 193

租赁负债——租赁付款额 250

贷：使用权资产 386

租赁负债——未确认融资费用 33.51

银行存款 1 000

【例18-分析题】承租人甲公司与出租人乙公司就5 000平方米的办公场所签订了10年期的租赁合同。年租赁付款额为100 000元，在每年年末支付。甲公司无法确定租赁内含利率。在租赁期开始日，甲公司的增量借款利率为6%，相应的租赁负债和使用权资产的初始确认金额均为736 000元，即736 000＝100 000×（P/A，6%，10）。

在第六年年初，甲公司和乙公司同意对原租赁合同进行变更，即自第六年年初起，将原租赁场所缩减至2 500平方米。每年的租赁付款额（自第六至十年）调整为60 000元。承租人在第六年年初的增量借款利率为5%。

【分析】在租赁变更生效日（即第六年年初），甲公司基于以下情况对租赁负债进行重新计量：

1. 剩余租赁期为5年；

2. 年付款额为60 000元；

3. 采用修订后的折现率5%进行折现。

据此，计算得出租赁变更后的租赁负债为259 770元，即259 770＝60 000×（P/A，5%，5）。

甲公司应基于原使用权资产部分终止的比例（即缩减的2 500平方米占原使用权资产的50%），来确定使用权资产账面价值的调减金额。在租赁变更之前，原使用权资产的账面价值为368 000元（即

736 000×5÷10），50%的账面价值为184 000元；原租赁负债的账面价值为421 240元［即100 000 × （P/A，6%，5）］，50%的账面价值为210 620元。

因此，在租赁变更生效日（第六年年初），甲公司终止确认50%的原使用权资产和原租赁负债，并将租赁负债减少额与使用权资产减少额之间的差额26 620元（即210 620－184 000），作为利得计入当期损益。其中，租赁负债的减少额（210 620元）包括：租赁付款额的减少额250 000元（即100 000×50%×5），以及未确认融资费用的减少额39 380元（即250 000－210 620）。

甲公司终止确认50%的原使用权资产和原租赁负债的账务处理为：

借：租赁负债——租赁付款额            250 000

    贷：租赁负债——未确认融资费用     39 380

        使用权资产     184 000

        资产处置损益     26 620

此外，甲公司将剩余租赁负债（210 620元）与变更后重新计量的租赁负债（259 770元）之间的差额49 150元，相应调整使用权资产的账面价值。其中，租赁负债的增加额（49 150元）包括两部分：租赁付款额的增加额50 000元［即（60 000－100 000×50%）×5］，以及未确认融资费用的增加额850元（即50 000－49 150）。

甲公司调整现使用权资产价值的账务处理为：

借：使用权资产     49 150

    租赁负债——未确认融资费用     850

    贷：租赁负债——租赁付款额     50 000

【例19-分析题】承租人甲公司与出租人乙公司就5 000平方米的办公场所签订了一项为期10年的租赁。年租赁付款额为100 000元，在每年年末支付。甲公司无法确定租赁内含利率。甲公司在租赁期开始日的增量借款利率为6%。

在第七年年初，甲公司和乙公司同意对原租赁合同进行变更，即将租赁期延长4年。每年的租赁付款额不变（即在第七至十四年的每年年末支付100 000元）。甲公司在第七年年初的增量借款利率为7%。

【分析】在租赁变更生效日（即第七年年初），甲公司基于下列情况对租赁负债进行重新计量：

1. 剩余租赁期为8年；

2. 年付款额为100 000元；

3. 采用修订后的折现率7%进行折现。据此，计算得出租赁变更后的租赁负债为597 130元，即597 130＝100 000×（P/A，7%，8）。

租赁变更前的租赁负债为346 510元，即100 000×（P/A，6%，4）。

甲公司将变更后租赁负债的账面价值与变更前的账面价值之间的差额250 620元（即597 130－346 510），相应调整使用权资产的账面价值。

借：使用权资产     250 620

    租赁负债——未确认融资费用     149 380

    贷：租赁负债——租赁付款额     400 000

## 知识点6　短期租赁和低价值资产租赁

短期租赁，是指在租赁期开始日，租赁期不超过12个月的租赁。包含购买选择权的租赁不属于短期租赁。

低价值资产租赁，是指单项租赁资产为全新资产时价值较低的租赁。低价值资产租赁的判定仅与资产的绝对价值有关，不受承租人规模、性质或其他情况影响。低价值资产租赁还应当符合本准则第十条的规定。承租人转租或预期转租租赁资产的，原租赁不属于低价值资产租赁。

对于短期租赁和低价值资产租赁，承租人可以选择不确认使用权资产和租赁负债。

作出该选择的，承租人应当将短期租赁和低价值资产租赁的租赁付款额，在租赁期内各个期间按照直线法或其他系统合理的方法计入相关资产成本或当期损益。其他系统合理的方法能够更好地反映承租人的受益模式的，承租人应当采用该方法。

## 知识点7　出租人的会计处理

### 一、融资租赁和经营租赁的识别

1. 出租人应当在租赁开始日将租赁分为融资租赁和经营租赁。

2. 租赁开始日，是指租赁合同签署日与租赁各方就主要租赁条款作出承诺日中的较早者。

3. 融资租赁，是指实质上转移了与租赁资产所有权有关的几乎全部风险和报酬的租赁。其所有权最终可能转移，也可能不转移。

经营租赁，是指除融资租赁以外的其他租赁。

4. 在租赁开始日后，出租人无需对租赁的分类进行重新评估，除非发生租赁变更。租赁资产预计使用寿命、预计余值等会计估计变更或发生承租人违约等情况变化的，出租人不对租赁的分类进行重新评估。

5. 一项租赁属于融资租赁还是经营租赁取决于交易的实质，而不是合同的形式。如果一项租赁实质上转移了与租赁资产所有权有关的几乎全部风险和报酬，出租人应当将该项租赁分类为融资租赁。

一项租赁存在下列一种或多种情形的，通常分类为融资租赁：

（1）在租赁期届满时，租赁资产的所有权转移给承租人。

（2）承租人有购买租赁资产的选择权，所订立的购买价款与预计行使选择权时租赁资产的公允价值相比足够低，因而在租赁开始日就可以合理确定承租人将行使该选择权。

（3）资产的所有权虽然不转移，但租赁期占租赁资产使用寿命的大部分（租赁期≥租赁开始日租赁资产使用寿命的75%）。

（4）在租赁开始日，租赁收款额的现值几乎相当于租赁资产的公允价值（≥90%）。

（5）租赁资产性质特殊，如果不作较大改造，只有承租人才能使用。

一项租赁存在下列一项或多项迹象的，也可能分类为融资租赁：

（1）若承租人撤销租赁，撤销租赁对出租人造成的损失由承租人承担。

（2）资产余值的公允价值波动所产生的利得或损失归属于承租人。

（3）承租人有能力以远低于市场水平的租金继续租赁至下一期间。

6．转租出租人应当基于原租赁产生的使用权资产，而不是原租赁的标的资产，对转租赁进行分类。

原租赁为短期租赁，且转租出租人对原租赁进行简化处理的，转租出租人应当将该转租赁分类为经营租赁。

## 二、出租人融资租赁相关术语解释

未担保余值，是指租赁资产余值中，出租人无法保证能够实现或仅由与出租人有关的一方予以担保的部分。

租赁收款额，是指出租人因让渡在租赁期内使用租赁资产的权利而应向承租人收取的款项。

租赁投资总额，是指在融资租赁下出租人应收的租赁收款额和与应归属于出租人的未担保余值。

租赁投资净额，是指租赁投资总额的现值。

1．在租赁期开始日，出租人应当对融资租赁确认应收融资租赁款，并终止确认融资租赁资产。

出租人对应收融资租赁款进行初始计量时，应当以租赁投资净额作为应收融资租赁款的入账价值。

租赁收款额包括：

（1）承租人需支付的固定付款额及实质固定付款额，存在租赁激励的，扣除租赁激励相关金额；

（2）取决于指数或比率（不包括业绩）的可变租赁付款额，该款项在初始计量时根据租赁期开始日的指数或比率确定；

（3）购买选择权的行权价格，前提是合理确定承租人将行使该选择权；

（4）承租人行使终止租赁选择权需支付的款项，前提是租赁期反映出承租人将行使终止租赁选择权；

（5）由承租人、与承租人有关的一方以及有经济能力履行担保义务的独立第三方向出租人提供的担保余值。

在转租的情况下，若转租的租赁内含利率无法确定，转租出租人可采用原租赁的折现率（根据与转租有关的初始直接费用进行调整）计量转租投资净额。

【例20-分析题】2019年12月1日，甲公司与乙公司签订了一份租赁合同，从乙公司租入塑钢机一台。租赁合同主要条款如下：

（1）租赁资产：全新塑钢机。

（2）租赁期开始日：2020年1月1日。

（3）租赁期：2020年1月1日—2025年12月31日，共72个月。

（4）固定租金支付：自2020年1月1日，每年年末支付租金160 000元。如果甲公司能够在每年年末的最后一天及时付款，则给予减少租金10 000元的奖励。

（5）取决于指数或比率的可变租赁付款额：租赁期限内，如遇贷款基准利率调整时，出租人将对租赁利率作出同方向、同幅度的调整。基准利率调整日之前各期和调整日当期租金不变，从下一期租金开始按调整后的租金金额收取。

（6）租赁开始日租赁资产的公允价值：该机器在2019年12月31日的公允价值为700 000元，账面价值为600 000元。

（7）初始直接费用：签订租赁合同过程中乙公司发生可归属于租赁项目的手续费、佣金10 000元。

（8）承租人的购买选择权：租赁期届满时，甲公司享有优惠购买该机器的选择权，购买价为20 000元，估计该日租赁资产的公允价值为80 000元。

（9）取决于租赁资产绩效的可变租赁付款额：2021年和2022年两年，甲公司每年按该机器所生产的产品——塑钢窗户的年销售收入的5%向乙公司支付。

（10）承租人的终止租赁选择权：甲公司享有终止租赁选择权。在租赁期间，如果甲公司终止租赁，需支付的款项为剩余租赁期间的固定租金支付金额。

（11）担保余值和未担保余值均为0。

（12）全新塑钢机的使用寿命为7年。

【分析】出租人乙公司的会计处理如下：

第一步，判断租赁类型。

本例存在优惠购买选择权，优惠购买价20 000元远低于行使选择权日租赁资产的公允价值80 000元，因此在2019年12月31日就可合理确定甲公司将会行使这种选择权。另外，在本例中，租赁期6年，占租赁开始日租赁资产使用寿命的86%（占租赁资产使用寿命的大部分75%以上）。同时，乙公司综合考虑其他各种情形和迹象，认为该租赁实质上转移了与该项设备所有权有关的几乎全部风险和报酬，因此将这项租赁认定为融资租赁。

第二步，确定租赁收款额。

（1）承租人的固定付款额为考虑扣除租赁激励后的金额。

（160 000－10 000）×6＝900 000（元）

（2）取决于指数或比率的可变租赁付款额。

该款项在初始计量时根据租赁期开始日的指数或比率确定，因此本例题在租赁期开始日不作考虑。

（3）承租人购买选择权的行权价格。

租赁期届满时，甲公司享有优惠购买该机器的选择权，购买价为20 000元，估计该日租赁资产的公允价值为80 000元。优惠购买价20 000元远低于行使选择权日租赁资产的公允价值，因此在2019年12月31日就可合理确定甲公司将会行使这种选择权。

（4）终止租赁的罚款。

虽然甲公司享有终止租赁选择权，但若终止租赁，甲公司需支付的款项为剩余租赁期间的固定租金支付金额。根据上述条款，可以合理确定甲公司不会行使终止租赁选择权

（5）由承租人向出租人提供的担保余值：甲公司向乙公司提供的担保余值为0元。

综上所述，租赁收款额为：900 000＋20 000＝920 000（元）

第三步，确认租赁投资总额。

租赁投资总额＝出租人应收的租赁收款额＋未担保余值

本例中租赁投资总额＝920 000＋0＝920 000（元）

第四步，确认租赁投资净额的金额和未实现融资收益。

租赁投资净额在金额上等于租赁资产在租赁期开始日公允价值。

700 000＋出租人发生的租赁初始直接费用10 000＝710 000（元）

未实现融资收益＝租赁投资总额－租赁投资净额＝920 000－710 000＝210 000（元）

第五步，计算租赁内含利率。

租赁内含利率是使租赁投资总额的现值（即租赁投资净额）等于租赁资产在租赁开始日的公允价值与出租人的初始直接费用之和的利率。

150 000×（P/A，r，6）＋20 000×（P/F，r，6）＝710 000

利用插值法计算得到租赁的内含利率为7.82%。

第六步，账务处理。

2020年1月1日：

借：应收融资租赁款——租赁收款额　　　　　　　　　　　　　　　920 000

　　贷：银行存款　　　　　　　　　　　　　　　　　　　　　　　　10 000

　　　　融资租赁资产　　　　　　　　　　　　　　　　　　　　　 600 000

　　　　资产处置损益　　　　　　　　　　　　　　　　　　　　　 100 000

　　　　应收融资租赁款——未实现融资收益　　　　　　　　　　　 210 000

| 应收融资租赁款 | 承租人的固定付款额（900 000）＋承租人购买选择权的行权价格（20 000）＋由承租人向出租人提供的担保余值（0） |
|---|---|
| 租赁投资总额 | 出租人应收的租赁收款额（920 000）＋未担保余值（0） |
| 租赁投资净额 | 租赁资产在租赁期开始日公允价值（700 000）＋出租人发生的租赁初始直接费用（10 000） |
| 未实现融资收益 | 租赁投资总额（920 000）－租赁投资净额（710 000） |

2020年12月31日，收到第一期租金时：

借：银行存款　　　　　　　　　　　　　　　　　　　　　　　　 150 000

　　贷：应收融资租赁款——租赁收款额　　　　　　　　　　　　　 150 000

借：应收融资租赁款——未实现融资收益　　　　　　　　　　　　　55 522

　　贷：租赁收入/其他业务收入　　　　　　　　　　　　　　　　　55 522

710 000×7.82%＝55 522（元）

假设2021年甲公司实现塑钢窗户年销售收入1 000 000元。根据租赁合同，乙公司应向甲公司收取的与销售收入挂钩的租金为50 000元。

借：银行存款（或应收账款）　　　　　　　　　　　　　　　　　　50 000

　　贷：租赁收入/其他业务收入　　　　　　　　　　　　　　　　　50 000

2025年12月31日：

借：银行存款　　　　　　　　　　　　　　　　　　　　　　　　 150 000

　　贷：应收融资租赁款——租赁收款额　　　　　　　　　　　　　 150 000

借：应收融资租赁款——未实现融资收益　　　　　　　　　　　　　12278

　　贷：租赁收入/其他业务收入　　　　　　　　　　　　　　　　　12278

租货期届满时，承租人行使购买权：

借：银行存款　　　　　　　　　　　　　　　　　　　　　　　　　20 000

　　贷：应收融资租赁款——租赁收款额　　　　　　　　　　　　　　20 000

| 日期 | 租金 | 利息收入 | 租赁投资净额 |
|---|---|---|---|
| 2020年1月1日 | | | 710 000 |
| 2020年12月31日 | 150 000 | 55 522 | 615 522 |
| 2021年12月31日 | 150 000 | 48 134 | 513 656 |
| 2022年12月31日 | 150 000 | 40 168 | 403 824 |
| 2023年12月31日 | 150 000 | 31 579 | 285 403 |
| 2024年12月31日 | 150 000 | 22 319 | 157 722 |
| 2025年12月31日 | 150 000 | 12 278 | 200 000 |
| 2025年12月31日 | 20 000 | | 0 |

2．出租人应当按照固定的周期性利率计算并确认租赁期内各个期间的利息收入。该周期性利率，是按照本准则第三十八条规定所采用的折现率，或者按照本准则第四十四条规定所采用的修订后的折现率。

出租人应按准则规定，对应收融资租赁款的终止确认和减值进行会计处理。

出租人将应收融资租赁款或其所在的处置组划分为持有待售类别的，应当按照第42号会计准则进行会计处理。

出租人取得的未纳入租赁投资净额计量的可变租赁付款额应当在实际发生时计入当期损益。

3．生产商或经销商作为出租人的融资租赁，在租赁期开始日，该出租人应当按照租赁资产公允价值与租赁收款额按市场利率折现的现值两者孰低确认收入，并按照租赁资产账面价值扣除未担保余值的现值后的余额结转销售成本。

生产商或经销商出租人为取得融资租赁发生的成本，应当在租赁期开始日计入当期损益。

4．融资租赁发生变更且同时符合下列条件的，出租人应当将该变更作为一项单独租赁进行会计处理：

（1）该变更通过增加一项或多项租赁资产的使用权而扩大了租赁范围；

（2）增加的对价与租赁范围扩大部分的单独价格按该合同情况调整后的金额相当。

5．融资租赁的变更未作为一项单独租赁进行会计处理的，出租人应当分别下列情形对变更后的租赁进行处理：

（1）假如变更在租赁开始日生效，该租赁会被分类为经营租赁的，出租人应当自租赁变更生效日开始将其作为一项新租赁进行会计处理，并以租赁变更生效日前的租赁投资净额作为租赁资产的账面价值；

（2）假如变更在租赁开始日生效，该租赁会被分类为融资租赁的，出租人应当按照《企业会计准则第22号——金融工具确认和计量》关于修改或重新议定合同的规定进行会计处理。

【例21-分析题】出租人就某套机器设备与承租人签订了一项为期5年的租赁，构成融资租赁。合同规定，每年年末承租人向出租人支付租金100 000元，租赁期开始日租赁资产公允价值为379 080元。

在第二年年初，承租人和出租人因为设备适用性等原因同意对原租赁进行修改，从第二年开始，每年支付租金额变为95 000元，租金总额从500 000元变更到480 000元。增量借款利率为10%。

【分析】如果此付款变更在租赁开始日生效，租赁类别仍被分类为融资租赁，那么，在租赁变更生效日——第二年年初，按10%原租赁内含利率重新计算租赁投资净额为301 140元［95 000×（P/A，10%，4）］，与原租赁投资净额账面余额316 990元的差额15 850元（其中"应收融资租赁款——租赁收款额"减少20 000元，"应收融资租赁款——未确认融资收益"减少4 150元）计入当期损益。

第二年年初会计分录如下：

借：租赁收入/其他业务收入              15 850

  应收融资租赁款——未确认融资收益       4 150

  贷：应收融资租赁款——租赁收款额       20 000

## 三、出租人对经营租赁的会计处理

在租赁期内各个期间，出租人应当采用直线法或其他系统合理的方法，将经营租赁的租赁收款额确认为租金收入。其他系统合理的方法能够更好地反映因使用租赁资产所产生经济利益的消耗模式的，出租人应当采用该方法。

出租人发生的与经营租赁有关的初始直接费用应当资本化，在租赁期内按照与租金收入确认相同的基础进行分摊，分期计入当期损益。

对于经营租赁资产中的固定资产，出租人应当采用类似资产的折旧政策计提折旧；对于其他经营租赁资产，应当根据该资产适用的企业会计准则，采用系统合理的方法进行摊销。

出租人应当按照《企业会计准则第8号——资产减值》的规定，确定经营租赁资产是否发生减值，并进行相应会计处理。

出租人取得的与经营租赁有关的未计入租赁收款额的可变租赁付款额，应当在实际发生时计入当期损益。

经营租赁发生变更的，出租人应当自变更生效日起将其作为一项新租赁进行会计处理，与变更前租赁有关的预收或应收租赁收款额应当视为新租赁的收款额。

## 知识点8 特殊租赁业务的会计处理

## 一、转租赁

转租情况下，原租赁合同和转租赁合同通常都是单独协商的，交易对手也是不同的企业，本准则要求转租出租人对原租赁合同和转租赁合同分别根据承租人和出租人会计处理要求，进行会计处理。

承租人在对转租赁进行分类时，转租出租人应基于原租赁中产生的使用权资产，而不是租赁资产（如作为租赁对象的不动产或设备）进行分类。原租赁资产不归转租出租人所有，原租赁资产也未计入其资产负债表。因此，转租出租人应基于其控制的资产（即使用权资产）进行会计处理。

原租赁为短期租赁，且转租出租人作为承租人已按照本准则采用简化会计处理方法的，应将转租赁分类为经营租赁。

【例22-分析题】2020年1月1日，甲公司与乙地产公司就5 000平方米办公场所签订了一项为期5年的租赁合同，约定每年末支付租金100万元。增量借款利率为10%。

同日，甲公司将该5 000平方米办公场所转租给丙公司，期限为两年，年租金118万元，每年末支付。年末，甲公司向乙地产公司支付100万元，同时收到丙公司118万元。已知（P/A，10%，5）=3.80。

【分析】甲企业基于原租赁形成的使用权资产对转租赁进行分类，考虑各种因素后，将其分类为经营租赁。签订转租赁时，中间出租人在其资产负债表中继续保留与原租赁相关的租赁负债和使用权资产。在转租期间，甲企业应确认使用权资产的折旧费用和租赁负债的利息，以及确认转租赁的租赁收入。

2020年1月1日：

借：使用权资产 380
　　租赁负债——未确认融资费用 120
　　　贷：租赁负债——租赁付款额 500

2020年12月31日：

借：管理费用 76
　　贷：使用权资产累计折旧 76
借：财务费用 38
　　贷：租赁负债——未确认融资费用 38
借：租赁负债——租赁付款额 100
　　贷：银行存款 100
借：银行存款 118
　　贷：租赁收入/其他业务收入 118

## 二、售后租回交易

1. 售后租回交易中的资产转让属于销售的，承租人应当按原资产账面价值中与租回获得的使用权有关的部分，计量售后租回所形成的使用权资产，并仅就转让至出租人的权利确认相关利得或损失；出租人应当根据其他适用的企业会计准则对资产购买进行会计处理，并根据本准则对资产出租进行会计处理。

如果销售对价的公允价值与资产的公允价值不同，或者出租人未按市场价格收取租金，则企业应当将销售对价低于市场价格的款项作为预付租金进行会计处理，将高于市场价格的款项作为出租人向承租人提供的额外融资进行会计处理；同时，承租人按照公允价值调整相关销售利得或损失，出租人按市场价格调整租金收入。

在进行上述调整时，企业应当基于以下两者中更易于确定的项目：销售对价的公允价值与资产公允价值之间的差额、租赁合同中付款额的现值与按租赁市价计算的付款额现值之间的差额。

2. 售后租回交易中的资产转让不属于销售的，承租人应当继续确认被转让资产，同时确认一项与转让收入等额的金融负债，并按照《企业会计准则第22号——金融工具确认和计量》对该金融负债进行会计处理；出租人不确认被转让资产，但应当确认一项与转让收入等额的金融资产，并按照《企业会计准则第22号——金融工具确认和计量》对该金融资产进行会计处理。

【例23-分析题】2019年1月1日，甲公司（卖方兼承租人）以现金2 000万元的价格向乙公司（买方兼出租人）出售一栋建筑物。交易前，该建筑物的账面成本是1 000万元，公允价值为1 800万元，同时，甲公司与乙公司签订了合同，取得了该建筑物18年的使用权，年付款额为120万元，于每年年末支付。已知租赁内含利率为4.5%，（P/A，4.5%，18）=12.16

【分析】该建筑物在销售当日的公允价值为1 800万元。由于该建筑物的销售对价并非公允价值，应以按照公允价值计量销售收益。超额售价200万元作为乙公司向甲公司提供的额外融资进行确认。

甲公司可直接确定租赁内含年利率为4.5%。年付款额现值（18期付款额120万元按每年4.5%进行折现，120×12.16）取整数为1 459万元，其中200万元与额外融资相关，1 259万元与租赁相关。

甲公司会计处理：

在租赁期开始日，卖方兼承租人按其保留的与使用权有关的该建筑物的原账面金额的比例计量售后租回所形成的使用权资产。

1 000（该建筑物的账面金额）÷1 800（该建筑物的公允价值）×1 259（18年使用权资产的租赁付款额现值）＝700（万元）

仅对转让至乙公司的权利确认相关的利得，出售该建筑物的利得为800万元（即1 800－1 000），其中：（800÷1 800）×1 259＝560（万元），与卖方兼承租人保留的该建筑物使用权相关；（800÷1 800）×（1 800－1 259）＝240（万元），与转让至买方兼出租人的权利相关。

在租赁期开始日，甲公司会计处理如下：

| | | |
|---|---|---|
| 借：银行存款 | | 200 |
| 贷：长期应付款 | | 200 |
| 借：银行存款 | | 1 800 |
| 使用权资产 | | 700 |
| 租赁负债——未确认融资费用 | | 901 |
| 贷：固定资产 | | 1 000 |
| 租赁负债——租赁付款额 | | 2 160 |
| 资产处置损益 | | 240 |

后续甲公司支付的年付款额120万元中103 550元（120×1 259÷1 459）作为租赁付款额处理；额外融资年付款额为164 500（120×200÷1 459），作为以下两项进行会计处理：结算金融负债200万元而支付的款项和利息费用，以第一年年末为例：

| | |
|---|---|
| 借：租赁负债——租赁付款额 | 103.55 |
| 长期应付款 | 7.45 |
| 财务费用 | 65.6550 |
| 贷：租赁负债——未确认融资费用 | 56.6550 |
| 银行存款 | 120 |

其中：租赁相关年付款额＝120－16.45＝103.55（万元）。长期应付款减少额＝额外融资年付款额16.45－实际利息费用200×4.5%＝7.45（万元）。利息费用＝租赁相关年付款额现值1259×4.5%+200×4.5%＝56.655+9＝65.655（万元）。120万元为年付款额。

**学堂点拨**

本分录的关键点一是资产处置损益的核算，二是使用权资产的核算。

该建筑物相当于仅出售了30%（1－1 259÷1 800），故资产处置损益＝（1 800－1 000）×30%＝240（万元），反过来，相当于保留了70%未出售，故使用权资产＝1 000×70%＝700（万元）。

乙公司会计处理：

在租赁期开始日，买方兼出租人对该交易进行如下会计处理。

| | | |
|---|---|---|
| 借：固定资产 | 1 800 | |
| 长期应收款 | 200 | |
| 贷：银行存款 | | 2 000 |

在租赁期开始日之后，买方兼出租人将年付款额120万元中的1 035 500元（120×1 259÷1 459）作为租赁收入进行会计处理。

从卖方兼出租人处收到的年付款额中的其余164 500元（120×200÷1 459）以下两项进行会计处理：

1. 结算金融资产200万元而收到的款项；

2. 利息收入。

| | | |
|---|---|---|
| 借：银行存款 | 1 200 000 | |
| 贷：租赁收入 | | 1 035 500 |
| 利息收入 | | 90 000 |
| 长期应收款 | | 74 500 |

# 第十五章　持有待售的非流动资产、处置组和终止经营

## 本章思维导图

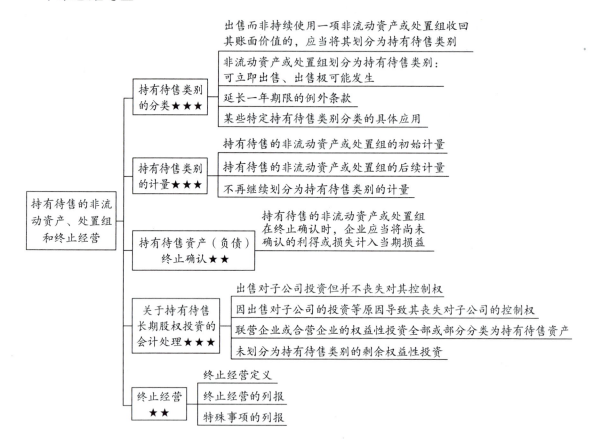

持有待售的非流动资产、处置组和终止经营
- 持有待售类别的分类★★★
  - 出售而非持续使用一项非流动资产或处置组收回其账面价值的，应当将其划分为持有待售类别
  - 非流动资产或处置组划分为持有待售类别：可立即出售、出售权可能发生
  - 延长一年期限的例外条款
  - 某些特定持有待售类别分类的具体应用
- 持有待售类别的计量★★★
  - 持有待售的非流动资产或处置组的初始计量
  - 持有待售的非流动资产或处置组的后续计量
  - 不再继续划分为持有待售类别的计量
- 持有待售资产（负债）终止确认★★
  - 持有待售的非流动资产或处置组在终止确认时，企业应当将尚未确认的利得或损失计入当期损益
- 关于持有待售长期股权投资的会计处理★★★
  - 出售对子公司投资但并不丧失对其控制权
  - 因出售对子公司的投资等原因导致其丧失对子公司的控制权
  - 联营企业或合营企业的权益性投资全部或部分分类为持有待售资产
  - 未划分为持有待售类别的剩余权益性投资
- 终止经营★★
  - 终止经营定义
  - 终止经营的列报
  - 特殊事项的列报

## 本章知识点精讲

### 知识点1　持有待售的非流动资产或处置组的分类

一、企业主要通过出售（包括具有商业实质的非货币性资产交换，下同）而非持续使用一项非流动资产或处置组收回其账面价值的，应当将其划分为持有待售类别。

同时满足下列条件的非流动资产或处置组，应划分为持有待售类别：

微信扫一扫
习题免费练

（一）根据类似交易中出售此类资产或处置组的惯例，在当前状况下即可立即出售；

（二）出售极可能发生，即企业已经就一项出售计划作出决议且获得确定的购买承诺，预计出售将在一年内完成。有关规定要求企业相关权力机构或者监管部门批准后方可出售的，应当已经获得批准。

确定的购买承诺，是指企业与其他方签订的具有法律约束力的购买协议，该协议包含交易价格、时间和足够严厉的违约惩罚等重要条款，使协议出现重大调整或者撤销的可能性极小。

企业不应当将拟结束使用而非出售的非流动资产或处置组划分为持有待售类别。

"出售极可能发生"应当包含以下几层含义：

1. 企业出售非流动资产或处置组的决议一般需要由企业相应级别的管理层作出，如果有关规定要求企业相关权力机构或者监管部门批准后方可出售，应当已经获得批准；

2. 企业已经获得确定的购买承诺，确定的购买承诺是企业与其他方签订的具有法律约束力的购买协议，该协议包含交易价格、时间和足够严厉的违约惩罚等重要条款，使协议出现重大调整或者撤销的可能性极小；

3. 预计自划分为持有待售类别起一年内，出售交易能够完成。

二、企业专为转售而取得的非流动资产或处置组，在取得日满足"预计出售将在一年内完成"的规定条件，且短期（通常为3个月）内很可能满足持有待售类别的其他划分条件的，企业应当在取得日将其划分为持有待售类别。

三、因企业无法控制的下列原因之一，导致非关联方之间的交易未能在一年内完成，且有充分证据表明企业仍然承诺出售非流动资产或处置组的，企业应当继续将非流动资产或处置组划分为持有待售类别：

（一）买方或其他方意外设定导致出售延期的条件，企业针对这些条件已经及时采取行动，且预计能够自设定导致出售延期的条件起一年内顺利化解延期因素；

（二）因发生罕见情况，导致持有待售的非流动资产或处置组未能在一年内完成出售，企业在最初一年内已经针对这些新情况采取必要措施且重新满足了持有待售类别的划分条件。

四、处置组，是指在一项交易中作为整体通过出售或其他方式一并处置的一组资产，以及在该交易中转让的与这些资产直接相关的负债。处置组所属的资产组或资产组组合按照《企业会计准则第8号——资产减值》分摊了企业合并中取得的商誉的，该处置组应当包含分摊至处置组的商誉。

五、企业因出售对子公司的投资等原因导致其丧失对子公司控制权的，无论出售后企业是否保留部分权益性投资，应当在拟出售的对子公司投资满足持有待售类别划分条件时，在母公司个别财务报表中将对子公司投资整体划分为持有待售类别，在合并财务报表中将子公司所有资产和负债划分为持有待售类别。

六、终止经营，是指企业满足下列条件之一的、能够单独区分的组成部分，且该组成部分已经处置或划分为持有待售类别：

（一）该组成部分代表一项独立的主要业务或一个单独的主要经营地区；

（二）该组成部分是拟对一项独立的主要业务或一个单独的主要经营地区进行处置的一项相关联计划的一部分；

（三）该组成部分是专为转售而取得的子公司。

可以看出，终止经营需满足"规模"条件，单项的固定资产、无形资产，分类为持有待售资产后即使实际出售也不满足终止经营定义。

终止经营可能是已经被处置、关闭或废弃的企业某组成部分，也可能是拟处置的企业某组成部分（已经被划分为持有待售）。即终止经营包含了部分持有待售，但并非所有的持有待售都属于终止经营；终止经营中有部分属于持有待售，也有部分不属于持有待售。

终止经营损益是一个单一的数值，即下列两项金额的合计数：

（一）终止经营的税后损益；

（二）按处置价格减去处置费用后的余额进行重新计量所确认的税后利得或损失，或者对构成终止经营的资产或处置组进行处置所确认的税后利得或损失。

也就是说，不需要在利润表"净利润"以上的具体项目中单独反映。

【教材例15-2改】甲公司由于经营范围发生改变，计划将生产D产品的全套生产线出售，目前尚有一批积压的未完成客户订单。

情形一：甲公司决定在出售生产线的同时，将尚未完成的客户订单一并移交给买方。

情形二：甲公司决定在完成所积压的客户订单后再将生产线转让给买方。

【分析】情形一：由于在出售日移交未完成客户并不会影响对该生产线的转让时间，可以认为该生产线符合了在当前状况下即可立即出售的条件。

情形二：由于生产线在完成积压订单后方可出售，在完成所有积压的客户订单前，该生产线在当前状态下不能立即出售，不符合划分为持有待售类别的条件。

## 知识点2　延长一年期限的例外条款

### 一、企业无法控制的原因

有些情况下，由于发生一些企业无法控制的原因，可能导致出售未能在一年内完成。如果涉及的出售是关联方交易，不允许放松一年期限条件。如果涉及的出售不是关联方交易，且有充分证据表明企业仍然承诺出售非流动资产或处置组，允许放松一年期限条件，企业可以继续将非流动资产或处置组划分为持有待售类别。企业无法控制的原因包括：

（一）意外设定条件。买方或其他方意外设定导致出售延期的条件，企业针对这些条件已经及时采取行动，且预计能够自设定导致出售延期的条件起一年内顺利化解延期因素。即企业在初始对非流动资产或处置组进行分类时，能够满足划分为持有待售类别的所有条件，但此后买方或是其他方提出一些意料之外的条件，且企业已经采取措施应对这些条件，预计能够自设定这些条件起一年内满足条件并完成出售，那么即使出售无法在最初一年内完成，企业仍然可以维持原持有待售类别的分类。

（二）发生罕见情况。因发生罕见情况，导致持有待售的非流动资产或处置组未能在一年内完成出售，企业在最初一年内已经针对这些新情况采取必要措施且重新满足了持有待售类别的划分条件。即非流动资产或处置组在初始分类时满足了持有待售类别的所有条件，但在最初一年内，出现罕见情况导致出售将被延迟至一年之后。如果企业针对这些新情况在最初一年内已经采取必要措施，而且该非流动资产或处置组重新满足了持有待售类别的划分条件，也就是在当前状况下可立即出售且出售极可能发生，那么即使原定的出售计划无法在最初一年内完成，企业仍然可以维持原持有待售类别的分类。这里的"罕见情况"主要指因不可抗力引发的情况、宏观经济形势发生急剧变化等不可控情况。

【教材例15-3】企业E计划将整套钢铁生产厂房和设备出售给企业F，E和F不存在关联关系，双方已于2017年9月16日签订了转让合同。因该厂区的污水排放系统存在缺陷，对周边环境造成污染。

情形一：企业E不知晓土地污染情况，2017年11月6日，企业F在对生产厂房和设备进行检查过程中发现污染，并要求企业E进行补救。企业E立即着手采取措施，预计至2018年10月底环境污染问题能够得到成功整治。

情形二：企业E知晓土地污染情况，在转让合同中附带条款，承诺将自2017年10月1日起开展污染清除工作，清除工作预计将持续8个月。

情形三：企业E知晓土地污染情况，在协议中标明企业E不承担清除污染义务，并在确定转让价格时考虑了该污染因素，预计转让将于9个月内完成。

【分析】情形一：在签订转让合同前，买卖双方并不知晓影响交易进度的环境污染问题，属于符合延长一年期限的例外事项，在2017年11月6日发现延期事项后，企业E预计将在一年内消除延期因素，因此仍然可以将处置组划分为持有待售类别。

情形二：虽然买卖双方已经签订协议，但在污染得到整治前，该处置组在当前状态下不可立即出售，不符合划分为持有待售类别的条件。

情形三：由于卖方不承担清除污染义务，转让价格已将污染因素考虑在内，该处置组于协议签署日即符合划分为持有待售类别的条件。

【教材例15-4】企业A拟将一栋原自用的写字楼转让，于2007年12月6日与企业B签订了房产转让协议，预计将于10个月内完成转让，假定该写字楼于签订协议当日符合划分为持有待售类别的条件。2008年发生全球金融危机，市场状况迅速恶化，房地产价格大跌，企业B认为原协议价格过高，决定放弃购买，并于2008年9月21日按照协议约定缴纳了违约金。企业A决定在考虑市场状况变化的基础上降低写字楼售价，并积极开展市场营销，于2008年12月1日与企业C重新签订了房产转让协议，预计将于9个月内完成转让，A和B不存在关联关系。

【分析】企业A与企业B之间的房产转让交易未能在一年内完成，原因是发生市场恶化、买方违约的罕见事件。在将写字楼划分为持有待售类别的最初一年内，企业A已经重新签署转让协议，并预计将在2008年12月1日开始的一年内完成，使写字楼重新符合了持有待售类别的划分条件。因此，企业A仍然可以将该资产继续划分为持有待售类别。

## 二、不再继续符合划分条件的处理

持有待售的非流动资产或处置组不再继续满足持有待售类别划分条件的，企业不应当继续将其划分为持有待售类别。部分资产或负债从持有待售的处置组中移除后，如果处置组中剩余资产或负债新组成的处置组仍然满足持有待售类别划分条件，企业应当将新组成的处置组划分为持有待售类别，否则应当将满足持有待售类别划分条件的非流动资产单独划分为持有待售类别。

假设在教材例15-4中，企业A尽管降低了写字楼售价并积极开展市场营销，但始终没有找到合适买家。写字楼不再符合持有待售类别的划分条件，企业A应当根据实际情况，重新将该写字楼作为固定资产或者投资性房地产处理。

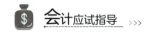

## 知识点3 某些特定持有待售类别分类的具体应用

### 一、专为转售而取得的非流动资产或处置组

对于企业专为转售而新取得的非流动资产或处置组，如果在取得日满足"预计出售将在一年内完成"的规定条件，且短期（通常为3个月）内很可能满足划分为持有待售类别的其他条件，企业应当在取得日将其划分为持有待售类别。

这些"其他条件"包括：根据类似交易中出售此类资产或处置组的惯例，在当前状况下即可立即出售；企业已经就一项出售计划作出决议且获得确定的购买承诺。有关规定要求企业相关权力机构或者监管部门批准后方可出售的，应当已经获得批准。

### 二、持有待售的长期股权投资

有些情况下，企业因出售对子公司的投资等原因导致其丧失对子公司的控制权，出售后企业可能保留对原子公司的部分权益性投资，也可能丧失所有权益。无论企业是否保留非控制的权益性投资，应当在拟出售的对子公司投资满足持有待售类别划分条件时，在母公司个别财务报表中将对子公司投资整体划分为持有待售类别，而不是仅将拟处置的投资划分为持有待售类别。

在合并财务报表中，将子公司所有资产和负债划分为持有待售类别，而不是仅将拟处置的投资对应的资产和负债划分为持有待售类别，但是，无论对子公司的投资是否划分为持有待售类别，企业始终应当按照《企业会计准则第33号——合并财务报表》的规定确定合并范围，编制合并财务报表。

企业出售对子公司投资后保留的部分权益性投资，应当区分以下情况处理：

（一）如果企业对被投资企业施加共同控制或重大影响，在编制母公司个别财务报表时，应当按照《企业会计准则第2号——长期股权投资》有关成本法转权益法的规定进行会计处理，在编制合并财务报表时，应当按照《企业会计准则第33号——合并财务报表》的有关规定进行会计处理；

（二）如果企业对被投资企业不具有控制、共同控制或重大影响，应当按照《企业会计准则第22号——金融工具确认和计量》进行会计处理。

按照《企业会计准则第2号——长期股权投资》规定，对联营企业或合营企业的权益性投资全部或部分分类为持有待售资产的应当停止权益法核算，对于未划分为持有待售资产的剩余权益性投资，应当在划分为持有待售的那部分权益性投资出售前继续采用权益法进行会计处理。

【教材例15-6】企业集团G拟出售持有的部分长期股权投资，假设拟出售的股权符合持有待售类别的划分条件。

情形一：企业集团G拥有子公司100%的股权，拟出售全部股权。

情形二：企业集团G拥有子公司100%的股权，拟出售55%的股权，出售后将丧失对子公司的控制权，但对其具有重大影响。

情形三：企业集团G拥有子公司100%的股权，拟出售25%的股权，仍然拥有对子公司的控制权。

情形四：企业集团G拥有子公司55%的股权，拟出售6%的股权，出售后将丧失对子公司的控制权，但对其具有重大影响。

情形五：企业集团G拥有联营企业35%的股权，拟出售30%的股权，G持有剩余的5%股权，且对被投资方不具有重大影响。

情形六：企业集团G拥有合营企业50%的股权，拟出售35%的股权，G持有剩余的15%股权，且对被投资方不具有共同控制或重大影响。

【分析】情形一：企业集团G应当在母公司个别财务报表中将拥有的子公司全部股权划分为持有待售类别，在合并财务报表中将子公司所有资产和负债划分为持有待售类别。

情形二：企业集团G应当在母公司个别财务报表中将拥有的子公司全部股权划分为持有待售类别，在合并财务报表中将子公司所有资产和负债划分为持有待售类别。

情形三：由于企业集团G仍然拥有对子公司的控制权，该长期股权投资并不是"主要通过出售而非持续使用收回其账面价值"的，因此不应当将拟处置的部分股权划分为持有待售类别。

情形四：与情形二类似，企业集团G应当在母公司个别财务报表中将拥有的子公司55%的股权划分为持有待售类别，在合并财务报表中将子公司所有资产和负债划分为持有待售类别。

情形五：企业集团G应当将拟出售的30%股权划分为持有待售类别，不再按权益法核算，剩余5%的股权在前述30%的股权处置前，应当采用权益法进行会计处理。在前述30%的股权处置后，应当按照《企业会计准则第22号——金融工具确认和计量》有关规定进行会计处理。

情形六：与情形五类似，企业集团G应当将拟出售的35%股权划分为持有待售类别，不再按权益法核算，剩余15%的股权在前述35%的股权处置前，应当采用权益法进行会计处理。在前述35%的股权处置后，应当按照《企业会计准则第22号——金融工具确认和计量》有关规定进行会计处理。

### 三、拟结束使用而非出售的非流动资产或处置组

非流动资产或处置组可能因为种种原因而结束使用，且企业并不会将其出售，或仅获取其残值。例如因已经使用至经济寿命期结束而将某机器设备报废，因技术进步而将某子公司关停或转产。由于对该非流动资产或处置组的使用几乎贯穿其整个经济使用寿命期，其账面价值并非主要通过出售收回，企业不应当将其划分为持有待售类别。对于暂时停止使用的非流动资产，不应当认为其拟结束使用，也不应当将其划分为持有待售类别。

【教材例15-7】某纺织企业H拥有一条生产某类布料的生产线，由于市场需求变化，该类布料的销量锐减，企业H决定暂停该生产线的生产，但仍然对其进行定期维护，待市场转好时重启生产。

【分析】由于生产线属于暂停使用，企业H不应当将其划分为持有待售类别。

## 知识点4  持有待售的非流动资产或处置组的初始计量

一、企业将非流动资产或处置组首次划分为持有待售类别前，应当按照相关会计准则规定计量非流动资产或处置组中各项资产和负债的账面价值。

持有待售的非流动资产或处置组中的非流动资产不应计提折旧或摊销，持有待售的处置组中负债的利息和其他费用应当继续予以确认。

二、企业初始计量或在资产负债表日重新计量持有待售的非流动资产或处置组时，其账面价值高于公允价值减去出售费用后的净额的，应当将账面价值减记至公允价值减去出售费用后的净额，减记的金额确认为资产减值损失，计入当期损益，同时计提持有待售资产减值准备。

这意味着，可能存在"二次减值"的问题。

三、对于取得日划分为持有待售类别的非流动资产或处置组，企业应当在初始计量时比较假定其

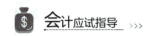

不划分为持有待售类别情况下的初始计量金额和公允价值减去出售费用后的净额，以两者孰低计量。除企业合并中取得的非流动资产或处置组外，由非流动资产或处置组以公允价值减去出售费用后的净额作为初始计量金额而产生的差额，应当计入当期损益。

四、企业在资产负债表日重新计量持有待售的处置组时，应当首先按照相关会计准则规定计量处置组中不适用《企业会计准则第42号——持有待售的非流动资产、处置组和终止经营》计量规定的资产和负债的账面价值，然后按照本准则的规定进行会计处理。

对于持有待售的处置组确认的资产减值损失金额，应当先抵减处置组中商誉的账面价值，再根据处置组中适用本准则计量规定的各项非流动资产账面价值所占比重，按比例抵减其账面价值。

【教材例15-10改】2019年3月1日，甲公司购入A公司全部股权，支付价款1 600万元。购入该股权之前，甲公司的管理层已经作出决议，一旦购入A公司，将在一年内将其出售给B公司，A公司当前状况下即可立即出售。预计甲公司还将为出售该子公司支付12万元的出售费用。甲公司与B公司计划于2019年3月31日签署股权转让合同。

情形一：甲公司与B公司初步议定股权转让价格为1 620万元。

情形二：甲公司尚未与B公司议定转让价格，购买日股权公允价值与支付价款一致。

【分析】

情形一：A公司是专为转售而取得的子公司，其不划分为持有待售类别情况下的初始计量金额应当为1 600万元，当日公允价值减去出售费用后的净额为1 608万元，按照二者孰低计量。甲公司2019年3月1日的账务处理如下（单位：万元）：

借：持有待售资产——长期股权投资   1 600

    贷：银行存款   1 600

情形二：A公司是专为转售而取得的子公司，其不划分为持有待售类别情况下的初始计量全额为1 600万元，当日公允价值减去出售费用后的净额为1 588万元，按照二者孰低计量。甲公司2019年3月1日的账务处理如下（单位：万元）：

借：持有待售资产——长期股权投资   1 588

    资产减值损失   12

    贷：银行存款   1 600

## 知识点5 持有待售的非流动资产或处置组的后续计量

### 一、持有待售的非流动资产的后续计量

后续资产负债表日持有待售的非流动资产或处置组，公允价值减去出售费用后的净额增加的，以前减记的金额应当予以恢复，并在划分为持有待售类别后确认的资产减值损失金额内转回，转回金额计入当期损益。已抵减的商誉账面价值、以及划分为持有待售类别前确认的资产减值损失不得转回。

持有待售的非流动资产不应计提折旧或摊销。

非流动资产或处置组因不再满足持有待售类别的划分条件而不再继续划分为持有待售类别或非流动资产从持有待售的处置组中移除时，应当按照以下两者孰低计量：

（一）划分为持有待售类别前的账面价值，按照假定不划分为持有待售类别情况下本应确认的折

旧、摊销或减值等进行调整后的金额；

（二）可收回金额。

【例1-分析题】2018年6月30日甲公司的A设备账面价值为800万元（原值2 000万元，累计折旧1 200万元），若继续使用可产生的未来现金流量的现值为730万元，若出售，出售净额为700万元，2018年6月30日应计提70万元固定资产减值准备；7月1日，甲公司同乙公司签订不可撤销协议，以705万元价格（预计出售费用5万元）出售该设备，符合分类为持有待售非流动资产的条件，则该日在将固定资产账面价值730万元转入"持有待售资产"后，还应编制第二个分录，计提30万元持有待售资产减值准备。

2018年6月30日：

借：资产减值损失　　　　　　　　　　　　　　　　　　　　　70

　　贷：固定资产减值准备　　　　　　　　　　　　　　　　　　　　70

2018年7月1日：

借：持有待售资产　　　　　　　　　　　　　　　　　　　　　730

　　固定资产减值准备　　　　　　　　　　　　　　　　　　　　70

　　累计折旧　　　　　　　　　　　　　　　　　　　　　　1 200

　　贷：固定资产　　　　　　　　　　　　　　　　　　　　　2 000

借：资产减值损失　　　　　　　　　　　　　　　　　　　　　30

　　贷：持有待售资产减值准备　　　　　　　　　　　　　　　　　　30

接上例：

2018年7月31日，甲公司同乙公司修改合同条款，售价调为703万元，预计出售费用不变，则继续确认减值损失2万元〔700−（703−5）〕：

借：资产减值损失　　　　　　　　　　　　　　　　　　　　　2

　　贷：持有待售资产减值准备　　　　　　　　　　　　　　　　　　2

2018年8月31日，甲公司同乙公司修改合同条款，售价上调为740万元，预计出售费用不变，则应在计提的持有待售资产减值准备范围内转回。

借：持有待售资产减值准备　　　　　　　　　　　　　　　　　　32

　　贷：资产减值损失　　　　　　　　　　　　　　　　　　　　　32

对于持有待售的处置组确认的资产减值损失金额，如果该处置组包含商誉，应当先抵减商誉的账面价值，再根据处置组中适用本章计量规定的各项非流动资产账面所占比重，按比例抵减其账面价值。确认的资产减值损失金额应当以处置组中包含的适用于本章计量规定的各项资产的账面价值为限，不应分摊至处置组中包含的流动资产或适用其他准则计量规定的非流动资产。

如果后续资产负债表日持有待售的处置组公允价值减去出售费用后的净额增加，以前减记的金额应当予以恢复，并在划分为持有待售类别后适用本章计量规定的非流动资产确认的资产减值损失金额内转回，转回金额计入当期损益，且不应当重复确认适用其他准则计量规定的非流动资产和负债按照相关准则规定已经确认的利得。

已抵减的商誉账面价值，以及适用本章计量规定的非流动资产在划分为持有待售类别前确认的资产减值损失不得转回。对于持有待售的处置组确认的资产减值损失后续转回金额，应当根据处置组中

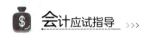

除商誉外适用本章计量规定的各项非流动资产账面价值所占比重，按比例增加其账面价值。

## 二、持有待售的处置组的后续计量

企业在资产负债表日重新计量持有待售的处置组时，应当首先按照相关会计准则规定计量处置组中的流动资产、适用其他准则计量规定的非流动资产和负债的账面价值。例如处置组中的金融工具，应当按照《企业会计准则第22号——金融工具确认和计量》的规定计量。

在进行上述计量后，企业应当比较持有待售的处置组整体账面价值与公允价值减去出售费用后的净额，如果账面价值高于其公允价值减去出售费用后的净额，应当将账面价值减记至公允价值减去出售费用后的净额，减记的金额确认为资产减值损失，计入当期损益，同时计提持有待售资产减值准备。

【教材例15-13改】甲公司拟将拥有的核电站转让给乙公司，双方已签订了转让协议，2018年1月1日符合划分为持有待售资产的条件。由于核电站主体设备核反应堆将对当地生态环境产生一定影响，在核电站最初建造完成并交付使用时，甲公司考虑到设备使用期满后将其拆除并整治污染的弃置费用，确认了3 850万元的预计负债，并按照每年10%的实际利率对该弃置费用逐期确认利息费用。

【分析】甲公司将核电站划分为持有待售类别后，该预计负债应当作为持有待售负债，且该弃置义务产生的利息费用应当继续确认。

2018年12月31日（单位：万元）：

借：财务费用                                                    385

    贷：持有待售负债——预计负债                                385

## 知识点6　不再继续划分为持有待售类别的计量

非流动资产或处置组因不再满足持有待售类别划分条件而不再继续划分为持有待售类别或非流动资产从持有待售的处置组中移除时，应当按照以下两者孰低计量：

一、划分为持有待售类别前的账面价值，按照假定不划分为持有待售类别情况下本应确认的折旧、摊销或减值等进行调整后的金额；

二、可收回金额。这样处理的结果是，原来划分为持有待售的非流动资产或处置组在重新分类后的账面价值与其从未划分为持有待售类别情况下的账面价值相一致，由此产生的差额计入当期损益，可以通过"资产减值损失"科目进行会计处理。

## 知识点7　持有待售资产（负债）终止确认

持有待售的非流动资产或处置组在终止确认时，企业应当将尚未确认的利得或损失计入当期损益。

【例2-分析题】2018年3月1日，甲公司购入A公司全部股权，支付价款5 600万元。购入该股权之前，甲公司的管理层已经作出决议，一旦购入公司A，将在一年内进行资本运作将其出售给B公司，A公司当前状况下即可立即出售。甲公司与B公司于2018年3月31日签署股权转让合同，初步议定股权转让价格为5 630万元，甲公司预计为出售股权将支付的律师费用等为50万元。

2018年5月25日，甲公司为转让A公司的股权支付律师费55万元。6月5日，甲公司完成对A公司的股权转让，收到价款5 888万元。

有关会计分录如下（单位：万元）。

2018年3月1日：

借：持有待售资产——长期股权投资         5 600

  贷：银行存款              5 600

借：资产减值损失      20［5 600-（5 630-50）］

  贷：持有待售资产减值准备         20

2018年5月25日：

借：投资收益              55

  贷：银行存款              55

2018年6月5日：

借：银行存款              5 888

  持有待售资产减值准备           20

  贷：持有待售资产——长期股权投资       5 600

    投资收益             308

## 知识点8 关于持有待售长期股权投资的会计处理

一、企业出售对子公司投资但并不丧失对其控制权，企业不应当将拟出售的部分对子公司投资或对子公司投资整体划分为持有待售类别。

例如：甲公司持有乙公司80%的股权，现同丙公司签订不可撤销合同，约定半年内以1 234万元价格向其转让所持乙公司20%的股权。股权转让后，甲公司对乙公司仍拥有控制权。

这种情况下，甲企业不应将此股权投资划分为持有待售类别，仍应按长期股权投资、合并会计报表等会计准则的规定进行会计处理。

二、企业因出售对子公司的投资等原因导致其丧失对子公司的控制权，出售后企业可能保留对原子公司的部分权益性投资，也可能丧失全部权益（即不管是否保留部分权益性投资）。企业应当在拟出售的部分对子公司投资满足持有待售类别划分条件时，在母公司个别财务报表中将对子公司投资整体划分为持有待售类别，而不是仅将拟处置的部分投资划分为持有待售类别。

在合并财务报表中，将子公司所有资产和负债划分为持有待售类别，而不是仅将拟处置的部分投资对应的资产和负债划分为持有待售类别，但是，无论对子公司的投资是否划分为持有待售类别，企业始终应当按照《企业会计准则第33号——合并财务报表》的规定确定合并范围，编制合并财务报表，因为该公司在处置前仍为其子公司。

企业出售对子公司投资后保留的部分权益性投资，应当区分以下情况处理：（一）如果企业对被投资单位施加共同控制或重大影响，在编制母公司个别财务报表时，应当按照《企业会计准则第2号——长期股权投资》有关成本法转权益法的规定进行会计处理，在编制合并财务报表时，应当按照《企业会计准则第33号——合并财务报表》的有关规定进行会计处理；（二）如果企业对被投资单位不具有控制、共同控制或重大影响，应当按照《企业会计准则第22号——金融工具确认和计量》进行会计处理。

例如：甲公司持有乙公司80%的股权，现同丙公司签订不可撤销合同，约定半年内以1 234万元价格向其转让所持乙公司60%的股权。股权转让后，剩余股权对乙公司产生重大影响。

这种情况下，尽管剩余股权投资已一同被划分为持有待售类别，但仍按长期股权投资、合并会计报表等会计准则的规定进行会计处理。

三、按照《企业会计准则第2号——长期股权投资》规定：对联营企业或合营企业的权益性投资全部或部分分类为持有待售资产的，应当停止权益法核算；对于未划分为持有待售类别的剩余权益性投资，应当在划分为持有待售的那部分权益性投资出售前继续采用权益法进行会计处理。

例如：甲公司持有乙公司30%的股权，乙公司为其联营企业。现同丙公司签订不可撤销合同，约定半年内以1 234万元价格向其转让所持乙公司20%的股权。则仅应当将该20%的股权划分为持有待售类别，并停止权益法核算；剩余股权10%仍继续采用权益法核算。

## 知识点9 终止经营

### 一、终止经营的定义

终止经营，是指企业满足下列条件之一的、能够单独区分的组成部分，且该组成部分已经处置或划分为持有待售类别：

（一）该组成部分代表一项独立的主要业务或一个单独的主要经营地区；

（二）该组成部分是拟对一项独立的主要业务或一个单独的主要经营地区进行处置的一项相关联计划的一部分；

（三）该组成部分是专为转售而取得的子公司。

终止经营的定义包含以下三方面含义：

（一）终止经营应当是企业能够单独区分的组成部分，该组成部分的经营和现金流量在企业经营和编制财务报表时是能够与企业的其他部分清楚区分的；企业组成部分可能是一个资产组，也可能是一组资产组组合，通常是企业的一个子公司、一个事业部或事业群。

（二）终止经营应当具有一定的规模。终止经营应当代表一项独立的主要业务或一个单独的主要经营地区，或者是拟对一项独立的主要业务或一个单独的主要经营地区进行处置的一项相关联计划的一部分。专为转售而取得的子公司也是企业的组成部分，但不要求具有一定规模。

并非所有处置组都符合终止经营的定义，企业需要运用职业判断确定终止经营。如果企业主要经营一项业务或主要在一个地理区域内开展经营，企业的一个主要产品或服务线也可能满足终止经营定义中的规模条件。有些专为转售而取得的重要的合营企业或联营企业，也可能因为符合有关组成部分的第一和第二项条件而符合终止经营的定义。

【教材例15-16】某快餐企业A在全国拥有500家零售门店，A决定将其位于Z市的8家零售门店中的一家门店C出售，并于2017年8月13日与企业B正式签订了转让协议，假设该门店C符合持有待售类别的划分条件。判断C是否构成A的终止经营。

【分析】尽管门店C是一个处置组，也符合持有待售类别的划分条件，但由于它只是一个零售点，不能代表一项独立的主要业务或一个单独的主要经营地区，也不构成拟对一项独立的主要业务或一个单独的主要经营地区进行处置的一项相关联计划的一部分，因此该处置组并不构成企业的终止经营。

（三）终止经营应当满足一定的时点要求。符合终止经营定义的组成部分应当属于以下两种情况之一：

1. 组成部分在资产负债表日之前已经处置，包括已经出售、结束使用（如关停或报废等）。多数情况下，如果组成部分的所有资产和负债均已处置，产生收入和发生成本的来源消失，这时确定组成部分"处置"的时点是较为容易的，但在有些情况下，组成部分的资产仍处于出售或报废过程中，仍可能发生清理费用，企业需要根据实际情况判断组成部分是否已经处置，从而符合终止经营的定义；

【教材例15-17】企业集团C拥有一家经营药品批发业务的子公司H，药品批发构成C的一项独立的主要业务，且H在全国多个城市设立了营业网点。由于经营不善，C决定停止H的所有业务。至2017年10月13日，已处置了该子公司所有存货并辞退了所有员工，但仍有一些债权等待收回，部分营业网点门店的租约尚未到期，仍需支付租金费用。判断H是否构成C的终止经营。

【分析】由于子公司H原药品批发业务已经停止，收回债权、处置租约等尚未结算的未来交易并不构成上述业务的延续，因此该子公司的经营已经终止，应当认为2017年10月13日后该子公司符合终止经营的定义。

2. 组成部分在资产负债表日之前已经划分为持有待售类别。有些情况下，企业对一项独立的主要业务或一个单独的主要经营地区进行处置的一项相关联计划持续数年，并非组成部分中所有的资产组或资产组组合能够同时满足持有待售类别的划分条件。随着处置计划的进行，组成部分中的一些资产组或资产组组合可能先满足持有待售类别划分条件且构成企业的终止经营，其他资产组或资产组组合可能在未来满足持有待售类别的划分条件，应当适时将其作为终止经营处理。

【教材例15-18】企业集团F决定出售其专门从事酒店管理的下属子公司R，酒店管理构成F的一项主要业务。子公司R管理一个酒店集团和一个连锁健身中心。为获取最大收益，F决定允许将酒店集团和连锁健身中心出售给不同买家，但酒店和健身中心的转让是相互关联的，即两者或者均出售，或者均不出售。F于2017年12月6日与企业S就转让连锁健身中心正式签订了协议，假设此时连锁健身中心符合了持有待售类别的划分条件，但酒店集团尚不符合持有待售类别的划分条件。判断酒店集团和连锁健身中心是否构成F的终止经营。

【分析】处置酒店集团和连锁健身中心构成一项相关联的计划，虽然酒店集团和连锁健身中心可能出售给不同买家，但分别属于对一项独立的主要业务进行处置的一项相关联计划的一部分，因此连锁健身中心符合终止经营的定义，酒店集团在未来符合持有待售类别划分条件时也符合终止经营的定义。

## 二、终止经营的列报

企业应当在利润表中分别列示持续经营损益和终止经营损益。下列不符合终止经营定义的持有待售的非流动资产或处置组所产生的相关损益，应当在利润表中作为持续经营损益列报：（一）企业初始计量或在资产负债表日重新计量持有待售的非流动资产或处置组时，因账面价值高于其公允价值减去出售费用后的净额而确认的资产减值损失。（二）后续资产负债表日持有待售的非流动资产或处置组公允价值减去出售费用后的净额增加，因恢复以前减记的金额而转回的资产减值损失。（三）持有待售的非流动资产或处置组的处置损益。

# 第十六章　所有者权益

## 本章思维导图

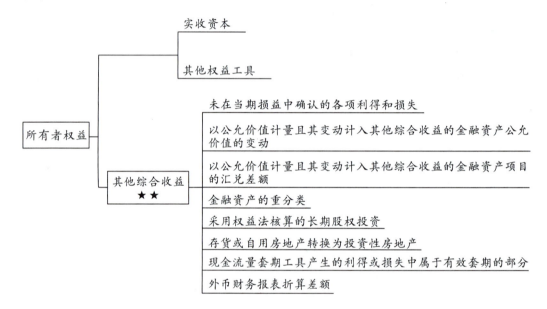

## 本章考情分析

　　本章为不重要章节，预计分值较低，因此不配备习题。建议考生主要关注权益工具与其他综合收益的知识，且无须花费较多时间。

## 本章知识点精讲

 **实收资本**

### 一、实收资本概述

　　股份有限公司，应当设置"股本"科目，除股份有限公司外的其他企业应设置"实收资本"科目，核算投资者投入资本的增减变动情况。该科目的贷方登记实收资本的增加数额，借方登记实收资本的减少数额，期末贷方余额反映企业期末实收资本实有数额。

## 二、实收资本的会计处理

（一）实收资本增加

1. 将资本公积转为实收资本或股本

借：资本公积——资本溢价（或股本溢价）

　　贷：实收资本（或股本）

2. 将盈余公积转为实收资本或股本

借：盈余公积

　　贷：实收资本（或股本）

3. 所有者投入

借：银行存款等

　　贷：实收资本（或股本）

　　　　资本公积——资本溢价（或股本溢价）

4. 股份有限公司发放股票股利

借：利润分配——转作股本的普通股股利

　　贷：股本

5. 可转债持有人行使转换权利

借：应付债券

　　其他权益工具

　　应付利息（尚未支付的应付利息）

　　贷：股本

　　　　资本公积——股本溢价

6、企业将重组债务转为资本

借：应付账款

　　贷：实收资本（或股本）

　　　　资本公积——股本溢价（或股本溢价）

　　　　投资收益

7. 以权益结算的股份支付的行权

借：资本公积——其他资本公积（等待期累计确定的金额）

　　银行存款（企业收到的股票价款）

　　贷：实收资本（或股本）

　　　　资本公积——资本溢价（或股本溢价）

（二）实收资本减少

1. 一般企业减资

借：实收资本

　　贷：银行存款等

2. 股份有限公司采用回购本企业股票减资

（1）回购本公司股票时

借：库存股（实际支付的金额）

　　贷：银行存款

（2）注销库存股时

①回购价格高于回购股票的面值总额时

借：股本（注销股票的面值总额）

　　资本公积——股本溢价（差额先冲减股本溢价）

　　盈余公积（股本溢价不足冲减的，冲减盈余公积）

　　利润分配——未分配利润（股本溢价和盈余公积仍不足冲减的部分）

　　贷：库存股（注销库存股的账面余额）

②回购价格低于回购股票的面值总额时

借：股本（注销股票的面值总额）

　　贷：库存股（注销库存股的账面余额）

　　　　资本公积——股本溢价（差额）

## 知识点2　其他权益工具

一、其他权益工具会计处理的基本原则

金融工具中分类为权益工具的（包括名称中含"债"的），发行企业进行利息支出或股利分配均属于企业的利润分配，其回购、注销等均按照权益的变动处理；金融工具中分类为金融负债的（包括名称中含"股"的），发行企业进行利息支出或股利分配需依据借款费用的原则处理，其回购、赎回等发生的利得或损失均计入当期损益。

发行企业发行金融工具，发生的交易费用（包括手续费、佣金等），对于分类为债务工具并以摊余成本计量的，应当计入其初始计量金额；对于分类为权益工具的，应当从权益中扣除。

二、权益工具与金融负债重分类

（一）权益工具重分类为金融负债

借：其他权益工具——优先股、永续债等（账面价值）

　　贷：应付债券——优先股、永续债等（面值）

　　　　　　　　——优先股、永续债等（利息调整）

　　　　资本公积——资本（股本）溢价（重分类日应付债券公允价值与权益工具账面价值的差额，或在借方）

注：如果资本公积不够冲减，依次冲减盈余公积和未分配利润。

（二）金融负债重分类为权益工具

借：应付债券——优先股、永续债（面值）

　　　　　　——优先股、永续债（利息调整）（利息调整余额，或贷方）

　　贷：其他权益工具——优先股、永续债等（金融负债的账面价值）

三、发行方按合同条款约定赎回所发行的除普通股以外的分类为权益工具的金融工具

（一）回购

借：库存股——其他权益工具

　　贷：银行存款

（二）注销（账面价值）

借：其他权益工具

　　贷：库存股——其他权益工具

　　　　资本公积——资本（股本）溢价（或借方）

## 知识点3　其他综合收益

一、其他综合收益在准则中没有明确的定义，是指企业根据其他会计准则规定未在当期损益中确认的各项利得和损失。包括以后会计期间不能重分类进损益的其他综合收益和以后会计期间满足规定条件时将重分类进损益的其他综合收益两类。利润表净利润，加上其他综合收益，形成综合收益。

二、以后会计期间不能重分类进损益的其他综合收益项目，主要包括重新计量设定受益计划净负债或净资产导致的变动，以及按照权益法核算因被投资单位重新计量设定受益计划净负债或净资产变动导致的权益变动，投资企业按持股比例计算确认的该部分其他综合收益项目。

企业根据新金融工具准则规定将非交易性权益工具投资指定为以公允价值计量且其变动计入其他综合收益的金融资产的，当该金融资产终止确认时，之前计入其他综合收益的累计利得或损失应当从其他综合收益中转出，计入留存收益。

三、以后会计期间满足规定条件时将重分类进损益的其他综合收益项目。

（一）以公允价值计量且其变动计入其他综合收益的金融资产公允价值的变动。

以公允价值计量且其变动计入其他综合收益的金融资产公允价值变动形成的利得，除减值损失和外币货币性金融资产形成的汇兑差额外，会计处理如下：

借：其他权益工具投资——公允价值变动

　　贷：其他综合收益

（二）以公允价值计量且其变动计入其他综合收益的金融资产项目的汇兑差额。

借：其他权益工具投资

　　贷：其他综合收益

（三）金融资产的重分类。

1. 将以公允价值计量且其变动计入其他综合收益的金融资产重分类为采用成本或摊余成本计量的金融资产。

重分类日该项金融资产的公允价值或账面价值作为成本或摊余成本，该项金融资产没有固定到期日的，与该金融资产相关、原直接计入所有者权益的利得或损失，仍应记入"其他综合收益"科目，在该金融资产被处置时转入当期损益。

2. 将以摊余成本计量的金融资产重分类为以公允价值计量且其变动计入其他综合收益的金融资产，并以公允价值进行后续计量。

借：其他权益工具投资（金融资产的公允价值）

债权投资减值准备

贷：债权投资

其他综合收益（差额，或借方）

3. 按规定应当以公允价值计量，但以前公允价值不能可靠计量的以公允价值计量且其变动计入其他综合收益的金融资产，在其公允价值能够可靠计量时改按公允价值计量，将相关账面价值与公允价值之间的差额记入"其他综合收益"科目，在该以公允价值计量且其变动计入其他综合收益的金融资产发生减值或终止确认时转入当期损益。

（四）采用权益法核算的长期股权投资。

被投资单位其他综合收益变动，投资方按持股比例计算应享有的份额。

借：长期股权投资——其他综合收益

贷：其他综合收益

（五）存货或自用房地产转换为投资性房地产。

企业将自用房地产、作为存货的房地产转为采用公允价值模式计量的投资性房地产，其公允价值大于账面价值的，会计处理如下：

借：投资性房地产——成本（转换日的公允价值）

贷：开发产品等

其他综合收益（差额）

（六）现金流量套期工具产生的利得或损失中属于有效套期的部分。

现金流量套期工具利得或损失中属于有效套期部分，直接确认为其他综合收益。

（七）外币财务报表折算差额。

按照外币折算的要求，企业在处置境外经营的当期，将已列入合并财务报表所有者权益的外币报表折算差额中与该境外经营相关部分，自其他综合收益项目转入处置当期损益。如果是部分处置境外经营，应当按处置的比例计算处置部分的外币报表折算差额，转入处置当期损益。

四、权益性交易。

公司由其控股股东代为支付的广告费用、利息费用、欠款等，以及其他具有权益法交易性质的产生的"利得"，应计入所有者权益（资本公积）。

# 第十七章　收入、费用和利润

## 本章思维导图

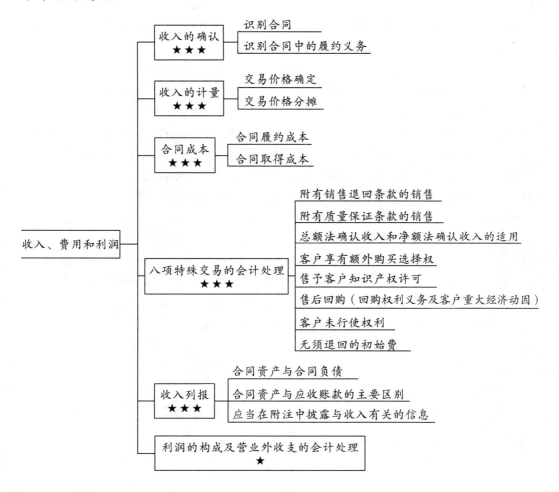

## 本章考情分析

　　本章分值占18～20分。收入准则内容极可能进行主观题的命题。需要注意的是，命题中可能还会涉及简答（预计不低于5分），对新收入准则中的核心概念进行考核，如控制、履约义务、可明确区分商品（或服务）、代理人、时段确认收入的确认条件、可变对价、价格分摊等。

　　利润部分的主要考点包括：资产处置损益、其他收益、其他综合收益对利润的影响、持有待售和终止经营的列报。

综合以上，本章的分值将占到2020年分值比例的10%～15%，为本年非常重要的一章。建议各位做好准备，尤其是做好应对简答性质的知识点的准备。

## 本章知识点精讲

### 知识点1　识别与客户订立的合同

收入的确认主要包括两个阶段：识别与客户订立的合同、识别合同中的单项履约义务。收入的确认主要涉及在何时确认收入，以及确认为一项还是多项收入（指明细）。

一、收入，是指企业在日常活动中形成的、会导致所有者权益增加的、与所有者投入资本无关的经济利益的总流入。

二、客户，是指与企业订立合同以向该企业购买其日常活动产出的商品或服务（以下简称"商品"）并支付对价的一方。基于价格补贴，尽管政府不属于客户，但价格补贴本质上属于企业的收入，也应计入主营业务收入。

三、本准则所称的合同，是指双方或多方之间订立有法律约束力的权利义务的协议。合同有书面形式、口头形式以及其他形式。如租赁是在一定的期间内让渡控制特定资产使用的权利以获取对价的合同。

四、企业应当在履行了合同中的履约义务，即在客户取得相关商品控制权时确认收入。取得相关商品控制权，是指能够主导该商品的使用并从中获得几乎全部的经济利益。

要强调的是，对于广大第三产业（除商品流通企业外），向客户提供的是服务，准则认为，广义上也是商品，只是客户在取得"商品"的同时即进行了消耗并取得了相应的经济利益，如咨询服务、维修服务等。但若客户是陆续取得"商品"并消耗，应视为企业是在一段时间内转移商品控制权，或表达为客户在一段时间内取得商品控制权。牢牢地把握"取得（或转移）商品控制权"的含义，是解决收入确认的关键所在。

在判断客户是否已取得商品控制权时，企业应当考虑下列迹象：

（一）企业就该商品享有现时收款权利，即客户就该商品负有现时付款义务；

（二）企业已将该商品的法定所有权转移给客户，即客户已拥有该商品的法定所有权；

（三）企业已将该商品实物转移给客户，即客户已实物占有该商品；

（四）企业已将该商品所有权上的主要风险和报酬转移给客户，即客户已取得该商品所有权上的主要风险和报酬；

（五）客户已接受该商品；

（六）其他表明客户已取得商品控制权的迹象。

【案例1】2018年1月1日，纯生二锅头酒厂有限公司与经销商A公司签订1 500箱白酒销售合同，单价600元/箱。合同约定：A公司交付定金36万元，纯生二锅头公司收到定金5天后一次性发货。其余款项按月结算，金额为经销商每月实际销售量乘以出售单价，于次月5日支付。若经销商销售不理想，纯生二锅头酒厂有权要求退货并取消A公司经销商资格。

2018年1月2日，A公司支付定金36万元，2018年1月4日，纯生二锅头酒厂向A公司发货，A公司当日收到全部1 500箱白酒并验收入库。

【分析】根据合同条款约定，经销商实际对外销售后方结算货款，纯生二锅头酒厂发货后并不享有现时收款权利，且有要求经销商退货的权利，A公司并未取得商品的控制权，2018年1月4日，纯生二锅头酒厂不应确认收入。

【案例2】2018年4月28日，甲公司与乙公司签订合同，向乙公司销售A产品5 000件，单价为234元/件，当日乙公司交付款项1 170 000元，甲公司开具了增值税专用发票及提货单，但乙公司未提货，也未同甲公司签订代管合同。

【分析】客户未实物占有合同的商品，不能视同商品控制权的转移，甲公司不能确认收入。除非根据合同条款约定，乙公司已实质上控制了该商品，可以无实质性障碍地从该商品上获取几乎全部的经济利益。

【案例3】2019年11月10日，甲公司委托乙公司销售W商品1 000件，W商品已经发出，每件成本为70元。合同约定乙公司应按每件100元对外销售。

甲公司按不含增值税的销售价格的10%向乙公司支付手续费。除非这些商品在乙公司存放期间内由于乙公司的责任发生毁损或丢失，否则在W商品对外销售之前，乙公司没有义务向甲公司支付货款。乙公司不承担包销责任，没有售出的W商品须退回给甲公司，同时，甲公司也有权要求收回W商品或将其销售给其他的客户。

2019年12月，乙公司对外实际销售800件，开出的增值税专用发票上注明的销售价格为80 000元，增值税税额为10 400元，款项已经收到，乙公司立即向甲公司开具代销清单并支付货款。假定甲公司发出W商品时纳税义务尚未发生，手续费增值税税率为6%，不考虑其他因素。

【分析】乙公司虽然实物占有该商品，但未形成对该商品的"控制"，2019年11月10日甲公司委托乙公司代销时不应确认收入。

2019年11月10日发出商品时：

| | | |
|---|---|---|
| 借：发出商品 | | 70 000 |
| 　　贷：库存商品 | | 70 000 |

2019年12月乙公司实际销售并向甲公司开具代销清单、支付货款：

| | | |
|---|---|---|
| 借：应收账款 | | 90 400 |
| 　　贷：主营业务收入 | | 80 000 |
| 　　　　应交税费——应交增值税（销项税额） | | 10 400 |
| 借：主营业务成本 | | 56 000 |
| 　　贷：发出商品 | | 56 000 |
| 借：销售费用 | | 8 000 |
| 　　应交税费——应交增值税（进项税额） | | 480 |
| 　　贷：应收账款 | | 8 480 |
| 借：银行存款 | | 81 920 |
| 　　贷：应收账款 | | 81 920 |

乙公司会计处理：

1. 收到商品

| | | |
|---|---|---|
| 借：受托代销商品 | | 100 000 |
| 　　贷：受托代销商品款 | | 100 000 |

2. 对外销售

| 借：银行存款 | 90 400 |
| --- | --- |
| 　　贷：受托代销商品 | 80 000 |
| 　　　　应交税费——应交增值税（销项税额） | 10 400 |

3. 收到增值税专用发票

| 借：受托代销商品款 | 80 000 |
| --- | --- |
| 　　应交税费——应交增值税（进项税额） | 10 400 |
| 　　贷：应付账款 | 90 400 |

4. 支付货款并计算手续费收入

| 借：应付账款 | 90 400 |
| --- | --- |
| 　　贷：银行存款 | 81 920 |
| 　　　　其他业务收入 | 8 000 |
| 　　　　应交税费——应交增值税（销项税额） | 480 |

【案例4】2019年5月1日，甲公司向乙公司销售一批商品，商品已经发出，乙公司已经预付部分货款，剩余货款由乙公司开出一张商业承兑汇票，销售发票账单已交付乙公司。5月10日，乙公司收到商品后，发现商品质量没有达到合同约定的要求，立即根据合同有关条款与甲公司交涉，要求在价格上给予一定折让，否则要求退货。双方没有就此达成一致意见，甲公司也未采取任何补救措施。

【分析】因商品质量没有达到合同约定的要求，且双方没有就价格折让达成一致意见，甲公司也未采取任何补救措施，表明客户并未"接受该商品"，不能认为商品控制权已发生转移。甲公司不应确认收入。

【案例5】甲公司是一家生物化学制药公司，2018年生产了一种新产品CPA60，据说能明显提高CPA考生的理解能力和记忆能力。承诺凡购买新产品的客户均有一个月的试用期，在试用期内如果对产品使用效果不满意，可无条件退货。该种新产品已交付买方，货款已收讫。

【分析】由于该试用新品可无条件退货，不能表明"客户已接受该商品"，发货时甲公司不应确认收入。

【案例6】丁企业是集芳烃技术研发、生产于一体的高新技术企业，芳烃的原料是石脑油，石脑油按成品油项目在生产环节征收消费税，根据国家有关规定，对使用燃料油、石脑油生产乙烯芳烃的企业购进并用于生产乙烯、芳烃类化工产品的石脑油、燃料油，按实际耗用数量退换所含消费税。

假设丁企业石脑油单价为5 333元/吨（其中，消费税2 105元/吨）。本期将115吨石脑油投入生产，石脑油转换率1.15∶1（即1.15吨石脑油可生产1吨乙烯芳烃），共生产乙烯芳烃100吨，丁企业根据当期产量及所购原料供应商的消费税证明，申请退换相应的消费税，当期应退消费税为100×1.15×2 105＝242 075（元），丁企业在期末结转存货成本和主营业务成本之前，账务处理如下：

| 借：其他应收款 | 242 075 |
| --- | --- |
| 　　贷：生产成本 | 242 075 |

【注释】在本案例中，政府不属于收入准则中的"客户"，但若属于价格补贴（如新能源价格补贴），应计入主营业务收入。企业收入的政府补助用于补偿企业已发生的相关成本费用或损失的，直接计入当期损益或冲减相关成本。

注：企业获得的与经营活动相关的政府补助，也存在总额法、净额法的两种处理。在总额法下，直接贷记"其他收益"；在净额法下，分别冲减生产成本、主营业务成本、管理费用等。

五、当企业与客户之间的合同同时满足下列条件时，企业应当在客户取得相关商品控制权时确认收入：

（一）合同各方已批准该合同并承诺将履行各自义务；

（二）该合同明确了合同各方与所转让商品或提供劳务（以下简称"转让商品"）相关的权利和义务；

（三）该合同有明确的与所转让商品相关的支付条款；

（四）该合同具有商业实质，即履行该合同将改变企业未来现金流量的风险、时间分布或金额；

（五）企业因向客户转让商品而有权取得的对价很可能收回。

在合同开始日即满足以上条件的合同，企业在后续期间无须对其进行重新评估，除非有迹象表明相关事实和情况发生重大变化。合同开始日通常是指合同生效日。

在合同开始日不符合本准则规定的合同，企业应当对其进行持续评估，并在其满足本准则第五条规定时按照该条的规定进行会计处理。企业只有在不再负有向客户转让商品的剩余义务，且已向客户收取的对价无须退回时，才能将已收取的对价确认为收入；否则，应当将已收取的对价作为负债进行会计处理。没有商业实质的非货币性资产交换，不确认收入。

【案例7】甲公司与乙公司签订合同，将一项专利技术授权给乙公司使用，并按其使用情况收取特许权使用费。甲公司评估认为，该合同在合同开始日满足本节合同确认收入的五个条件。该专利技术在合同开始日即授权给乙公司使用。在合同开始日后的第一年内，乙公司每季度向甲公司提供该专利技术的使用情况报告，并在约定的期间内支付特许权使用费。在合同开始日后的第二年内，乙公司继续使用该专利技术，但是乙公司的财务状况下滑，融资能力下降，可用现金不足，因此，乙公司仅按合同支付了当年第一季度的特许权使用费，而后三个季度仅按名义金额付款。在合同开始日后的第三年内，乙公司继续使用甲公司的专利技术，但是，甲公司得知，乙公司已经完全丧失了融资能力，且流失了大部分客户，因此，乙公司的付款能力进一步恶化，信用风险显著升高。

【分析】本例中，该合同在合同开始日满足收入确认的前提条件，因此，甲公司应当在下列两项孰晚的时点确认收入：1. 客户后续销售或使用行为实际发生；2. 企业履行相关履约义务。

合同开始日后的第二年，由于乙公司的信用风险升高，甲公司在确认收入的同时，按照金融资产减值的要求对乙公司的应收款项进行减值测试。合同开始日后的第三年，由于乙公司的财务状况恶化，信用风险显著升高，甲公司对该合同进行了重新评估，认为"企业向客户转让商品而有权取得的对价很可能收回"这一条件不再满足，因此，甲公司不再确认特许权使用费收入，同时对现有应收款项是否发生减值继续进行评估，按金融工具准则规定计提减值损失。

【案例8】甲公司、乙公司分别为经营注册地在北京、深圳的房地产公司，主营商品房的开发、销售。2018年6月1日，双方签订合同：甲公司将位于深圳市的在售商品房小区"花花世界"同乙公司位于北京市的在售商品房小区"泼墨碧翠"进行置换，"花花世界"的公允价值为50亿元，"泼墨碧翠"的公允价值为45亿元，乙公司向甲公司支付补价5亿元。

【分析】尽管以库存商品进行非货币性资产交换应视同销售进行会计处理，但前提是该非货币性资产交换应具有商业实质。该例中，双方交换的资产均为商品房小区，履行该合同不会改变企业未来现金流量的风险、时间分布或金额，因此甲、乙公司均不应确认收入。

六、合同的变更。

合同变更，是指经合同各方批准对原合同范围或价格作出的变更。企业应当区分下列三种情形对合同变更分别进行会计处理。

（一）合同变更增加了可明确区分的商品及合同价款，且新增合同价款反映了新增商品单独售价的，应当将该合同变更部分作为一份单独的合同进行会计处理。

如：原合同标的商品为A商品，新增B商品且价款能反映B商品的单独售价。

（二）合同变更不属于本条（一）规定的情形，且在合同变更日已转让的商品与未转让的商品之间可明确区分的，应当视为原合同终止，同时，将原合同未履约部分与合同变更部分合并为新合同进行会计处理。

如：原合同标的商品为A商品，已发货60%，现合同变更新增B商品300件，但B商品的合同单价仅为B商品单独售价的80%。

（三）合同变更不属于本条（一）规定的情形，且在合同变更日已转让的商品与未转让的商品之间不可明确区分的，应当将该合同变更部分作为原合同的组成部分进行会计处理，由此产生的对已确认收入的影响，应当在合同变更日调整当期收入。

如：原合同标的商品为A商品，已发货60%，现合同变更新增A商品300件，但新增A商品的合同单价仅为A商品单独售价的80%。

表 17-1　合同变更会计处理实例对比

| 案例 | 处理 |
| --- | --- |
| 原合同标的商品为A商品，新增B商品且价款能反映B商品的单独售价 | 将该合同变更部分作为一份单独的合同进行会计处理 |
| 原合同标的商品为A商品，已发货60%，现合同变更新增B商品300件，但B商品的合同单价仅为B商品单独售价的80% | 将原合同未履约部分与合同变更部分合并为新合同进行会计处理 |
| 原合同标的商品为A商品，已发货60%，现合同变更新增A商品300件，但新增A商品的合同单价仅为A商品单独售价的80% | 将该合同变更部分作为原合同的组成部分进行会计处理，由此产生的对已确认收入的影响，应当在合同变更日调整当期收入 |

【例1-单选题】2018年1月1日，深圳纯生财税咨询公司与深联新材料公司签订了为期3年的财税咨询合同，每年咨询费用为12万元。假设2019年年末，合同进行修订：2020年咨询费用降至10万元，同时续约3年，每年费用8万元，于每年年初支付。则纯生财税公司2020年应确认的收入为（　　　）万元。

A. 12　　　　　　B. 10　　　　　　C. 8　　　　　　D. 8.5

【答案】D

学堂点拨

该合同变更应当视为原合同终止，同时，将原合同未履约部分与合同变更部分合并为新合同进行会计处理。2020年应确认的收入＝（10＋8×3）÷4＝8.5（万元），选项D正确。

【案例9】2019年4月1日，甲公司与乙公司签订A产品销售合同，数量100件，单价5 800元/件，合同约定乙公司可分批提货。至2019年6月30日，乙公司已提货70件，该产品市场均价已降至5 650元/件，乙公司同甲公司对原合同进行修订，增加额外产品50件，销售单价为5 650元。

【分析】合同变更增加了可明确区分的商品及合同价款，且新增合同价款反映了新增商品单独售价的，应当将该合同变更部分作为一份单独的合同进行会计处理。甲公司应对原合同的剩余30件产品继续以每件5 800元确认收入，并对新合同中的50件产品按每件5 650元确认收入。

但是，若该合同的变更是因为原合同的产品质量上存在瑕疵，而市场价格并未下降，则新合同的价格应被理解为是对已发货产品质量瑕疵所进行的补偿，对剩余产品（100－70＋50＝80件）的收入确认单价＝（30×5 800＋50×5 800）÷80＝5 800（元/件），由此减少的收入＝50×（5 800－5 650）＝7 500（元），应冲减已确认的收入。

## 知识点2 识别合同中的履约义务

一、履约义务，是指合同中企业向客户转让可明确区分商品的承诺。履约义务定义的意义在于企业应能够适当地识别合同所承诺的商品或服务的计量单元，如实反映企业向客户转让已承诺商品或服务的基础上确认收入。履约义务既包括合同中明确的承诺，也包括由于企业已公开宣布的政策、特定声明或以往的习惯做法等导致合同订立时客户合理预期企业将履行的承诺。

二、单独进行收入确认、计量的商品和服务，至少应当是可明确区分的。这是新收入准则的重大修订之一，它解决了在合同存在多项履约义务时原准则"主要风险报酬是否转移"在界定上过于主观的缺陷。

三、企业向客户承诺的商品同时满足下列条件的，应当作为可明确区分商品：

（一）客户能够从该商品本身或从该商品与其他易于获得资源一起使用中受益；

（二）企业向客户转让该商品的承诺与合同中其他承诺可单独区分。

下列情形通常表明企业向客户转让该商品的承诺与合同中其他承诺不可单独区分：

（一）企业需提供重大的服务以将该商品与合同中承诺的其他商品整合成合同约定的组合产出转让给客户；

（二）该商品将对合同中承诺的其他商品予以重大修改或定制；

（三）该商品与合同中承诺的其他商品具有高度关联性。

四、企业向客户转让一系列实质相同且转让模式相同的、可明确区分商品的承诺，也应当作为单项履约义务。转让模式相同，是指每一项可明确区分商品均满足在某一时段内履行履约义务的条件，且采用相同方法确定其履约进度。

例如：甲建筑公司同某医院签订一项合同，建造住院部大楼、花园、活动室项目，每个项目均有明确的单独售价及相关履约条款规定，且双方约定该三个项目均采用以实际发生成本占预算总成本的比例确定履约进度，并按每季度履约进度支付对应款项的90%，预留10%的质保金，待工程完工验收后1年内支付。

【案例10】2018年3月20日，甲公司向乙公司销售一部电梯，电梯已经运抵乙公司，发票账单已经交付，同时收到部分货款。合同约定，甲公司应负责该电梯的安装工作，在安装工作结束并经乙公司验收合格后，乙公司应立即支付剩余货款。电梯安装尚未进行，预计2018年4月初开始安装，4月底竣工。甲公司是否应在2018年3月20日确认收入？

【分析】电梯的安装服务属于"易于获得的资源"，即使合同未约定甲公司负责该电梯的安装工作，乙公司也很容易找到其他的电梯安装公司进行安装。该合同的两项履约义务属于可明确区分的单项履约义务，应分别进行收入的确认。2018年3月20日，电梯已经运抵乙公司，发票账单已经交付，同时收到部分货款，甲公司应确认电梯的销售收入。

【案例11】2018年1月1日，用户之友财务软件公司与纯生公司签订合同，向纯生公司销售钻石版财务软件，价款150 000元，合同约定：用户之友财务软件公司向纯生公司转让该软件许可证、实施安装并提供在两年内的软件更新和技术支持，服务价款另计。

【分析】纯生公司取得该软件许可证后，能够单独使用，或将从该商品与其他易于获得资源一起使用中受益。同时，安装服务是常规性的，不会显著影响客户使用该财务软件以及从中获益的能力，也不存在其"对合同中承诺的其他商品予以重大修改或定制"，软件和服务之间不会产生重大影响，并非"与合同中承诺的其他商品具有高度关联性"。

综合以上，软件的销售与安装、更新、技术支持为四项单项履约义务，软件的销售应于满足商品控制权转移条件时一次性确认收入，而各项服务应视合同条款约定分别按时点或时段确认收入。

【例2-计算分析题】2018年1月15日，乙建筑公司和客户签订了一项总额为10 000万元的固定造价合同，在客户自有土地上建造了一幢办公楼，预计合同总成本为7 000万元。假定该建造服务属于在某一时段内履行的履约义务，并根据累计发生的合同成本占合同预计总成本的比例确定履约进度，假设截至2018年年末，乙公司累计已发生成本4 200万元。

2019年年初，合同双方同意更改该办公楼屋顶的设计，合同价格和预计总成本因此而分别增加200万元和120万元。

要求：

1. 计算乙公司2018年履约进度以及应确认的收入。

2. 分析2019年年初合同的变更应如何进行会计处理。

【答案】1. 2018年履约进度为60%（4 200/7 000）。乙公司在2018年应确认收入6 000万元（10 000×60%）。

2. 由于合同变更后拟提供的剩余服务与在合同变更日或之前已提供的服务不可明确区分（即该合同仍为单项履约义务），因此，乙公司应当将合同变更作为原合同的组成部分进行会计处理。合同变更后的交易价格为10 200万元（10 000+200），乙公司重新估计的履约进度为58.99%［4 200/（7 000+120）］，乙公司在合同变更日应额外确认收入16.98万元（58.99%×10 200－6 000）。

**知识点3** 时段确认收入还是时点确认收入

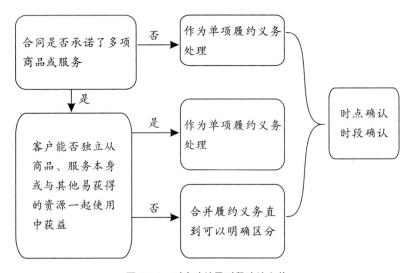

图17-1　时点确认及时段确认之前

如上图所示，在我们完成了合同的识别及履约义务的识别之后，下一步就要确定各单项履约义务是在某一时段内履行还是在某一时点履行，然后，在履行了各单项履约义务时分别确认收入。企业会计准则采用"非此即彼"的方法，先确认属于在某一时段内履行的履约义务，凡不属于在某一时段内履行的履约义务，即属于在某一时点履行的履约义务。

一、满足下列条件之一的，属于在某一时段内履行的履约义务；否则，属于在某一时点履行的履约义务：

（一）客户在企业履约的同时即取得并消耗企业履约所带来的经济利益；

（二）客户能够控制企业履约过程中在建的商品；

（三）企业履约过程中所产出的商品具有不可替代用途，且该企业在整个合同期间内有权就累计至今已完成的履约部分收取款项。

【解析】（一）如财税咨询服务，企业在向客户提供咨询的同时，客户即可以取得并消耗企业履约所带来的经济利益。

（二）如建筑工程公司承接一条高速路的修建，在建筑工程公司动工修建时，客户已能够控制该在建的高速路。

（三）如某航空技术公司同政府签订一项建造专用卫星的合同，双方就合同履约进度按技术要求有明确的约定，并按每月进度支付款项。该合同的商品"专用卫星"具有不可替代用途，同时根据合同约定航空技术公司有权就累计至今已完成的履约部分收取款项。

企业履约过程中所产出的商品用于其他途径将会发生重大损失，或返工成本，或因区域问题转移而受到限制等情形下，一般认为企业履约过程中所产出的商品具有不可替代用途。

注：也许您会说第三条并不能认为客户取得了"商品控制权"，但是，客户有义务就企业的履约进度无条件付款的事实表明了客户已获得企业履约所提供的利益，符合"控制"的概念。

二、企业可通过以下迹象判断是否属于在某一时段内履行的履约义务：

（一）可以轻易观察的客户消耗利益（如咨询服务），若不可轻易观察，可观察向客户履行剩余的履约义务时，是否需重复执行迄今为止已完成的工作（如运输劳务）；

（二）企业的履约创造或改良了企业在创造或改良时客户已控制的资产（如在建工程）；

（三）企业若将资产用于其他用途，成本或损失将是重大的；

（四）若企业未违约，有权向客户收取履约部分的价款。

【案例12】2018年11月26日，甲会计师事务所有限公司（以下简称甲公司）与乙公司签订合同，针对乙公司的实际情况和面临的具体问题，为改进其业务流程和内部控制提供咨询服务，并出具专业的咨询意见，甲公司预计需4个月左右完成此项工作。

双方约定，甲公司仅需要向乙公司提交最终的咨询意见，而无须提交任何其在工作过程中编制的工作底稿和其他相关资料；合同价款为80万元，在整个合同期间内，如果乙公司单方面终止合同，乙公司需要向甲公司支付违约金，违约金的金额等于甲公司已发生的成本加上60%的毛利率，这毛利率与甲公司在类似合同中能够赚取的毛利率大致相同。

【分析】由于业务流程咨询服务针对乙公司的实际情况和面临的具体问题，符合"商品具有不可替代用途"。

如果乙公司单方面终止合同，乙公司需要向甲公司支付违约金，违约金的金额等于甲公司已发生的成本加上60%的毛利率，这毛利率与甲公司在类似合同中能够赚取的毛利率大致相同，即相当于价款。这表明甲公司"在整个合同期间内有权就累计至今已完成的履约部分收取款项"。

所以，甲公司为乙公司提供的业务流程咨询服务属于在某一时段内履行的履约义务，应在每个期间确定履约进度并确认收入。

**【案例13】**甲公司是一家造船企业，与乙公司签订了一份船舶建造合同，按照乙公司的具体要求设计和建造船舶。甲公司在自己的厂区内完成该船舶的建造，乙公司无法控制在建过程中的船舶。

甲公司如果想把该船舶出售给其他客户，需要发生重大的改造成本。双方约定，如果乙公司单方面解约，乙公司需向甲公司支付相当于合同总价30%的违约金，且建造中的船舶归甲公司所有。假定该合同仅包含一项履约义务，即设计和建造船舶。

**【分析】**船舶是按照乙公司的具体要求进行设计和建造的，甲公司需要发生重大的改造成本将该船舶改造之后才能将其出售给其他客户，表明"该商品具有不可替代用途"。但是，如果乙公司单方面解约，乙公司需向甲公司支付相当于合同总价30%的违约金，不符合"在整个合同期间内有权就累计至今已完成的履约部分收取款项"。

甲公司为乙公司设计和建造船舶不属于在某一时段内履行的履约义务，应在乙公司取得船舶控制权的时点确认收入。

三、对于在某一时点履行的履约义务，企业应当在客户取得相关商品控制权时点确认收入。在判断客户是否已取得商品控制权时，企业应当考虑下列迹象：

（一）企业就该商品享有现时收款权利，即客户就该商品负有现时付款义务；

（二）企业已将该商品的法定所有权转移给客户，即客户已拥有该商品的法定所有权；

（三）企业已将该商品实物转移给客户，即客户已实物占有该商品；

（四）企业已将该商品所有权上的主要风险和报酬转移给客户，即客户已取得该商品所有权上的主要风险和报酬；

（五）客户已接受该商品；

（六）其他表明客户已取得商品控制权的迹象。

需要强调的是，即使是属于在某一时点履行的履约义务，也并非是按收款时间，也不是按发货时间、发票开具时间等确认收入，而是在客户取得相关商品控制权时点确认收入。应根据以上迹象判断客户实质上取得商品控制权的时点。

四、履约进度的确定。

对于在某一时段内履行的履约义务，企业应当在该段时间内按照履约进度确认收入，但是，履约进度不能合理确定的除外。企业应当考虑商品的性质，采用产出法或投入法确定恰当的履约进度。其中，产出法是根据已转移给客户的商品对于客户的价值确定履约进度；投入法是根据企业为履行履约义务的投入确定履约进度。对于类似情况下的类似履约义务，企业应当采用相同的方法确定履约进度。

当履约进度不能合理确定时，企业已经发生的成本预计能够得到补偿的，应当按照已经发生的成本金额确认收入，直到履约进度能够合理确定为止。

表 17-2　履约进度测算方法

| | 产出法 | 投入法 |
|---|---|---|
| 依据 | 测量、评估已实现的结果；已达到的里程碑；流逝的时间；已生产或交付的单位 | 消耗的资源；花费的工时；机器运转工时；发生的成本；流逝的时间 |
| 缺点 | 履约进度往往不易直接观察 | 已发生的成本与履约进度不一定成比例 |

【案例14】2017年1月15日，乙建筑公司和客户签订了一项总额为1 000万元的固定造价合同，在客户自有土地上建造了一幢办公楼，预计合同总成本为700万元。假定该建造服务属于在某一时段内履行的履约义务，并根据累计发生的合同成本占合同预计总成本的比例确定履约进度。

截至2017年年末，乙公司累计已发生成本420万元，履约进度为60%（420/700）。因此，乙公司在2017年确认收入600万元（1 000×60%）。

2018年年初，合同双方同意更改该办公楼屋顶的设计，合同价格和预计总成本因此而分别增加200万元和120万元。

【分析】在本例中，由于合同变更后拟提供的剩余服务与在合同变更日或之前已提供的服务不可明确区分（即该合同仍为单项履约义务），因此，乙公司应当将合同变更作为原合同的组成部分进行会计处理。合同变更后的交易价格为1 200万元（1 000+200），乙公司重新估计的履约进度为51.2%［420/（700+120）］，乙公司在合同变更日应额外确认收入14.4万元（51.2%×1 200−600）。

【例3-计算分析题】2018年4月5日，深实装修公司与纯生大哥酒店签订一项装修7层建筑并安装新电梯（也由深实公司销售）的合同，合同总对价为800万元。深实公司预计总成本为700万元，其中电梯成本100万元（预计将于2018年8月安装）。纯生大哥酒店当日将电梯运至酒店，经检测符合相关标准及合同要求。合同签订当日，装修工程开工，至2018年6月30日，深实公司已发生的装修成本为180万元。

要求：计算深实公司2018年第二季度应确认的收入。

【答案】该合同履约进度应采用投入法（已发生成本法）进行。

不包括电梯的总成本＝700−100＝600（万元）

第二季度累计履约进度＝180÷600＝30%

2018年第二季度应确认的收入＝100+（800−100）×30%＝310（万元）

2018年第二季度应确认的成本＝100+180＝280（万元）

注：第一，在电梯安装之前确认合同层面的毛利可能会高估计收入，故电梯收入按电梯成本确认。第二，电梯的成本相对于整个安装成本并未作出贡献，计算履约进度时不应考虑电梯成本。

【案例15】甲建筑公司与客户签订了一项总金额为1 200万元的建造合同。第一年实际发生工程成本500万元，双方均能履行合同规定的义务，但建筑公司在年末时对该项工程的履约进度无法可靠确定。预计客户能够履行合同，企业已经发生的成本预计能够得到补偿。

【分析】履约进度不能合理确定时，企业已经发生的成本预计能够得到补偿的，应当按照已经发生的成本金额确认收入，直到履约进度能够合理确定为止。

借：主营业务成本　　　　　　　　　　　　　　　　　　　　　500

　　贷：主营业务收入　　　　　　　　　　　　　　　　　　　500

【例4-计算分析题】甲建筑公司签订了一项总金额为270万元的固定造价合同，合同履约进度按照累计实际发生的合同成本占合同预计总成本的比例确定。工程已于2018年2月开工，预计2020年9月完工。最初预计的工程总成本为250万元，到2018年年底，由于材料价格上涨等因素调整了预计总成本，预计工程总成本为260万元。合同约定若提前完成了建造合同，工程质量优良，客户同意支付奖励款30万元。甲公司认为提前完工的可能性为70%。止于2018年年末，甲公司发生成本78万元（假设原材料和人工各占50%），双方约定按履约进度支付工程款，2018年2月预收工程款50万元。

要求：

1. 假设甲公司对业绩奖励采用最可能发生金额来估计可变对价的最佳估计数，计算包含可变对价的交易价格。

2. 计算2018年履约进度，并计算2018年应确认的收入。

3. 编制有关会计分录（单位：万元；假设甲公司合同履约成本通过"合同履约成本"科目核算）。

【答案】1. 包含可变对价的交易价格＝270＋30＝300（万元）

2. 2018年履约进度＝78÷260＝30%

2018年应确认的收入＝300×30%＝90（万元）

3. 有关会计分录

借：合同履约成本               78

  贷：原材料               39

    应付职工薪酬            39

借：银行存款                50

  贷：合同负债              50

借：应收账款                40

  合同负债               50

  贷：主营业务收入             90

借：主营业务成本              78

  贷：合同履约成本             78

【例5-计算分析题】2020年1月1日，鲁班建筑公司（后文简称鲁班公司）与乙公司签订一项大型厂房建造工程合同，根据合同约定，该工程的造价为12 000万元，工程期限为1年半，鲁班公司负责工程的施工及全面管理，乙公司按照第三方工程监理公司确认的工程完工量，每半年与鲁班公司结算一次，预计2021年6月30日竣工，预计可能发生的总成本为8 000万元。假定该建造工程整体构成单项履约义务，鲁班公司采用成本法确定履约进度，增值税税率为9%，不考虑其他相关因素。2020年6月30日，工程累计实际发生成本3 000万元，鲁班公司与乙公司结算合同价款5 000万元，鲁班公司实际收到价款4 000万元。2020年12月31日，工程累计实际发生成本6 000万元，鲁班公司与乙公司结算合同价款2 200万元，鲁班公司实际收到价款2 000万元；2021年6月30日，工程累计实际发生成本8 200万元，乙公司与鲁班公司结算了合同竣工价款4 800万元，并支付剩余工程款6 000万元。假定：（1）鲁班公司与乙公司均为增值税一般纳税人，于计算时发生增值税纳税义务，上述价款均不含增值税税额，乙公司在实际支付工程价款的同时支付其对应的增值税税款；（2）鲁班公司实际发生成本中，60%为原材料成本，40%为人工成本。

**要求：**

1．编制鲁班公司2020年1月1日至6月30日实际发生工程成本的会计分录。

2．计算鲁班公司2020年6月30日的履约进度、应确认的合同收入，并编制确认收入、结转成本、计算合同价款即收取的会计分录，说明"合同结算"科目的余额如何在资产负债表中列示。

3．编制鲁班公司2020年7月1日至12月31日实际发生工程成本的会计分录。

4．计算鲁班公司2020年12月31日的履约进度、应确认的合同收入、并编制确认收入、结转成本、结算合同价款即收款的会计分录，说明"合同结算"科目余额以及如何在资产负债表中列示。

5．编制鲁班公司2021年1月1日至6月30日实际发生工程成本的会计分录。

6．计算鲁班公司2021年6月30日的履约进度、应确认的合同收入，并编制确认收入、结转成本、计算合同价款即收取的会计分录。

【答案】1．借：合同履约成本　　　　　　　　　　　　　　　　　3 000

　　　　　　贷：原材料　　　　　　　　　　　　　　　　　　　　1 800

　　　　　　　　应付职工薪酬　　　　　　　　　　　　　　　　　1 200

2．2020年6月30日履约进度＝3 000/8 000＝37.5%，应确认的合同收入＝12 000×37.5%＝4 500（万元），会计分录：

　　借：合同结算——收入结转　　　　　　　　　　　　　　　　4 500

　　　　贷：主营业务收入　　　　　　　　　　　　　　　　　　　4 500

　　借：主营业务成本　　　　　　　　　　　　　　　　　　　　3 000

　　　　贷：合同履约成本　　　　　　　　　　　　　　　　　　　3 000

　　借：应收账款　　　　　　　　　　　　　　　　　　　　　　5 450

　　　　贷：合同结算——价款结算　　　　　　　　　　　　　　　5 000

　　　　　　应交税费——应交增值税（销项税额）　　　　　　　　450

　　借：银行存款　　　　　　　　　　　　　　　　　　　　　　4 360

　　　　贷：应收账款　　　　　　　　　　　　　　　　4 360（4 000×1.09）

"合同结算"科目为贷方余额＝5 000－4 500＝500（万元），由于该部分金额将在一年内清算，反映在资产负债表"合同负债"项目中。

3．借：合同履约成本　　　　　　　　　　　　　　　　　　　　3 000

　　　　贷：原材料　　　　　　　　　　　　　　　　　　　　　　1 800

　　　　　　应付职工薪酬　　　　　　　　　　　　　　　　　　　1 200

4．2020年12月30日履约进度＝6 000/8 000＝75%，应确认的合同收入＝12 000×75%－4 500＝4 500（万元）。会计分录：

　　借：合同结算——收入结转　　　　　　　　　　　　　　　　4 500

　　　　贷：主营业务收入　　　　　　　　　　　　　　　　　　　4 500

　　借：主营业务成本　　　　　　　　　　　　　　　　　　　　3 000

　　　　贷：合同履约成本　　　　　　　　　　　　　　　　　　　3 000

　　借：应收账款　　　　　　　　　　　　　　　　　　　　　　2 398

　　　　贷：合同结算——价款结算　　　　　　　　　　　　　　　2 200

　　　　　　应交税费——应交增值税（销项税额）　　　　　　　　198

借：银行存款             2 180

  贷：应收账款        2 180（2 000×1.09）

"合同结算"科目借方余额＝4 500－2 200－500＝1 800（万元），由于该部分金额在一年内结算，反映在资产负债表"合同资产"项目中。

5. 2021年1月1日至6月30日实际发生工程成本＝8 200－3 000－3 000＝2 200（万元）会计分录：

借：合同履约成本          2 200

  贷：原材料          1 320

    应付职工薪酬      880

6. 借：合同结算——收入结转      3 000

  贷：主营业务收入       3 000

借：主营业务成本         2 200

  贷：合同履约成本       2 200

借：应收账款           5 232

  贷：合同结算——价款结算     4 800

    应交税费——应交增值税（销项） 432

借：银行存款           6 540

  贷：应收账款      6 540（6 000×1.09）

## 知识点4 收入计量——交易价格确定

以上知识点解决了收入的确认问题，下面进入收入的计量。

交易价格，是指企业因向客户转让商品而预期有权收取的对价金额。企业代第三方收取的款项以及企业预期将退还给客户的款项，应当作为负债进行会计处理，不计入交易价格。

合同一般都有明确的固定金额交易价格，但是，当交易金额是可变对价时、合同具有重大融资成分时、合同存在应付客户对价时、合同存在非现金对价时，交易价格并不明显。

一、企业应当根据合同条款，并结合其以往的习惯做法确定交易价格。在确定交易价格时，企业应当考虑可变对价、合同中存在的重大融资成分、非现金对价、应付客户对价等因素的影响。

二、可变对价是指对价金额可能因折扣、退款、返利、积分、价格折让、绩效奖金、罚款而改变，如果企业获取对价的权利以某一未来事件的发生或不发生为条件，已承诺的对价也可能改变。例如：附带退货权的产品销售、提前完工将收取的固定金额业绩奖金。

根据事实与情况的不同，企业应当以期望值或最可能发生金额来估计可变对价的最佳估计数，但包含可变对价的交易价格，应当不超过在相关不确定性消除时累计已确认收入极可能不会发生重大转回的金额。企业在评估累计已确认收入是否极可能不会发生重大转回时，应当同时考虑收入转回的可能性及其比重。

每一资产负债表日，企业应当重新估计应计入交易价格的可变对价金额。

【案例16】甲公司主营A产品的生产、销售，A产品单独售价为100元/件，其向客户承诺：自2018年1月起，凡1年内购买量超过2万件，价格按90元/件结算。

到2018年3月31日，主要客户A公司共购买3 000件，预计全年购买量不会达到2万件；主要客户B公司共购买6 000件，预计全年购买量会达到2.3万件。

【分析】甲公司2018年第一季度应确认的销售收入＝3 000×100＋6 000×90＝840 000（元）。

【案例17】甲客运公司积极挖潜，为充分利用闲置客车，于2018年5月1日同远大前程教育公司签订了为期1年的接送员工上下班的合同，合同价款120万元，其中30万元为可变奖金。奖金根据准点率等指标计算。根据经验，甲公司获得奖金的各种可能性如表所示：

| 概率 | 奖金额 |
| --- | --- |
| 60% | 10万元 |
| 30% | 20万元 |
| 10% | 30万元 |

若采用期望值法：

可变对价的最佳估计数＝60%×10＋30%×20＋10%×30＝15（万元）

甲公司2018年应确认的收入＝（90＋15）×8÷12＝70（万元）

若采用最可能金额法：

可变对价的最佳估计数＝10（万元）

甲公司2018年应确认的收入＝（90＋10）×8÷12＝66.67（万元）

注：由于该合同中甲公司承担在某一时段内履行的履约义务，企业应当在该段时间内按照履约进度确认收入。

【案例18】2020年1月1日，甲公司与乙公司签订合同，为其提供电力能源节约设备。甲公司向乙公司仅提供设备购置安装，不参与乙公司电力能源供应的运营和管理，不提供其他服务，但是需要根据法定要求提供质量保证，该合同仅包含一项履约义务。在设备安装完成投入运营后，乙公司向甲公司支付固定价款，总金额为5 000万元（等于甲公司对于设备生产安装的实际成本），5 000万元固定价款付清后，设备所有权移交给乙公司。在设备投入运营后的4年内，乙公司于每年结束后，按电力能源实际节约费用的20%支付给甲公司，甲公司预计乙公司使用该设备未来的4年内累计可节电8 000万元。假定不考虑其他因素。

2020年1月1日，甲公司收到乙公司支付的节能设备款5 000万元；2020年12月31日，甲公司收到乙公司支付的按实际节电费用1 500万元的20%计算的款项300万元。

【分析】本例中，该合同的对价金额由两部分组成，即5 000万元的固定价格以及在4年内按乙公司电力能源实际节约费用20%计算的可变对价。对于固定价格，甲公司应当将5 000万元直接计入交易价格。对于可变对价，甲公司应当按照期望值或最可能发生金额确定该可变对价的最佳估计数，计入交易价格的可变对价金额还应该满足准则规定的限制条件（即包含可变对价的交易价格，应当不超过在相关不确定性消除时，累计已确认的收入极可能不会发生重大转回的金额）。为此，甲公司需要根据电力能源节约设备相关合同约定、项目可行性报告、乙公司的供电运营与管理历史情况、建设项目的最佳供电能力等因素，综合分析评估项目在合同约定的未来4年内预计电力能源节约成本，据此确定可变对价的最佳估计数，同时，计入交易价格的可变对价金额还应该满足准则规定的限制条件，并在不确定性消除之前的每一资产负债表日重新评估该可变对价的金额。会计分录：

2020年1月1日：

借：银行存款              5 000

  长期应收款           1 600

  贷：主营业务收入         6 600

2020年12月31日：

借：银行存款              300

  贷：长期应收款          300

**【例6-计算分析题】**甲公司为一家大型设备制造商，2018年9月1日，甲公司与乙公司签订合同，向其销售A产品和B产品。A产品和B产品均为可明确区分商品，其单独售价相同，均为500万元，且均属于在某一时点履行的履约义务。合同约定，A产品和B产品分别于2018年11月1日和2019年3月31日交付给乙公司。

合同约定的对价包括1 000万元的固定对价和估计金额为200万元的可变对价。甲公司认为将200万元的可变对价计入交易价格，累计确认的收入将极可能不会发生重大转回，满足将可变对价金额计入交易价格的限制条件。假定上述价格均不包含增值税。

2018年12月1日，双方对合同范围进行了变更，乙公司向甲公司额外采购C产品，合同价格增加300万元，合同约定C产品将于2019年4月30日交付给乙公司。C产品与A、B两种产品可明确区分，但该增加的价格不反映C产品的单独售价。C产品的单独售价与B产品相同，也为500万元。

2018年12月31日，企业预计有权收取的可变对价的估计金额由200万元变更为240万元，该金额符合计入交易价格的条件。因此，合同的交易价格增加了40万元，且甲公司认为该增加与合同变更前已承诺的可变对价相关。

假定，上述三种产品的控制权均随产品交付而转移给乙公司。

要求：

1. 计算A、B产品价格分摊后的交易价格，计算2018年11月1日甲公司应确认的收入金额。

2. 甲公司应如何识别2018年12月1日该合同的变更？分别计算A产品、B产品、C产品应确认的收入。

**【答案】**1. 在合同开始日，该合同包含两个单项履约义务，甲公司应当将估计的交易价格分摊至这两项履约义务。由于两种产品的单独售价相同，且可变对价不符合分摊至其中一项履约义务的条件，因此，甲公司将交易价格1 200万元平均分摊至A产品和B产品，即A产品和B产品各自分摊的交易价格均为600万元。

2018年11月1日，当A产品交付给客户时，甲公司相应确认收入600万元。

借：应收账款             600

  贷：主营业务收入——A产品      600

2. 新增商品C与原合同商品能够明确区分，但由于C产品交易价格不能反映单独售价，该合同变更应当作为原合同终止，并将原合同的未履约部分与合同变更部分合并为新合同进行会计处理。在该新合同下，合同的交易价格为900万元（600＋300），由于B产品和C产品的单独售价相同，分摊至B产品和C产品的交易价格的金额均为450万元。

2018年12月31日，甲公司重新估计可变对价，增加了交易价格40万元。由于该增加与合同变更前已承诺的可变对价相关，因此应首先将该增加分给A产品和B产品，即各分摊20万元。

借：应收账款 20

　　贷：主营业务收入 20

由于原未履约的部分应与合同的变更进行合并视为一项新的合同，故分摊给B产品的可变对价20万元应在B产品和C产品中进行二次分摊，各自分摊10万元。经过上述分摊后，B产品和C产品的交易价格金额均为460万元（450＋10）。因此，甲公司分别在B产品和C产品控制权转移时确认收入460万元。

2019年3月31日：

借：应收账款 460

　　贷：主营业务收入——B产品 460

2019年4月30日：

借：应收账款 460

　　贷：主营业务收入——C产品 460

综合以上，甲公司应于2018年11月1日确认A产品收入600万元；应于2018年12月31日确认对A产品收入的调整增加20万元；应于2019年3月31日确认B产品收入460万元；应于2019年4月30日确认C产品收入460万元。合计1 540万元。

三、合同中存在重大融资成分的，企业应当按照假定客户在取得商品控制权时即以现金支付的应付金额确定交易价格。该交易价格与合同对价之间的差额，应当在合同期间内采用实际利率法摊销。

合同开始日，企业预计客户取得商品控制权与客户支付价款间隔不超过一年的，可以不考虑合同中存在的重大融资成分。

【注意】在某些交易中企业向客户转让商品或服务的时间与收款的时间间隔可能较长，而导致该时间间隔的主要原因是国家有关部门需要履行相关的审批程序，且该时间间隔是履行上述程序所需经历的必要时间，其性质并非是提供融资利益，这种情况下，可认为交易价格不构成重大融资成分。如，企业从事新能源汽车的生产与销售，作为新能源汽车销售对价组成部分的新能源汽车补贴款的收取时间与企业销售新能源汽车并确认收入的时间间隔可能超过一年，新能源汽车补贴款不存在重大融资成分。

【案例19】2020年1月1日，华北重工公司同陕西织布局签订分期收款的设备购销合同，陕西织布局向华北重工购买大型设备一台，相同产品的市场均价为497.38万元（不含增值税）。合同约定分3年付款，每年年末支付款项200万元。2020年1月1日，该设备已发出并经检测、验收符合合同约定质量要求。本题不考虑增值税因素，假设不考虑纳税差异，双方约定的利率为10%。〔注：（P/A，10%，3）＝2.486 9〕

2020年1月1日：

华北重工公司应确认的收入＝200×（P/A，10%，3）＝497.38（万元）

借：长期应收款 600

　　贷：主营业务收入 497.38

　　　　未实现融资收益 102.62

2020年12月31日：

借：未实现融资收益         49.74（497.38×10%）

  贷：财务费用               49.74

**【例7-计算分析题】**2020年1月1日，A公司将一新产品销售给B公司，成本为80万元，市场售价为100万元。双方约定，B公司可于2年内付款，付款额为121万元，并且前3个月可无条件退货。A公司没有任何相关联的产品退货历史证据或任何其他可获取的市场证据。当日，B公司收到了A公司的发货并验收。4月1日前，B公司没有退货。假设该交易的内含利率为10%。

要求：

1. A公司可否于2020年1月1日商品发出时确认收入，并说明理由。

2. 编制有关会计分录（单位：万元）。

**【答案】**1. A公司不应于将商品的控制转移给B公司时确认收入。因为A公司无法得出已确认的累计收入金额可能不会发生重大转回的结论。应在3个月后退货权失效时确认收入。

2. 2020年1月1日：

借：应收退货成本           80

  贷：库存商品              80

2020年4月1日：

借：长期应收款           121

  贷：主营业务收入           100

    未实现融资收益          21

借：主营业务成本           80

  贷：应收退货成本           80

2020年12月31日：

借：未实现融资收益          10

  贷：财务费用（利息收入）         10

**【例8-计算分析题】**2018年1月1日，华北重工公司同陕西织布局签订设备定制合同，设备制造期为两年。华北重工公司提供两种付款方案：1. 两年后陕西织布局取得该设备的控制时支付500万元；2. 现在支付400万元。陕西织布局选择了第二方案。

该交易的内含利率为11.8%，华北重工公司增量借款利率为6%。

要求：进行华北重工公司相关会计处理（单位：万元）。

**【分析】**合同中存在重大融资成分的，企业应当按照假定客户在取得商品控制权时即以现金支付的应付金额确定交易价格。该交易价格与合同对价之间的差额，应当在合同期间内采用实际利率法摊销。

1. 2018年1月1日：

借：银行存款            400

  贷：合同负债             400

2. 2018年12月31日：

借：财务费用            24

  贷：合同负债             24

3．2019年12月31日：

借：财务费用      25.4

    贷：合同负债      25.4

4．2020年1月1日：

借：合同负债      449.4

    贷：主营业务收入      449.4

四、企业应付客户（或向客户购买本企业商品的第三方，本条下同）对价的，应当将该应付对价冲减交易价格，并在确认相关收入与支付（或承诺支付）客户对价二者孰晚的时点冲减当期收入，但应付客户对价是为了向客户取得其他可明确区分商品的除外。

企业应付客户对价是为了向客户取得其他可明确区分商品的，应当采用与本企业其他采购相一致的方式确认所购买的商品。

企业应付客户对价超过向客户取得可明确区分商品公允价值的，超过金额应当冲减交易价格。

向客户取得的可明确区分商品公允价值不能合理估计的，企业应当将应付客户对价全额冲减交易价格。

五、客户支付非现金对价的，企业应当按照非现金对价的公允价值确定交易价格。非现金对价的公允价值不能合理估计的，企业应当参照其承诺向客户转让商品的单独售价间接确定交易价格。非现金对价的公允价值因对价形式以外的原因而发生变动的，应当作为可变对价。

单独售价，是指企业向客户单独销售商品的价格。

【案例20】2020年1月18日，万马公司同糖糖食品公司签订产品购销合同，万马公司向糖糖食品公司销售商品一批，市场均价为34.56万元。糖糖食品公司以公允价值为30万元的商品作为支付对价，万马公司将该批食品用于市场营销活动的馈赠及研发活动。

借：销售费用      30

    应交税费——应交增值税（进项税额）      3.9

    贷：主营业务收入      30

        应交税费——应交增值税（销项税额）      3.9

【提示】客户支付非现金对价的，企业应当按照非现金对价的公允价值确定交易价格。另外，用于市场营销活动及研发活动取得的货物，不通过存货核算。

【案例21】2018 年1月18日，万马公司同小王子服装公司签订产品购销合同，万马公司向小王子服装公司销售商品一批，价格为100万元。万马公司合同承诺，将于2个月内以15万元的价格购买小王子服装公司的工服30套，每套公允价值6 000元。本题不考虑税费。

借：银行存款      100

    贷：主营业务收入      97

        合同负债      3

    （公允价值为18万，支付对价为15万，抵减收入3万）

应付客户对价包括向客户支付的现金或授予的奖励积分等，如礼品券、折扣券、批量回扣、货架展位付款等。向客户或向客户购买本企业商品的第三方支付（或预计将支付）的对价应冲减交易价格，除非该付款是为了向客户取得其他可明显区分的商品或服务。

【案例22】深圳家家乐百货于2018年元月推出顾客购货赠送购物券的促销活动。规定在2018年1

月1日至1月31日期间购物每满300元（含税）奖励金额为100元的购物券，可在1年内在本超市兑换任何商品。2018年1月销售额5 000万元（不含税销售额），共发出购物券1 500万元，根据经验估计，将有80%的顾客会运用购物券进行消费。

2018年2月，销售额为4 060万元，其中包括使用购物券消费的金额为580万元。

2018年1月（假设不考虑增值税）：

借：银行存款                     5 000

  贷：主营业务收入               4 032

    合同负债               968

1 500×80%＝1 200（万元）

5 000×（5 000÷6 200）＝4 032（万元）

5 000×（1 200÷6 200）＝968（万元）

2018年2月：

借：银行存款                     3 000

  贷：主营业务收入               3 000

借：合同负债                     500

  贷：主营业务收入               500

2018年12月31日，假设逾期失效的购物券为100万元：

借：合同负债                     100

  贷：主营业务收入               100

## 知识点5　收入计量——交易价格分摊

一、合同中包含两项或多项履约义务的，企业应当在合同开始日，按照各单项履约义务所承诺商品的单独售价的相对比例，将交易价格分摊至各单项履约义务。单独售价，是指企业向客户单独销售商品的价格。

企业不得因合同开始日之后单独售价的变动而重新分摊交易价格。

二、企业在类似环境下向类似客户单独销售商品的价格，应作为确定该商品单独售价的最佳证据。单独售价无法直接观察的，企业应当综合考虑其能够合理取得的全部相关信息，采用市场调整法、成本加成法、余值法等方法合理估计单独售价。在估计单独售价时，企业应当最大限度地采用可观察的输入值，并对类似的情况采用一致的估计方法。

市场调整法，是指企业根据某商品或类似商品的市场售价考虑本企业的成本和毛利等进行适当调整后，确定其单独售价的方法。

成本加成法，是指企业根据某商品的预计成本加上其合理毛利后的价格，确定其单独售价的方法。

余值法，是指企业根据合同交易价格减去合同中其他商品可观察的单独售价后的余值，确定某商品单独售价的方法。企业在商品近期售价波动幅度巨大，或者因未定价且未曾单独销售而使售价无法可靠确定时，可采用余值法估计其单独售价。

三、合同折扣，是指合同中各单项履约义务所承诺商品的单独售价之和高于合同交易价格的金额。

对于合同折扣，企业应当在各单项履约义务之间按比例分摊。

有确凿证据表明合同折扣仅与合同中一项或多项（而非全部）履约义务相关的，企业应当将该合同折扣分摊至相关一项或多项履约义务。

合同折扣仅与合同中一项或多项（而非全部）履约义务相关，且企业采用余值法估计单独售价的，应当首先按照前款规定在该一项或多项（而非全部）履约义务之间分摊合同折扣，然后采用余值法估计单独售价。

【案例23】甲公司为通讯服务运营企业。2019年1月发生的有关交易或事项如下：董事会批准了管理层提出的客户忠诚度计划。具体为：客户在甲公司消费价值满100元的通话服务时，甲公司将在下月向其免费提供价值10元的通话服务。2019年1月，客户消费了价值10 000万元的通话服务（假定均符合下月享受免费通话服务的条件），甲公司已收到相关款项。

甲公司取得10 000万元的收入，应当在当月提供服务和下月需要提供的免费服务之间按其公允价值的相对比例进行分配。

借：银行存款 10 000
　　贷：主营业务收入 9 090.91（10 000×10 000÷11 000）
　　　　合同负债 909.09（1 000×10 000÷11 000）

【例9-计算分析题】甲公司2020年10月1日与客户签订合同，向其销售X、Y、Z三种产品，合同总价款为270万元，合同约定，只有甲公司将这三种产品全部交付给客户，才能收取合同总价款，这三种产品构成三项履约义务，企业经常以100万元单独出售X产品，其单独售价可直接观察；甲公司于合同签订日即将X产品交付给该客户，当日该客户即取得X产品控制权，Y产品和Z产品的单独售价不可直接观察，企业采用市场调整法估计的Y产品单独售价为50万元，采用成本加成法估计Z产品单独售价为为150万元，甲公司通常将Y产品和Z产品组合在一起以170万元的价格销售，甲公司2021年3月10日将Y产品和Z产品交付给该客户，该客户当日即取得Y产品和Z产品的控制权，甲公司于2021年6月30日收取合同总价款，假设：（1）不考虑增值税及其他相关税费，（2）X、Y、Z产品的生产成本分别为80万元、40万元和100万元。

要求：

1. 计算甲公司该项合同的合同折扣金额。

2. 简要说明合同折扣的分摊方法并分别计算X、Y、Z产品应分摊的交易价格分别为多少。

【答案】1. 合同折扣，是指合同中各单项履约义务所承诺商品的单独售价之和高于合同交易价格的金额，本题的合同折扣＝（100＋200）－270＝30（万元）

2. 由于甲公司经常将Y产品和Z产品组合在一起以170万元的价格出售，该价格与其单独售价之和（200万元）的差额为30万元，与该合同的整体折扣一致，而X产品单独销售的价格与其单独售价一致，证明该合同的整体折扣仅应归属于Y产品和Z产品，因此，分摊至X产品交易价格＝X产品的单独售价＝100（万元）；Y产品应分摊的交易价格＝42.5（万元）（50÷200×170），Z产品应分摊的交易价格＝127.5（万元）（150÷200×170）

收入确认、计量的总结：

1. 首先要做的是识别合同，判断合同是否已经管理当局批准并签订、是否有明确的履约义务条款、合同是否具有商业实质、合同对价是否很可能收回等。

2. 识别了合同后，进而需要识别合同中的履约义务，判断合同是否涉及多项履约义务，若涉及多项履约义务，应判断该多项履约义务是否可明确区分。另外，识别了单项履约义务后，需要判断履约义务是在某一时段内履行还是在某一时点履行。

3. 从收入的计量角度，需要确认交易价格。可变对价、合同存在重大融资成分……都影响了不可直接以合同对价进行收入的计量。

4. 若合同涉及多项履约义务，并且不可明确区分，或即使可明确区别，但存在捆绑销售，则需要进行价格分摊。

5. 涉及合同资产、合同负债的情形。

## 知识点6 特定交易的会计处理

### 一、附有销售退回条款的销售

对于附有销售退回条款的销售，企业应当在客户取得相关商品控制权时：

（一）按照因向客户转让商品而预期有权收取的对价金额（即不包含预期因销售退回将退还的金额）确认收入；

（二）按照预期因销售退回将退还的金额确认负债；

（三）同时，按照预期将退回商品转让时的账面价值，扣除收回该商品预计发生的成本（包括退回商品的价值减损）后的余额，确认为一项资产；

（四）按照所转让商品转让时的账面价值，扣除上述资产成本的净额结转成本。

【例10-计算分析题】甲公司是一家健身器材销售公司，2020年11月1日，甲公司向乙公司销售6 000件健身器材，单位销售价格为600元，单位成本500元，开出的增值税专用发票上注明的销售价格为360万元，增值税额为46.8万元。健身器材已经发出，但款项尚未收到。根据协议约定，乙公司应于2020年12月31日之前支付货款，在2021年3月31日之前有权退还健身器材。甲公司根据过去的经验，估计该批健身器材的退货率约为20%。在2020年12月31日，甲公司对退货率进行了重新评估，认为只有10%的健身器材会被退回。甲公司为增值税一般纳税人，健身器材发出时纳税义务已经发生，实际发生退回时取得税务机关开具的红字增值税专用发票。假定健身器材发出时控制权转移给乙公司。

要求：编制有关会计分录（单位：万元）。

【答案】

1. 2020年11月1日发出健身器材时：

| | | |
|---|---|---|
| 借：应收账款 | 406.8 | |
| 贷：主营业务收入 | | 288 |
| 预计负债——应付退货款 | | 72 |
| 应交税费——应交增值税（销项税额） | | 46.8 |
| 借：主营业务成本 | 240 | |
| 应收退货成本 | 60 | |
| 贷：库存商品 | | 300 |

2. 2020年12月31日收到货款时：

借：银行存款　　　　　　　　　　　　　　　　　　　　　406.8

　　贷：应收账款　　　　　　　　　　　　　　　　　　　　406.8

3. 2020年12月31日，甲公司对退货率进行重新评估：

借：预计负债——应付退货款　　　　　　　　　　　　　　36

　　贷：主营业务收入　　　　　　　　　　　　　　　　　　36

借：主营业务成本　　　　　　　　　　　　　　　　　　　30

　　贷：应收退货成本　　　　　　　　　　　　　　　　　　30

4. 2021年3月31日发生销售退回，实际退货量为480件，退货款项已经支付。

借：库存商品　　　　　　　　　　　　　　　　　　　　　24

　　应交税费——应交增值税（销项税额）　　　　　　　　3.744

　　预计负债——应付退货款　　　　　　　　　　　　　　36

　　贷：应收退货成本　　　　　　　　　　　　　　　　　　24

　　　　主营业务收入　　　　　　　　　　　　　　　　　　7.2

　　　　银行存款　　　　　　　　　　　　　　　　　　　　32.544

借：主营业务成本　　　　　　　　　　　　　　　　　　　6

　　贷：应收退货成本　　　　　　　　　　　　　　　　　　6

或者，分录可以分开写成：

借：库存商品　　　　　　　　　　　　　　　　　　　　　24

　　主营业务成本　　　　　　　　　　　　　　　　　　　6

　　贷：应收退货成本　　　　　　　　　　　　　　　　　　30

借：预计负债——应付退货款　　　　　　　　　　　　　　36

　　应交税费——应交增值税（销项税额）　　　　　　　　3.744（28.8×13%）

　　贷：主营业务收入　　　　　　　　　　　　　　　　　　7.2

　　　　银行存款　　　　　　　　　　　　　　　　　　　　32.544

【学堂提示】该知识点是考试命题热点。

## 二、附有质量保证条款的销售

对于附有质量保证条款的销售，企业应当评估该质量保证是否在向客户保证所销售商品符合既定标准之外提供了一项单独的服务。

企业提供额外服务的，应当作为单项履约义务，按照本准则规定进行会计处理；否则，质量保证责任应当按照《企业会计准则第13号——或有事项》规定进行会计处理。

在评估质量保证是否在向客户保证所销售商品符合既定标准之外提供了一项单独的服务时，企业应当考虑该质量保证是否为法定要求、质量保证期限以及企业承诺履行义务的性质等因素。客户能够选择单独购买质量保证的，该质量保证构成单项履约义务。

【解析】质量保证分为服务性质的质保和保证性质的质保：

（一）若客户可选择单独购买质保，即质保是单独定价或议定的，视为一项履约义务，即视同为服务性质的质保。公司提供的质保是所销售商品符合既定标准之外提供的额外服务，应确定单独售价，并进行价格分摊。

（二）如果客户不具有单独购买质保的选择权，则按《企业会计准则第13号——或有事项》规定进行会计处理，即视同为保证性质的质保。公司提供的质保是所销售商品不符合既定标准时提供的无偿维修，应确认预计负债。

【案例24】2018年12月25日，甲公司与丙公司签订合同，甲公司以2 000万元的价格向丙公司销售市场价格为2 200万元、成本为1 600万元的通讯设备一套。作为与该设备销售合同相关的一揽子合同的一部分，甲公司同时还与丙公司签订通讯设备维护合同，约定甲公司将在未来10年内为丙公司的该套通讯设备提供维护服务，每年收取固定维护费用200万元。类似维护服务的市场价格为每年180万元。销售的通讯设备已发出，价款至年末尚未收到。

【分析】通讯设备维护，属于在向客户保证所销售商品符合既定标准之外提供了一项单独的服务时，企业应当考虑该质量保证是否为法定要求、质量保证期限以及企业承诺履行义务的性质等因素。客户能够选择单独购买质量保证的，该质量保证构成单项履约义务。

提供一项单独的服务，且客户可以选择单独购买该项服务，所以构成单项履约义务。由于该服务不能反映其单独售价，应进行价格分摊，通讯设备应确认收入＝2 000×［2 200÷（2 200＋200）］＝1 833.33（万元），确认负债为1 666.67万元。

### 三、主要责任人与代理人

（一）企业应当根据其在向客户转让商品前是否拥有对该商品的控制权，来判断其从事交易时的身份是主要责任人还是代理人。企业在向客户转让商品前能够控制该商品的，该企业为主要责任人，应当按照已收或应收对价总额确认收入；否则，该企业为代理人，应当按照预期有权收取的佣金或手续费的金额确认收入，该金额应当按照已收或应收对价总额扣除应支付给其他相关方的价款后的净额，或者按照既定的佣金金额或比例等确定。

主要责任人与代理人的区分，决定了收入的确认是总额法还是净额法。

（二）企业向客户转让商品前能够控制该商品的情形包括：

1. 企业自第三方取得商品或其他资产控制权后，再转让给客户；

2. 企业能够主导第三方代表本企业向客户提供服务；

3. 企业自第三方取得商品控制权后，通过提供重大的服务将该商品与其他商品整合成某组合产出转让给客户。

在具体判断向客户转让商品前是否拥有对该商品的控制权时，企业不应仅局限于合同的法律形式，而应当综合考虑所有相关事实和情况，这些事实和情况包括：

1. 企业承担向客户转让商品的主要责任；

2. 企业在转让商品之前或之后承担了该商品的存货风险；

3. 企业有权自主决定所交易商品的价格；

4. 其他相关事实和情况。

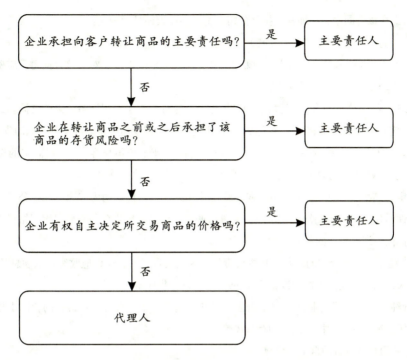

图 17-2　主要责任人还是代理人

【提示】即使有独立定价权，若不能对商品或服务拥有控制权，则依然是代理人。

【例11-分析题】2018年1月1日，深圳商礼服务中介公司与招商银行某分行签订了一项提供办公维护服务的1年期合同，包括办公电脑、复印机、空调等日常维护。商礼公司和招商银行明确并同意了提供服务的范围，协商确定了价格，年费用240万元。商礼按照协商确定的价格给客户开具发票并提供了10天付款期。与银行签订合同之后，同时与服务提供商签订合同，主导服务提供商为其客户提供服务，约定年费为160万元。商礼与服务提供商合同中的付款期同企业与客户合同中的付款期一致。但是，即使客户不付款，企业也有义务付款给服务提供商。

要求：

1. 在该合同中，商礼服务中介公司是主要责任人还是代理人？

2. 对收入的计量应采用总额还是净额？

【答案】1. 在与客户签订合同之后，但在这些服务提供给客户之前，商礼公司获得办公维护服务的控制权；商礼公司与服务提供商签订的合约条款使得企业有能力主导服务提供商代表企业提供特定的服务，主要负责履行提供办公维护服务的履约义务。企业有为客户提供服务的定价权。因此商礼为主要责任人。

2. 应按预期向客户获取的对价总额确认收入。

【例12-分析题】2018年1月1日，深圳知联招聘股份有限公司与深圳一家大型工业企业（甲公司）签订了一项代理招聘服务合同，年标的120万元。深圳知联公司负责对应聘者进行面试及背景核查。潜在应聘者信息由光环大数据公司提供，甲公司直接与数据库提供商签订合同，费用30万元。深圳知联公司代表光环大数据公司收取款项，并作为给客户开具发票金额的一部分。数据库提供商制定了向客户提供许可收取的价格，并且负责提供技术支持和因服务故障或者其他技术问题使客户有权获得的价格抵减。

要求：1. 在该合同中，深圳知联招聘公司是主要责任人还是代理人？

2. 对收入的计量应采用总额还是净额？

【答案】深圳知联公司在此合同中，既是主要责任人又是代理人，对于该合同每月应确认的收入为7.5万元（90÷12＝7.5）。（采用净额法）

【案例25】 纯生公司与客户C公司于2018年5月1日签订了一份专用设备的采购合同。纯生公司和客户C公司商定设备的具体规格，与供应商B公司沟通来制造该专用设备。纯生公司同时安排供应商B公司直接向客户C公司交付设备。在向客户交付设备前，纯生公司与客户C公司商定的设备卖价为1 234万元，与供应商B公司商定的买价为999万元。

合同约定，纯生公司向客户C公司收取货款，并开具发票，付款期为30天。纯生公司根据供应商提供的保证性质保，就设备的缺陷要求供应商进行调整，但是，纯生公司需要对因规格错误导致的设备调整承担责任。纯生公司的利润为卖价与买价的差额。

【分析】纯生公司对合同的履行承担主要责任，为主要责任人，应以应收客户款项总额1 234万元确认销售收入，以向供应商支付的设备价款999万元确认销售成本。理由：

1. 尽管纯生公司将设备制造分包了出去，但其对确保设备符合与客户订立的合同中指定的规格承担最终责任，纯生公司承担了设备的存货风险。

2. 纯生公司具有设备的自主定价权。

假设2018年7月1日供应商B公司向C公司交付设备，C公司当日验收合格，款项未收付。

纯生公司当日会计处理如下：

借：应收账款    1 234

    贷：主营业务收入    1 234

借：主营业务成本    999

    贷：应付账款    999

## 四、附有客户额外购买选择权的销售

对于附有客户额外购买选择权的销售，企业应当评估该选择权是否向客户提供了一项重大权利。企业提供重大权利的，应当作为单项履约义务，按照规定将交易价格分摊至该履约义务，在客户未来行使购买选择权取得相关商品控制权时，或者该选择权失效时，确认相应的收入。客户额外购买选择权的单独售价无法直接观察的，企业应当综合考虑客户行使和不行使该选择权所能获得的折扣的差异、客户行使该选择权的可能性等全部相关信息后，予以合理估计。

【案例26】 深圳家家乐百货于2018年元月推出顾客购货赠送购物券的促销活动。规定在2018年1月1日至1月31日期间购物每满300元，赠送含税奖励金额为100元的购物券，可在1年内在本超市兑换任何商品。2018年1月销售额4 000万元，共发出购物券1 000万元，根据经验估计，将有80%的顾客会使用购物券进行消费。假设不考虑增值税。

2018 年1月：

借：银行存款    4 000

    贷：主营业务收入    3 200［4 000×4 000÷（4 000+1 000）］

        合同负债    800

【案例27】2020年1月1日，甲公司董事会批准了管理层提出的客户忠诚度计划。该客户忠诚度计划为：持积分卡的客户在甲公司消费一定金额时，甲公司向其授予奖励积分，客户可以使用奖励积分（每一奖励积分的公允价值为0.10元）购买甲公司经营的任何一种商品；奖励积分自授予之日起3年内有效，过期作废。假设2020年度甲公司销售各类商品共计50 000万元（不包括客户使用奖励积分购买的商品），授予客户奖励积分共计50 000万分，甲公司预计有80%的顾客会享受该奖励积分进行消费。假设客户均选择从2021年起享受积分，不考虑增值税及其他因素。

【分析】甲公司的客户忠诚度计划向客户提供了重大权利的选择权，甲公司就该客户选择权承担了另一项履约义务，应分别确认收入。奖励积分履约义务的价值＝50 000×0.1×80%＝4 000（万元），2020年应确认的商品销售收入＝50 000×[50 000÷（50 000＋4 000）]＝46 296.30（万元），同时确认负债3 703.7万元。会计分录：

借：银行存款　　　　　　　　　　　　　　　　　　　　　　　　　　　　　50 000

　　贷：主营业务收入　　　　　　　　　　　　　　　　　　　　　　　　　46 296.30

　　　　合同负债　　　　　　　　　　　　　　　　　　　　　　　　　　　3 703.70

需要注意的是，企业向购买其商品的客户授予奖励积分，客户可以选择使用该奖励积分兑换该企业或其他方销售的商品。客户选择兑换其他方销售的商品时，企业承担向其他方支付相关商品价款的义务。企业授予客户的奖励积分向其提供了一项额外购买选择权，且构成重大权利时，应当作为一项单独的履约义务。企业需要将销售商品收取的价款在销售商品和奖励积分之间按照单独售价的相对比例进行分摊。客户选择使用奖励积分兑换其他方销售的商品时，企业虽然承担了向其他方交付现金的义务，但由于该义务产生于客户购买商品并取得奖励积分的行为，适用收入准则进行会计处理。企业收到的合同价款中，分摊至奖励积分的部分（无论客户未来选择兑换该企业或其他方的商品），应当先确认为合同负债；等到客户选择兑换其他方销售的商品时，企业的积分兑换义务解除，此时公司应将有义务支付给其他方的款项从合同负债重分类为金融负债。

## 五、向客户授予知识产权许可

企业向客户授予知识产权许可，包括向客户转让软件及技术、版权、特许经营权、专利权等。

（一）企业向客户授予知识产权许可的，应当评估该知识产权许可是否构成单项履约义务，构成单项履约义务的，应当进一步确定其是在某一时段内履行还是在某一时点履行。

若企业向客户授予许可的性质是向客户提供获取知识产权的权利，则其存在于整个许可的有效期内，属于在某一时段内履行履约义务。比如某知名球队在欧洲冠军杯期间授予运动服装经营商冠名权。

若企业向客户授予许可的性质是向客户提供使用知识产权的权利，则其存在于授予许可的时点，属于在某一时点履行履约义务。比如向客户销售自动化生产软件。

（二）企业向客户授予知识产权许可，同时满足下列条件时，应当作为在某一时段内履行的履约义务确认相关收入：

1. 合同要求或客户能够合理预期企业将从事对该项知识产权有重大影响的活动；

2. 该活动对客户将产生有利或不利影响；

3. 该活动不会导致向客户转让某项商品。

所谓"重大影响活动"，是指：（1）此类活动预期将显著改变知识产权的形式（如设计和内容）

和功能；（2）客户从知识产权中获益的能力很大程度上源自或依赖此类活动（如品牌产生的利益）。

反之，若知识产权具有重大单独功能，企业实施的活动不会对客户从该知识产权中获益的能力产生重大影响。如财务软件、企业内控管理系统软件、药物配方、制作成的电影等媒体内容，应视为是企业提供给客户知识产权的使用权，存在于授予的时点，企业应当作为在某一时点履行的履约义务确认相关收入。

从"商品控制权"角度分析，若客户并非在某一时点取得了对知识产权的控制，即知识产权处于动态变化中，此时客户并未一次性取得该资产几乎所有的剩余经济利益，企业应当作为在某一时段内履行的履约义务确认相关收入。

（三）企业向客户授予知识产权许可，并约定按客户实际销售或使用情况收取特许权使用费的，应当在下列两项孰晚的时点确认收入：

1. 客户后续销售或使用行为实际发生；

2. 企业履行相关履约义务。

【案例28】银蝶财务软件公司于2020年1月1日同乙公司签订财务管理软件合同，价款为24万元，合同约定银蝶公司可提供一年期的免费软件维护、更新服务，从第二年起若需提供服务，按市场价每年18 000元收取软件维护、更新服务费用。当日，乙公司支付合同价款24万元。

【分析】1. 该合同涉及多项履约义务，即软件销售与软件维护、更新服务。客户可以单独从软件的使用中获益，此两项履约义务的商品属于可明确区别的商品，应分别确认收入。

2. 财务软件"具有重大单独功能"，企业实施的活动（更新、维护）不会对客户从该知识产权中获益的能力产生重大影响。银蝶公司向客户授予软件许可的性质是向客户提供使用知识产权的权利，其存在于授予许可的时点，属于在某一时点履行履约义务。银蝶公司应在2020年1月1日一次性确认软件销售收入，按12个月分期确认维护、更新收入。

3. 合同中包含两项或多项履约义务的，企业应当在合同开始日，按照各单项履约义务所承诺商品的单独售价的相对比例，将交易价格分摊至各单项履约义务。本合同中，软件的单独售价为24万元，软件维护、更新服务的单独售价为18 000元，软件应分摊的收入为223 255.81（240 000×240 000÷258 000）元。

2020年1月1日会计分录：

借：银行存款　　　　　　　　　　　　　　　　　　　　　240 000
　　贷：主营业务收入　　　　　　　　　　　　　　　　　　223 255.81
　　　　合同负债　　　　　　　　　　　　　　　　　　　　16 744.19

2020年1—12月，每月确认维护、更新收入：

借：合同负债　　　　　　　　　　　　　1 395.35（16 744.19÷12）
　　贷：主营业务收入　　　　　　　　　　　　　　　　　　1 395.35

## 六、售后回购

售后回购，是指企业销售商品的同时承诺或有权选择日后再将该商品（包括相同或几乎相同的商品，或以该商品作为组成部分的商品）购回的销售方式。

对于售后回购交易，企业应当区分下列两种情形分别进行会计处理：

（一）企业因存在与客户的远期安排而负有回购义务或企业享有回购权利的，表明客户在销售时点并未取得相关商品控制权，企业应当作为租赁交易或融资交易进行相应的会计处理。

其中，回购价格低于原售价的，应当视为租赁交易，按照《企业会计准则第21号——租赁》的相关规定进行会计处理。

回购价格不低于原售价的，应当视为融资交易，在收到客户款项时确认金融负债，并将该款项和回购价格的差额在回购期间内确认为利息费用等。企业到期未行使回购权利的，应当在该回购权利到期时终止确认金融负债，同时确认收入。

（二）企业负有应客户要求回购商品义务的，应当在合同开始日评估客户是否具有行使该要求权的重大经济动因。客户具有行使该要求权重大经济动因的，企业应当将售后回购作为租赁交易或融资交易，按照本条（一）规定进行会计处理；否则，企业应当将其作为附有销售退回条款的销售交易处理。

表 17-3 售后回购的几类情况

| 负有回购义务或享有回购权利 | 回购价格低于原售价（＜） | 按租赁交易处理 |
|---|---|---|
| | 回购价格不低于原售价（≥） | 按融资交易处理 |
| 负有应客户要求回购商品义务 | 客户具有要求回购重大经济动因 | 按租赁交易处理 或按融资交易处理 |
| | 客户不具有要求回购重大经济动因 | 视同附有销售退回条款的销售交易处理 |

【案例29】2020年5月1日，甲公司向乙公司销售一批商品，开出的增值税专用发票上注明的销售价款为100万元，增值税税额为13万元。该批商品成本为80万元；商品并未发出，款项已经收到。协议约定，甲公司应于9月30日将所售商品购回，回购价为110万元（不含增值税额）。

【分析】企业因存在与客户的远期安排而负有回购义务或企业享有回购权利的，表明客户在销售时点并未取得相关商品控制权。由于回购价格110万元不低于原售价100万元，应当视为融资交易，在收到客户款项时确认金融负债，并将该款项和回购价格的差额在回购期间内确认为利息费用等。企业到期未行使回购权利的，应当在该回购权利到期时终止确认金融负债，同时确认收入。

甲公司的账务处理如下（单位：万元）：

2020年5月1日：

借：银行存款 113

　　贷：其他应付款 100

　　　　应交税费——应交增值税（销项税额） 13

2020年5月31日（每月计提应付利息）：

借：财务费用 2

　　贷：其他应付款 2

2020年9月30日回购商品时，收到的增值税专用发票上注明的商品价格为110万元，增值税税额为14.3万元，款项已经支付。

借：财务费用 2

　　贷：其他应付款 2

借：其他应付款 110

　　应交税费——应交增值税（进项税额） 14.3

　　贷：银行存款 124.3

【案例30】2020年1月1日，柳州重工设备股份有限公司（以下简称柳州重工）同陕西织布局签订一项合同，以货币资金1 600万元的价格向陕西织布局销售织布生产线，柳州重工的生产成本为1 280万元。合同约定，柳州重工有义务于5年后以1 200万元/1 900万元价格回购该生产线。

【分析】

1. 若合同约定回购价为1 200万元，则视同柳州重工将设备出租给陕西织布局使用5年，5年后陕西织布局一次性支付租金400万元。陕西织布局在销售时点未取得商品控制权，柳州重工和陕西织布局均应将该交易视为租赁交易进行会计处理。假设不考虑货币时间价值。

借：发出商品　　　　　　　　　　　　　　　　　　　　　1 280
　　贷：库存商品　　　　　　　　　　　　　　　　　　　　　1 280
借：银行存款　　　　　　　　　　　　　　　　　　　　　1 600
　　贷：长期应付款　　　　　　　　　　　　　　　　　　　　1 200
　　　　递延收益——租金收入　　　　　　　　　　　　　　　　400

每年摊销时，

借：递延收益——租金收入　　　　　　　　　　　　　　　　80
　　贷：其他业务收入/租赁收入　　　　　　　　　　　　　　　80

2. 若合同约定回购价为1 900万元，则视同柳州重工将设备进行抵押进行融资，5年后陕西织布局一次性支付利息300万元。陕西织布局在销售时点未取得商品控制权，柳州重工和陕西织布局均应将该交易视为融资交易进行会计处理。假设不考虑货币时间价值。

借：发出商品　　　　　　　　　　　　　　　　　　　　　1280
　　贷：库存商品　　　　　　　　　　　　　　　　　　　　　1280
借：银行存款　　　　　　　　　　　　　　　　　　　　　1600
　　贷：长期应付款　　　　　　　　　　　　　　　　　　　　1600

每年计提利息时，

借：财务费用　　　　　　　　　　　　　　　　　　　　　60
　　贷：长期应付款　　　　　　　　　　　　　　　　　　　　60

## 七、客户未行使权利

企业向客户预收销售商品款项的，应当首先将该款项确认为负债（合同负债），待履行了相关履约义务时再转为收入。当企业预收款项无须退回，且客户可能会放弃其全部或部分合同权利时，企业预期将有权获得与客户所放弃的合同权利相关的金额的，应当按照客户行使合同权利的模式按比例将上述金额确认为收入；否则，企业只有在客户要求其履行剩余履约义务的可能性极低时，才能将上述负债的相关余额转为收入。企业在确定其是否预期将有权获得与客户所放弃的合同权利相关的金额时，应当考虑将估计的可变对价计入交易价格的限制要求。

如果有相关法律规定，企业所收取的与客户未行使权利相关的款项须转交给其他方的（例如，法律规定无人认领的财产须上交政府），企业不应将其确认为收入。

【案例31】梦琪公司经营大型连锁KTV。2×20年，梦琪公司向客户销售了5 000张储值卡，每张卡的面值为200元，总额为1 000 000元。客户可在梦琪公司经营的任何一家门店使用该储值卡进行消费。根据历史经验，梦琪公司预期客户购买的储值卡中将有大约相当于储值卡面值金额5%（即50 000元）的部分不会被消费。截至2×20年12月31日，客户使用该储值卡消费的金额为400 000元。梦琪公司为增值税一般纳税人，适用的增值税税率为6%，在客户使用该储值卡消费时发生增值税纳税义务。

本例中，梦琪公司预期将有权获得与客户未行使的合同权利相关的金额为50 000元，该金额应当按照客户行使合同权利的模式按比例确认为收入。因此，梦琪公司在2×20年销售的储值卡应当确认的收入金额为397 219元[（400 000+50 000×400 000÷950 000）÷（1+6%）]，应确认增值税销项税额=400 000÷（1+6%）×6%=22 642（元）。

梦琪公司的账务处理为：

（1）销售储值卡：

借：银行存款      1 000 000

  贷：合同负债      943 396 [ 1 000 000÷（1+6%）]

    应交税费——待转销项税额      56 604

（2）根据储值卡的消费金额确认收入，同时将对应的待转销项税额确认为销项税额：

借：合同负债      397 219

  应交税费——待转销项税额      22 642

  贷：主营业务收入      397 219

    应交税费——应交增值税（销项税额）      22 642

## 八、向客户收取的无须退回的初始费

企业在合同开始（或接近合同开始）日向客户收取的无须退回的初始费（如俱乐部的入会费等）应当计入交易价格。

企业应当评估该初始费是否与向客户转让已承诺的商品相关。

该初始费与向客户转让已承诺的商品相关，并且该商品构成单项履约义务的，企业应当在转让该商品时，按照分摊至该商品的交易价格确认收入。

该初始费与向客户转让已承诺的商品相关，但该商品不构成单项履约义务的，企业应当在包含该商品的单项履约义务履行时，按照分摊至该单项履约义务的交易价格确认收入。

该初始费与向客户转让已承诺的商品不相关的，该初始费应当作为未来将转让商品的预收款，在未来转让该商品时确认为收入。

企业收取了无须退回的初始费且为履行合同应开展初始活动，但这些活动本身并没有向客户转让已承诺的商品的，该初始费与未来将转让的已承诺商品相关，应当在未来转让该商品时确认为收入，企业在确定履约进度时不应考虑这些初始活动；企业为该初始活动发生的支出应当确认为一项资产或计入当期损益。

【案例32】深圳会计学堂网校投资一家健康水会，专门为学员提供有偿健康水疗服务。享受每次健康水疗服务的消费单价为180元，会员卡30 000元，办理会员卡的消费者每次消费可享受4折价格，收取的会员卡费用不予返还，但可终身享受4折优惠。

【分析】企业收取的不可返还的会员费用，相当于企业向客户收取的预付款。客户若不办理会员卡，便不能享受4折优惠的重大权利，该初始费与向客户转让已承诺的商品相关，并且该商品构成单项履约义务，企业应当在转让该商品（服务）时，按照分摊至该商品的交易价格确认收入。

## 知识点7  合同成本

一、企业为履行合同发生的成本，不属于其他企业会计准则规范范围且同时满足下列条件的，应当作为合同履约成本确认为一项资产：

（一）该成本与一份当前或预期取得的合同直接相关，包括直接人工、直接材料、制造费用（或类似费用）、明确由客户承担的成本以及仅因该合同而发生的其他成本；

（二）该成本增加了企业未来用于履行履约义务的资源；

（三）该成本预期能够收回。

对于提供劳务（服务）的第三产业企业（如建筑安装业、运输业、广告设计制作业等）来说，因其产出不形成存货（库存商品），应通过"合同履约成本"进行核算，并按收入的确认方式结转成本，会计分录如下：

借：合同履约成本

    贷：原材料/应付职工薪酬/银行存款等

确认收入的同时结转成本，会计分录为：

借：主营业务成本

    贷：合同履约成本

"合同履约成本"的期末余额与"合同履约成本减值准备"相抵后的差额在资产负债表中"存货"项目中列示。

二、企业为取得合同发生的增量成本预期能够收回的，应当作为合同取得成本确认为一项资产；但是，该资产摊销期限不超过一年的，可以在发生时计入当期损益。

增量成本，是指企业不取得合同就不会发生的成本（如销售佣金等）。

企业为取得合同发生的、除预期能够收回的增量成本之外的其他支出（如无论是否取得合同均会发生的差旅费等），应当在发生时计入当期损益，但是，明确由客户承担的除外。

【案例33】甲公司为饮水机生产商，2018年4月应付销售人员薪酬为50万元，基本工资35万元，销售佣金10万元，奖金5万元。

【分析】借：销售费用                                   40

           合同取得成本                           10

            贷：应付职工薪酬                      50

三、与合同成本有关的资产，其账面价值高于下列两项的差额的，超出部分应当计提减值准备，并确认为资产减值损失：

（一）企业因转让与该资产相关的商品预期能够取得的剩余对价；

（二）为转让该相关商品估计将要发生的成本。

以前期间减值的因素之后发生变化，使得前款（一）减（二）的差额高于该资产账面价值的，应当转回原已计提的资产减值准备，并计入当期损益，但转回后的资产账面价值不应超过假定不计提减值准备情况下该资产在转回日的账面价值。

四、在确定与合同成本有关的资产的减值损失时，企业应当首先对按照其他相关企业会计准则确认的、与合同有关的其他资产确定减值损失；然后，按照本准则第三十条规定确定与合同成本有关的资产的减值损失。企业按照《企业会计准则第8号——资产减值》测试相关资产组的减值情况时，应当将按照前款规定确定与合同成本有关的资产减值后的新账面价值计入相关资产组的账面价值。

## 知识点8 合同资产与合同负债

一、企业应当根据本企业履行履约义务与客户付款之间的关系在资产负债表列示合同资产或合同负债。企业拥有的、无条件（即仅取决于时间流逝）向客户收取对价的权利应当作为应收款项单独列示。

合同资产，是指企业已向客户转让商品而有权收取对价的权利，且该权利取决于时间流逝之外的其他因素。如企业向客户销售两项可明确区分的商品，企业因已交付其中一项商品而有权收取款项，但收取该款项还取决于企业交付另一项商品的，企业应当将该收款权利作为合同资产。

合同资产与应收账款的主要区别：应收账款是企业拥有的、无条件（仅取决于时间流逝）向客户收取对价的权利。而合同资产反映的收款权利取决于时间流逝之外的其他因素。

二、合同负债，是指企业已收或应收客户对价而应向客户转让商品的义务。如企业在转让承诺的商品之前已收取的款项。

【案例34】2018年3月1日，甲公司同乙公司签订合同，向乙公司销售A、B两种产品各5 000件，销售单价分别为80元、60元。合同约定甲公司于3月底之前应交付A产品，4月底之前交付B产品。在未交付B产品之前，乙公司不支付A产品的货款，在交付B产品之后的15天内，乙公司应全额支付全部款项。

甲公司于2018年3月25日如数交付了A产品，于2018年4月30日如数交付了B产品，乙公司于2018年5月15日支付款项70万元。假设不考虑增值税、不考虑成本的结转。

甲公司会计处理如下（单位：万元）：

2018年3月25日：

借：合同资产　　　　　　　　　　　　　　　　　　　　　　40

　　贷：主营业务收入　　　　　　　　　　　　　　　　　　　　40

2018年4月30日：

借：应收账款　　　　　　　　　　　　　　　　　　　　　　70

　　贷：主营业务收入　　　　　　　　　　　　　　　　　　　　30

　　　　合同资产　　　　　　　　　　　　　　　　　　　　　　40

2018年5月15日：

借：银行存款　　　　　　　　　　　　　　　　　　　　　　70

　　贷：应收账款　　　　　　　　　　　　　　　　　　　　　　70

【案例35】2018年4月8日，纯生公司同乙公司签订一项销售A产品的合同，价款总额为600万元，该合同为可撤销合同。合同约定，乙公司应于2018年4月30日前预付全部货款，纯生公司收到预付款后应于2018年6月30日前如数交付A产品。

2018年5月8日，乙公司支付预付款600万元；2018年6月28日，纯生公司如数交付A产品。

【分析】该合同为可撤销合同，尽管合同约定乙公司应于2018年4月30日前预付全部货款，但乙公司并不产生合同义务，纯生公司也不产生合同权利。2018年5月8日，乙公司支付预付款，纯生公司产生向客户转让商品的义务，应确认合同负债。

纯生公司会计处理如下（单位：万元）：

2018年5月8日：

借：银行存款              600

  贷：合同负债             600

2018年6月28日：

借：合同负债              600

  贷：主营业务收入           600

**【案例36】**接上例，除合同为不可撤销合同外，其他资料相同。

**【分析】**合同负债，是指企业已收或应收客户对价而应向客户转让商品的义务。该合同为不可撤销合同，由于合同约定乙公司应于2018年4月30日前预付全部货款，乙公司产生合同义务，纯生公司确认应收账款的同时，应确认合同负债。

2018年4月8日：

借：应收账款              600

  贷：合同负债             600

**【注意】**此处的合同负债反映了"应收客户对价而应向客户转让商品的义务"；此处的应收账款反映了在未转移商品控制权、未开具发票账单之前就已产生的收款权利（不过，尽管这样也应于转移商品控制权时才可确认收入）。

2018年5月8日：

借：银行存款              600

  贷：应收账款             600

2018年6月28日：

借：合同负债              600

  贷：主营业务收入           600

三、与合同成本有关的资产相关的信息，包括确定该资产金额所作的判断、该资产的摊销方法、按该资产主要类别（如为取得合同发生的成本、为履行合同开展的初始活动发生的成本等）披露的期末账面价值以及本期确认的摊销及减值损失金额等。

## 知识点9 利润的构成及营业外收支的会计处理

为解决执行企业会计准则的企业在财务报告编制中的实际问题，规范企业财务报表列报，提高会计信息质量，针对2017年施行的《企业会计准则第42号——持有待售的非流动资产、处置组和终止经营》（财会〔2017〕13号）和《企业会计准则第16号——政府补助》（财会〔2017〕15号）的相关规定，财政部对一般企业财务报表格式进行了修订，2017年12月25日发布财会〔2017〕30号《关于修订印发一般企业财务报表格式的通知》。

一、利润是指企业在一定会计期间的经营成果。利润包括收入减去费用后的净额、直接计入当期利润的利得和损失等。

直接计入当期利润的利得和损失，是指应当计入当期损益、会导致所有者权益发生增减变动的、与所有者投入资本或者向所有者分配利润无关的利得或者损失。

二、营业利润＝营业收入－营业成本－税金及附加－销售费用－管理费用－研发费用－财务费用－信用减值损失－资产减值损失＋公允价值变动收益＋投资收益＋资产处置收益＋其他收益＋净敞口套期收益

其中：

营业收入是指企业经营业务所确认的收入总额，包括主营业务收入和其他业务收入。

营业成本是指企业经营业务所发生的实际成本总额，包括主营业务成本和其他业务成本。

资产减值损失是指企业计提各项资产减值准备所形成的损失。

信用减值损失反映企业计提的各项金融工具信用减值准备所确认的信用损失。

新增"研发费用"项目，从"管理费用"项目中分拆"研发费用"项目。

需要注意的是，新教材明确规定：与存货的生产和加工相关的固定资产的修理费用按照存货成本确定原则进行处理（记入制造费用，不再记入管理费用）；明确了"矿产资源补偿费"记入"税金及附加"而不是"管理费用"。

公允价值变动收益是指企业以公允价值计量且其变动计入当期损益的金融资产等公允价值变动形成的应计入当期损益的利得（或损失）。

投资收益是指企业以各种方式对外投资所取得的收益（或发生的损失）。

资产处置损益：新增"资产处置收益"行项目，反映企业出售划分为持有待售的非流动资产（金融工具、长期股权投资和投资性房地产除外）或处置组时确认的处置利得或损失，以及处置未划分为持有待售的固定资产、在建工程、生产性生物资产及无形资产而产生的处置利得或损失。债务重组中因处置非流动资产产生的利得或损失和非货币性资产交换产生的利得或损失也包括在本项目内。该项目应根据在损益类科目新设置的"资产处置损益"科目的发生额分析填列；如为处置损失，以"-"号填列。

其他收益：是修订新增的一个损益类会计科目，应当在利润表中的"营业利润"项目之上单独列报"其他收益"项目，计入其他收益的政府补助在该项目中反映。该科目专门用于核算与企业日常活动相关、但不宜确认收入或冲减成本费用的政府补助。

三、利润总额＝营业利润＋营业外收入－营业外支出

其中：

营业外收入是指企业发生的营业利润以外的收益，主要包括非流动资产毁损报废的利得、与企业日常活动无关的政府补助、盘盈利得、捐赠利得。

营业外支出是指企业发生的营业利润以外的支出，主要包括非流动资产毁损报废损失、盘亏损失、公益性捐赠支出、非常损失等。

四、净利润＝利润总额－所得税费用

其中：净利润可分为持续经营净利润和终止经营净利润。

五、净利润加上其他综合收益扣除所得税影响后的净额为综合收益总额。

# 第十八章　政府补助

## 本章思维导图

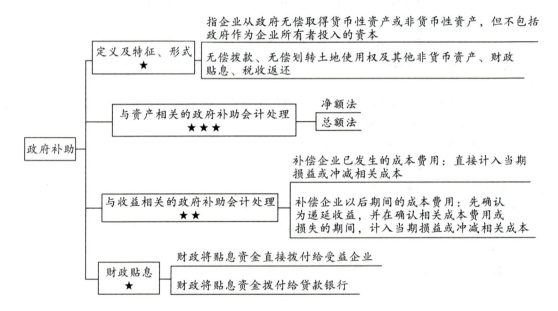

## 本章考情分析

政府补助属于新修订的会计准则，2020年的命题也极可能会有关于确认、计量及报表列报的考核。

## 本章知识点精讲

### 知识点1　政府补助的定义及特征、分类

微信扫一扫
习题免费练

**一、政府补助的定义**

政府补助是指企业从政府无偿取得货币性资产或非货币性资产，但不包括政府作为企业所有者投入的资本。包括无偿拨款、无偿划转土地使用权及其他非货币性资产、财政贴息、税收返还（先征后返、即征即退，但不包括免减抵等）。

**二、政府补助的特征**

政府补助准则规范的政府补助主要有如下特征：

（一）无偿性，无偿性是政府补助的基本特征，这一特征将政府补助与政府作为企业所有者投入

的资本、政府购买服务等互惠性交易区别开来。如果与企业销售商品或提供劳务等活动密切相关，且来源于政府的经济资源是企业商品或服务的对价或者是对价的组成部分，应当按照《企业会计准则第14号——收入》的规定进行会计处理，不适用政府补助准则。

（二）政府补助是来源于政府的经济资源。

对于企业收到的来源于其他方的补助，有确凿证据表明政府是补助的实际拨付者，其他方只起到代收代付作用的，该项补助也属于来源于政府的经济资源。

【例1-计算分析题】甲公司为一家从事贵金属进口、加工生产及相关产品销售的企业，按照国家有关部门要求，2017年甲公司代国家进口某贵金属10吨，每吨进口价为1 200万元，同时按照国家规定将有关进口贵金属按照进口价格的80%出售给政府指定的下游企业，收取货款9 600万元。2017年年末，收到国家有关部门差价支付的补偿款2 400万元。假设不考虑增值税等相关税费。

要求：编制有关会计分录（单位：万元）。

【答案】收到国家有关部门差价支付的补偿款2 400万元，属于甲公司的主营业务收入。

| | |
|---|---|
| 借：库存商品 | 12 000 |
| 贷：银行存款 | 12 000 |
| 借：银行存款 | 9 600 |
| 贷：主营业务收入 | 9 600 |
| 借：主营业务成本 | 12 000 |
| 贷：库存商品 | 12 000 |
| 借：银行存款 | 2 400 |
| 贷：主营业务收入 | 2 400 |

**学堂点拨**

政府虽不是客户，但该业务的本质是政府通过价格补贴给下游企业，相当于政府替下游企业支付部分对价，属于甲公司的收入，应当按照收入确认准则确认收入。

三、政府补助的分类

政府补助应当划分为与资产相关的政府补助和与收益相关的政府补助。

与资产相关的政府补助，是指企业取得的、用于购建或以其他方式形成长期资产的政府补助。与收益相关的政府补助，是指除与资产相关的政府补助之外的政府补助。

**知识点2 会计处理方法**

一、政府补助的确认

根据政府补助准则的规定，政府补助同时满足下列条件的，才能予以确认：一是企业能够满足政府补助所附条件；二是企业能够收到政府补助。判断企业能够收到政府补助，应着眼于分析和落实企业能够符合财政扶持政策规定的相关条件且预计能够收到政府扶持资金的"确凿证据"，考虑的因素有：

1. 政府补助的发放主体是否具备相应的权利和资质；

2. 补助文件中索引的政策依据是否适用；

3. 申请政府补助的流程是否合法合规；

4. 是否已经履行完毕补助文件中的要求；

5. 政府是否具备履行支付义务的能力等。

二、政府补助的计量

（一）政府补助为货币性资产的，按照收到或应收的金额计量。

（二）政府补助为非货币性资产的，应当按照公允价值计量；公允价值不能可靠取得的，按照名义金额计量。

三、政府补助的会计处理方法

（一）总额法，在确认政府补助时将政府补助全额确认为收益，而不是作为相关资产账面价值或者费用的扣减；

（二）净额法，将政府补助作为相关资产账面价值或所补偿费用的扣减。

注：1. 对同类或类似政府补助业务只能选用一种方法并一贯地运用，不得随意变更。

2. 与企业日常活动相关的政府补助，计入其他收益或冲减相关成本费用；与日常活动无关的政府补助，计入营业外收支。

## 知识点3 与资产相关的政府补助会计处理

与资产相关的政府补助，应当冲减相关资产的账面价值或确认为递延收益，即净额法和总额法两种核算方法。

与资产相关的政府补助确认为递延收益的，应当在相关资产使用寿命内按照合理、系统的方法分期计入损益（其他收益等）。按照名义金额（1元）计量的政府补助，直接计入当期损益。相关资产在使用寿命结束前被出售、转让、报废或发生毁损的，应当将尚未分配的相关递延收益余额转入资产处置当期的损益。

【教材例18-4改】丁公司2018年3月15日收到政府补贴240万元，2018年4月20日购置环保设备，实际成本为600万元，使用寿命10年，采用直线法计提折旧（不考虑净残值）。2026年4月，丁企业出售了这台设备，取得价款120万元。不考虑相关税费。

| | 总额法 | 净额法 |
|---|---|---|
| 2018年3月15日 | 借：银行存款 240<br>　贷：递延收益 240 | 借：银行存款 240<br>　贷：递延收益 240 |
| 2018年4月20日 | 借：固定资产 600<br>　贷：银行存款 600 | 借：固定资产 600<br>　贷：银行存款 600<br>借：递延收益 240<br>　贷：固定资产 240 |
| 5月起每月计提折旧 | 借：制造费用 5<br>　贷：累计折旧 5 | 借：制造费用 3<br>　贷：累计折旧 3 |
| 分摊递延收益 | 借：递延收益 2<br>　贷：其他收益 2 | 无 |

## 知识点4　与收益相关的政府补助会计处理

一、用于补偿企业已发生的相关成本费用或损失的，如收到时暂时无法确定，则应当先作为预收账款计入"其他应付款"科目，待客观情况表明企业能够满足政府补助所附客观条件后，再转入递延收益；如收到补助时，客观情况表明企业能够满足政府补助所附条件，则应当确认为递延收益，并在确认相关费用或损失的期间，计入当期损益或冲减相关成本。

二、用于补偿企业以后期间的相关成本费用或损失的，先确认为递延收益，并在确认相关成本费用或损失的期间，计入当期损益或冲减相关成本。

【例2-多选题】企业取得与收益相关的政府补助时，会计分录贷方的对应科目可能有（　　）。

A．管理费用　　　　　B．营业外支出　　　　　C．营业外收入

D．生产成本　　　　　E．其他收益　　　　　　F．递延收益　　　　G．财务费用

【答案】ABCDEFG

三、已计入损益的政府补助需要退回的处理：

（一）初始确认时冲减相关资产成本的，应当调整资产账面价值；会计分录：

1．总额法

借：递延收益（未摊销部分）

　　其他收益（已摊销部分）

　　　贷：银行存款

2．净额法

借：固定资产（原冲减部分原值）

　　制造费用/管理费用等（因冲减部分少计提的折旧）

　　　贷：银行存款

　　　　累计折旧

（二）存在尚未摊销的递延收益的，冲减相关递延收益账面余额，超出部分计入当期损益（营业外支出）；

（三）属于其他情况的，直接计入当期损益。

【例3-分析题】甲企业于2015年11月与某开发区政府签订合作协议，在开发区内投资设立生产基地，产业补贴资金300万元奖励该企业在开发区内投资，甲企业自获得补贴起5年内注册地址不得迁离本区，否则按剩余时间追回补贴资金。甲企业于2016年1月3日收到补贴资金。

2018年1月初，因甲企业重大战略调整，搬离开发区，开发区政府根据协议要求甲企业退回补贴180万元。

【分析】会计处理如下（单位：万元）：

1．2016年1月3日甲企业实际收到补贴资金：

借：银行存款　　　　　　　　　　　　　　　　　　　　　　　　　　　　　　300

　　贷：递延收益　　　　　　　　　　　　　　　　　　　　　　　　　　　　300

2．2016年及以后年度，按5年分期结转递延收益：

借：递延收益　　　　　　　　　　　　　　　　　　　　　　　　　　　　　　60

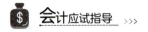

　　　　贷：其他收益　　　　　　　　　　　　　　　　　　　　　　　　　　60

　　3．2018年年初，确认应退补贴款：

　　借：递延收益　　　　　　　　　　　　　　　　　　　　　　　　　180

　　　　贷：其他应付款　　　　　　　　　　　　　　　　　　　　　　　180

　　四、综合性项目政府补助同时包含与资产相关的政府补助和与收益相关的政府补助，企业需要将其进行分解并分别进行会计处理；难以区分的，企业应当将其整体归类为与收益相关的政府补助进行处理。

## 知识点5　财政贴息

　　财政贴息主要有两种方式，一是财政将贴息资金直接拨付给受益企业，二是财政将贴息资金拨付给贷款银行。

　　一、财政将贴息资金直接拨付给受益企业的，企业先按照同类贷款市场利率向银行支付利息。同时，财政部门定期与企业结算贴息，企业应当将对应的贴息冲减相关借款费用，贷记财务费用或在建工程等。由于是对财务费用或在建工程等借款费用的直接冲减，所以不存在营业外收入、递延收益等问题。

　　二、财政将贴息资金拨付给贷款银行，可以采用以下两种会计处理方法，但实质上无区别：

　　（一）以实际收到的金额作为借款的入账价值，按照借款本金和该政策性优惠利率计算借款费用；

　　（二）以借款的公允价值作为借款的入账价值并按照实际利率法计算借款费用，差额确认为递延收益。递延收益在贷款存续期内采用实际利率法摊销，冲减相关借款费用。

　　企业选择了上述两种方法之一作为会计政策后，应当一致地运用，不得随意变更。

　　【教材例18-12改】2018年1月1日，丙企业向银行贷款1 000万元，期限2年，按季度付息，到期一次还本。由于该笔贷款资金将被用于国家扶持产业，符合财政贴息条件，财政按年向银行拨付贴息资金，丙企业与银行签订的贷款合同约定的年利率为3%，丙企业按年向银行支付贷款利息。假设贷款期间的利息费用满足资本化条件，计入相关在建工程的成本。丙企业取得同类贷款的年市场利率为9%。

|  | 第一种方法 | 第二种方法 |
|---|---|---|
| 2018年1月1日 | 借：银行存款　　1 000<br>　　贷：长期借款——本金 1 000 | 借：银行存款　　　　　1 000<br>　　　长期借款——利息调整 109.45<br>　　贷：长期借款——本金　　　1 000<br>　　　　递延收益　　　　　　 109.45 |
| 1月末计提应付利息 | 借：在建工程　　2.5<br>　　贷：应付利息　　2.5 | 借：在建工程　6.68［（1 000-109.45）×9%÷12］<br>　　贷：应付利息　　　　　　2.5<br>　　　　长期借款——利息调整　4.18 |
| 摊销递延收益 | 无 | 借：递延收益　　　　　4.18<br>　　贷：在建工程　　　　4.18 |

# 第十九章 所得税

## 本章思维导图

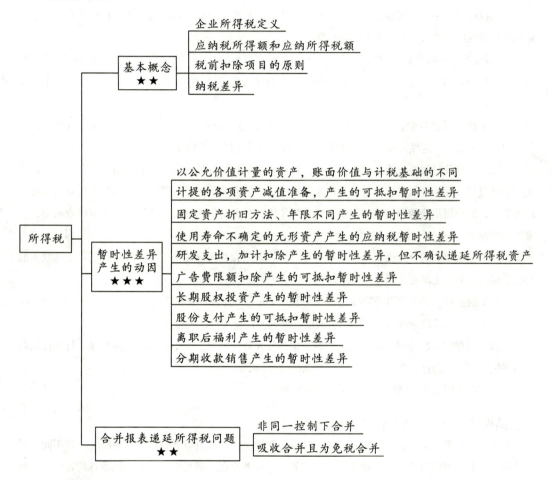

## 本章考情分析

本章分值8分左右。如同合并财务报表一样，本章内容极容易灵活地与其他章节知识点进行融合命题，几乎历年均有主观题出现。

## 本章知识点精讲

**知识点1** 基本概念

微信扫一扫
习题免费练

### 一、企业所得税

企业所得税依据企业的经营所得和其他所得为对象征收，可以扣除成本、费用、税金、损失。

企业所得税的计税依据是企业的应纳税所得额，是指纳税人每一纳税年度的收入总额减去准予扣除项目金额后的余额。

应纳税所得额乘以适用税率，减除依照《中华人民共和国企业所得税法》关于税收优惠的规定减免和抵免的税额后的余额，为应纳所得税额。

税前扣除项目的原则主要有：历史成本原则、权责发生制原则、配比原则、相关性原则、确定性原则、合理性原则等。这些原则可能与会计核算的会计信息质量要求是不相称的，于是就产生了纳税差异，如：

（一）出于谨慎性会计信息质量要求，会计核算上存在资产减值准备的计提及预计负债的确认等，但根据税法的确定性原则，费用和损失只能在实际发生时据实列支；

（二）会计计量属性包括公允价值计量，目前适用的有投资性房地产（满足条件的选择）、以公允价值计量且其变动计入其他综合收益的金融资产、以公允价值计量且其变动计入当期损益的金融资产等资产，但根据税法的历史成本原则及确定性原则，公允价值变动损益不计入当期应纳税所得，未来实现时据实反映利得或损失；

（三）根据税法的合理性原则，某些行业的广告费用和业务宣传费用，不得超过当年销售收入的15%，超过部分可无限期在以后年度结转；

（四）根据税法的产业引导功能，企业发生研发支出可加计75%扣除；

（五）符合条件的企业可采用加速折旧法计提折旧；

（六）根据相关性原则，向关联企业的捐赠等非公益性捐赠支出不可以在税前扣除、行政性罚款不得在税前扣除、超过标准的业务招待费不得在税前扣除；

（七）投资国债利息所得，不计入应纳税所得额。

### 二、纳税差异可分为永久性差异和暂时性差异

永久性差异是指某一会计期间，由于会计制度和税法在计算收益、费用或损失时的口径不同，所产生的税前会计利润与应纳税所得额之间的差异。这种差异在本期发生，不会在以后各期转回，如行政罚款、国债利息收入、非公益性捐赠、超支的业务招待费等。

暂时性差异，是指企业一定时期的税前会计利润与纳税所得之间由于有些收入和支出项目计入纳税所得的时间与计入税前会计利润的时间不一致所产生的差异，暂时性差异将会在未来转回。根据将会导致未来"少交"或"多交"所得税，暂时性差异分为可抵扣暂时性差异和应纳税暂时性差异，如企业计提各项资产减值准备造成的暂时性差异、预计负债造成的暂时性差异、折旧（摊销）年限、方法与税法规定不同造成的暂时性差异等。

需要强调的是，从概念上，暂时性差异并不等同于时间性差异。时间性差异的概念是纳税影响会

计法之利润表债务法下的产物,而暂时性差异概念是资产负债表债务法下的产物,为资产、负债的账面价值与计税基础的差额。

## 知识点2 亏损弥补

根据税法规定,企业纳税年度发生的亏损,准予在以后年度结转,用以后年度的所得弥补,但结转年限最长不得超过5年。

【例1-计算分析题】深圳纯生公司所得税税率为25%,2016年利润总额为-800万元,预计未来5年内可实现累计税前利润大于800万元,请编制与该亏损弥补相关的会计分录(单位:万元)。

【分析】未来的5年内,深圳纯生公司很可能会享受200万元的纳税收益,企业存在未来的经济利益,符合资产的定义,应确认一项资产。

借:递延所得税资产　　　　　　　　　　　　　　　　　　　　　　　200
　　贷:所得税费用　　　　　　　　　　　　　　　　　　　　　　　　200

2017年,深圳纯生公司果真实现了盈利,利润总额为500万元。根据税法规定,公司2017年不应交纳所得税,这相当于享受了125万元的纳税收益。会计核算上,上年确认的递延所得税资产应转销125万元。

借:所得税费用　　　　　　　　　　　　　　　　　　　　　　　　　125
　　贷:递延所得税资产　　　　　　　　　　　　　　　　　　　　　　125

2017年"递延所得税资产"账户期末余额为75万元(借方)。

假设2018年实现利润总额为200万元,则2018年不应交纳所得税,享受到了50万元的纳税收益,同时转销递延所得税资产。

借:所得税费用　　　　　　　　　　　　　　　　　　　　　　　　　50
　　贷:递延所得税资产　　　　　　　　　　　　　　　　　　　　　　50

2018年"递延所得税资产"账户期末余额为25万元(借方)。

【思考】

1. 甲公司2016年发生亏损3 000万元,预计未来5年内仍将亏损,未确认相关递延所得税资产。2017年,公司实现净利润6.78万元,利润表中"营业外收入——捐赠利得"项为3 200万元。甲公司可否于2017年年末确认递延所得税资产?

2. 若甲公司预期从2017年起的5年内将实现大于3 000万元的税前利润,2016年年末是否应确认递延所得税资产?

3. 接上2,若国家发布新的税法,从2017年起所得税税率由25%调整为K%,确认递延所得税资产的金额应为3 000×25%,还是3 000×K%?

4. 若2017年至2021年甲公司实现的税前利润小于3 000万元,即2021年年末递延所得税资产存在余额,是否应转销该余额?

5. 递延所得税资产是否存在减值问题?

【答案】1. 甲公司2017年年末不用确认递延所得税资产。理由:尽管甲公司2017年实现盈利,但若剔除捐赠利得非经营性损益这一因素,公司仍亏损,若进行递延所得税资产的确认,不符合谨慎性会计信息质量要求。

2．2016年年末应确认递延所得税资产。

3．递延所得税资产的金额应为3 000×K％。理由："递延所得税资产或负债"，顾名思义，是指企业未来可产生的纳税收益或纳税义务，应按未来的税率进行计算。

4．应转销递延所得税资产余额。理由：该余额不再符合资产的定义，应将其移出资产负债表资产项目。

5．资产负债表日，企业应当对递延所得税资产的账面价值进行复核。如果未来期间很可能无法取得足够的应纳税所得额用以利用可抵扣暂时性差异带来的利益，应当减记递延所得税资产的账面价值。递延所得税资产的账面价值减记以后，在后续期间内根据新的环境和情况判断能够产生足够的应纳税所得额用于抵扣可抵扣暂时性差异，使得递延所得税资产包含的经济利益能够实现的，应相应恢复递延所得税资产的账面价值。

## 知识点3  资产（信用）减值准备

根据税法的确定性原则，减值损失只能在实际发生时列支，计提当期不可在税前扣除。

【例2-计算分析题】深圳南华光公司所得税税率为25％，2019利润总额为1 000万元。已知对债务人乙公司应收账款为500万元，因债务人乙公司经营失败陷入财务困境，南华光公司2019年年末对该应收账款计提坏账准备200万元，计入信用减值损失。

2020年5月18日，乙公司宣告破产，南华光公司仅收回230万元，实际发生损失270万元。南华光公司2020年利润总额1 400万元，华南光公司将该应收账款划分为以摊余成本计量的金融资产，不存在其他纳税调整事项。

| | 2019年 | 2020年 |
| --- | --- | --- |
| 税法规定可税前列支的损失 | 0 | 270 |
| 会计核算记录的损失 | 200 | 70 |

【分析】从上表可以看出，南华光公司2019年实际发生的损失270万元，在会计记录上仅确认70万元，而税法允许税前列支的损失为270万元，2019年产生的暂时性差异200万元在2020年得以转回。

有关会计处理如下（单位：万元）：

2019年12月31日

1．借：信用减值损失　　　　　　　　　　　　　　　　　　　　　　　　　200

　　　贷：坏账准备　　　　　　　　　　　　　　　　　　　　　　　　　　200

2．借：所得税费用　　　　　　　　　　　　　　　　　　　　　　　　　　300

　　　贷：应交税费——应交所得税　　　　　300［（1 000＋200）×25％］

因计提坏账准备产生的纳税差异为可抵扣暂时性差异，应确认递延所得税资产。

借：递延所得税资产　　　　　　　　　　　　　　　　　　　　　　　　　　50

　　贷：所得税费用　　　　　　　　　　　　　　　　　　　　　　　　　　50

2020年5月18日

|  |  |
|---|---|
| 借：投资收益 | 70 |
| 　　坏账准备 | 200 |
| 　　银行存款 | 230 |
| 　　贷：应收账款 | 500 |

2020年12月31日

1. 借：所得税费用　　　　　　　　　　　　　　　　　　　　300
　　　贷：应交税费——应交所得税　　　　　　　　　　　　　300
　　　　（1 400－200）×25%＝300（万元）

2. 2019年产生的暂时性差异200万元在2020年得以转回，注销对应的递延所得税资产。

借：所得税费用　　　　　　　　　　　　　　　　　　　　　50
　　贷：递延所得税资产　　　　　　　　　　　　　　　　　　50

【例3-计算分析题】甲公司是一家家用电器生产企业，所得税税率为25%。甲公司对售出的产品实行"两年内包修"售后服务，2016年年末确认了800万元预计负债，2017年实际发生产品修理费用876.54万元，2017利润总额为3 000万元，假设不考虑2017年计提预计包修费用。

要求：分别编制2016年、2017年与递延所得税有关的会计分录（单位：万元）。

【分析】2016年：

借：递延所得税资产　　　　　　　　　　　　　　　　　　200
　　贷：所得税费用　　　　　　　　　　　　　　　　　　　200

2017年：因实际发生的费用大于预计负债，2016年可抵扣暂时性差异于本年全部转回，应冲减递延所得税资产。

借：所得税费用　　　　　　　　　　　　　　　　　　　　200
　　贷：递延所得税资产　　　　　　　　　　　　　　　　　200

若2017年实际发生的费用为700万元，则：

借：所得税费用　　　　　　　　　　　　　　　　　　　　175
　　贷：递延所得税资产　　　　　　　　　　　　　　　　　175

递延所得税资产借方余额为25万元。

## 知识点4　公允价值计量的资产

公允价值计量的资产包括采用公允价值模式后续计量的投资性房地产、公允价值计量变动计入其他综合收益的金融资产FVOCI、公允价值计量变动计入当期损益的金融资产FVTPL。期末，应按公允价值对其账面价值进行调整，差额计入公允价值变动损益或其他综合收益。

税法上，资产计量的基本原则是历史成本，这样便产生了暂时性差异，增值的情况下产生应纳税暂时性差异，跌价的情况下产生可抵扣暂时性差异。

【例4-计算分析题】纯生公司生产经营具有明显的季节性，为调剂现金的余缺，使现金余额保持在合理范围，管理层决定以财务预算的现金预算表为依据，通过买入和卖出AA级以上的债券进行现金的调剂。

2017年7月1日，购买B公司债券1 024万元，另支付交易费用3万元。该债券面值1 000万元，票面利率为12%，为每年付息、到期还本债券，发行日为2016年7月1日。假设实际利率为10%，至年末纯生公司未出售该债券，2017年年末公允价值为1 058.35万元。

纯生公司2017利润总额为800万元。

要求：

1. 判断纯生公司对该债券投资的分类。

2. 编制2017年7月1日购买债券的会计分录（单位：万元）。

3. 编制纯生公司2017年12月31日会计分录（单位：万元）。

4. 编制与应交所得税、递延所得税有关的会计分录（单位：万元）。

【分析】1. 该债券合同现金流量特征为分期付息、到期还本，公司管理该债券投资的业务模式为通过买入和卖出AA级以上的债券进行现金的调剂。应将该债券投资划分为公允价值计量变动计入其他综合收益的金融资产（简称FVOCI）。

2. 借：其他债权投资——成本　　　　　　　　　　　　　　　　　　　　　　1 000

　　　　　　　　——利息调整　　　　　　　　　　　　　　　　　　　　　27

　　贷：银行存款　　　　　　　　　　　　　　　　　　　　　　　　　　1 027

3. 借：应收利息　　　　　　　　　　　　　　　　　　　　　　　　　　　　60

　　贷：投资收益　　　　　　　　　　　　　　　51.35（1 027×10%÷2）

　　　　其他债权投资——利息调整　　　　　　　　　　　　　　　　　　8.65

将账面价值调整为公允价值：

1 058.35－（1 027－8.65）＝40（万元）

借：其他债权投资——公允价值变动　　　　　　　　　　　　　　　　　　　40

　　贷：其他综合收益　　　　　　　　　　　　　　　　　　　　　　　　　40

4. 2017年应交所得税＝800×25%＝200（万元）

借：所得税费用　　　　　　　　　　　　　　　　　　　　　　　　　　　200

　　贷：应交税费——应交所得税　　　　　　　　　　　　　　　　　　　200

假设实际利率法摊销不产生纳税差异，期末按公允价值计量，产生应纳税暂时性差异，应确认递延所得税负债，并借记其他综合收益。

借：其他综合收益　　　　　　　　　　　　　　　　　　　　　　　　　　　10

　　贷：递延所得税负债　　　　　　　　　　　　　　　　　　10（40×25%）

【例5-计算分析题】纯生公司管理层决定用闲置资金500万元炒股，由财务部门负责操盘，收益的30%作为财务部门人员奖金，由财务总监决定收益分配到个人的比例。

2017年7月18日，购买区块大数据公司股票500万元，到年底尚未抛出，股票市值涨至800万元。

纯生公司2017利润总额为1 000万元。

要求：

1. 编制与该股票投资有关的会计分录（单位：万元）。

2. 计算2017年应纳所得税并编制会计分录（单位：万元）。

3. 编制与递延所得税有关的会计分录（单位：万元）。

【分析】

1. 借：交易性金融资产——成本　　　　　　　　　　　　　　　　　500

　　　贷：银行存款　　　　　　　　　　　　　　　　　　　　　　500

　借：交易性金融资产——公允价值变动　　　　　　　　　　　　　300

　　　贷：公允价值变动损益　　　　　　　　　　　　　　　　　　300

2. 根据税法的实现原则，该未实现收益不计入应纳税所得，2017年应纳所得税＝（1 000－300）×25%＝175（万元）

　借：所得税费用　　　　　　　　　　　　　　　　　　　　　　　175

　　　贷：应交税费——应交所得税　　　　　　　　　　　　　　　175

3. 该未实现收益300万元在未来实现时，会产生应纳税所得，该差异为应纳税暂时性差异，应确认递延所得税负债。

　借：所得税费用　　　　　　　　　　　　　　　　　　　　　　　75

　　　贷：递延所得税负债　　　　　　　　　　　　　　　75（300×25%）

还可有另外一种表述：

该项资产2017年年末的账面价值为800万元，计税基础为500万元，产生应纳税暂时性差异300万元，应确认递延所得税负债75万元。

计税基础，对于资产来说，是指企业收回资产账面价值的过程中，计算应纳税所得额时按照税法规定可以自应税经济利益中抵扣的金额；对于负债来说，是指负债的账面价值减去未来期间计算应纳税所得额时按照税法规定可予抵扣的金额。

【例6-计算分析题】深圳纯生公司于2017年年初购买一项土地使用权，使用期为50年。购买价款为7 000万元，甲公司将其作为投资性房地产核算，采用公允价值模式进行后续计量。2017年年末，该项土地使用权公允价值为8 860万元。税法规定采用直线法计提折旧。

要求：

1. 编制与投资性房地产有关的会计分录（单位：万元）。

2. 分别计算（或指出）该项投资性房地产2017年年末的账面价值和计税基础、产生的纳税差异金额和类型、应确认的递延所得税。

3. 编制与递延所得税有关的会计分录（单位：万元）。

【分析】

1. 借：投资性房地产——成本　　　　　　　　　　　　　　　　　7 000

　　　贷：银行存款　　　　　　　　　　　　　　　　　　　　　7 000

　借：投资性房地产——公允价值变动　　　　　　　　　　　　　1 860

　　　贷：公允价值变动损益　　　　　　　　　　　　　　　　　1 860

2. 账面价值为8 860万元。

计税基础＝7 000－7 000÷50＝6 860（万元）

产生应纳税暂时性差异＝8 860－6 860＝2 000（万元）

应确认递延所得税负债＝2 000×25%＝500（万元）

注：动态地看，纳税差异产生于公允价值变动损益1 860万元和按税法规定进行的摊销140万元，

合计2 000万元。

3. 借：所得税费用                                                       500

　　贷：递延所得税负债                                                500

**【例7-计算分析题】**甲公司于2017年12月31日将一办公楼转为对外出租，作为投资性房地产核算，采用成本模式。该日办公楼原值为5 000万元，累计折旧为1 400万元，剩余折旧期为10年。2019年1月1日，为使资产负债表财务信息更相关、可靠，管理层决定投资性房地产后续计量采用公允价值模式，当日该办公楼公允价值为5 240万元。甲公司所得税税率25%，盈余公积提取比例为净利润的10%。

要求：编制与投资性房地产有关的会计分录（单位：万元）。

**【分析】**2017年12月31日：

借：投资性房地产                                                     5 000

　　累计折旧                                                         1 400

　　　贷：固定资产                                                   5 000

　　　　　投资性房地产累计折旧                                       1 400

2018年12月31日：

借：其他业务成本                                                       360

　　　贷：投资性房地产累计折旧                                         360

2019年1月1日：

借：投资性房地产——成本                                             5 000

　　　　　　　　——公允价值变动                                       240

　　投资性房地产累计折旧                                             1 760

　　　贷：投资性房地产                                               5 000

　　　　　盈余公积                                                     200

　　　　　利润分配                                                   1 800

借：盈余公积                                                            50

　　利润分配                                                           450

　　　贷：递延所得税负债                                               500

注：2019年1月1日，投资性房地产公允价值大于账面价值2 000万元，应确认递延所得税负债500万元。

## 知识点5　固定资产折旧方法、年限不同产生的暂时性差异

从折旧方法上，企业可以根据固定资产预期利益实现方式选择折旧方法，从折旧年限上，企业可以根据预计使用年限计算折旧。但是，税法对于折旧方法和年限均有严格的规定，比如某性质的固定资产折旧年限不得低于10年，某性质的固定资产可以采用加速折旧法，其他不符合条件的采用直线法。

**【例8-计算分析题】**深圳区块大数据公司于2016年年末购置设备4 800万元，预计净残值为300万元，折旧期为5年，按年数总和法计提折旧。税法规定折旧方法为直线法。

纳税差异计算表

单位：万元

| | 2017年 | 2018年 | 2019年 | 2020年 | 2021年 |
|---|---|---|---|---|---|
| 会计折旧 | 1 500 | 1 200 | 900 | 600 | 300 |
| 税法折旧 | 900 | 900 | 900 | 900 | 900 |
| 差异 | 600 | 300 | 0 | −300 | −600 |
| 累计差异 | 600 | 900 | 900 | 600 | 0 |

从上表可以看出，2017年、2018年产生的暂时性差异，在2020年和2021年得到转回。会计处理上，2017、2018年应确认递延所得税资产，2020年、2021年应转销递延所得税资产。

2017年：借：递延所得税资产         150（600×25%）

     贷：所得税费用             150

2018年：借：递延所得税资产         75（300×25%）

     贷：所得税费用              75

2020年：借：所得税费用            75

     贷：递延所得税资产         75（300×25%）

2021年：借：所得税费用           150

     贷：递延所得税资产         150（600×25%）

注：若一定需要通过比较账面价值与计税基础，进而确定产生的暂时性差异，并确认递延所得税，上表调整为：

| | 2017年 | 2018年 | 2019年 | 2020年 | 2021年 |
|---|---|---|---|---|---|
| 会计折旧 | 1 500 | 1 200 | 900 | 600 | 300 |
| 税法折旧 | 900 | 900 | 900 | 900 | 900 |
| 账面价值 | 3 300 | 2 100 | 1 200 | 600 | 300 |
| 计税基础 | 3 900 | 3 000 | 2 100 | 1 200 | 300 |
| 累计差异 | 600 | 900 | 900 | 600 | 0 |
| 递延所得税资产余额 | 150 | 225 | 225 | 150 | 0 |
| 本期确认或转销递延所得税资产 | 150 | 75 | 0 | −75 | −150 |

【例9-计算分析题】甲公司为仪器仪表制造业，2014年12月购进A设备1 500万元，会计核算上按5年采用直线法计提折旧，纳税申报时选择按税法规定折旧年限的60%缩短折旧年限，即按3年每年税前扣除折旧费用500万元。

纳税差异计算表

单位：万元

| | 2015年 | 2016年 | 2017年 | 2018年 | 2019年 |
|---|---|---|---|---|---|
| 会计折旧 | 300 | 300 | 300 | 300 | 300 |

（续上表）

|  | 2015年 | 2016年 | 2017年 | 2018年 | 2019年 |
|---|---|---|---|---|---|
| 税法折旧 | 500 | 500 | 500 | 0 | 0 |
| 差异 | 200 | 200 | 200 | −300 | −300 |
| 累计差异 | 200 | 400 | 600 | 300 | 0 |

2015—2019年每年与递延所得税有关的会计处理（单位：万元）：

2015—2017年，

借：所得税费用　　　　　　　　　　　　　　　　　　　　　　　　　　　50

　　贷：递延所得税负债　　　　　　　　　　　　　　　　　　　　　　　　　50

2018—2019年，

借：递延所得税负债　　　　　　　　　　　　　　　　　　　　　　　　　75

　　贷：所得税费用　　　　　　　　　　　　　　　　　　　　　　　　　　　75

## 知识点6　使用寿命不确定的无形资产产生的暂时性差异

会计准则规定，使用寿命不确定的无形资产不进行摊销，而是采用每个会计期间进行减值测试并计提减值进行替代，而税法规定使用寿命不确定的无形资产统一按10年进行摊销。这样便产生了应纳税暂时性差异。

**【例10-计算分析题】**甲公司2017年年初购买一项商标权，价款为6 000万元，无法确定其寿命期限，会计处理上不进行摊销。按税法规定每年的摊销额为600万元，2017年纳税申报时该商标权摊销费用为600万元。甲公司2017年利润表中利润总额为2 000万元，不存在其他纳税调整事项。

要求：

1. 计算2017年应纳所得税并编制会计分录（单位：万元）。

2. 编制2017年年末与递延所得税有关的会计分录（单位：万元）。

**【分析】**1. 应纳所得税＝（2 000−600）×25％＝350（万元）

借：所得税费用　　　　　　　　　　　　　　　　　　　　　　　　　　350

　　贷：应交税费——应交所得税　　　　　　　　　　　　　　　　　　　　350

2. 该无形资产2017年年末账面价值为6 000万元，计税基础为5 400万元，产生应纳税暂时性差异600万元，应确认递延所得税负债150万元。

借：所得税费用　　　　　　　　　　　　　　　　　　　　　　　　　　150

　　贷：递延所得税负债　　　　　　　　　　　　　　　　　　　　　　　　150

## 知识点7　研发支出加计扣除产生的暂时性差异

按照税法规定，研发支出可加计75％税前扣除，形成无形资产的，按照无形资产年摊销额的175％作为计税基础。

假设2018年年初甲公司一项新产品生产技术研究成功，由研发支出结转无形资产账面成本为800

万元，按10年进行摊销。甲公司当年利润总额为1 000万元。

甲公司2018年应纳所得税＝（1 000－800÷10×75%）×25%＝235（万元）

借：所得税费用 235

贷：应交税费——应交所得税 235

不考虑其他因素，甲公司未来的9年内每年可"少交"所得税15万元，企业是否应该确认递延所得税资产呢？

不确认。准则规定：企业发生的某项交易或事项不属于企业合并，并且交易发生时既不影响会计利润也不影响应纳税所得额，因该项交易中产生的资产、负债的初始确认金额与其计税基础不同而产生的可抵扣暂时性差异，不确认相应的递延所得税资产。

## 知识点8 广告费限额扣除产生的暂时性差异

税法规定，企业发生的符合条件的广告费和业务宣传费支出，除国务院财政、税务主管部门另有规定外，不超过当年销售（营业）收入15%的部分，准予扣除；超过部分，准予在以后纳税年度结转扣除。

这意味着该事项产生可抵扣暂时性差异，应确认递延所得税资产。

【例11-计算分析题】1. 海浪公司2019年利润总额为1 000万元，公司所得税税率为25%。当年销售收入5 000万元，实际发生广告费和业务宣传费950万元，并计入销售费用。

要求：编制与应纳所得税及递延所得税有关的会计分录（单位：万元）。

【分析】2019年可税前扣除的广告费＝5 000×15%＝750（万元）

应纳所得税＝[1 000＋（950－750）]×25%＝300（万元）

借：所得税费用 300

贷：应交税费——应交所得税 300

不予扣除的广告费200万元可在以后纳税年度结转扣除，可抵扣暂时性差异为200万元，应确认递延所得税资产50万元。

借：递延所得税资产 50（200×25%）

贷：所得税费用 50

2. 2020年海浪公司销售收入为6 000万元，当年发生广告费和业务宣传费567.89万元，当年利润总额为1 000万元。

要求：编制与应纳所得税及递延所得税有关的会计分录（单位：万元）。

【分析】

2020年可税前扣除的广告费＝6 000×15%＝900（万元），大于767.89万元（567.89＋200）。

2020年应纳所得税＝（1 000－200）×25%＝200（万元）

借：所得税费用 200

贷：应交税费——应交所得税 200

同时转销2019年确认的递延所得税资产50万元：

借：所得税费用 50

贷：递延所得税资产 50

## 知识点9 长期股权投资产生的暂时性差异

一、对于采用权益法核算的长期股权投资，其计税基础与账面价值产生的有关暂时性差异是否应确认相关的所得税影响，应当考虑该项投资的持有意图。

（一）在准备长期持有的情况下，对于采用权益法核算的长期股权投资账面价值与计税基础之间的差异，投资企业一般不确认相关的所得税影响。

（二）在持有意图由长期持有转变为拟近期出售的情况下，因长期股权投资的账面价值与计税基础不同产生的有关暂时性差异，均应确认相关的所得税影响。

二、采用成本法核算的长期股权投资，其计税基础与账面价值相同，不产生纳税差异。

## 知识点10 负债的计税基础

负债的计税基础=账面价值−未来期间按照税法规定可予税前扣除的金额。

正常的赊购业务产生的负债（应付账款）一般不会产生暂时性差异，未来期间按税法可予抵扣的金额为0，因此其账面价值等于计税基础。

某些情况下，负债的计税基础可能为0，由此将产生可抵扣暂时性差异，包括：

（一）产品质量保证产生的预计负债；

（二）未决诉讼或未决仲裁产生的预计负债；

（三）设定受益计划及股权激励计划产生的应付职工薪酬。

【例12-计算分析题】甲公司2019年12月3日收到客户预付的款项250万元，作为合同负债核算。假设按税法规定，甲公司的该项预收款应计入2019年应纳税所得额。

【分析】按税法规定既已计入2019年应纳税所得额，那么未来结转营业收入时，则不须再计入未来期间应纳税所得额，意味着在以后年度计算应纳税所得额时应将其扣除。负债的计税基础=账面价值−可从未来纳税所得中扣除的金额，250−250=0。甲公司该合同负债的计税基础为0。

注：一般情况下，税法中对于收入的确认原则与会计规定相同，在这种情况下，合同负债并不计入当期的应纳税所得额，也就是说并不形成暂时性差异，合同负债的计税基础等于其账面价值。某些情况下，因不符合会计准则中收入的确认条件而未确认收入的预收账款，按照税法规定应计入当期应纳税所得额，该预收账款未来期间可全额税前扣除，其计税基础为0。

【例13-单选题】A公司于2018年12月31日"预计负债——产品质量保证"科目贷方余额为500万元，2019年实际发生产品质量保证费用350万元，2019年12月31日预提产品质量保证费用234万元，2019年12月31日该项负债的计税基础为（　　）万元。

A. 384　　　　　　B. 0　　　　　　C. 234　　　　　　D. 350

【答案】B

### 学堂点拨

2019年12月31日该项负债的余额在未来期间计算应纳税所得额时按照税法规定可予税前扣除，因此计税基础为0。

【例14-单选题】2017年1月1日，甲公司为其20名中层以上管理人员每人授予30 000份现金股票增值权，这些人员从2017年1月1日起必须在该公司连续服务3年，即可自2020年1月1日起根据股价的增长幅度获得现金增值收益（股票基准价为8元/股），该增值权应在2021年12月31日之前行使完毕。甲公司2017年12月31日因该事项计算确定的应付职工薪酬的余额为345.67万元，预计2018年张三和李四很可能会离职。税法规定，以现金结算的股份支付形成的应付职工薪酬，实际支付时可计入应纳税所得额。2017年12月31日，该应付职工薪酬的计税基础为（　　　）万元。

A. 0　　　　　　　　B. 480　　　　　　　　C. 345.67　　　　　　　　D. 144.33

【答案】A

**学堂点拨**

涉及产品质量保证产生的预计负债、按税法规定应计入当期应纳税所得的预收账款、附有业绩条件或服务条件的股权激励计划产生的应付职工薪酬等，负债的计税基础为0。

## 知识点11　股份支付确认成本费用产生的暂时性差异

根据相关税法规定，对于附有业绩条件或服务条件的股权激励计划，企业按照会计准则的相关规定确认的成本费用在等待期内不得税前抵扣，待股权激励计划可行权时方可抵扣，可抵扣金额为实际行权时的股票公允价值与激励对象支付的行权金额之间的差额。因此，企业未来可以在税前抵扣的金额与等待期内确认的成本费用金额很可能存在差异。企业应根据期末的股票价格估计未来可以税前抵扣的金额，以未来期间很可能取得的应纳税所得额为限确认递延所得税资产。此外，如果预计未来期间可抵扣的金额超过等待期内确认的成本费用，超出部分形成的递延所得税资产应直接计入所有者权益，而不是计入当期损益。（教材新增）

【例15-计算分析题】纯生航空公司2020年年初于公司管理层实施"股票期权"计划，授予高管股票期权600万股，行权价为6元。授予日，该期权的公允价值为8元/股。根据股份支付会计准则，2020年纯生航空公司确认了1 600万元管理费用，预计管理层未来将能够实现行权条件。

2020年末，纯生航空公司股票收盘价为15元/股。

要求：编制2020年与递延所得税有关的会计分录（单位：万元）。

【分析】

纯生航空公司预计未来可以税前扣除的期权费用=600×（15-6）×1÷3=1 800（万元）

应确认的递延所得税资产=1 800×25%=450（万元）

借：递延所得税资产　　　　　　　　　　　　　　　　　　　　　450

贷：所得税费用　　　　　　　　　　　　　　　　　　　　　　　　400

其他综合收益　　　　　　　　　　　　　　　　　　　　　　50

**学堂点拨**

未来可抵扣金额1 800万元超过等待期确认的成本费用1 600万元的部分（200万元）形成的递延所得税资产50万元（200×25%），确认递延所得税资产的同时，贷方直接计入"其他综合收益"。

## 知识点12 适用税率变化的影响

因税收法规的变化，导致企业在某一会计期间适用的所得税税率发生变化的，企业应对已确认的递延所得税资产和递延所得税负债按照新的税率进行重新计量。

除直接计入所有者权益的交易或事项产生的递延所得税资产及递延所得税负债，相关的调整金额应计入所有者权益以外，其他情况下因税率变化产生的调整金额应确认为变化当期的所得税费用（或收益）。

【例16-单项选择题】伽罗公司于2×18年12月购入一台管理用设备，并于当月投入使用。该设备的入账价值为120万元，预计使用年限为5年，预计净残值为零，采用年限平均法计提折旧。税法规定采用双倍余额递减法计提折旧，且预计使用年限与净残值均与会计相同。至2×19年12月31日，该设备未计提减值准备。伽罗公司2×19年适用的所得税税率为25%，从2×20开始适用的所得税税率为15%。不考虑其他因素的影响，伽罗公司2×19年12月31日对该设备确认的递延所得税负债余额为（　　）万元。

A.24　　　　　　　B.3.6　　　　　　　C.6　　　　　　　D.4

【解析】2×19年12月31日该设备账面价值＝120-120÷5＝96（万元），计税基础＝120-120×2÷5＝72（万元），应确认的递延所得税负债余额＝（96-72）×15%＝3.6（万元）。

【答案】B

## 知识点13 所得税费用的确认和计量

一、当期所得税

当期所得税是指企业按照税法规定计算确定的针对当期发生的交易或事项，应交纳给税务部门的所得税金额，即当期应交所得税。

当期应交所得税=应纳税所得额×适用所得税税率

应纳税所得额=会计利润+纳税调整增加额-纳税调整减少额

（一）纳税调整增加额

1. 按会计准则规定核算时不作为收益计入财务报表，但在计算应纳税所得额时作为收益需要交纳所得税。

2. 按会计准则规定核算时确认为费用或损失计入利润表，但在计算应纳税所得额时不允许扣减。（税收滞纳金、行政罚款）

（二）纳税调整减少额

1. 按会计准则规定核算时作为收益计入财务报表，但在计算应纳税所得额时不确认为收益。（国债利息）

2. 按会计准则规定核算时不确认为费用或损失，但在计算应纳税所得额时允许扣减。（费用化的研究开发费用加计扣除）

二、递延所得税

递延所得税，是指按照所得税准则规定当期应予确认的递延所得税资产和递延所得税负债，即递延所得税资产及递延所得税负债当期发生额的综合结果，但不包括计入所有者权益的交易或事项的所得税影响。

递延所得税费用=当期递延所得税负债的增加额+当期递延所得税资产减少额-当期递延所得税负债的减少额-当期递延所得税的增加额

注：上述公式中不包括在当期直接计入所有者权益的递延所得税资产和递延所得税负债。

三、所得税费用

所得税费用=当期所得税费用+递延所得税费用

**【例17-多项选择题】**盾山建筑公司（以下简称盾山公司）自行建造的W建筑物于2×18年12月31日达到预定可使用状态并于当日直接出租，成本为13 600万元。盾山公司对投资性房地产采用公允价值模式进行后续计量。2×20年12月31日，已出租W建筑物累计公允价值变动收益为2 400万元，其中本年度公允价值变动收益为1 000万元。根据税法规定，已出租W建筑物以历史成本为基础按税法规定扣除折旧后的金额作为其计税基础，税法规定的折旧年限为20年，预计净残值为零，自投入使用的次月起采用年限平均法计提折旧。盾山公司2×20年度实现的利润总额为30 000万元，适用的所得税税率为25%。盾山公司下列会计处理中正确的有（    ）。

A．2×20年确认递延所得税负债420万元

B．2×20年12月31日递延所得税负债余额为940万元

C．2×20年应交所得税为7 250万元

D．2×20年所得税费用为7 500万元

**【答案】**ABD

**【解析】**2×20年投资性房地产增加的应纳税暂时性差异＝1 000＋13 600÷20＝1 680（万元），应确认递延所得税负债＝1 680×25%＝420（万元），选项A正确；2×20年12月31日应纳税暂时性差异余额＝2 400＋13 600÷20×2＝3 760（万元），递延所得税负债余额＝3 760×25%＝940（万元），选项B正确；2×20年应交所得税＝（30 000－1 680）×25%＝7 080（万元），选项C错误；2×20年所得税费用＝7 080＋420＝7 500（万元），选项D正确。

## 知识点14　企业合并递延所得税问题

一、控股合并由于被收购方仍然保留法人地位和独立纳税人资格，税法一般规定均是免税合并。

若属于非同一控制下合并，由于编制合并报表时，被投资企业的资产、负债按购买法对账面价值进行调整，即调整为公允价值，从而产生暂时性差异，应于合并报表中确认递延所得税。

非同一控制下的企业合并中，企业合并成本大于合并中取得的被购买方可辨认净资产公允价值份额的差额，按照会计准则规定应确认为商誉，如果按照税法规定计税时作为免税合并的情况下，商誉的计税基础为0，其账面价值与计税基础形成应纳税暂时性差异，不确认与其相关的递延所得税负债。

值得注意的是，按照会计准则规定在非同一控制下企业合并中确认了商誉，并且按照所得税法规的规定商誉在初始确认时计税基础等于账面价值的，该商誉在后续计量过程中因会计准则与税法规定不同产生暂时性差异的（比如商誉减值），应当确认相关的所得税影响。

若属于同一控制下合并，由于编制合并报表时采用权益结合法，被投资企业的资产、负债在合并

报表中仍按账面价值计量，不产生纳税差异，不存在递延所得税的确认。

【例18-计算分析题】A公司于2017年1月1日，以银行存款5 800万元取得B公司60%的股权，能够对被投资单位实施控制（非同一控制下）。合并日，B公司可辨认净资产账面价值为6 800万元，公允价值为8 000万元。1 200万元的差额为B公司办公楼的增值（账面价值2 300万元，公允价值3 500万元）。办公楼的预计使用年限为10年，净残值为零，按照年限平均法计提折旧。

【分析】在合并报表中，B公司的资产、负债应按公允价值反映，即视为购买。办公楼公允价值大于账面价值的差额计入资本公积。合并报表分录如下（单位：万元）：

借：固定资产                                                     1 200

    贷：资本公积                                              1 200

同时，该暂时性差异为应纳税暂时性差异，应确认递延所得税负债，$1\,200 \times 25\% = 300$（万元）。

借：资本公积                                                   300

    贷：递延所得税负债                                    300

考虑所得税影响的情况下，合并商誉=5 800－［6 800+（1 200－300）］×60%=1 180（万元）。

# 第二十章 非货币性资产交换

## 本章思维导图

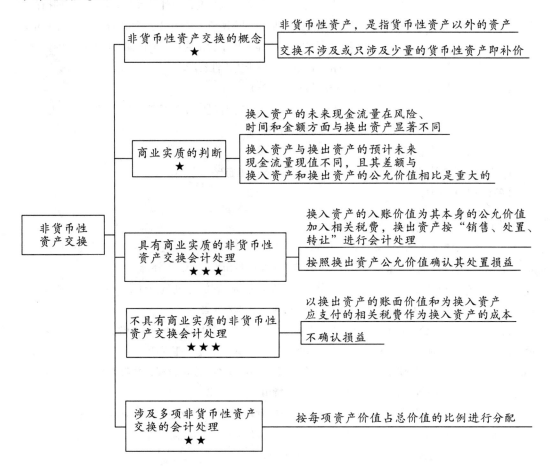

## 本章考情分析

本章分数为2分左右，非重要章节，但涉及前面各章所学知识，具有一定的综合性，有可能出现在主观题中与其他知识点结合考查。

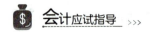 

## 本章知识点精讲

**知识点1 非货币性资产交换的概念**

### 一、非货币性资产

货币性资产是指企业持有的货币资金和将以固定或可确定的金额收取的资产，包括现金、银行存款、应收账款和应收票据以及以摊余成本计量的金融资产等。非货币性资产，是指货币性资产以外的资产。

值得强调的有，预付账款是否属于货币性资产？预付账款的本质是将要获取的存货等资产，与应收账款等债权类科目有着本质的区别，属于非货币性资产。以公允价值计量且其变动计入当期损益的金融资产、以公允价值计量且其变动计入其他综合收益的金融资产是否属于货币性资产？根据货币性资产定义的"固定""可确定"字眼可以看出，它们也不属于货币性资产，以摊余成本计量的金融资产由于其利息及本金的收取都是固定的和可确定的，属于货币性资产。

【例1–多选题】下列属于非货币性资产的有（　　　）。

A．应收账款　　　　　B．固定资产　　　C．以摊余成本计量的金融资产　　　D．投资性房地产

E．长期股权投资　　　F．无形资产　　　G．在建工程　　　　　　　　　　　H．银行存款

I．以公允价值计量且其变动计入当期损益的金融资产

J．以公允价值计量且其变动计入其他综合收益的金融资产

【答案】BDEFGIJ

### 二、非货币性资产交换

非货币性资产交换，是指交易双方主要以固定资产、无形资产、投资性房地产和长期股权投资等非货币性资产进行的交换。该交换不涉及或只涉及少量的货币性资产，即补价。

从定义中可以看出，换入、换出资产均需是非货币性资产才属于非货币性资产交换，即使涉及补价，它也是微不足道的（如补价占整个资产交换金额的比例小于25%）。

例如：甲公司以公允价值200万元的专利权换取乙公司公允价值230万元的生产设备，并支付补价30万元。补价比例为30÷230＝13.04%，小于25%，属于非货币性资产交换；A公司以公允价值1 000万元的土地使用权换取B公司持有的公允价值为800万元的C公司股权，并收取补价200万元。补价比例为200÷1 000＝20%，小于25%，也属于非货币性资产交换。

【例2–多选题】甲公司为一家互联网视频播放经营企业，其为减少现金支出而进行的取得有关影视作品播放权的下列交易中，属于非货币性资产交换的有（　　　）。

A．以应收商业承兑汇票换取其他方持有的乙版权

B．以本公司持有的丙版权换取其他方持有的丁版权

C．以将于3个月内到期的国债投资换取其他方持有的戊版权

D．以一项非专利技术换取其他方持有的己版权

【答案】BD

**学堂点拨**

选项A和C，商业承兑汇票与3个月内到期的国债均属于货币性项目，不属于非货币性资产交换。

**【例3-多选题】**不考虑其他因素，甲公司发生的下列交易事项中，应当按照非货币性资产交换进行会计处理的有（    ）。

A. 以对子公司股权投资换入一项投资性物业

B. 以本公司生产线换入生产用专利技术

C. 以原以摊余成本计量的金融资产的债权投资换入固定资产

D. 定向发行本公司股票取得某被投资单位40%股权

**【答案】**AB

## 学堂点拨

选项C，以摊余成本计量的金融资产属于货币性资产，该交换不属于非货币性资产交换；选项D，发行的本公司股票属于公司所有者权益，不属于资产，该交换不属于非货币性资产交换。

【提示】本章不涉及的交易和事项：

1. 换出资产为存货的非货币性资产交换，换出存货适用《企业会计准则第14号——收入》。

2. 在企业合并中取得的非货币性资产，非货币性资产交换中涉及企业合并的，适用《企业会计准则第20号——企业合并》《企业会计准则第2号——长期股权投资》和《企业会计准则第33号——合并财务报表》。

3. 交换的资产包括属于非货币性资产的金融资产，非货币性资产交换中涉及本书第14章中金融资产的，金融资产的确认、终止确认和计量适用《企业会计准则第22号——金融工具确认和计量》和《企业会计准则第23号——金融资产转移》。

4. 非货币性资产交换中涉及使用权资产或应收融资租赁款，非货币性资产交换中涉及由《企业会计准则第21号——租赁》规范的使用权资产或应收融资租赁款等的，相关资产的确认、终止确认和计量适用《企业会计准则第21号——租赁》。

5. 非货币性资产交换构成权益性交易。

## 知识点2　非货币性资产交换的确认原则

对于换入资产，应当在其符合资产定义并满足资产确认条件时予以确认，对于换出资产，应当在其满足资产终止确认条件时终止确认。

通常情况下，换入资产的确认时点与换出资产的终止确认时点应当相同或相近，在换入资产的确认时点与换出资产的终止确认时点存在不一致的情形下，在资产负债表日，企业应当按照下列原则进行会计处理：

1. 换入资产满足资产确认条件，换出资产尚未满足终止确认条件的，在确认换入资产的同时将交付换出资产的义务确认为一项负债；

2. 换入资产尚未满足资产确认条件，换出资产满足终止确认条件的，在终止确认换出资产的同时将取得换入资产的权利确认为一项资产。

## 知识点3 交易是否具有商业实质

满足下列条件之一的非货币性资产交换具有商业实质：

一、换入资产的未来现金流量在风险、时间分布和金额方面与换出资产显著不同；

二、使用换入资产与继续使用换出资产的预计未来现金流量现值不同，且其差额与换入资产和换出资产的公允价值相比是重大的。

规范商业实质的主要意义：一是为防范利用非货币性资产交换进行利润操纵，二是若资产的风险、报酬没有实质上转移，也不应视同资产转移的处理原则进行会计处理。比如甲石油公司与乙石油公司交换位于两地的石油库存，如果两地的石油库存未来现金流量的风险、时间分布或金额均相同，则表明商品的风险和报酬并没有实质上发生转移，不满足《企业会计准则第14号——收入》的收入确认条件，不可确认收入、结转成本。

## 知识点4 以公允价值为基础计量的非货币性资产交换会计处理

以公允价值为基础计量的非货币性资产交换会计处理涉及的核心问题有两点，一是以公允价值为基础（通常为换出资产的公允价值，除非有确凿证据表明换入资产的公允价值更为可靠的，需采用换入资产的公允价值为基础）计算换入资产的入账价值，二是换出资产的公允价值与其账面价值不相等的，均需确认交换损益。

以上处理的前提是必须同时满足下列两个条件：

1. 该项交换具有商业实质；

2. 换入资产或换出资产的公允价值能够可靠地计量。

涉及补价的情况：

1. 支付补价方：换入资产的成本＝换出资产的公允价值＋支付补价的公允价值＋应支付的相关税费，如换入资产的公允价值更加可靠的，换入资产的成本＝换入资产的公允价值＋应支付的相关税费，换出资产确认的当期损益＝换入资产的公允价值－支付补价的公允价值－换出资产账面价值；

2. 收到补价方：换入资产的成本＝换出资产的公允价值－收到补价的公允价值＋应支付的相关税费，如换入资产的公允价值更加可靠，换入资产的成本＝换入资产的公允价值＋应支付的相关税费，换出资产的损益＝换入资产的公允价值＋收到补价的公允价值－换出资产账面价值。

【例4-分析题】假设非货币性资产交换具有商业实质，且换入、换出资产公允价值均能可靠计量，假设不考虑相关税费，则换入资产的入账价值即为其本身的公允价值。资料如下图所示：

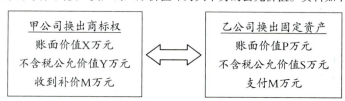

【分析】甲公司换入固定资产的入账价值为S万元，乙公司换入的商标权入账价值为Y万元，一般情况下，S＝Y－M，Y＝S＋M。

【例5-计算分析题】2019年9月，A公司以生产经营过程中使用的一台设备交换B打印机公司一条生产线，换入的生产线作为固定资产管理。A、B公司均为增值税一般纳税人，适用的增值税税率为13%。设备的账面原价为150万元，在交换日的累计折旧为45万元，公允价值为90万元。生产线的账面原值为150万元，已计提折旧40万元，在交换日的市场价格为90万元，计税价格等于市场价格。B公司换入A公司的设备是生产打印机过程中需要使用的设备。

假设A公司此前没有为该设备计提资产减值准备，整个交易过程中，除支付运杂费（换出资产）15 000元外，没有发生其他相关税费。假设B公司此前也没有为生产线计提存货跌价准备，其在整个交易过程中没有发生除增值税以外的其他税费。

【分析】换入、换出非货币性资产，且不涉及补价，因此该项交换属于非货币性资产交换。换入资产的未来现金流量在风险、时间和金额方面与换出资产显著不同，两项资产的交换具有商业实质；同时，两项资产的公允价值都能够可靠地计量，符合以公允价值计量的两个条件，因此，A公司和B公司均应当以换出资产的公允价值为基础，确定换入资产的成本，并确认产生的损益。

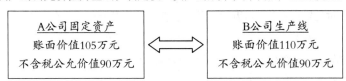

A公司的账务处理如下：

A公司换入资产的增值税进项税额＝900 000×13%＝117 000（元）

换出设备的增值税销项税额＝900 000×13%＝117 000（元）

由于不涉及相关税费，换入资产的入账价值为其本身公允价值90万元。

| | | |
|---|---|---|
| 借：固定资产清理 | 1 050 000 | |
| 　　累计折旧 | 450 000 | |
| 　　　贷：固定资产——设备 | | 1 500 000 |
| 借：固定资产清理 | 15 000 | |
| 　　　贷：银行存款 | | 15 000 |
| 借：固定资产——生产线 | 900 000 | |
| 　　应交税费——应交增值税（进项税额） | 117 000 | |
| 　　资产处置损益 | 165 000 | |
| 　　　贷：固定资产清理 | | 1 065 000 |
| 　　　　应交税费——应交增值税（销项税额） | | 117 000 |

B公司的账务处理如下：

换出生产线的增值税销项税额＝900 000×13%＝117 000（元）

换入设备的增值税进项税额＝900 000×13%＝117 000（元）

由于不涉及相关税费，换入资产的入账价值为其本身公允价值90万元。

| | | |
|---|---|---|
| 借：固定资产——设备 | 900 000 | |
| 　　应交税费——应交增值税（进项税额） | 117 000 | |
| 　　　贷：固定资产清理 | | 900 000 |
| 　　　　应交税费——应交增值税（销项税额） | | 117 000 |

| 借：固定资产清理 | 1 100 000 |
| 累计折旧 | 400 000 |
| 贷：固定资产——生产线 | 1500 000 |
| 借：资产处置损益 | 200 000 |
| 贷：固定资产清理 | 200 000 |

**【例6-计算分析题】** 甲公司与乙公司经协商，甲公司以其持有的一项商标权与乙公司拥有的一台机器设备交换。交换后两公司对于换入资产仍供经营使用。在交换日，甲公司的商标权的账面原价为900万元，已计提累计摊销150万元，未计提减值准备，在交换日的公允价值（不含税）为800万元，适用的增值税税率为6%，增值税销项税额为480 000元。

乙公司拥有的机器设备的账面原价为1 000万元，已计提折旧300万元，未计提减值准备，在交换日的公允价值（不含税）为755万元，适用的增值税税率为13%，增值税销项税额为981 500元。乙公司收到甲公司支付的银行存款5.15万元［其中包括乙公司需支付给甲公司补价的公允价值45万元（800−755），甲公司需支付给乙公司增值税销项税额和进项税额的差额50.15万元（98.15−48），二者相抵，甲公司尚需支付给乙公司的金额为5.15万元（50.15−45），与非货币性资产交换实质相关的补价的公允价值为45万元］。上述交易过程中涉及的增值税进项税额按照税法规定可抵扣且已得到认证；不考虑其他相关税费。

**【分析】** 该项资产交换涉及收付货币性资产，即补价45万元，比例为45÷（755＋45）＝5.63%，小于25%，属于非货币性资产交换。商标权和机器设备未来现金流量在时间、风险、金额方面有显著的区别，因而可判断两项资产的交换具有商业实质。同时，商标权和机器设备的公允价值均能够可靠计量，因此，甲、乙公司均应当以公允价值为基础确定换入资产的成本，并确认产生的损益。

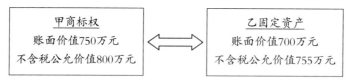

甲公司的账务处理如下：

| 借：固定资产 | 7 550 000 |
| 应交税费——应交增值税（进项税额） | 981 500 |
| 累计摊销 | 1 500 000 |
| 贷：无形资产 | 9 000 000 |
| 应交税费——应交增值税（销项税额） | 480 000 |
| 资产处置损益 | 500 000 |
| 银行存款 | 51 500 |

资产处置损益50万元，为无形资产公允价值800万元大于账面价值750万元的差额，属于处置非流动资产利得。由于不涉及相关税费，换入资产的入账价值为其本身公允价值755万元（或者换入资产的入账价值＝换出资产的公允价值−收到补价的公允价值＝800−45＝755）。

乙公司的账务处理如下：

| 借：固定资产清理 | 7 000 000 |

| | |
|---|---|
| 累计折旧 | 3 000 000 |
| 贷：固定资产 | 10 000 000 |
| 借：无形资产 | 8 000 000 |
| 应交税费——应交增值税（进项税额） | 480 000 |
| 银行存款 | 51 500 |
| 贷：固定资产清理 | 7 000 000 |
| 应交税费——应交增值税（销项税额） | 981 500 |
| 资产处置损益 | 550 000 |

资产处置损益55万元，为固定资产公允价值755万元大于账面价值700万元的差额，属于处置非流动资产利得。由于不涉及相关税费，换入资产的入账价值为其本身公允价值800万元（或者换入资产的入账价值＝换出资产的公允价值＋支付补价的公允价值＝755＋45＝800）。

## 知识点5 以账面价值为基础计量的非货币性资产交换会计处理

未同时满足准则规定的两个条件的非货币性资产交换，即：

一、该项交换具有商业实质；

二、换入资产或换出资产的公允价值能够可靠地计量。

应当以换出资产的账面价值和为换入资产应支付的相关税费作为换入资产的成本，无论是否支付补价，均不确认损益。

【例7-计算分析题】丙公司拥有一台专有设备，该设备账面原价450万元，已计提折旧330万元。丁公司拥有一项长期股权投资，账面价值90万元，两项资产均未计提减值准备。丙公司决定以其专有设备交换丁公司的长期股权投资，该专有设备是生产某种产品必需的设备。由于专有设备系当时专门制造，性质特殊，其公允价值不能可靠计量；丁公司拥有的长期股权投资在活跃市场中没有报价，其公允价值也不能可靠计量。经双方商定，丁支付了20万元补价。假定交易中没有涉及相关税费。

【分析】该项资产交换涉及收付货币性资产，即补价20万元。对丙公司而言，收到的补价20万元÷换出资产账面价值120万元＝16.7%＜25%，因此，该项交换属于非货币性资产交换，丁公司的情况也类似。由于两项资产的公允价值不能可靠计量，因此，对于该项资产交换，换入资产的成本应当按照换出资产的账面价值确定，丙公司换入长期股权投资的入账价值＝换出资产的账面价值－收到丁公司补价的公允价值＝120－20＝100（万元）。

丙公司的账务处理如下：

| | |
|---|---|
| 借：固定资产清理 | 1 200 000 |
| 累计折旧 | 3 300 000 |
| 贷：固定资产——专有设备 | 4 500 000 |
| 借：长期股权投资 | 1 000 000 |
| 银行存款 | 200 000 |
| 贷：固定资产清理 | 1 200 000 |

丁公司的账务处理如下：

借：固定资产——专有设备　　　　　　　　　　　　　　　　　　1 100 000
　　贷：长期股权投资　　　　　　　　　　　　　　　　　　　　　900 000
　　　　银行存款　　　　　　　　　　　　　　　　　　　　　　　200 000

## 知识点6　涉及多项非货币性资产交换的会计处理

### 一、以公允价值为基础计量的情况

（一）以换出资产的公允价值为基础计量的。

1. 如果换入资产的公允价值能够计量，则单项换入资产的入账价值＝［该单项换入资产的公允价值/换入资产公允价值总额×（换出资产公允价值总额＋支付补价的公允价值－收到补价的公允价值－换入金融资产公允价值）］＋应支付的相关税费。

2. 如果换入资产的公允价值不能可靠计量，则单项换入资产的入账价值＝［该项资产（非金融资产）原账面价值/换入全部非金融资产账面价值总额×（换出资产公允价值总额＋支付补价的公允价值－收到补价的公允价值－换入金融资产公允价值）］＋应支付的相关税费。

3. 对于同时换出的多项资产，应当将各项换出资产的公允价值与其账面价值之间的差额，在各项换出资产终止确认时计入当期损益。

（二）以换入资产的公允价值为基础计量的。

1. 对于同时换入的多项资产，应当以各项换入资产的公允价值和应支付的相关税费作为各项换入资产的初始计量金额。

2. 对于同时换出的多项资产，如换出资产的公允价值能够可靠计量，则单项换出资产的分摊的公允价值＝［（该项资产的公允价值/全部换出资产公允价值总额）×（全部换入资产公允价值总额－支付补价的公允价值＋收到补价的公允价值）］，各单项换出资产分摊的公允价值与其账面价值之间的差额，在各项换出资产终止确认时计入当期损益。

### 二、以账面价值为基础计量的情况

（一）换入资产的公允价值能够可靠计量的，单项换入资产的入账价值＝［（该项换入资产的公允价值/全部换入资产的公允价值总额）×（换出资产账面价值总额＋支付补价的账面价值－收到补价的账面价值）］＋相关税费。

（二）换入资产的公允价值不能可靠计量的，各单项换入资产的入账价值＝［（该单项换入资产的账面价值/全部换入资产账面价值总额）×（全部换出资产账面价值总额＋支付补价的账面价值－收到补价的账面价值）］＋相关税费。

（三）对于同时换出的多项资产，各项换出资产终止确认时均不确认损益。

# 第二十一章　债务重组

## 本章思维导图

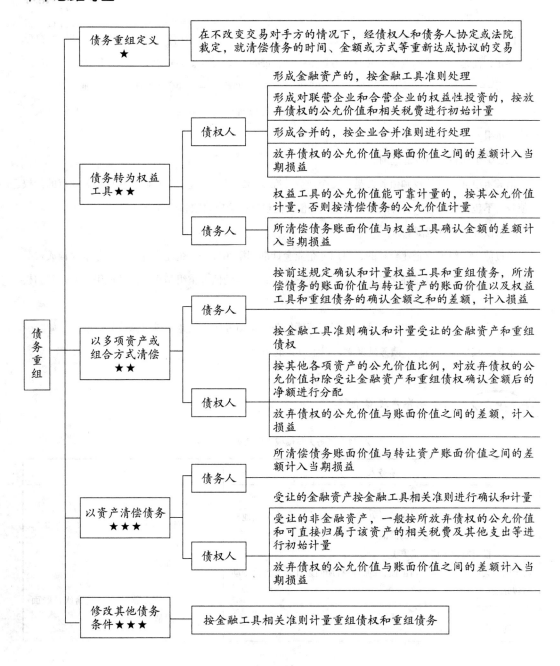

债务重组

- 债务重组定义 ★
  - 在不改变交易对手方的情况下，经债权人和债务人协定或法院裁定，就清偿债务的时间、金额或方式等重新达成协议的交易

- 债务转为权益工具 ★★
  - 债权人
    - 形成金融资产的，按金融工具准则处理
    - 形成对联营企业和合营企业的权益性投资的，按放弃债权的公允价值和相关税费进行初始计量
    - 形成合并的，按企业合并准则进行处理
    - 放弃债权的公允价值与账面价值之间的差额计入当期损益
  - 债务人
    - 权益工具的公允价值能可靠计量的，按其公允价值计量，否则按清偿债务的公允价值计量
    - 所清偿债务账面价值与权益工具确认金额的差额计入当期损益

- 以多项资产或组合方式清偿 ★★
  - 债务人
    - 按前述规定确认和计量权益工具和重组债务，所清偿债务的账面价值与转让资产的账面价值以及权益工具和重组债务的确认金额之和的差额，计入损益
  - 债权人
    - 按金融工具准则确认和计量受让的金融资产和重组债权
    - 按其他各项资产的公允价值比例，对放弃债权的公允价值扣除受让金融资产和重组债权确认金额后的净额进行分配
    - 放弃债权的公允价值与账面价值之间的差额，计入损益

- 以资产清偿债务 ★★★
  - 债务人
    - 所清偿债务账面价值与转让资产账面价值之间的差额计入当期损益
    - 受让的金融资产按金融工具相关准则进行确认和计量
  - 债权人
    - 受让的非金融资产，一般按所放弃债权的公允价值和可直接归属于该资产的相关税费及其他支出等进行初始计量
    - 放弃债权的公允价值与账面价值之间的差额计入当期损益

- 修改其他债务条件 ★★★
  - 按金融工具相关准则计量重组债权和重组债务

## 本章考情分析

本章属于比较重要章节，2020年以前的真题已不再具有参考价值，

## 本章知识点精讲

### 知识点1 债务重组的定义和重组方式

微信扫一扫
习题免费练

一、债务重组，是指在不改变交易对手方的情况下，经债权人和债务人协定或法院裁定，就清偿债务的时间、金额或方式等重新达成协议的交易。

债务重组不再以"债务人是否发生财务困难"和"债权人是否作出让步"为标准进行界定，而是强调"不改变交易对手方"这一前提条件，如改变交易对手方，则适用《企业会计准则第22号——金融工具确认和计量》和《企业会计准则第23号——金融资产转移》等准则，而不能直接适用《企业会计准则第12号——债务重组》，如资产管理公司从债权人处购得债权，再与债务人进行债务重组。

二、关于债权和债务的范围。

债务重组涉及的债权和债务，是指《企业会计准则第22号——金融工具确认和计量》规范的债权和债务，不包括合同资产、合同负债、预计负债，但包括租赁应收款和租赁应付款。

三、债务重组的范围。

通过债务重组形成企业合并的，适用《企业会计准则第20号——企业合并》，债务重组构成权益性交易的，应当适用权益性交易的有关会计处理规定，本章的债务重组是指不涉及适用企业合并和权益性交易规定的债务重组。

四、债务重组的方式主要包括：以资产清偿债务、将债务转为权益工具，修改其他条件（如减少债务本金、减少债务利息、债务延期），以上方式的组合。

### 知识点2 以金融资产抵偿债务

表21-1 债务人与债权人账务处理方式对照

| 债务人 | 债权人 |
|---|---|
| 借：应付账款等（账面价值）<br>　　贷：银行存款/交易性金融资产/债权投资/其他债权投资/其他权益工具投资等（账面价值）<br>　　　投资收益（或在借方）<br>对于以"其他债权投资"清偿债务的，持有期间累计公允价值变动结转分录：<br>借：其他综合收益<br>　　贷：投资收益 | 借：银行存款/交易性金融资产/债权投资/其他债权投资/其他权益工具投资等（取得时公允价值）<br>　坏账准备<br>　投资收益（或在贷方）<br>　　贷：应收账款等（终止确认日账面原值） |

（续上表）

| 债务人 | 债权人 |
|---|---|
| 或作相反分录。<br>对于以"其他权益工具投资"清偿债务的，持有期间的累计公允价值变动结转分录：<br>借：其他综合收益<br>　　贷：盈余公积<br>　　　　利润分配——未分配利润<br>或作相反会计分录。<br>注：偿债金融资产已计提减值准备的，应结转已计提的减值准备。 | 注：收到的金融资产的公允价值与交易价格（放弃债权的公允价值）存在差异的，应当按照《企业会计准则第22号——金融工具确认和计量》第三十四条的规定处理。 |

【例1-计算分析题】甲公司是一家新型材料生产商，客户乙、丙、丁三家公司分别欠款100万元、200万元、500万元。甲公司对应收乙公司的款项计提了30万元的坏账准备。

2020年3月20日，甲公司同乙、丙、丁三家公司分别达成债务重组协议，有关主要条款如下：

1．乙公司将持有的分类为摊余成本计量的金融资产进行抵债，乙公司3月20日该项资产的账面价值为60万元（其中成本50万元、利息调整借方10万元），公允价值为68万元。

2．丙公司将持有的分类为以公允价值计量且其变动计入其他综合收益的债务工具投资清偿债务，该债券3月20日公允价值为162万元，账面价值为160万元（其中：成本150万元、公允价值变动10万元）。

3．丁公司将持有的指定为以公允价值计量且其变动计入其他综合收益的非交易性权益工具投资清偿债务，该债券3月20日公允价值为410万元，账面价值为400万元（其中：成本360万元、公允价值变动40万元）。

假设3月20日均办妥了资产转让手续。

要求：分别编制甲公司及乙、丙、丁公司有关会计分录。

【答案】

1．甲公司：

借：债权投资　　　　　　　　　　　　　　　　　68
　　坏账准备　　　　　　　　　　　　　　　　　30
　　投资收益　　　　　　　　　　　　　　　　　 2
　　贷：应收账款　　　　　　　　　　　　　　　　　100

乙公司：

借：应付账款　　　　　　　　　　　　　　　　　100
　　贷：债权投资——成本　　　　　　　　　　　　　50
　　　　　　　　——利息调整　　　　　　　　　　10
　　　　投资收益　　　　　　　　　　　　　　　　40

2．甲公司：

借：其他债权投资　　　　　　　　　　　　　　　162
　　投资收益　　　　　　　　　　　　　　　　　38

| | | |
|---|---|---:|
| | 贷：应收账款 | 200 |
| 丙公司： | | |
| 借：应付账款 | | 200 |
| | 贷：其他债权投资——成本 | 150 |
| | ——公允价值变动 | 10 |
| | 投资收益 | 40 |
| 借：其他综合收益 | | 10 |
| | 贷：投资收益 | 10 |
| 3. 甲公司： | | |
| 借：其他权益工具投资——成本 | | 410 |
| 投资收益 | | 90 |
| | 贷：应收账款 | 500 |
| 丁公司： | | |
| 借：应付账款 | | 500 |
| | 贷：其他权益工具投资——成本 | 360 |
| | ——公允价值变动 | 40 |
| | 投资收益 | 100 |
| 借：其他综合收益 | | 40 |
| | 贷：盈余公积 | 4 |
| | 利润分配——未分配利润 | 36 |

## 知识点3　以金融资产以外的资产抵偿债务

表21-2　债务人、债权人账务处理对照表

| 债务人 | 债权人 |
|---|---|
| 借：应付账款（终止确认时的账面价值）<br>　　累计摊销<br>　　存货跌价准备<br>　　长期股权投资减值准备<br>　　无形资产减值准备<br>　　投资性房地产减值准备<br>　　贷：库存商品/固定资产清理/无形资产/投资性房地产/长期股权投资等（终止确认时账面价值）<br>　　　　应交税费——应交增值税（销项税额）<br>　　　　其他收益——债务重组收益（差额）<br>借：固定资产清理<br>　　累计折旧<br>　　固定资产减值准备<br>　　贷：固定资产 | 借：库存商品/长期股权投资/固定资产/无形资产/投资性房地产等（所放弃债权的公允价值-允许抵扣的进项税额+相关税金、运输费、装卸费、保险费及其他为使资产达到预定用途的其他成本）<br>　　应交税费——应交增值税（进项税额）<br>　　坏账准备<br>　　投资收益（或在贷方）<br>　　贷：应收账款（终止确认时的账面原值） |

（续上表）

| 债务人 | 债权人 |
|---|---|
| 注：1. 分录中的长期股权投资指的是对联营或合营企业的长期股权投资；2. 债务人不需要区分资产处置损益和债务重组损益，也不需要区分不同资产的处置损益，而应将所清偿债务账面价值与转让资产账面价值之间的差额，计入"其他收益——债务重组收益"；3. 债务人以资产组清偿债务的，资产组所属的资产组或资产组组合按照《企业会计准则第8号——资产减值》分摊了企业合并中取得的商誉，该处置组应当包含分摊至处置组的商誉，处置组中的资产已计提减值准备的，应结转已计提的减值准备。 | 注：1. 债权人受让多项非金融资产的，应当按照受让的金融资产以外的各项资产在债务重组合同生效日的公允价值比例，对放弃债权在合同生效日的公允价值扣除受让金融资产当日公允价值后的净额进行分配，并以此为基础分别确定各项资产的成本，分摊方法与多项非货币性资产交换类似。<br>2. 债权人在取得日将受让的相关资产或资产组划分为持有待售类别的，债权人应当在初始计量时，比较假定其不划分为持有待售类别情况下的初始计量金额和公允价值减去出售费用后的净额，以两者孰低计量。 |

【例2-计算分析题】甲公司于2019年10月20日销售一批材料给乙公司，货款113万元。2019年12月31日，甲公司计提了30万元的坏账准备，假设该项债权年末的公允价值为80万元。

2020年1月1日，经双方协议进行债务重组，协议约定，乙公司用以下五项资产的其中之一进行抵偿债务：

1. 乙公司的两箱APC产品；

2. 乙公司的一辆旧宝马车；

3. 乙公司的30头奶牛；

4. 乙公司的一项产品专利；

5. 乙公司持有丙公司的20%的股权。

假设不考虑增值税，取得抵债资产时，甲公司支付了相关税费1万元。

要求：编制甲公司债务重组日的会计分录。

【答案】

借：库存商品/固定资产/生产性生物资产/无形资产/长期股权投资　　　　　　81

　　　坏账准备　　　　　　　　　　　　　　　　　　　　　　　　　　　　30

　　　投资收益　　　　　　　　　　　　　　　　　　　　　　　　　　　　　3

　　　贷：应收账款　　　　　　　　　　　　　　　　　　　　　　　　　　113

　　　　　银行存款　　　　　　　　　　　　　　　　　　　　　　　　　　　　1

【例3】接上例，乙公司的会计处理：

1. 假设两箱APC产品账面成本为50万元，公允价值为78.99万元。

借：应付账款　　　　　　　　　　　　　　　　　　　　　　　　　1 130 000

　　　贷：库存商品　　　　　　　　　　　　　　　　　　　　　　　　500 000

　　　　　其他收益——债务重组收益　　　　　　　　　　　　　　　　630 000

2. 假设乙公司旧宝马车账面价值为60万元，其中原值为90万元，累计折旧为40万元，公允价值为67.89万元。

借：固定资产清理　　　　　　　　　　　　　　　　　　　　　　　　600 000

　　　累计折旧　　　　　　　　　　　　　　　　　　　　　　　　　　300 000

|  |  |  |
|---|---|---|
| 贷：固定资产 | | 900 000 |
| 借：应付账款 | 1 130 000 | |
| 贷：固定资产清理 | | 600 000 |
| 其他收益——债务重组收益 | | 530 000 |

3. 假设30头奶牛账面原值为120万元，累计折旧为50万元，公允价值为77.77万元。

|  |  |  |
|---|---|---|
| 借：应付账款 | 1 130 000 | |
| 生产性生物资产累计折旧 | 500 000 | |
| 贷：生产性生物资产 | | 1 200 000 |
| 其他收益——债务重组收益 | | 430 000 |

4. 假设生产专利账面价值为50万元，其中账面原值为400万元，累计摊销为250万元，减值准备为100万元。公允价值为77.7万元。

|  |  |  |
|---|---|---|
| 借：应付账款 | 1 130 000 | |
| 累计摊销 | 2 500 000 | |
| 无形资产减值准备 | 1 000 000 | |
| 贷：无形资产 | | 4 000 000 |
| 其他收益——债务重组收益 | | 630 000 |

5. 假设乙公司持有的丙公司股权账面价值为80万元，其中投资成本为50万元、损益调整为20万元、其他综合收益为10万元（可结转当期损益）。该股权的公允价值为88.88万元。

|  |  |  |
|---|---|---|
| 借：应付账款 | 1 130 000 | |
| 贷：长期股权投资——投资成本 | | 500 000 |
| ——损益调整 | | 200 000 |
| ——其他综合收益 | | 100 000 |
| 其他收益——债务重组收益 | | 330 000 |
| 借：其他综合收益 | 100 000 | |
| 贷：投资收益 | | 100 000 |

【教材例21-3改】2019年3月5日，甲公司向乙公司赊购一批材料，含税价为234万元。乙公司以摊余成本计量该项债权，对该债权已计提坏账准备19万元。

2020年4月10日，双方达到债务重组协议。乙公司同意甲公司用一项债券投资及其生产的商品、作为固定资产管理的机器设备抵偿欠款。当日，该债权的公允价值为210万元。

甲公司用于抵债资产的资料如下：

1. 甲公司用于抵债的商品成本为70万元，市价（不含增值税）为90万元；

2. 抵债设备的账面原价为150万元，累计折旧为40万元，已计提减值准备18万元；公允价值为75万元；

3. 甲公司以摊余成本计量用于抵债的债券投资，债券票面价值总额为15万元，票面利率与实际利率一致，按年付息。债券投资市价为23.55万元。

2020年4月20日，抵债资产转让完毕，甲公司发生设备运输费用0.65万元，乙公司发生设备安装费用1.5万元。4月20日债券投资市价为21万元。

乙公司将受让的商品、设备和债券投资分别作为低值易耗品、固定资产和以公允价值计量且其变动计入当期损益的金融资产核算。甲公司以摊余成本计量该项债务。

甲、乙公司均为增值税一般纳税人，适用增值税率为13%，经税务机关核定，该项交易中商品和设备的计税价格分别为90万元和75万元。不考虑其他相关税费。

1. 债权人乙公司的会计处理：

低值易耗品可抵扣增值税＝90×13%＝11.7（万元）

设备可抵扣增值税＝75×13%＝9.75（万元）

低值易耗品和固定资产的成本应当以其公允价值比例（90：75）对放弃债权公允价值扣除受让金融资产公允价值后的净额进行分配后的金额为基础确定。

低值易耗品的成本＝90÷（90＋75）×（210－23.55－11.7－9.75）＝90（万元）

固定资产的成本＝75÷（90＋75）×（210－23.55－11.7－9.75）＝75（万元）

（1）结转债务重组相关损益：

借：低值易耗品 900 000

　　在建工程——在安装设备 750 000

　　应交税费——应交增值税（进项税额） 214 500

　　交易性金融资产 210 000

　　坏账准备 190 000

　　投资收益 75 500

　　贷：应收账款——甲公司 2 340 000

注：债权的账面价值为215万元，公允价值为210万元，差额为5万元，应计入投资收益借方。那么，另外的2.55万元是什么呢？

（2）支付安装成本：

借：在建工程——在安装设备 15 000

　　贷：银行存款 15 000

（3）安装完毕达到可使用状态：

借：固定资产 765 000

　　贷：在建工程——在安装设备 765 000

2. 甲公司账务处理：

借：固定资产清理 920 000

　　累计折旧 400 000

　　固定资产减值准备 180 000

　　贷：固定资产 1 500 000

借：固定资产清理 6 500

　　贷：银行存款 6 500

借：应付账款 2 340 000

　　贷：固定资产清理 926 500

　　　　库存商品 700 000

| | |
|---|---|
| 应交税费——应交增值税 | 214 500 |
| 债权投资——成本 | 150 000 |
| 其他收益——债务重组收益 | 349 000 |

## 知识点4 债务人将债务转为权益工具

债务重组采用将债务转为权益工具方式进行的，债务人初始确认权益工具时，应当按照权益工具的公允价值计量，权益工具的公允价值不能可靠计量的，应当按照所清偿债务的公允价值计量。所清偿债务账面价值与权益工具确认金额之间的差额，计入"投资收益"科目。债务人因发行权益工具而支出的相关税费等，应当依次冲减资本溢价、盈余公积、未分配利润等。

债权人将债权转为对联营企业或合营企业的权益性投资的，债权人按放弃债权的公允价值和相关税费之和，作为"长期股权投资"的初始入账成本，债权人将债权转为以公允价值计量且其变动计入当期损益或以公允价值计量且其变动计入其他综合收益的金融资产的，按照《企业会计准则第22号——金融工具确认和计量》进行会计处理。

表21-3 债务人、债权人账务处理对照表

| 债务人 | 债权人 |
|---|---|
| 借：应付账款（终止确认时的账面价值）<br>　　贷：股本（实收资本）（面值）<br>　　　　资本公积——股本溢价（权益工具的公允价值或清偿债务的公允价值－面值）<br>　　　　投资收益（差额）<br>发行权益工具支付的相关税费：<br>借：资本公积——股本溢价等<br>　　贷：银行存款 | 借：长期股权投资（清偿债务的公允价值＋相关税费）<br>　　坏账准备<br>　　投资收益（差额）<br>　　贷：应收账款（终止确认时的账面原值）<br>注：1. 债权人将放弃债权形成金融资产的，按金融工具准则的规定处理；2. 形成企业合并的，按照企业合并准则处理 |

【教材例21-2改编】2019年2月10日，甲公司从乙公司购买一批材料，约定6个月后甲公司应结清款项100万元（假定无重大融资成分）。乙公司将该应收账款分类为以公允价值计量且其变动计入当期损益的金融资产；甲公司将该应付账款分类为以摊余成本计量的金融负债。2019年8月12日，甲公司因无法支付货款与乙公司协商进行债务重组，双方商定乙公司将该债权转为对甲公司的股权投资。10月20日，乙公司办结了对甲公司的增资手续，甲公司和乙公司分别支付手续费等相关费用1.5万元和1.2万元。债转股后甲公司总股本为100万元，乙公司持有的抵债股权占甲公司总股本的25%，对甲公司具有重大影响，甲公司股权公允价值不能可靠计量。甲公司应付账款的账面价值仍为100万元。

2019年6月30日，应收账款和应付账款的公允价值均为85万元。

2019年8月12日，应收账款和应付账款的公允价值均为76万元。

2019年10月20日，应收账款和应付账款的公允价值为72万元。

假定不考虑其他相关税费。

1. 债权人的会计处理。

乙公司的账务处理如下：

6月30日：

借：公允价值变动损益　　　　　　　　　　　　　　　　　　　　　　　150 000

贷：交易性金融资产——公允价值变动    150 000

8月12日：

借：公允价值变动损益    90 000

贷：交易性金融资产——公允价值变动    90 000

10月20日，乙公司对甲公司长期股权投资的成本为应收账款公允价值72万元与相关税费1.2万元的合计73.2万元。

借：长期股权投资——甲公司    732 000

    交易性金融资产——公允价值变动    240 000

    投资收益    40 000

贷：交易性金融资产——成本    1 000 000

    银行存款    12 000

2. 债务人的会计处理。

10月20日，由于甲公司股权的公允价值不能可靠计量，初始确认权益工具公允价值应当按照所清偿债务的公允价值72万元计量，并扣除因发行权益工具支出的相关税费1.5万元，甲公司的账务处理如下：

借：应付账款    1 000 000

贷：实收资本    250 000

    资本公积——股本溢价    455 000

    银行存款    15 000

    投资收益    280 000

## 知识点5 修改其他条款

债务重组采用修改其他条款方式进行的，如果修改其他条款导致债务终止确认，债务人应当按照公允价值计量重组债务，终止确认的债务账面价值与重组债务确认金额之间的差额，记入"投资收益"科目。

如果修改其他条款未导致债务终止确认，或者仅导致部分债务终止确认，对于未终止确认的部分债务，债务人应当根据其分类，继续以摊余成本、以公允价值计量且其变动计入当期损益或其他适当方法进行后续计量，对于以摊余成本计量的债务，债务人应当根据重新议定合同的现金流量变化情况，重新计算该重组债务的账面价值，并将相关利得或损失记入"投资收益"科目。对于修改或重新议定合同所产生的成本或费用，债务人应当调整修改后的重组债务的账面价值，并在修改后重组债务的剩余期限内摊销。

债务重组采用以修改其他条款方式进行的，如果修改其他条款导致全部债权终止确认，债权人应当按照修改后的条款以公允价值初始计量新的金融资产，新金融资产的确认金额与债权终止确认日账面价值之间的差额，记入"投资收益"科目。

如果修改其他条款未导致债权终止确认，债权人应当根据其分类，继续以摊余成本、以公允价值计量且其变动计入其他综合收益，或者以公允价值计量且其变动计入当期损益进行后续计量，对于以摊余成本计量的债权，债权人应当根据重新议定合同的现金流量变化情况，重新计算该重组债权的账面余额，并将相关利得或损失记入"投资收益"科目。重新计算的该重组债权的账面余额，应当根据将重新议定或修改的合同现金流量按债权原实际利率折现的现值确定，购买或源生的已发生信用减值

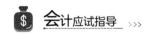 

的重组债权，应按经信用调整的实际利率折现，对于修改或重新议定合同所产生的成本或费用，债权人应当调整修改后的重组债权的账面价值，并在修改后重组债权的剩余期限内摊销。

## 知识点6 组合方式进行债务重组

债务重组采用以资产清偿债务、将债务转为权益工具、修改其他条款等方式的组合进行的，对于权益工具，债务人应当在初始确认时按照权益工具的公允价值计量，权益工具的公允价值不能可靠计量的，应当按照所清偿债务的公允价值计量。对于修改其他条款形成的债务重组，债务人应当参照本章知识点5的内容确认和计量重组债务，所清偿债务的账面价值与转让资产的账面价值以及权益工具和重组债务的确认金额之和的差额，记入"其他收益——债务重组收益"或"投资收益"（仅涉及金融工具时）科目。

债务重组采用组合方式进行的，一般可以认为对全部债权的合同条款做出了实质性修改，债权人应当按照修改后的条款，以公允价值初始计量新的金融资产和受让的新金融资产，按照受让的金融资产以外的各项资产在债务重组合同生效日的公允价值比例，对放弃债权在合同生效日的公允价值扣除受让金融资产和重组债权当日公允价值后的净额进行分配，并以此为基础分别确定各项资产的成本。放弃债权的公允价值与账面价值之间的差额，记入"投资收益"科目。

# 第二十二章　外币折算

## 本章思维导图

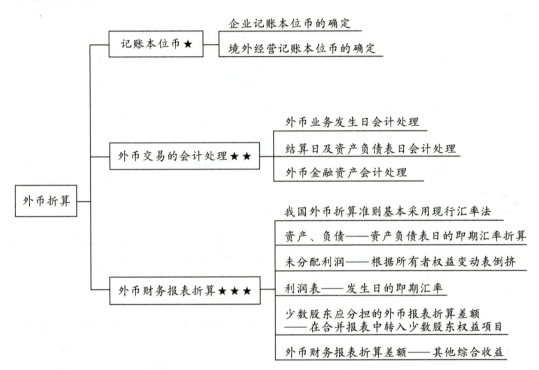

## 本章考情分析

本章历年分值在2分左右。本章考查客观题，内容不多，属于不太重要的章节，主要需要把握好各报表项目的折算原则和方法。

## 本章知识点精讲

### 知识点1　记账本位币的确定

企业会计准则规定，企业通常应选择人民币作为记账本位币。业务收支以人民币以外的货币为主的企业，可以按规定选定其中一种货币作为记账本位币，但是，编报的财务会计报告应当折算为人民币。

微信扫一扫
习题免费练

记账本位币，是指企业经营所处的主要经济环境中的货币。记账本位币应采用企业经营所处的主要经营环境中的货币，使会计信息更能有效反映企业的经营成果。

企业选定记账本位币，应当考虑下列因素：

一、该货币主要影响商品和劳务的销售价格，通常以该货币进行商品和劳务的计价及结算；

二、该货币主要影响商品和劳务所需人工、材料和其他费用，通常以该货币进行上述费用的计价和结算；

三、融资活动获得的货币以及保存从经营活动中收取款项所使用的货币。

企业记账本位币一经确定，不得随意变更，除非与确定企业记账本位币相关的经营所处的主要经济环境发生了重大变化。

境外经营，是指企业在境外的子公司、合营企业、联营企业、分支机构。企业在境内的子公司、合营企业、联营企业或者分支机构采用不同于企业的记账本位币的，也视同境外经营。

企业选定境外经营的记账本位币，还应当考虑下列因素：

一、境外经营对其所从事的活动是否拥有很强的自主性；

二、境外经营活动中与企业的交易是否在境外经营活动中占有较大比重；

三、境外经营活动产生的现金流量是否直接影响企业的现金流量、是否可以随时汇回；

四、境外经营活动产生的现金流量是否足以偿还其现有债务和可预期的债务。

## 知识点2　外币业务发生日会计处理

外币交易的记账方法有外币统账制和外币分账制两种。外币统账制是指企业在发生外币交易时即折算为记账本位币入账。外币分账制是指企业在日常核算时分别币种记账，资产负债表日，分别货币性项目和非货币性项目进行调整，产生的汇兑差额计入当期损益。从我国目前的情况看，绝大多数企业采用外币统账制。

【例1-计算分析题】乙股份有限公司的记账本位币为人民币，对外币交易采用交易日的即期汇率折算。2020年3月3日，从境外丙公司购入不需要安装的设备一台，设备价款为25万美元，购入该设备当日的即期汇率为1美元＝6.5元人民币，适用的增值税税率为13％，款项尚未支付，增值税以银行存款支付。另支付进口关税20万元人民币。有关会计分录如下：

借：固定资产——机器设备　　　　　　　　　　　1 825 000（250 000×6.5＋200 000）

应交税费——应交增值税（进项税额）　　　　237 250

贷：应付账款——丙公司（美元）　　　　　　　1 625 000（250 000×6.5）

银行存款　　　　　　　　　　　　　　　437 250

企业收到投资者以外币投入的资本，应当采用交易发生日即期汇率折算，不得采用合同约定汇率和即期汇率的近似汇率折算，外币投入资本与相应的货币性项目的记账本位币金额之间不产生外币资本折算差额。

【例2-计算分析题】乙有限责任公司以人民币为记账本位币，2018年2月1日，乙公司与美国甲公司签订投资合同，甲公司将向乙公司出资2 000 000美元，占乙公司注册资本的23％；甲公司的出资款将在合同签订后一年内分2次汇到乙公司账上；合同约定汇率为1美元＝6.5元人民币。当日的即期汇率为1美元＝6.45元人民币。

2018年5月10日，乙公司收到甲公司汇来的第一期出资款，当日的即期汇率为1美元＝6.35元人民币。有关会计分录如下：

借：银行存款——美元    6 350 000（1 000 000×6.35）

    贷：实收资本    6 350 000

2018年6月25日，乙公司收到甲公司汇来的第二期出资款，当日的即期汇率为1美元＝6.4元人民币。有关会计分录如下：

借：银行存款——美元    6 400 000（1 000 000×6.4）

    贷：实收资本    6 400 000

**【例3-计算分析题】**乙有限责任公司以人民币为记账本位币，对外币交易采用交易日的即期汇率折算。2018年6月1日，将50 000美元通过银行兑换为人民币，银行当日的美元买入价为1美元＝6.55元人民币，中间价为1美元＝6.60元人民币。

本例中，企业与银行发生货币兑换，兑换所用汇率为银行的买入价，而通常记账所用的即期汇率为中间价（反之，若买入外币，处理原理相同），由于汇率变动而产生的汇兑差额计入当期财务费用。有关会计分录如下：

借：银行存款——人民币    327 500（50 000×6.55）

  财务费用——汇兑差额    2 500

    贷：银行存款——美元    330 000（50 000×6.6）

**【例4-计算分析题】**甲股份有限公司的记账本位币为人民币，对外币交易采用交易日的即期汇率折算。2018年3月3日，向境外丙公司出口机电设备一台，设备价款为680 000美元，当日的即期汇率为1美元＝6.5元人民币，款项尚未支付。有关会计分录如下：

借：应收账款——丙公司（美元）    4 420 000（680 000×6.5）

    贷：主营业务收入    4 420 000

2018年3月21日，收到丙公司支付的货款38万美元，当日的即期汇率为1美元＝6.45元人民币。

借：银行存款——美元    2 451 000（380 000×6.45）

    贷：应收账款——丙公司（美元）    2 451 000（380 000×6.45）

会计处理上，并不对6.50与6.45的汇率差进行处理，而是期末统一调整并计入当期损益，而不是主营业务收入。这就是"两项交易观"的思想。

若3月31日汇率为1美元＝6.60元人民币，则资产负债表上反映的应收账款应为300 000×6.60－（4 420 000－2 451 000）＝11 000（元）。该汇兑损益计入财务费用（注：目前我国会计制度非金融行业未单设汇兑损益科目）。

借：应收账款——丙公司（美元）    11 000

    贷：财务费用    11 000

**知识点3** **结算日及资产负债表日会计处理**

期末或结算货币性项目时，应以当日即期汇率折算。因即期汇率与初始确认时或者前一资产负债表日即期汇率不同而产生的汇兑差额，计入当期损益。与借款费用资本化有关的，进行资本化。

货币性项目，是指企业持有的货币和将以固定或可确定的金额收取的资产或者偿付的负债。例如库存现金、银行存款、应收账款、其他应收款、长期应收款、应付账款、其他应付款、短期借款、长期借款、应付债券、长期应付款等。

【例5-计算分析题】乙股份有限公司的记账本位币为人民币，对外币交易采用交易日的即期汇率折算。2018年3月3日，从境外丙公司购入不需要安装的设备一台，设备价款为250 000美元。若2018年3月3日即期汇率为1美元＝6.5元人民币，2018年3月31日汇率为1美元＝6.49元人民币，应付外币账款至月末前未进行支付，则3月31日资产负债表"应付账款"应反映为250 000×6.49＝1 622 500（元），汇兑损益＝1 622 500－1 625 000＝－2 500（元）。

借：应付账款——美元　　　　　　　　　　　　　　　　　　　　　　　　　2 500
　　贷：财务费用　　　　　　　　　　　　　　　　　　　　　　　　　　　　　　　2 500

可以看出，汇兑损益体现的是收益还是损失，还取决于货币性项目的性质是资产类还是负债类。

【例6-单选题】甲公司以人民币为记账本位币，发生外币交易时采用交易日的即期汇率折算。甲公司12月20日以80万美元的价格进口一批原材料并验收入库，货款尚未支付，当日即期汇率为1美元＝6.7元人民币。12月31日，即期汇率为1美元＝6.5元人民币。美元户银行存款余额为100万美元，按年末汇率调整前的人民币账面余额为702万元。当日上述交易或事项对甲公司12月份营业利润的影响金额为（　　）万元。

A. －68　　　　　　　B. －16　　　　　　　C. －36　　　　　　　D. 36

【答案】C

**学堂点拨**

应付账款汇兑损益＝80×6.5－80×6.7＝－16（万元），应贷记财务费用；外币银行存款汇兑损益＝100×6.5－702＝－52（万元），应借记财务费用。综合影响汇兑损失为36万元。根据结果的正负性及属于货币性资产项目还是货币性负债项目，判断属于汇兑收益还是汇兑损失。

【例7-单选题】甲公司外币业务采用业务发生时的即期汇率进行折算，按月计算汇兑损益。5月20日对外销售产品发生应收账款500万欧元，当日的市场汇率为1欧元＝10.30元人民币。5月31日的市场汇率为1欧元＝10.28元人民币；6月1日的市场汇率为1欧元＝10.32元人民币；6月30日的市场汇率为1欧元＝10.35元人民币。7月10日收到该应收账款，当日市场汇率为1欧元＝10.34元人民币。该应收账款6月份应当确认的汇兑收益为（　　）万元人民币。

A. －10　　　　　　　B. 15　　　　　　　C. 25　　　　　　　D. 35

【答案】D

**学堂点拨**

6月初应收账款账面余额为500×10.28＝5 140（万元人民币），故该应收账款6月份应当确认的汇兑损益＝500×10.35－500×10.28＝35（万元人民币），为汇兑收益。7月10日结算日的汇兑损益＝500×10.34－500×10.35＝－5（万元人民币），为汇兑损失，应借记财务费用5万元。

【例8-计算分析题】国内甲公司的记账本位币为人民币。2018年1月1日，为建造某固定资产专门借入长期借款200万美元，期限为2年，年利率为5%，每年年初支付上年利息，到期还本。2018年1月

1日的即期汇率为1美元＝6.45元人民币，2018年12月31日的即期汇率为1美元＝6.2元人民币，2019年1月1日的即期汇率为1美元＝6.22元人民币。假定不考虑相关税费的影响。（单位：万元）

2018年1月1日，取得美元借款：

借：银行存款——美元　　　　　　　　　　　　1 290（200×6.45）

贷：长期借款　　　　　　　　　　　　　　　　　　　　　　1 290

2018年12月31日，该公司计提当年利息：

借：在建工程　　　　　　　　　　　　　　　　62（200×5%×6.2）

贷：应付利息——美元　　　　　　　　　　　　　　　　　　　62

美元借款本金由于汇率变动产生汇兑差额＝200×（6.45－6.2）＝50（万元）

借：长期借款——美元　　　　　　　　　　　50［200×（6.45－6.2）］

贷：在建工程　　　　　　　　　　　　　　　　　　　　　　　50

2019年1月1日，支付2017年利息：

借：应付利息——美元　　　　　　　　　　　　　　　62

在建工程　　　　　　　　　　　　　　　　　　　　0.2

贷：银行存款　　　　　　　　　　　　　62.2（200×5%×6.22）

## 知识点4　外币金融资产

以公允价值计量的外币非货币性项目，以公允价值计量且其变动计入当期损益的金融资产（股票、基金等），以公允价值计量且其变动计入其他综合收益的金融资产，采用公允价值确定日的即期汇率折算，折算后的记账本位币金额与原记账本位币金额之间的差额，是视同公允价值变动产生的影响，还是视同汇率变动产生的影响呢？

企业准则认为，应仅视同公允价值变动进行会计处理，计入公允价值变动损益或其他综合收益，这是简化核算的需要。

对于以摊余成本计量的外币金融资产（如外币AC），按即期汇率折算后的记账本位币金额与原记账本位币金额之间的差额，应作为汇兑损益计入当期损益（财务费用）。

以公允价值计量且其变动计入其他综合收益的外币货币性金融资产（债务工具）形成的汇兑差额，应当计入当期损益；以公允价值计量且其变动计入其他综合收益的外币非货币性金融资产（权益工具）形成的汇兑差额，与其公允价值变动一并计入其他综合收益，但是，采用实际利率法计算的以公允价值计量且其变动计入其他综合收益的金融资产的外币利息产生的汇兑差额，应当计入当期损益，此非交易性权益工具投资的外币现金股利产生的汇兑差额，应当计入当期损益。

## 知识点5　外币财务报表折算

企业可能存在着境外经营主体，并以外币作为记账本位币，那么，纳入企业报表时就涉及外币报表折算的问题。对外币报表的折算，常见的方法一般有四种：流动和非流动法、货币性与非货币性法、时态法、现行汇率法，我国外币折算准则基本采用现行汇率法。

不同折算方法的主要区别是哪些项目按现时汇率进行折算。时态法下，资产负债表各项目以过去价值计量的，采用历史汇率；以现在价值计量的，采用现时汇率。该方法是从报告主体的角度考虑问题，境外子公司、分支机构等均被认为是根据报告企业经营活动在境外的延伸，与报告企业的外币交易原则相一致，也被称为母公司货币观。

现行汇率法下，资产和负债项目均按现时汇率（资产负债表日汇率）折算，实收资本按历史汇率折算，利润表各项目按当期平均汇率折算，产生的折算差额作为所有者权益项目（其他综合收益）予以列示。

企业会计准则规定，按以下方法对境外经营财务报表进行折算：

一、资产负债表中的资产和负债项目，采用资产负债表日的即期汇率折算，所有者权益项目除"未分配利润"项目外，其他项目采用发生时的即期汇率折算；

二、利润表中的收入和费用项目，可以采用交易发生日的即期汇率折算。也可以采用按照系统合理的方法确定的、与交易发生日即期汇率近似的汇率折算；

三、产生的外币财务报表折算差额，在编制合并财务报表时，应在合并资产负债表中的"其他综合收益"项目列示。少数股东应分担的外币报表折算差额，应并入少数股东权益列示于合并资产负债表中。

实质上构成对子公司净投资的外币货币性项目以母公司或子公司的记账本位币反映，应在抵销长期应收应付项目的同时，将其产生的汇兑差额转入"其他综合收益"项目。即借记或贷记"财务费用——汇兑差额"科目，贷记或借记"其他综合收益"。

实质上构成对子公司净投资的外币货币性项目以母、子公司的记账本位币以外的货币反映的，则应将母、子公司此项外币货币项目产生的汇兑差额相互抵销，差额转入"其他综合收益"。

企业在处置境外经营时，应当将资产负债表中所有者权益项目下列示的、与该境外经营相关的其他综合收益，自所有者权益项目转入处置当期损益；部分处置境外经营的，应当按处置的比例计算处置部分的其他综合收益，转入处置当期损益。处置的境外经营为子公司的，将已列入其他综合收益的外币财务报表折算差额中归属于少数股东的部分，视全部处置或部分处置分别予以终止确认或转入少数股东权益。

# 第二十三章 财务报告

## 本章思维导图

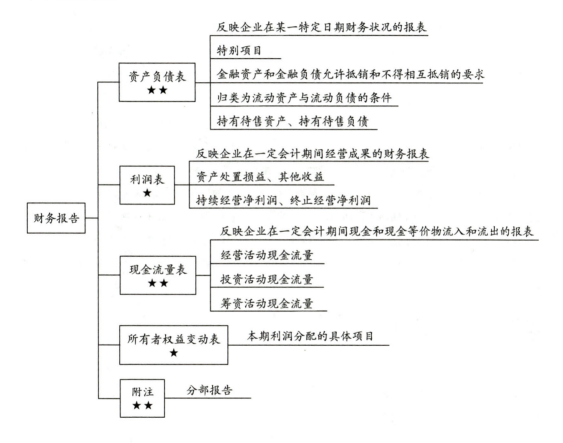

## 本章考情分析

本章有可能以客观题和主观题的形式进行考查，客观题主要考查资产负债表、利润表项目的填列，现金流量表项目的分类，会计报表附注披露等；主观题一般是与资产负债表日后事项、会计政策和会计估计变更、差错更正相结合考查有关财务报表的调整项目。

## 本章知识点精讲

**知识点1** __财务报表项目金额间的相互抵销__

财务报表项目应当以总额列报，资产和负债、收入和费用不能相互抵销，即不得以净额列报，但企业会计准则另有规定的除外。

以下三种情况不属于抵销，可以以净额列示：

一、一组类似交易形成的利得和损失以净额列示的，不属于抵销。比如汇兑损益应当以净额列报、以交易目的而持有的金融工具形成的利得和损失应当以净额列报等。

二、资产或负债项目按扣除备抵项目后的净额列示，不属于抵销。

三、非日常活动产生的利得和损失，以同一交易形成的收益扣减相关费用后的净额列示更能反映交易实质的，不属于抵销。

关于金融资产、金融负债的抵销与不可抵销，见专题说明。

新的《企业会计准则第14号——收入》第四十一条规定："企业应当根据本企业履行履约义务与客户付款之间的关系在资产负债表中列示合同资产或合同负债。企业拥有的、无条件（即仅取决于时间流逝）向客户收取对价的权利应当作为应收款项单独列示。"

"合同资产，是指企业已向客户转让商品而有权收取对价的权利，且该权利取决于时间流逝之外的其他因素。如企业向客户销售两项可明确区分的商品，企业因已交付其中一项商品而有权收取款项，但收取该款项还取决于企业交付另一项商品的，企业应当将该收款权利作为合同资产。"

"合同负债，是指企业已收或应收客户对价而应向客户转让商品的义务。如企业在转让承诺的商品之前已收取的款项。"

**知识点2** __资产负债表__

### 一、特别项目

特别项目包括专项储备、长期应付款、其他权益工具、衍生金融资产、衍生金融负债、一年内到期的非流动资产、一年内到期的非流动负债。

### 二、金融资产和金融负债允许抵销和不得相互抵销的要求

金融资产和金融负债应当在资产负债表内分别列示，不得相互抵销，但是，同时满足下列条件的，应当以相互抵销后的净额在资产负债表内列示：

（一）企业具有抵销已确认金额的法定权利，且该种法定权利是当前可执行的；

（二）企业计划以净额结算，或同时变现该金融资产和清偿该金融负债。

不满足终止确认条件的金融资产转移，转出方不得将已转移的金融资产和相关负债进行抵销。

### 三、资产满足下列条件之一的，应当归类为流动资产

（一）预计在一个正常营业周期中变现、出售或耗用。

（二）主要以交易为目的而持有。

（三）预计在资产负债表日起一年内（含一年）变现。

（四）自资产负债表日起一年内，交换其他资产或清偿负债的能力不受限制的现金或现金等价物。

持有待售的非流动资产（比如固定资产）应当归类为流动资产。

## 四、关于"一年内到期的非流动资产"项目的列报

根据《企业会计准则第30号——财务报表列报》的相关规定，资产应当分流动资产和非流动资产在资产负债表中列示；资产满足该准则第十七条规定的，应当归类为流动资产。通常情况下，预计自资产负债表日起一年内变现的非流动资产应归类为流动资产，作为"一年内到期的非流动资产"列报。对于按照相关会计准则采用折旧（或摊销、折耗）方法进行后续计量的固定资产、无形资产、长期待摊费用等非流动资产，折旧（或摊销、折耗）年限（或期限）只剩一年或不足一年的，无须归类为流动资产，仍在各该非流动资产项目中列报，不转入"一年内到期的非流动资产"项目列报；预计在一年内（含一年）进行折旧（或摊销、折耗）的部分，也无须归类为流动资产，不转入"一年内到期的非流动资产"项目列报。

## 五、负债满足下列条件之一的，应当归类为流动负债

（一）预计在一个正常营业周期中清偿。

（二）主要为交易目的而持有。

（三）自资产负债表日起一年内到期应予以清偿。

（四）企业无权自主地将清偿推迟至资产负债表日后一年以上。

对于在资产负债表日起一年内到期的负债，企业有意图且有能力自主地将清偿义务展期至资产负债表日后一年以上的，应当归类为非流动负债；不能自主地将清偿义务展期的，即使在资产负债表日后、财务报告批准报出日前签订了重新安排清偿计划协议，从资产负债表日来看，此项负债仍应当归类为流动负债。

企业在资产负债表日或之前违反了长期借款协议，导致贷款人可随时要求清偿的负债，应当归类为流动负债。

【例1-多选题】甲公司2018年12月31日有关资产、负债如下：1. 作为以公允价值计量且其变动计入其他综合收益的金融资产核算的一项信托投资，期末公允价值1 200万元，合同到期日为2020年2月5日，在此之前不能变现；2. 因2017年销售产品形成到期日为2019年8月20日的长期应收款账面价值3 200万元；3. 应付供应商货款4 000万元，该货款已超过信用期，但尚未支付；4. 因被其他方提起诉讼计提的预计负债1 800万元，该诉讼预计2019年3月结案，如甲公司败诉，按惯例有关赔偿款需在法院作出判决之日起60日内支付。不考虑其他因素，甲公司2018年12月31日的资产负债表中，上述交易或事项产生的相关资产、负债应当作为流动性项目列报的有（　　）。

A. 应付账款4 000万元

B. 预计负债1 800万元

C. 长期应收款3 200万元

D. 以公允价值计量且其变动计入其他综合收益的金融资产12 00万元

【答案】ABC

学堂点拨

　　选项C，到期日为2019年8月20日的长期应收款，对于2018年12月31日来说，为将于一年内到期的非流动资产，应当作为流动性项目列报；选项D，因距离合同到期日实际超过一年，且到期前不能变现，因此应当作为非流动项目列报。

　　【例2-多选题】甲公司2018年12月31日持有的下列资产、负债中，应当作为2018年资产负债表中流动性项目列报的有（　　）。

　　A．将于2019年7月出售的账面价值为800万元的以公允价值计量且其变动计入其他综合收益的金融资产

　　B．预付固定资产购买价款1 000万元，该固定资产将于2019年6月取得

　　C．因计提固定资产减值确认递延所得税资产500万元，相关固定资产没有明确的处置计划

　　D．到期日为2019年6月30日的负债2 000万元，该负债在2018年资产负债表日后事项期间已签订展期一年的协议

　　【答案】ABD

学堂点拨

　　选项C，递延所得税收益的实现没有确定的时间，应作为非流动资产列报；选项D，对于在资产负债表日起一年内到期的负债，甲公司不能自主地将清偿义务展期，即使在资产负债表日后事项期间重新签订清偿计划，仍应当作为流动负债列报。

　　【例3-单选题】甲公司持有一笔于2014年10月1日从银行借入的五年期长期借款，下列关于该长期借款在2018年12月31日资产负债表中列示的表述中，错误的是（　　）。

　　A．假定甲公司在2018年12月1日与银行完成长期再融资或展期一年以上，则该借款应当划分为非流动负债

　　B．假定甲公司在2019年2月1日（财务报告批准报出日之前）完成长期再融资或展期一年以上，则该借款应当划分为流动负债

　　C．假定甲公司与银行的贷款协议上规定，甲公司在长期借款到期前可以自行决定是否展期，无须征得债权人同意，并且甲公司计划展期，则该借款应当划分为非流动负债

　　D．假定甲公司与银行的贷款协议上规定，甲公司在长期借款到期后如能偿还，可以再获得一笔金额相同、期限相同的长期借款，则该借款应当划分为非流动负债

　　【答案】D

学堂点拨

　　选项A，甲公司能自主地将清偿义务展期一年以上，该借款应当划分为非流动负债；选项B，甲公司不能自主地将清偿义务展期，即使在资产负债表日后、财务报告批准报出日前签订了重新安排清偿计划协议，从资产负债表日来看，此项负债仍应当归类为流动负债；选项C，甲公司能自主地将清偿义务展期且有计划展期，该借款应当划分为非流动负债；选项D，重新获得的借款应当作为新的负债列报，原借入的将于一年内到期的借款应该作为流动负债列报。

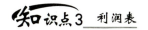 **知识点 3** 利润表

利润表，是反映企业在一定会计期间经营成果的财务报表。其填列方法如表23-1所示。

表 23-1 利润表的填列方法

| 项目 | 本期金额 |
|---|---|
| 营业收入 | |
| 营业利润（亏损以"—"号填列） | |
| 利润总额（亏损总额以"—"号填列） | 营业利润＝营业收入－营业成本－税金及附加－销售费用－管理费用－财务费用－信用减值损失－资产减值损失＋（－）公允价值变动收益（损失）＋（－）投资收益（损失）＋（－）资产处置收益（损失）＋其他收益 |
| 净利润（净亏损以"—"号填列） | 净利润＝利润总额－所得税费用 |
| （一）持续经营净利润（净亏损以"—"号填列） | |
| （二）终止经营净利润（净亏损以"—"号填列） | |
| 其他综合收益的税后净额 | 反映企业未在损益中确认的各项利得和损失扣除所得税影响后的净额 |
| 综合收益总额 | 反映企业净利润与其他综合收益税后净额的合计金额 |

**【例4-单选题】**甲公司为增值税一般纳税人，2019年发生的有关交易或事项如下：1. 销售产品确认收入12 000万元，结转成本8 000万元，当期应交纳的增值税为1 060万元，有关营业税金及附加为100万元；2. 持有的以公允价值计量且其变动计入当期损益的金融资产当期市价上升320万元，以公允价值计量且其变动计入其他综合收益的金融资产当期市价上升260万元；3. 出售一项专利技术产生收益600万元；4. 计提无形资产减值准备820万元。甲公司以公允价值计量且其变动计入当期损益的金融资产及以公允价值计量且其变动计入其他综合收益的金融资产在2019年年末未对外出售，不考虑其他因素，甲公司2019年营业利润是（    ）万元。

A. 3 400          B. 3 420          C. 3 760          D. 4 000

**【答案】**D

**学堂点拨**

营业利润＝12 000－8 000－100＋320－820＋600＝4 000（万元），以公允价值计量且其变动计入其他综合收益的金融资产公允价值变动计入其他综合收益，不影响营业利润，出售专利技术的收益计入资产处置损益，影响营业利润。

275

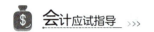 

### 知识点4 现金流量表

现金流量表，是指反映企业在一定会计期间现金和现金等价物流入和流出的报表。企业财务管理的具体目标之一就是"以收抵支"，对现金流入及流出的分析至关重要。

现金，是指企业库存现金以及可以随时用于支付的存款。不能随时用于支付的存款不属于现金；不能随时支取的定期存款不属于此处的现金；提前通知金融企业便可支取的定期存款，则应包括在此处现金范围内。

现金等价物，是指企业持有的期限短、流动性强、易于转换为已知金额现金、价值变动风险很小的投资。期限短，一般是指从购买日起三个月内到期。现金等价物通常包括三个月内到期的债券投资等。权益性投资变现的金额通常不确定，因而不属于现金等价物。企业应当根据具体情况，确定现金等价物的范围，一经确定不得随意变更。

我国会计准则将现金流量按来源划分为经营活动、投资活动、筹资活动三个部分。

企业应当结合行业特点判断相关业务活动产生的现金流量的分类。不同形式现金之间的转换以及现金与现金等价物之间的转换不产生现金流量。例如：因银行承兑汇票贴现而取得的现金，若银行承兑汇票贴现不符合金融资产终止确认条件，因票据贴现取得的现金在资产负债表中应确认为一项借款，该现金流入在现金流量表中相应分类为筹资活动现金流量；若银行承兑汇票贴现符合金融资产终止确认条件，相关现金流入则分类为经营活动现金流量；若银行承兑汇票贴现不符合金融资产确认条件，后续票据到期偿付等导致应收票据和借款终止确认时，因不涉及现金收付，在编制现金流量表时，不得虚拟现金流量。公司发生以银行承兑汇票背书购买原材料等业务时，比照该原则处理。

## 一、经营活动产生的现金流量

主要说明：

（一）销售商品、提供劳务收取的增值税销项税额，在现金流量表中未单列项目，属于"销售商品、提供劳务收到的现金"。与销售商品有关的会计分录可以编制一个合并分录：

借：银行存款

应收账款、应收票据、合同资产

贷：主营业务收入

应交税费——应交增值税（销项税额）

合同负债

从现金流入角度，我们要的是借方的银行存款，根据"有借必有贷、借贷必相等"的记账规则，可以得出：销售商品、提供劳务收到的现金＝主营业务收入＋本期增值税销项税额＋本期预收账款、合同负债的增加数－本期应收账款、应收票据、合同资产的增加数。这看似是公式，但相信每位考生都可以独立表达出来。

【例5-计算题】纯生公司2019年度有关资料如下：1. 主营业务收入5 000万元；2. 应交税金——应交增值税（销项税额）650万元；3. 应收账款项目：年初数400万元，年末数520万元；4. 应收票据项目：年初数270万元，年末数238万元；合同负债项目：年初数80万元，年末数91万元。 根据上述资料，现金流量表"销售商品、提供劳务收到的现金"为（　　　）万元。

【答案】销售商品、提供劳务收到的现金＝（5 000＋650）＋（91－80）－（520－400）－

（238－270）＝5 573（万元）

【注意】需要补充的是，以上项目金额均取材于报表，若应收账款计提了坏账准备（如20万元），应加回报表上的应收账款520万元，以使其还原为真实的账面应收账款540万元；若应收票据进行贴现，支付贴现息10万元计入了财务费用，应从"销售商品、提供劳务收到的现金"中扣除。

【例6-计算题】纯生公司2019年度有关资料如下：1. 主营业务收入2 000万元；2. 应交税金——应交增值税（销项税额）260万元；3. 应收账款项目：年初数400万元，年末数520万元；4. 应收票据项目：年初数70万元，年末数38万元；预收账款项目：年初数80万元，年末数91万元；5. 本期计提坏账准备15万元，本期发生坏账收回3.456万元，应收票据贴现使"财务费用"账户产生借方发生额3万元。根据上述资料，现金流量表"销售商品、提供劳务收到的现金"为（　　　）万元。

【答案】销售商品、提供劳务收到的现金＝（2 000＋260）＋（91－80）－［（520－400）＋15］＋［（38－70）－3］＝2 101（万元）

（二）企业购建固定资产、取得无形资产和其他长期资产所支付的现金（含增值税款等），以及用现金支付的应由在建工程和无形资产负担的职工薪酬，属于投资活动现金流量。用现金支付的应由在建工程和无形资产负担的职工薪酬，不在"支付给职工以及为职工支付的现金"项目反映。

（三）"支付其他与经营活动有关的现金"反映企业除上述各项目外，支付的其他与经营活动有关的现金，如管理费用、销售费用、罚款支出、经营租赁支付的现金等。

【例7-单选题】甲公司2019年发生以下有关现金流量：1. 当期销售产品收回现金3 600万元、以前期间销售产品本期收回现金2 000万元；2. 购买原材料支付现金1 600万元；3. 取得以前期间已交增值税返还款240万元；4. 将当期销售产品收到的工商银行承兑汇票贴现，取得现金800万元；5. 购买国债支付200万元。不考虑其他因素，甲公司2019年经营活动产生的现金流量净额是（　　　）万元。

A. 4 000　　　　　B. 4 240　　　　　C. 4 840　　　　　D. 5 040

【答案】D

**学堂点拨**

事项1属于销售商品、提供劳务收到的现金；事项3属于收到的税费返还；事项4属于销售商品、提供劳务收到的现金；经营活动现金流入小计6 640万元；事项2属于购买商品、接受劳务支付的现金；事项5属于"投资支付的现金"，不属于经营活动现金流。甲公司2017年经营活动产生的现金流量净额＝（3 600＋2 000＋240＋800）－1 600＝5 040（万元）。

（四）从"以收抵支"的角度看，企业经营活动现金流量净额应大于0，以保证企业在资本不变的情况下持续经营下去。

## 二、投资活动产生的现金流量

主要说明：

（一）"收回投资收到的现金"项目反映企业出售、转让或到期收回除现金等价物以外的以公允价值计量且其变动计入当期损益的金融资产、以摊余成本计量的金融资产、以公允价值计量且其变动计入其他综合收益的金融资产、长期股权投资等收到的现金，不包括债权性投资收回的利息、收回的非现金资产，以及处置子公司及其他营业单位收到的现金净额。债权性投资收回的本金，在本项目反映，债权性投资收回的利息，不在本项目中反映，而在"取得投资收益所收到的现金"项目中反映。也就是说，该项目反映的内容是狭义的。

（二）取得投资收益收到的现金。

本项目反映企业因股权性投资而分得的现金股利，因债权性投资而取得的利息收入。股票股利由于不产生现金流量，不在本项目中反映。该项目强调的是持有期间计入投资收益且收取的现金。

（三）"处置固定资产、无形资产和其他长期资产而收回的现金净额"若为负数，在"支付其他与投资活动有关的现金"项目反映，为现金流出项目。

（四）在合并现金流量表中，"处置子公司及其他营业单位收到的现金净额"项目反映企业处置子公司及其他营业单位所取得的现金减去子公司或其他营业单位持有的现金和现金等价物以及相关处置费用后的净额。若本项目为负数，则在"支付其他与投资活动有关的现金"项目反映。

（五）"购建固定资产、无形资产和其他长期资产支付的现金"包括相关职工薪酬，也就是说不在"支付给职工以及为职工支付的现金"项目中反映。而借款利息资本化的部分，不包括在本项目中；融资租入固定资产支付的租赁费也不包括在本项目中，分别属于"分配股利、利润或偿付利息支付的现金""支付其他与筹资活动有关的现金"。

（六）"投资支付的现金"项目反映企业进行权益性投资和债权性投资所支付的现金，包括企业取得的除现金等价物以外的以公允价值计量且其变动计入当期损益的金融资产、以摊余成本计量的金融资产、以公允价值计量且其变动计入其他综合收益的金融资产而支付的现金，以及支付的佣金、手续费等交易费用。也就是说，该项目反映的内容是狭义上的投资，不包括固定资产、无形资产等投资产生的现金流出。

（七）在合并现金流量表中，"取得子公司及其他营业单位支付的现金净额"项目反映企业取得子公司及其他营业单位购买出价中以现金支付的部分，减去子公司或其他营业单位持有的现金和现金等价物后的净额，如为负数，应在"收到其他与投资活动有关的现金"项目反映。该项目与处置子公司及其他营业单位收到的现金净额项目相呼应。

【例8-单选题】甲公司2018年度有关资料如下：1."交易性金融资产"科目本期贷方发生额为1 000万元，"投资收益——转让交易性金融资产"贷方发生额为50万元；2."长期股权投资"科目本期贷方发生额为2 000万元，该项投资未计提减值准备，"投资收益——转让长期股权投资收益"贷方发生额为60万元。假定转让上述投资收到的对价均为现金，甲公司2018年收回投资收到的现金为（    ）万元。

A．3 110          B．1 050          C．2 060          D．3 000

【答案】A

**学堂点拨**

收回投资收到的现金反映企业出售、转让或到期收回除现金等价物以外的以公允价值计量且其变动计入当期损益的金融资产、以摊余成本计量的金融资产、以公允价值计量且其变动计入其他综合收益的金融资产、长期股权投资等收到的现金，转让时产生的投资收益也在本项目反映，而"取得投资收益收到的现金"项目反映的是持有期间的投资收益对应的现金流入。甲公司2017年收回投资收到的现金＝（1 000＋50）＋（2 000＋60）＝3 110（万元）。

**【例9-单选题】**甲公司2018年8月1日出售一子公司，收到现金5 000万元。该子公司的资产总额为12 345万元，其中现金及现金等价物为5 100万元；负债为5 678万元。甲公司当期期末编制的合并报表中，下列会计处理正确的是（　　）。

A．支付其他与投资活动有关的现金净额为100万元

B．处置子公司及其他营业单位收到的现金净额为–100万元

C．处置子公司及其他营业单位收到的现金净额为5 000万元

D．支付其他与投资活动有关的现金净额为5 100万元

**【答案】**A

**学堂点拨**

在合并现金流量表中，处置子公司及其他营业单位收到的现金净额项目反映企业处置子公司及其他营业单位所取得的现金减去子公司或其他营业单位持有的现金和现金等价物以及相关处置费用后的净额。若本项目为负数，则在"支付其他与投资活动有关的现金"项目反映。

**【例10-单选题】**甲公司以2 000万元的价格购买丙公司的一家子公司，全部以银行存款转账支付。该子公司的净资产为1 900万元，其中现金及现金等价物为300万元。甲公司合并报表中，"取得子公司及其他营业单位支付的现金净额"项目反映的金额为（　　）万元。

A．2 000　　　　　　B．2 300　　　　　　C．1 700　　　　　　D．1 600

**【答案】**C

**学堂点拨**

在合并现金流量表中，"取得子公司及其他营业单位支付的现金净额"项目反映企业取得子公司及其他营业单位购买出价中以现金支付的部分，减去子公司或其他营业单位持有的现金和现金等价物后的净额。如为负数，应在"收到其他与投资活动有关的现金"项目反映。甲公司合并报表中"取得子公司及其他营业单位支付的现金净额"项目反映的金额＝2 000－300＝1 700（万元）。

**【例11-单选题】**甲公司2018年固定资产原值增加额为2 345万元，为本年新建一环保设施的投资（本年10月末完工）。"在建工程——环保设施"借方累计发生额为2 345万元，其中包括建筑安装成本2 000万元、基建人员薪酬200万元、资本化利息135万元、折旧费10万元。因建筑安装产生的应付建筑方工程款项反映在应付账款项目中，年末余额为500万元。2018年现金流量表中，"购建固定资产、无形资产和其他长期资产支付的现金"项目反映的金额为（　　）万元。

A．2 345　　　　　　B．2 200　　　　　　C．2 335　　　　　　D．1 700

**【答案】**D

**学堂点拨**

购建固定资产、无形资产和其他长期资产支付的现金包括相关职工薪酬，借款利息资本化的部分不包括在本项目中，折旧费用为非付现支出。2017年现金流量表中，"购建固定资产、无形资产和其他长期资产支付的现金"项目反映的金额＝2 000＋200－500＝1 700（万元）。

### 三、筹资活动产生的现金流量

主要说明：

"支付其他与筹资活动有关的现金"项目反映企业除其他各项目外，支付的其他与筹资活动有关的现金，如以发行股票、债券等方式筹集资金而由企业直接支付的审计、咨询等费用，融资租赁各期支付的现金，以分期付款方式购建固定资产、无形资产等各期支付的现金等。需要进行区别的是，经营租赁支付的现金属于经营活动现金流出。

【例12-多选题】甲公司2018年度"短期借款"账户年初余额为1 200万元，年末余额为1 400万元；"长期借款"账户年初余额为3 600万元，年末余额为8 300万元。2018年借入短期借款2 400万元，借入长期借款4 600万元，长期借款年末余额中包括确认的500万元长期借款利息费用（2017年未支付利息）。除上述资料外，债权债务的增减变动均以货币资金结算。甲公司下列会计处理中正确的有（    ）。

A. 取得借款收到的现金为7 000万元

B. 偿还债务支付的现金为2 200万元

C. 偿还债务支付的现金为2 600万元

D. 支付的其他与筹资活动有关的现金500万元

【答案】AC

**学堂点拨**

取得借款收到的现金＝2 400＋4 600＝7 000（万元），选项A正确；根据题意，可以推算本期偿还短期借款＝1 200＋2 400－1 400＝2 200（万元），偿还长期借款＝3 600＋4 600－（8 300－500）＝400（万元），合计2 600万元，选项C正确。本题不涉及支付的其他与筹资活动有关的现金，选项D错误。

【例13-单选题】甲公司2018年度"财务费用"账户借方发生额为400万元，均为利息费用。财务费用包括计提的长期借款利息250万元（2018年未支付利息），其余财务费用均以银行存款支付。"应付利润"账户年初余额为300万元，无年末余额。除上述资料外，债权债务的增减变动均以货币资金结算。甲公司2018年现金流量表中"分配股利、利润或偿付利息支付的现金"项目列示的金额为（    ）万元。

A. 250    B. 300    C. 700    D. 450

【答案】D

**学堂点拨**

本年财务费用包括计提的250万元，计算时应扣除；分配股利、利润或偿付利息支付的现金＝（400－250）＋（300－0）＝450（万元）。

### 四、汇率变动对现金及现金等价物的影响

理论上，若不考虑现金等价物，现金流量表三大活动产生的现金流量净额应等于资产负债表"货币资金"项目期末余额与期初余额之差。

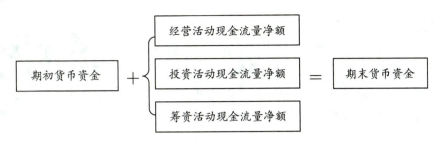

图 23-1 三大活动现金流量净额和期初、期末货币资金的关系

但是，当企业存在外币业务时，会打破这种数学关系。比如因进口原材料产生的外币应付账款100万美元，业务发生时即期汇率为1：6.60，而资产负债表日即期汇率为1：6.50。期末产生汇兑损益10万元，借记应付账款，贷记财务费用，而应付账款的减少并非"支付"所致，不影响现金流。那么，在计算填列"购买商品、接受劳务支付的现金"项目时，是否考虑这一影响因素呢？企业会计准则采用简化核算的做法，《企业会计准则第31号——现金流量表》第七条规定："汇率变动对现金的影响额应当作为调节项目，在现金流量表中单独列报。"

需要说明的是，命题上可设计要求直接计算的方式计算汇率变动对现金的影响额，而不是倒挤。答题时，一般直接计算汇兑损益的金额即可，但还需注意对现金流影响的方向。

**【例14-单选题】**公司记账本位币为人民币，2018年11月30日美元银行存款余额为60万元美元，汇率为1美元＝6.40元人民币；12月3日出口商品一批，售价为100万美元，款项已收到，收汇当日汇率为1美元＝6.30元人民币；当月进口货物一批，价款为160万美元，款项已支付，结汇当日汇率为1美元＝6.28元人民币，当月没有发生其他外币业务，不考虑增值税等其他因素影响。2018年12月汇率变动对现金的影响额为（　　）万元。

A. -9.2　　　　　　B. 9.2　　　　　　C. 15.30　　　　　　D. 2.50

**【答案】**A

**学堂点拨**

2018年12月31日美元银行存款余额为0（60＋100－160＝0）。账面人民币余额＝60×6.4＋100×6.30－160×6.28＝9.2（万元）。汇兑损益＝0－9.2＝-9.2（万元），为汇兑损失，应借记财务费用，贷记银行存款，但从现金流角度，公司现金流并未减少，这是汇率变动对现金的影响。

**【例15-单选题】**甲公司为制造企业，2018年发生的现金流量：1．将销售产生的应收账款申请保理，取得现金1200万元，银行对于标的债权具有追索权；2．购入的作为以公允价值计量且其变动计入当期损益的金融资产核算的股票支付现金200万元；3．收到保险公司对存货损毁的赔偿款120万元；4．收到所得税返还款260万元；5．向其他方提供劳务收取现金400万元。不考虑其他因素，甲公司2018年经营活动产生的现金流量净额是（　　）万元。

A. 780　　　　　　B. 2 180　　　　　　C. 980　　　　　　D. 1 980

**【答案】**A

**学堂点拨**

事项1属于筹资活动，保理是卖方将其现在或将来的基于其与买方订立的货物销售/服务合同所产生的应收账款转让给保理商（通常为金融机构），由保理商向其提供资金融通、账款催收等一系列服务的综合金融服务方式；事项2属于投资活动；其他事项属于经营活动，故甲公司2018年经营活动产生的现金流量净额=120+260+400=780（万元）。

【例16-多选题】甲公司2019年发生与现金流量相关的交易或事项包括：1. 以现金支付管理人员的现金股票增值权500万元；2. 办公楼换取股权交易中，以现金支付补价240万元；3. 销售A产品收到现金5 900万元；4. 支付短期租入固定资产租金300万元；5. 支付管理人员报销差旅费2万元；6. 发行权益性证券收到现金5 000万元。下列各项关于甲公司2019年现金流量相关的表述中，正确的有（　　）。

A. 经营活动现金流出802万元

B. 经营活动现金流入5 900万元

C. 投资活动现金流出540万元

D. 筹资活动现金流入10 900万元

【答案】AB

**学堂点拨**

经营活动现金流出=500+300+2=802（万元），选项A正确；经营活动现金流入为5 900万元，选项B正确；投资活动现金流出为240万元，选项C错误；筹资活动现金流入为5 000万元，选项D错误。

### 知识点5　将净利润调节为经营活动现金流量

《企业会计准则第31号——现金流量表》规定，企业应当采用直接法编报现金流量表，同时要求在附注中提供以净利润为基础调节到经营活动现金流量的信息。

在财务报表分析中，一般用现金营运指数指标评价企业收益的"含金量"，现金营运指数=经营活动现金流量净额/经营应得现金，而经营应得现金=经营净收益+非付现费用，非付现费用（如折旧、摊销）使利润减少但却没减少现金，以经营净收益+非付现费用，其结果为企业经营活动的"应得现金"。

那么，又是什么因素导致经营活动现金流量净额≠经营所得现金呢？或者说是什么因素导致经营活动现金流量净额≠净利润呢？影响因素包括三类：

一、非经营损益的影响（如投资收益、财务费用、固定资产处置利得或损失、公允价值变动损益等）；

二、折旧、摊销、资产减值损失、递延所得税费用等非付现费用的影响；

三、经营性资产、负债项目的增减变化影响。

这就是其中的逻辑关系，即现金流量表间接法：

经营活动现金流量净额=净利润－非经营净收益＋非付现费用－经营流动资产的增加＋经营流动

负债的增加

**【例17-计算分析题】**甲公司2018年净利润为12 345万元，利润表相关项目：财务费用为500万元，投资收益为-200万元，公允价值变动收益为1 650万元，年折旧费用为800万元，所得税费用中本年确认的递延所得税费用为250万元，资产减值损失为300万元。资产负债相关项目：应收账款增加1 500万元，存货增加1 200万元，应付账款减少300万元，应付职工薪酬增加200万元。

要求：根据以上资料，采用间接法计算甲公司2018年经营活动现金流量净额。

**【答案】**非经营净收益=-500-200+1 650=950（万元）

非付现费用=800+250+300=1 350（万元）

经营营运资本的净增加=（1 500+1 200）-（-300）-200=2 800（万元）

甲公司2018年经营活动现金流量净额=12 345-950+1 350-2 800=9 945（万元）

## 知识点6 所有者权益变动表（略）

## 知识点7 分部报告

一、《企业会计准则第35号——分部报告》第二条规定："企业存在多种经营或跨地区经营的，应当按照本准则规定披露分部信息。"第四条规定："企业披露分部信息，应当区分业务分部和地区分部。"

第八条规定：企业应当以业务分部或地区分部为基础确定报告分部，大部分收入是对外交易收入，且满足下列三个条件之一的，应将其确定为报告分部：（一）该分部的分部收入占所有分部收入合计的10%或者以上；（二）该分部的分部利润（亏损）的绝对额，占所有盈利分部利润合计额或者所有亏损分部亏损合计额的绝对额两者中较大者的10%或者以上；（三）该分部的分部资产占所有分部资产合计额的10%或者以上。

二、业务分部或地区分部未满足上述规定条件的，可以按照下列规定处理：

（一）不考虑该分部的规模，直接将其指定为报告分部；

（二）不将该分部直接指定为报告分部的，可将该分部与一个或一个以上类似的、未满足本准则第八条规定条件的其他分部合并为一个报告分部；

（三）不将该分部指定为报告分部且不与其他分部合并的，应当在披露分部信息时，将其作为其他项目单独披露。

三、报告分部的对外交易收入合计额占合并总收入或企业总收入的比重未达到75%的，应当将其他的分部确定为报告分部（即使它们未满足本准则第八条规定的条件），直到该比重达到75%。

四、报告分部的数量通常不超过10个。如果报告分部的数量超过10个需要合并的，以经营分部的合并条件为基础，对相关的报告分部予以合并。

**【例18-多选题】**下列各经营分部中，应当确定为报告分部的有（    ）。

A. 该分部的分部负债占所有分部负债合计的10%或者以上

B. 该分部的分部利润（亏损）绝对额占所有盈利分部利润合计额或所有亏损分部亏损合计额较大者的10%或者以上

C. 该分部的分部收入占所有分部收入合计额的10%或者以上

D. 该分部的分部资产占所有分部资产合计额的10%或者以上

【答案】BCD

**学堂点拨**

经营分部确定的条件有分部收入、分部利润（亏损）、分部资产的比例，不包括分部负债。分部负债只属于分部应披露的信息。

## 知识点8 关联方披露

一、关联方关系的认定

关联方关系的存在是以控制、共同控制或重大影响为前提条件的。在判断是否存在关联方关系时，应当遵循实质重于形式的原则。

二、不构成关联方的情况

（一）与该企业发生日常往来的资金提供者、公用事业部门、政府部门和机构，以及因与该企业发生大量交易而存在经济依存关系的单个客户、供应商、特许商、经销商和代理商之间。

（二）与该企业共同控制合营企业的合营者之间。

（三）仅仅同受国家控制而不存在其他关联方关系的企业。

（四）两方或两方以上受同一方重大影响的企业之间不构成关联方。

三、关联方的披露

（一）企业无论是否发生关联方交易，均应当在附注中披露与该企业之间存在直接控制关系的母公司和所有子公司有关的信息。母公司不是该企业最终控制方的，还应当披露企业集团内对该企业享有最终控制权的企业（或主体）的名称。母公司和最终控制方均不对外提供财务报表的，还应当披露母公司之上与其最相近的对外提供财务报表的母公司名称。

下列各方构成关联方的，应当在财务报表附注中进行相关披露：

（1）企业与其所属企业集团的其他成员单位（包括母公司和子公司）的合营企业或联营企业；

（2）企业的合营企业与企业的其他合营企业或联营企业。

（二）企业与关联方发生关联方交易的，应当在附注中披露该关联方关系的性质、交易类型及交易要素。

（三）对外提供合并财务报表的，对于已经包括在合并范围内各企业之间的交易不予披露。

## 知识点9 中期财务报告

一、中期财务报告的定义及其构成

（一）定义：中期财务报告，是指以中期为基础编制的财务报告。

（二）构成：中期财务报告至少应当包括：资产负债表、利润表、现金流量表、附注。

二、中期财务报告编制要求

（一）中期财务报告编制应遵循的原则

1. 遵循与年度财务报告相一致的会计政策原则

2. 遵循重要性原则

3. 遵循及时性原则

（二）中期合并财务报表和母公司财务报表编制要求

企业上年度编制合并财务报表的，中期期末也应当编制合并财务报表。上年度财务报告除包括合并财务报表，还包括母公司财务报表的，中期财务报告也应当包括母公司财务报表。

企业在报告中期内新增子公司的，在中期末就应当将该子公司财务报表纳入合并财务报表的合并范围中。

# 第二十四章 会计政策、会计估计及其变更和差错更正

## 本章思维导图

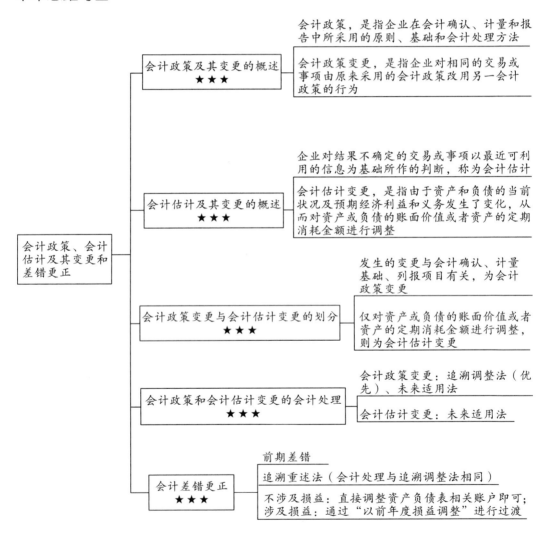

## 本章考情分析

本章考试分值为8分左右。因本章与其他很多章节如资产负债表日后事项、所得税、负债及所有者权益、投资性房地产会计联系紧密，建议将本章放到其他章节之后学习。

## 本章知识点精讲

### 知识点1　会计政策及其变更

#### 一、会计政策

会计政策，是指企业在会计确认、计量和报告中所采用的原则、基础和会计处理方法。不同的会计政策选择，反映出的企业经营成果、财务状况等财务信息是不同的。准则要求企业应披露重要的会计政策。

#### 二、会计政策变更

会计政策变更，是指企业对相同的交易或事项由原来采用的会计政策改用另一会计政策的行为。以下两种情况不属于会计政策变更：

（一）本期发生的交易或者事项与以前相比具有本质差别而采用新的会计政策；

（二）对初次发生的或不重要的交易或者事项采用新的会计政策。

### 知识点2　会计估计及其变更

企业对结果不确定的交易或事项以最近可利用的信息为基础所作的判断，称为会计估计，不属于会计政策范畴。

会计估计变更，是指由于资产和负债的当前状况及预期经济利益和义务发生了变化，从而对资产或负债的账面价值或者资产的定期消耗金额进行调整。

例如：固定资产折旧方法由年限平均法改为年数总和法；折旧年限由10年调整为8年；预计产品质量保证维修费用率由3%调整为2%。

关于会计政策变更与会计估计变更的划分，几乎每年都会出一道客观题。

划分的主要标准是从会计政策和会计估计的定义入手。若发生的变更与会计确认、计量基础、列报项目有关，则为会计政策变更；若仅仅是对资产或负债的账面价值或者资产的定期消耗金额进行调整，则为会计估计变更。

【例1-2017-多选题】甲公司2019年经董事会决议作出的下列变更中，属于会计估计变更的有（　　）。

A．将发出存货的计价方法由移动加权平均法改为先进先出法

B．改变离职后福利核算方法，按照新的会计准则有关设定受益计划的规定进行追溯

C．因车流量不均衡，将高速公路收费权的摊销方法由年限平均法改为车流量法

D．因市场条件变化，将某项采用公允价值计量的金融资产的公允价值确定方法由第一层级转变为第二层级

【答案】CD

## 学堂点拨

选项A属于计量基础的变更，选项B属于按新会计准则要求进行的会计政策变更。选项C、D均属于因预期经济利益和义务发生了变化，从而对资产或负债的账面价值或者资产的定期消耗金额进行调整，属于会计估计变更。

### 知识点3 会计估计变更的会计处理

企业对会计估计变更应当采用未来适用法处理。难以对某项变更区分为会计政策变更或会计估计变更的，应当将其作为会计估计变更处理。

企业应当在附注中披露与会计估计变更有关的下列信息：

一、会计估计变更的内容和原因；

二、会计估计变更对当期和未来期间的影响数；

三、会计估计变更的影响数不能确定的，披露这一事实和原因。

【例2-2015-计算题】甲公司2019年12月20日购入一台管理用设备，初始入账价值为200万元，原估计使用年限为10年，预计净残值为11万元，按双倍余额递减法计提折旧。由于固定资产所含经济利益预期消耗方式的改变和技术因素的原因，已不能继续按原定的折旧方法、折旧年限计提折旧。甲公司于2022年1月1日将设备的折旧方法改为年数总和法，将设备的折旧年限由原来的10年改为7年，预计净残值仍为11万元，假定折旧方法，折旧年限与预计净残值始终与税法保持一致。甲公司适用的所得税税率为25%。

要求：

1. 计算上述设备2020年和2021年计提的折旧额。

2. 计算会计估计更正后上述设备2022年应计提的折旧额。

3. 计算上述会计估计变更对2022年净利润的影响。

【答案】

1. 2020年计提的折旧额＝200×2÷10＝40（万元）

2021年计提的折旧额＝（200－40）×2÷10＝32（万元）

2. 2022年1月1日设备的账面价值＝200－40－32＝128（万元）

2022年应计提的折旧额＝（128－11）×5÷15＝39（万元）

3. 按原会计估计，2022年设备应计提的折旧额＝128×2÷10＝25.6（万元）

上述会计估计变更使2022年净利润减少的金额＝（39－25.6）×（1－25%）＝10.05（万元）

### 知识点4 会计政策变更的会计处理

对于会计政策变更，应进行追溯调整，会计报表"年初数（上年数）"应反映按新的会计政策下的会计结果。首先应计算累积影响数，然后编制调整分录。

累积影响数通常可以通过以下各步计算获得：

第一步，根据新会计政策重新计算受影响的前期交易或事项；

第二步，计算两种会计政策下的差异；

第三步，计算差异的所得税影响金额（追溯调整时如果涉及暂时性差异，则应考虑递延所得税的调整，这种情况应考虑前期所得税费用的调整）；

第四步，确定前期中每一期的税后差异；

第五步，计算会计政策变更的累积影响数。需要注意的是，对以前年度损益进行追溯调整或追溯重述的，应当重新计算各列报期间的每股收益。

**【例3-计算分析题】** 甲公司是一家商业企业，所得税税率为25%，专营A商品的销售。对存货发出计价一直采用月末一次加权平均法（税法允许的存货发出计价方法），为使资产负债表"存货"项目反映的财务信息更加客观，公司董事会决定从2019年1月1日起改用先进先出法。2019年1月1日存货的价值为500万元，库存数量为5 000件，公司2018年最后一次采购为2018年11月5日，采购量为12 345件，单位采购成本为600元/件。假设2018年A商品存货期初余额为0，2018年利润表"营业成本"本年数为23 450万元。假设甲公司按照净利润的10%提取法定盈余公积。

要求：

1. 假设过去一直采用先进先出法，计算2018年年末A商品账面价值及2018年营业成本。

2. 编制2019年1月1日调整分录。

3. 说明编制2019年资产负债和利润表时应调整的相关项目及金额。

**【答案】**

1. 若过去一直采用先进先出法，因为期末库存数量小于最后一批采购数量，故期末库存商品的单位成本为600元/件，2018年年末A商品账面价值＝5 000×600＝300（万元）。

在月末一次加权平均法下，根据"期初存货成本＋本期购入存货实际成本－本期销售成本＝期末存货成本"，可知本期购入存货实际成本＝期末存货成本＋本期销售成本－期初存货成本＝500＋23 450－0＝23 950（万元）。改变发出存货的计价方式并不影响本期购入货物的实际成本，则在先进先出法下，本期销售成本＝期初存货成本＋本期购入存货实际成本－期末存货成本＝0＋23 950－300＝23 650（万元）。

2. 由于会计政策变更使得2018年的净利润减少了200×（1－25%）＝150（万元），同时应当确认递延所得税资产＝200×25%＝50（万元）。相关会计分录为：

借：递延所得税资产    50

    利润分配    135

    盈余公积    15

    贷：库存商品    200

3. 2019年资产负债表期初余额：存货调减200万元，递延所得税资产调增50万元，盈余公积调减15万元，未分配利润调减135万元。

2019年利润表上年数：营业成本调增200万元，所得税费用调减50万元，净利润调减150万元。

## 知识点5 会计差错更正的会计处理

一、前期差错，是指由于没有运用或错误运用下列两种信息，而对前期财务报表造成省略或错报：

（一）编报前期财务报表时预期能够取得并加以考虑的可靠信息；

（二）前期财务报告批准报出时能够取得的可靠信息。

前期差错通常包括计算错误、应用会计政策错误、疏忽或曲解事实以及舞弊产生的影响等。

二、前期差错的重要程度，应根据差错的性质和金额加以具体判断。

三、企业应当采用追溯重述法更正重要的前期差错，但确定前期差错累积影响数不切实可行的除外。

追溯重述法，是指在发现前期差错时，视同该项前期差错从未发生过，从而对财务报表相关项目进行更正的方法。追溯重述法的会计处理与追溯调整法相同。

确定前期差错影响数不切实可行的，可以从可追溯重述的最早期间开始调整留存收益的期初余额，财务报表其他相关项目的期初余额也应当一并调整，也可以采用未来适用法。

企业应当在重要的前期差错发现当期的财务报表中调整前期比较数据。

对于年度资产负债表日至财务报告批准报出日之间发现的报告年度的会计差错及报告年度前不重要的前期差错，应按照《企业会计准则第29号——资产负债表日后事项》的规定进行处理。

四、若不涉及损益，直接调整资产负债表相关账户即可；若涉及损益，需通过"以前年度损益调整"进行过渡，并将余额结转"利润分配"账户同时调整对应的盈余公积。之所以要先通过"以前年度损益调整"，是因为我们可能需要调整比较期间报表相关项目，并不仅仅是调整期初留存收益。

**【例4–计算分析题】** A公司2019年5月5日发现，2018年公司漏记一项生产用固定资产减值准备200万元。公司适用所得税税率为25%，无其他纳税调整事项。该公司按净利润的10%提取法定盈余公积。A公司2018年财务报告批准报出日为2019年4月15日，实际报出日为2019年4月18日。

1. 会计处理（单位：万元）：

2019年5月5日

（1）补提固定资产减值准备：

借：以前年度损益调整——资产减值损失 200
　　贷：固定资产 200

注：以前年度损益调整下的明细科目可以起到提示应调整的利润表相关项目的作用。

（2）因补提减值准备，确认递延所得税资产50万元。

借：递延所得税资产 50
　　贷：以前年度损益调整——所得税费用 50

注：因税法规定不得在税前扣除，所以即使在汇算清缴前也不存在对"应交税费——应交所得税"的调整。

（3）将"以前年度损益调整"科目余额转入利润分配：

借：利润分配——未分配利润 150
　　贷：以前年度损益调整 150

（4）调整利润分配有关数字：

借：盈余公积 15
　　贷：利润分配——未分配利润 15

2. 在列报2019年财务报表时，应调整2019年资产负债表有关项目的年初余额，利润表有关项目及所有者权益变动表的上年金额也应进行调整。

（1）资产负债表项目"年初数"的调整：

调减固定资产200万元；调增递延所得税资产50万元；调减盈余公积15万元；调减未分配利润135万元。

（2）利润表项目"上年数"的调整：

调增资产减值损失200万元；调减所得税费用50万元；调减净利润150万元；调减基本每股收益0.015元（假设股本为10 000万股）。

# 第二十五章　资产负债表日后事项

## 本章思维导图

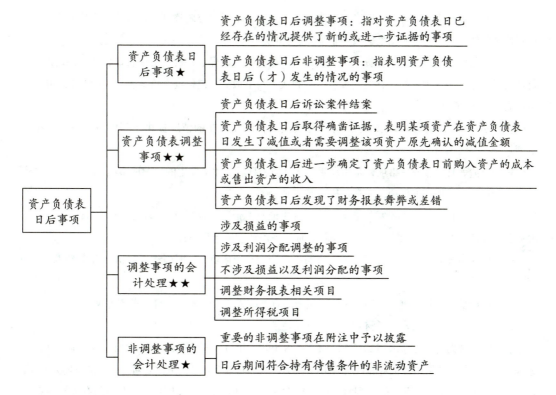

## 本章考情分析

本章平均分值6分左右，多为客观题，考试应重点关注调整事项的判断及其会计处理。

## 本章知识点精讲

 **资产负债表日后事项概述**

一、资产负债表日后事项的定义

资产负债表日后事项，是指资产负债表日至财务报告批准报出日之间发生的有利或不利事项。其中，有利或不利事项，是指资产负债表日后对企业财务状况、经营成果等具有一定影响的事项。

二、资产负债表涵盖期间

微信扫一扫
习题免费练

资产负债表日后事项涵盖期间是自资产负债表日次日起至财务报告批准报出日止的一段时间。资产负债表日后事项涵盖期间应当包括：

（一）报告期间下一期间的第一天至董事会或类似机构批准财务报告对外公布的日期。

（二）财务报告批准报出以后，实际报出之前又发生与资产负债表日或期后事项有关的事项，并由此影响财务报告对外公布日期的，应以董事会或类似机构再次批准财务报告对外公布的日期为截止日期。

## 知识点2 调整事项与非调整事项的区分

《企业会计准则第29号——资产负债表日后事项》列举了四类调整事项和八项非调整事项，除进行对比区分外，还需要掌握调整事项和非调整事项的定义。

《企业会计准则第29号——资产负债表日后事项》第二条规定，资产负债表日后事项，是指资产负债表日至财务报告批准报出日之间发生的有利或不利事项。它包括资产负债表日后调整事项和资产负债表日后非调整事项。

资产负债表日后调整事项，是指对资产负债表日已经存在的情况提供了新的或进一步证据的事项。

资产负债表日后非调整事项，是指表明资产负债表日后（才）发生的情况或事项。

资产负债表日后调整事项，通常包括以下几项：

一、资产负债表日后诉讼案件结案，法院判决证实了企业在资产负债表日已经存在现时义务，需要调整原先确认的与该诉讼案件相关的预计负债，或确认一项新负债；

二、资产负债表日后取得确凿证据，表明某项资产在资产负债表日发生了减值或者需要调整该项资产原先确认的减值金额；

三、资产负债表日后进一步确定了资产负债表日前购入资产的成本或售出资产的收入；

四、资产负债表日后发现了财务报表舞弊或差错。

【例1-多选题】甲上市公司2018年度财务报告于2019年1月20日编制完成，注册会计师完成年度财务报表审计工作并签署审计报告的日期为2019年3月15日，董事会批准财务报告对外公布的日期为2019年4月18日。甲公司2019年发生的下列事项中，应对2018年财务报表相关项目进行调整的有（　　　　）。

A. 2018年10月向乙公司出售一批原材料，价款为2 000万元，根据销售合同，乙公司应在收到原材料后3个月内付款。至2018年12月31日，乙公司尚未付款。甲公司根据掌握的资料判断，乙公司有可能破产清算，估计该应收账款将有20%无法收回，故按20%的比例计提坏账准备。2019年1月20日，甲公司收到通知，乙公司已被宣告破产清算，甲公司估计有70%的债权无法收回

B. 2018年10月向乙公司出售一批原材料，价款为2 000万元，根据销售合同，乙公司应在收到原材料后3个月内付款。至2018年12月31日，乙公司尚未付款。甲公司根据掌握的资料判断，乙公司有可能破产清算，估计该应收账款将有20%无法收回，故按20%的比例计提坏账准备。2019年1月20日，乙公司发生重大火灾，甲公司预计50%的应收账款将无法收回

C. 2019年3月16日，甲公司发行20亿元永续债，将其划分为其他权益工具

D. 2019年3月17日，公司内审部发现2018年存在一项重大会计差错：将取得的使用寿命不确定的无形资产（账面价值为2 000万元）按10年进行摊销

【答案】AD

**学堂点拨**

选项A，乙公司已被宣告破产清算，甲公司估计有70%的债权无法收回，是对2018年12月31日已存在的情况（乙公司有可能破产清算，估计该应收账款将有20%无法收回）的新的证据，属于资产负债日后调整事项，应调整2018年度财务报表相关项目。

选项B，2019年1月20日，乙公司发生重大火灾，属于表明资产负债表日后（才）发生的情况的事项，属于资产负债表日后非调整事项。

选项C，属于资产负债表日后非调整事项。

选项D，属于资产负债表日后调整事项，应调整2018年度财务报表相关项目。

【例2-单选题】甲上市公司2018年财务报告于2019年3月20日经董事会批准对外报出，其于2019年发生的下列事项中，不考虑其他因素，应当作为2018年度资产负债表日后调整事项的有（　　　）。

A. 2月1日，拟转为待售的一栋旧办公楼已清理完毕，该办公楼账面价值为1 500万元，公允价值减预计处置费用后的净额为1 400万元

B. 2月20日，一家子公司发生安全生产事故造成重大财产损失，同时被当地安监部门罚款600万元

C. 3月15日，于2018年发生的某涉诉案件终审判决，甲公司需赔偿原告1 600万元，该金额较2018年年末原已确认的预计负债多300万元

D. 3月18日，董事会会议通过2018年度利润分配预案，拟分配现金股利6 000万元，以资本公积转增股本，每10股转增2股

【答案】C

**学堂点拨**

选项A、B和D，属于日后期间非调整事项；选项C，属于日后期间调整事项。

**知识点3　调整事项的会计处理**

由于资产负债表日后事项发生在次年，报告年度的有关账目已经结转，特别是损益类科目在结账后已无余额，因此，资产负债表日后发生的调整事项，应当分以下情况进行处理。

一、涉及损益的事项，通过"以前年度损益调整"科目核算，调整完成后，应将"以前年度损益调整"科目的贷方或借方余额，转入"利润分配——未分配利润"科目。

首先确定应调整的"实账户（资产负债表账户）"，这是快速、准确答题的关键。例如，漏提折旧涉及的实账户调整"累计折旧"，诉讼事项结案涉及的实账户调整"预计负债"，投资性房地产后续计量错误涉及的实账户调整"投资性房地产"……

二、涉及利润分配调整的事项，直接在"利润分配——未分配利润"科目核算。

三、不涉及损益以及利润分配的事项，直接调整相关科目。

四、通过上述账务处理后，还应同时调整财务报表相关项目的数字，包括：

（一）报告年度资产负债表相关项目的期末数，以及利润表相关项目本年发生数；

（二）次年度资产负债表相关项目的期初数、利润表相关项目上年数。

经过上述调整后，如果涉及报表附注内容的，还应当调整报表附注相关项目的数字。

【教材例25-4改】甲公司与乙公司签订一项销售合同，合同中订明甲公司应在2018年8月销售给乙公司一批材料。由于甲公司未能按照合同发货，致使乙公司发生重大经济损失。2018年12月，乙公司将甲公司告上法庭，要求甲公司赔偿450万元。2018年12月31日法院尚未判决，甲公司按或有事项准则对该诉讼事项确认预计负债300万元。（税法规定该项预计负债产生的损失不允许在预计时税前抵扣，只有在损失实际发生时，才允许税前抵扣）

2019年2月10日，经法院判决甲公司应赔偿乙公司400万元。甲、乙双方均服从判决。判决当日，甲公司向乙公司支付赔偿款400万元。假设甲、乙两公司2018年所得税汇算清缴均在2019年3月20日完成。

1. 甲公司的账务处理如下（单位：万元）：

（1）2019年2月10日，记录支付的赔款，并调整递延所得税资产：

借：以前年度损益调整　　　　　　　　　　　　　　　　　　　　　100

　　贷：其他应付款　　　　　　　　　　　　　　　　　　　　　　　　100

借：预计负债　　　　　　　　　　　　　　　　　　　　　　　　　300

　　贷：其他应付款　　　　　　　　　　　　　　　　　　　　　　　　300

【注意】400万元赔款已为确定性负债，应将预计负债转出至其他应付款。

借：其他应付款　　　　　　　　　　　　　　　　　　　　　　　　400

　　贷：银行存款　　　　　　　　　　　　　　　　　　　　　　　　　400

【注意】因现金流的发生时点在2019年，该分录不影响2018年报表项目。

借：应交税费——应交所得税　　　　　　　　　　　　　100（400×25%）

　　贷：以前年度损益调整——所得税费用　　　　　　　　　　　　　　100

【注意】按税法规定，所得税汇算清缴前发生的该事项（实际发生损失400万元），可抵减2018年应纳所得税额，税法此规定是为了减少纳税差异。

借：以前年度损益调整　　　　　　　　　　　　　　　　　　　　　75

　　贷：递延所得税资产　　　　　　　　　　　　　　　　　　　　　　75

【注意】因汇算清缴前实际发生的损失可抵减2018年应纳所得税额，2018年年末因预计负债确认的递延所得税资产75万元也应冲销。

（2）将"以前年度损益调整"科目余额转入未分配利润：

借：利润分配——未分配利润　　　　　　　　　　　　　　　　　　75

　　贷：以前年度损益调整　　　　　　　　　　　　　　　　　　　　　75

【注意】该事项对2018年净利润的影响额＝2018年未入账的100万元赔款×（1－25%）＝75（万元）。

（3）因净利润调减75万元，相应调整盈余公积：

借：盈余公积　　　　　　　　　　　　　　　　　　　　　7.5（75×10%）

贷：利润分配——未分配利润　　　　　　　　　　　　　　　　　　　　　7.5

**【注意】**以上两分录也可以合并编制：

借：盈余公积　　　　　　　　　　　　　　　　　　　　　　　7.5（75×10%）

    利润分配——未分配利润　　　　　　　　　　　　　　　　　　　67.5

      贷：以前年度损益调整　　　　　　　　　　　　　　　　　　　　　　75

  （4）调整2018年度报表相关项目：

①2018年资产负债表"年末数"相关项目的调整：

调减递延所得税资产75万元；调增其他应付款400万元，调减应交税费100万元，调减预计负债300万元；调减盈余公积7.5万元，调减未分配利润67.5万元。

②2018年利润表"本年数"相关项目的调整：

调增营业外支出100万元，调减所得税费用25万元，调减净利润75万元，调减综合收益75万元。

③所有者权益变动表项目的调整：

调减净利润75万元，提取盈余公积项目中盈余公积一栏调减7.5万元，未分配利润一栏调减67.5万元。

**【注意】**所有者权益变动表项目的调整图示，此处略。另外，不涉及现金流量表。

2. 乙公司的账务处理如下（单位：万元）：

（1）2019年2月10日，记录收到的赔款，并调整应交所得税：

借：其他应收款　　　　　　　　　　　　　　　　　　　　　　　　　400

    贷：以前年度损益调整——营业外收入　　　　　　　　　　　　　　400

借：银行存款　　　　　　　　　　　　　　　　　　　　　　　　　　400

    贷：其他应收款　　　　　　　　　　　　　　　　　　　　　　　　400

**【注意】**根据或有事项准则规定，2018年乙公司未做会计处理。为便于对2018年报表项目进行调整，以上两个分录不可以合并编制。

借：以前年度损益调整——所得税费用　　　　　　　　　　　　　　　100

    贷：应交税费——应交所得税　　　　　　　　　　　　　　100（400×25%）

**【注意】**根据税法规定，乙公司2018年应交所得税应调增100万元。

（2）将"以前年度损益调整"科目余额转入未分配利润：

借：以前年度损益调整　　　　　　　　　　　　　　　　　　　　　　300

    贷：利润分配——未分配利润　　　　　　　　　　　　　　　　　　300

（3）因净利润增加，补提盈余公积：

借：利润分配——未分配利润　　　　　　　　　　　　　　　　　　　30

    贷：盈余公积　　　　　　　　　　　　　　　　　　　　　　　　　30

（4）①资产负债表项目的年末数调整：

调增其他应收款400万元，调增应交税费100万元，调增盈余公积30万元，调增未分配利润270万元。

②利润表项目的调整：

调增营业外收入400万元，调增所得税费用100万元，调增综合收益300万元。

③所有者权益变动表项目的调整：

调增净利润300万元，提取盈余公积项目中盈余公积一栏调增30万元，未分配利润一栏调增270万元。

**【教材例25-5改】**甲公司2019年11月8日销售了一批商品给乙公司，取得收入800万元（不含税，增值税税率13%），甲公司发出商品后，符合收入确认条件，确认收入800万元，并结转成本500万元。甲公司年末未对该应收账款计提坏账准备。2020年1月12日，该笔货款尚未收到，由于产品质量问题，本批货物被退回，甲公司同时开具了红字发票。甲公司于2020年2月28日完成2019年所得税汇算清缴。

1．甲公司的账务处理如下（单位：万元）。

（1）2020年1月12日，调整销售收入。

| | | |
|---|---|---|
| 借：以前年度损益调整——营业收入 | 800 | |
| 应交税费——应交增值税（销项税额） | 104 | |
| 贷：应收账款 | | 904 |

（2）调整销售成本。

| | | |
|---|---|---|
| 借：库存商品 | 500 | |
| 贷：以前年度损益调整——营业成本 | | 500 |

（3）调整应交所得税：因所得税汇算清缴前发生以前年度销售退回，应调减应交所得税（800－500）×25%＝75（万元）。

| | | |
|---|---|---|
| 借：应交税费——应交所得税 | 75 | |
| 贷：以前年度损益调整——所得税费用 | | 75 |

（4）将"以前年度损益调整"科目的余额转入利润分配。

| | | |
|---|---|---|
| 借：利润分配——未分配利润 | 225 | |
| 贷：以前年度损益调整 | | 225 |

（5）调整盈余公积。

| | | |
|---|---|---|
| 借：盈余公积 | 22.5 | |
| 贷：利润分配——未分配利润 | | 22.5 |

（6）调整2019年财务报表相关项目。

①2019年资产负债表"年末数"相关项目的调整：

调减应收账款936万元，调增库存商品500万元，调减应交税费179万元，调减盈余公积22.5万元，调减未分配利润202.5万元。

②2018年利润表"本年数"相关项目的调整：

调减营业收入800万元，增减营业成本500万元，调减所得税费用75万元，调减净利润225万元，调减综合收益225万元。

2．若甲公司2019年年末对该应收账款计提了坏账准备100万元，则甲公司的账务处理如下（单位：万元）。

（1）2019年1月12日，调整销售收入。

| | | |
|---|---|---|
| 借：以前年度损益调整——营业收入 | | 800 |
| 应交税费——应交增值税（销项税额） | | 104 |
| 贷：应收账款 | | 904 |

（2）调整销售成本。

| | | |
|---|---|---|
| 借：库存商品 | | 500 |
| 贷：以前年度损益调整——营业成本 | | 500 |

（3）调减坏账准备及相应的递延所得税资产。

| | | |
|---|---|---|
| 借：坏账准备 | | 100 |
| 贷：以前年度损益调整——信用减值损失 | | 100 |
| 借：以前年度损益调整——所得税费用 | | 25 |
| 贷：递延所得税资产 | | 25 |

（4）调整应交所得税。因所得税汇算清缴前发生以前年度销售退回，应调减应交所得税（800－500）×25%＝75（万元）。

| | | |
|---|---|---|
| 借：应交税费——应交所得税 | | 75 |
| 贷：以前年度损益调整——所得税费用 | | 75 |

（5）将"以前年度损益调整"科目的余额转入利润分配。因销售退回对2019年净利润的影响额为-225万元，因转销坏账准备及递延所得税对2019年净利润的影响额为+75万元，合计影响额为-150万元。

| | | |
|---|---|---|
| 借：利润分配——未分配利润 | | 150 |
| 贷：以前年度损益调整 | | 150 |

（6）调整盈余公积。

| | | |
|---|---|---|
| 借：盈余公积 | | 15 |
| 贷：利润分配——未分配利润 | | 15 |

【注意】发生于所得税汇算清缴前的资产负债表日后调整事项，若涉及损益的增减变动，按税法规定应调增应交所得税或调减应交所得税。

若导致产生可抵扣纳税差异的资产减值准备、预计负债等科目因调整而转销，那么递延所得税资产也需同步转销；反之，若因调整需要增计资产减值准备、预计负债等科目时，也自然需要同步增加递延所得税资产的确认。

例如，发现报告年度未对以公允价值计量且其变动计入当期损益的金融资产按公允价值进行账面调整，假设期末公允价值大于账面价值100万元，对于该会计差错，应调增以公允价值计量且其变动计入当期损益的金融资产，同时应确认递延所得税负债25万元，此调整事项不涉及应交税费；再如，若所得税汇算清缴前发生销售退回，因损益调减，须同步调减应交所得税，此调整事项不涉及递延所得税。

# 第二十六章　企业合并

## 本章思维导图

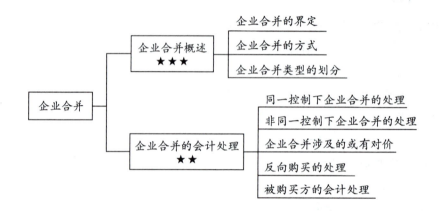

## 本章考情分析

本章可结合合并财务报表、长期股权投资与合营安排等章节出主观题。

## 本章知识点精讲

知识点1　企业合并的界定

企业合并是将两个或两个以上单独的企业（主体）合并形成一个报告主体的交易或事项。从会计角度，交易是否构成企业合并，进而是否能够按照企业合并准则进行会计处理，主要应关注两个方面：

1. 被购买方是否构成业务。企业合并本质上是一种购买行为，但其不同于单项资产的购买，而是一组有内在联系、为了某一既定的生产经营目的存在的多项资产组合或是多项资产、负债构成的净资产的购买。企业合并的结果通常是一个企业取得了对一个或多个业务的控制权，即要形成会计意义上的"企业合并"，前提是被购买的资产或资产负债组合要形成"业务"。如果一个企业取得了对另一个或多个企业的控制权，而被购买方（或被合并方）并不构成业务，则该交易或事项不形成企业合并。

根据企业合并准则的规定，涉及构成业务的合并，才应当按企业合并准则的规定进行处理。

业务是指企业内部某些生产经营活动或资产负债的组合，该组合具有投入、加工处理过程和产出能力，能够独立计算其成本费用或所产生的收入等，目的在于为投资者提供股利、降低成本或带来其他经济利益。有关资产或资产、负债的组合具备了投入和加工处理过程两个要素即可认为构成一项业务。对于取得的资产、负债组合是否构成业务，应当由企业结合实际情况进行判断。

（1）投入，指原材料、人工、必要的生产技术等无形资产以及构成产出能力的机器设备等其他长期资产的投入。

（2）加工处理过程，指具有一定的管理能力、运营过程，能够组织投入形成产出能力的系统、标准、协议、惯例或规则。

（3）产出，包括为客户提供的产品或服务、为投资者或债权人提供的股利或利息等投资收益，以及企业日常活动产生的其他的收益。

判断非同一控制下企业合并中取得的组合是否构成业务，也可选择采用集中度测试。在进行集中度测试时，如果购买方取得的总资产的公允价值几乎相当于其中某一单独可辨认资产或一组类似可辨认资产的公允价值的，则该组合通过集中度测试，应判断为不构成业务。

企业取得了不形成业务的一组资产或资产、负债的组合时，应识别并确认所取得的单独可辨认资产（包括符合《企业会计准则第6号——无形资产》中无形资产定义和确认标准的资产）及承担的负债，并将购买成本基于购买日所取得各项可辨认资产、负债的相对公允价值，在各单独可辨认资产和负债间进行分配，不按照企业合并准则进行处理。分配的结果是取得的有关资产、负债的初始入账价值有可能不同于购买时点的公允价值（但若资产的初始确认金额高于其公允价值，需考虑是否存在资产减值），资产或资产、负债打包购买中多付或少付的部分均需要分解到取得的资产、负债项目中，从而不会产生商誉或购买利得。

在被购买资产构成业务，需要作为企业合并处理时，购买日（合并日）的确定，合并中取得资产、负债的计量，合并差额的处理等均需要按照企业合并准则的有关规定进行处理。如在构成非同一控制下企业合并的情况下，合并中自被购买方取得的各项可辨认资产、负债应当按照其在购买日的公允价值计量，合并成本与取得的可辨认净资产公允价值份额的差额应当确认为单独的一项资产——商誉，或是在企业成本小于合并中取得可辨认净资产公允价值份额的情况下（廉价购买），将该差额确认计入当期损益。

交易费用在购买资产交易中通常作为转让对价的一部分，并根据适用的准则资本化为所购买的资产成本的一部分；而在企业合并中，交易费用应被费用化。

企业会计准则禁止对在以下交易所记录的资产和负债初始确认时产生的暂时性差异确认递延所得税：①非业务合并；②既不影响会计利润也不影响应纳税所得额或可抵扣亏损。相应地，资产购买中因账面价值与税务基础不同形成的暂时性差异不应确认递延所得税资产或负债；而业务合并中购买的资产和承担的债务因账面价值与计税基础不同形成的暂时性差异应确认递延所得税影响。

2. 交易发生前后是否涉及对标的业务控制权的转移。从企业合并的定义看，是否形成企业合并，除要看取得的资产或资产负债组合是否构成业务之外，还要看有关交易或事项发生前后，是否引起报告主体的变化。报告主体的变化产生于控制权的变化。在交易事项发生以后，投资方拥有对被投资方的权力，通过参与被投资方的相关活动享有可变回报，且有能力运用对被投资方的权力影响其回报金额的，投资方对被投资方具有控制，形成母子公司关系，涉及到控制权的转移，该交易或事项发生以后，子公司需要纳入到母公司合并财务报表的范围中，从合并财务报告角度形成报告主体的变化；交易事项发生以后，一方能够控制另一方的全部净资产，被合并的企业在合并后失去其法人资格，也涉及到控制权及报告主体的变化，形成企业合并。

假定在企业合并前，A、B两个企业为各自独立的法律主体，且均构成业务，企业合并准则中所界定的企业合并，包括但不限于以下情形：

1. 企业A通过增发自身的普通股自企业B原股东处取得企业B的全部股权，该交易事项发生后，企业B仍持续经营。

2. 企业A支付对价取得企业B的全部净资产，该交易事项发生后，撤销企业B的法人资格。

3. 企业A以自身持有的资产作为出资投入企业B，取得对企业B的控制权，该交易事项发生后，企业B仍维持其独立法人资格继续经营。

## 知识点2　企业合并的方式及合并类型的划分

### 一、合并方式的划分

企业合并按合并方式划分，包括控股合并、吸收合并和新设合并。

（一）控股合并

合并方（或购买方，下同）通过企业合并交易事项取得对被合并方（或被购买方，下同）的控制权，企业合并后能够通过所取得的股权等主导被合并方的生产经营决策并自被合并方的生产经营活动中获益，被合并方在企业合并后仍维持其法人资格继续经营的，为控股合并。

该类企业合并中，因合并方通过企业合并交易或事项取得了对被合并方的控制权，被合并方成为其子公司，在企业合并发生后，被合并方应当纳入合并方合并财务报表的编制范围，从合并财务报表角度，形成报告主体的变化。

（二）吸收合并

合并方在企业合并中取得被合并方的全部净资产，并将有关资产、负债并入合并方自身生产经营活动中。企业合并完成后，注销被合并方的法人资格，由合并方持有合并中取得的被合并方的资产、负债，在新的基础上继续经营，该类合并为吸收合并。

吸收合并中，因被合并方（或被购买方）在合并发生以后被注销，从合并方（或购买方）的角度需要解决的问题是，其在合并日（或购买日）取得的被合并方有关资产、负债入账价值的确定，以及为了进行企业合并支付的对价与所取得被合并方资产、负债的入账价值之间差额的处理。

企业合并继后期间，合并方应将合并中取得的资产、负债作为本企业的资产、负债核算。

（三）新设合并

参与合并的各方在企业合并后法人资格均被注销，重新注册成立一家新的企业，由新注册成立的企业持有参与合并各企业的资产、负债在新的基础上经营，为新设合并。新设合并中，各参与合并企业投入到新设企业的资产、负债价值以及相关构成新设企业的资本等，一般应按照有关法律法规及各参与合并方的合同、协议执行。

### 二、企业合并类型的划分

我国的企业合并准则中将企业合并按照一定的标准划分为两大基本类型——非同一控制下的企业

合并与同一控制下的企业合并。企业合并的类型划分不同，所遵循的会计处理原则也不同。

## 知识点3 同一控制下与非同一控制下企业合并的处理

### 一、同一控制下的企业合并的处理

同一控制下的企业合并，是指参与合并的企业在合并前后均受同一方或相同的多方最终控制且该控制并非暂时性的。

（一）能够对参与合并各方在合并前后均实施最终控制的一方通常指企业集团的母公司。

同一控制下的企业合并一般发生于企业集团内部，如集团内母子公司之间、子公司与子公司之间等。因为该类合并从本质上是集团内部企业之间的资产或权益的转移，不涉及到自集团外购入子公司或是向集团外其他企业出售子公司的情况，能够对参与合并企业在合并前后均实施最终控制的一方为集团的母公司。

（二）能够对参与合并的企业在合并前后均实施最终控制的相同多方，是指根据合同或协议的约定，拥有最终决定参与合并企业的财务和经营政策，并从中获取利益的投资者群体。

（三）实施控制的时间性要求，是指参与合并各方在合并前后较长时间内为最终控制方所控制。具体是指在企业合并之前（即合并日之前），参与合并各方在最终控制方的控制时间一般在1年以上（含1年），企业合并后所形成的报告主体在最终控制方的控制时间也应达到1年以上（含1年）。

（四）企业之间的合并是否属于同一控制下的企业合并，应综合构成企业合并交易的各方面情况，按照实质重于形式的原则进行判断。通常情况下，同一控制下的企业合并是指发生在同一企业集团内部企业之间的合并。同受国家控制的企业之间发生的合并，不应仅仅因为参与合并各方在合并前后均受国家控制而将其作为同一控制下的企业合并。

### 二、非同一控制下的企业合并的处理

非同一控制下的企业合并，是指参与合并各方在合并前后不受同一方或相同的多方最终控制的合并交易，即除判断属于同一控制下企业合并的情况以外其他的企业合并。

【例1-分析题】甲公司为某省国资委控制的国有企业，2013年10月，该省国资系统出于整合同类业务的需要，由甲公司通过定向发行其普通股的方式给乙公司部分股东，取得对乙公司控制权。该项交易前，乙公司的股权由该省国资委下属丙投资公司持有并控制。双方签订的协议约定：

1. 以2013年9月30日为评估基准日，根据独立的评估机构确定的乙公司全部股权的公允价值4.02亿元为基础确定甲公司应支付的对价。

2. 甲公司普通股作价5元/股，该项交易中甲公司向丙投资公司发行3 700万股本公司普通股取得乙公司46%股权。

3. 甲公司在本次交易中定向发行的3 700万股向丙投资公司发行后，即有权力调整和更换乙公司董事会成员，该事项不受本次交易中股东名册变更及乙公司有关工商注册变更的影响。

2013年12月10日，甲公司向丙投资公司定向发行了3 700万股并于当日对乙公司董事会进行改选。

问题：甲公司对乙公司的合并应当属于哪一类型？

【分析】本案例中合并方甲公司与被合并方乙公司在合并前为独立的市场主体。其特殊性在于甲

公司在合并前直接被当地国资委控制，乙公司是当地国资委通过下属投资公司间接控制。判断本项交易的合并类型关键在于找到是否存在于合并交易发生前后对参与合并各方均能够实施控制的一个最终控制方，本案例中，即当地国资委。虽然该交易是国资委处于整合同类业务的需要，安排甲公司、乙公司的原控股股东丙投资公司进行的，但交易中作价是完全按照市场价格确定的，同时企业合并准则中明确，同受国家控制的两个企业进行合并，不能仅因为其为国有企业即作为同一控制下企业合并。

该项合并应当作为非同一控制下企业合并处理。

【例2-分析题】甲公司2014年2月通过公开市场购入乙公司600万股股票，占乙公司公开发行在外股份的2%，该部分股份取得以后，甲公司将其作为以公允价值计量且其变动计入当期损益的金融资产核算。2015年，甲公司与乙公司签订以下协议：

1. 甲公司向乙公司捐赠所持有的三家公司的股权，该三家公司均为甲公司100%拥有，按照双方确定的评估基准日2015年6月30日，全部三项股权的评估价值为65 000万元；

2. 双方应于2015年7月31日前办妥上述三家公司股权过户手续；

3. 乙公司应于2015年8月31日前通过股东大会决议，以公积金转增股本的方式向甲公司发行股份16 250万股（4元/股）。

2015年8月10日，乙公司股东大会通过以公积金转增股本的方式向甲公司发行16 250万股本公司股票。

该股份发行后，甲公司向乙公司董事会派出4名成员（乙公司董事会由7人组成），日常财务和生产经营决策由董事会决定；甲公司持有乙公司发行在外股份为36.43%，除甲公司所持股份外，乙公司其他股东持有其股份的情况为：

| 股东 | 持有乙公司股权比例 |
| --- | --- |
| A | 10% |
| B | 8% |
| C | 7% |
| D | 6% |
| E | 5% |
| F | 4.5% |
| 其他社会公众股（持股较为分散，最高持有不到1%） | 23.07% |

问题：甲公司合并乙公司的类型？

【分析】2014年甲公司自公开市场取得乙公司2%股份，因未以任何方式参与乙公司生产经营决策，不能施加重大影响，该项股权投资作为交易性金融资产核算。

2015年，甲公司通过先向乙公司捐赠，乙公司再以等量资本公积金转增股本的方式向甲公司定向发行本公司股份，该次发行完成后，甲公司持有乙公司36.43%的股份，通过分析乙公司股权结构、甲公司对乙公司董事会的影响可知，该项股份发行后，甲公司能够控制乙公司，从而构成企业合并。

在本次交易发生前，甲公司虽然持有乙公司2%的股份，但不构成控制，交易完成后，甲公司控制乙公司，乙公司持有甲公司原三家子公司100%股权，并能够对这三家公司实施控制。该项交易前后，找不到一个最终控制方能够对参与合并企业（乙公司、甲公司及原持有的三家全资子公司）实施控制，不属于同一控制下企业合并，应当按照非同一控制下企业合并处理。

## 知识点4 企业合并涉及的或有对价

一、同一控制下的企业合并

长期股权投资的入账价值并不以支付对价的公允价值为基础，故或有对价也不影响长期股权投资的入账价值，也不影响当期损益，而是通过资本公积进行调整，资本公积不足冲减的，调整留存收益。

二、非同一控制下企业合并涉及的或有对价

《企业会计准则讲解2010》中关于企业合并中产生或有对价的确认条件的规定："某些情况下，合并各方可能在合并协议中约定，根据未来一项或多项或有事项的发生，购买方通过发行额外证券、支付额外现金或其他资产等方式追加合并对价，或者要求返还之前已经支付的对价。购买方应当将合并协议约定的或有对价作为企业合并转移对价的一部分，按照其在购买日的公允价值计入企业合并成本。"根据《企业会计准则第37号——金融工具列报》《企业会计准则第22号——金融工具确认和计量》以及其他相关准则的规定，或有对价符合权益工具和金融负债定义的，购买方应当将支付或有对价的义务确认为一项权益或负债；符合资产定义并满足资产确认条件的，购买方应当将符合合并协议约定条件的、可收回的部分已支付合并对价的权利确认为一项资产。

将要追加的合并对价，确认预计负债，并形成长期股权投资的合并成本；将要求返还的对价，确认为资产（如其他应收款、以公允价值计量且其变动计入当期损益的金融资产）并倒挤长期股权投资的合并成本。或有对价属于权益性质的（如股权比例的增减），不进行会计处理。

按购买日的合并成本计算，可能存在着合并商誉。那么，购买日之后发生的对合并价款的调整，是否调整商誉呢？准则规定：只有在购买日后12个月内发生，且是对"购买日已存在情况"有新的或者进一步证据导致的调整，才属于计量期调整，从而调整商誉。

【例3-分析题】A上市公司2009年1月2日以现金3亿元自B公司购买其持有的C公司100%股权，并于当日向C公司董事会派出成员，主导其财务和生产经营决策。股权转让协议约定，B公司就C公司在收购完成后的经营业绩向A公司做出承诺；C公司2009年、2010年、2011年度经审计扣除非经常性损益后归属于母公司股东的净利润分别不低于2 000万元、3 000万元和4 000万元。如果C公司未达到承诺业绩，B公司将在C公司每一相应年度的审计报告出具后30日内，按C公司实际实现的净利润与承诺利润的差额，以现金方式对A公司进行补偿。

购买日，A公司根据C公司所处市场状况及行业竞争力等情况判断，预计C公司能够完成承诺期利润。

2009年，C公司实现净利润2 200万元。2010年，由于整体宏观经济形势变化，C公司实现净利润2 400万元，且预期2×11该趋势将持续，预计能够实现净利润约2 600万元。

【分析】本例中，A上市公司与B上市公司在交易前不存在关联关系，该项企业合并应为非同一控制下企业合并。

购买日为2009年1月2日，当日A上市公司支付了有关价款3亿元，同时估计C公司能够实现承诺利润，或有对价估计为0。A上市公司应当确认对C公司长期股权投资成本为3亿元。

2009年1月2日（单位：万元）：

借：长期股权投资                       30 000

  贷：银行存款                     30 000

2009年C公司实现了预期利润，A上市公司无须进行会计处理。

2010年C公司未实现预期利润，且预计2011年也无法实现，则A上市公司需要估计该或有对价的公允价值并予以确认。应收的补偿金额＝（3 000－2 400）＋（4 000－2 600）＝2 000（万元）。因该预期利润未实现的情况是在购买日后新发生的，在购买日后超过12个月且不属于对购买日已存在状况的进一步证据，应于发生时计入当期损益，不调整合并商誉（单位：万元）。

2010年12月31日：

借：交易性金融资产                   2 000

  贷：公允价值变动损益                2 000

【例4-计算分析题】A公司为上市公司。2016年12月31日，A公司收购B公司60%的股权，完成非同一控制下的企业合并。

1. 收购定价的相关约定如下：（1）2016年12月31日支付5 000万元；（2）自B公司经上市公司指定的会计师事务所完成2017年度财务报表审计后1个月内，A公司支付第二期收购价款，该价款按照B公司2017年税后净利润的2倍为基础计算。

2. 业绩承诺：B公司承诺2017年实现税后净利润人民币1 000万元，若2017年B公司实际完成净利润不足1 000万元，B公司原股东承诺向A公司支付其差额的60%。

要求：

1. 假定A公司在购买日判断，B公司2017年实现净利润1 200万元为最佳估计数，（1）计算购买日合并成本并编制会计分录；（2）若2017年B公司实现净利润为1 500万元，编制2017年个别报表会计分录；（3）若2017年B公司实现净利润为800万元，编制2017年个别报表会计分录。

2. 假定A公司在购买日判断，B公司2017年实现净利润800万元为最佳估计数，（1）计算购买日合并成本并编制会计分录；（2）若2017年B公司实现净利润为1 500万元，编制2017年个别报表会计分录；（3）若2017年B公司实现净利润为800万元，编制2017年个别报表会计分录。（单位：万元）

【答案】

1. （1）或有应付金额公允价值＝1 200×2＝2 400（万元），或有应收金额公允价值为0，合并成本＝5 000＋2 400＝7 400（万元）。

借：长期股权投资                    7 400

  贷：银行存款                    5 000

    预计负债                   2 400

（2）借：预计负债                    2 400

    营业外支出                   600

    贷：银行存款                  3 000

（3）A公司应支付或有应付金额＝800×2＝1 600（万元）

应收到业绩补偿款＝（1 000－800）×60%＝120（万元）

2017年12月31日，确认应收业绩补偿款（单位：万元）：

借：交易性金融资产/其他应收款 120

　　贷：投资收益 120

实际支付款项时：

借：预计负债 2 400

　　贷：银行存款 1 600

　　　　营业外收入 800

收到业绩补偿款时：

借：银行存款 120

　　贷：交易性金融资产/其他应收款 120

2.（1）或有应付金额公允价值＝800×2＝1 600（万元），或有应收金额公允价值＝（1 000－800）×60%＝120（万元），合并成本＝5 000＋1 600－120＝6 480（万元）。

借：长期股权投资 6 480

　　交易性金融资产/其他应收款 120

　　贷：银行存款 5 000

　　　　预计负债 1 600

（2）2017年12月31日，确认以公允价值计量且其变动计入当期损益的金融资产的公允价值变动：

借：投资收益 120

　　贷：交易性金融资产 120

实际支付款项时：

借：预计负债 1 600

　　营业外支出 1 400

　　贷：银行存款 3 000

（3）实际收到补偿款时：

借：银行存款 120

　　贷：交易性金融资产/其他应收款 120

实际支付款项时：

借：预计负债 1 600

　　贷：银行存款 1 600

本例中有关或有对价的公允价值调整在个别财务报表中不作为对长期股权投资成本的调整，相应地，在合并财务报表中，亦不能调整购买日原已确认商誉全额。但由于B公司未实现预期利润，可能表明购买日原已确认商誉已发生减值，A上市公司应当对商誉进行减值测试。

注：非同一控制下企业合并中的或有对价构成金融资产或金融负债的，应当以公允价值计量并将其变动计入当期损益；或有对价属于权益性质的，应作为权益性交易进行会计处理。

### 知识点5　反向购买

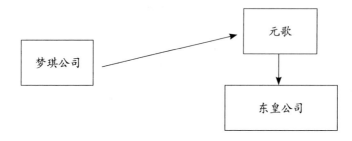

图 26-1　反向购买

上图中，东皇公司是一家优秀的大型民营企业，其大股东元歌持有该公司100%（或80%）的股权。梦琪公司是国内A股上市公司，经营不景气，连年经营亏损。

**两家公司的 2020 年 12 月 31 日具体财务资料**

|  | 梦琪公司 | 东皇公司 |
|---|---|---|
| 行业 | 玩具 | 互联网综合 |
| 资产总额（万元） | 24 000 | 64 500 |
| 所有者权益（万元） | 22 500 | 60 000 |
| 股本（万元） | 15 000 | 9 000 |
| 每股公允价值（元） | 2 | 4 |

东皇公司寻求在A股快速上市，元歌的个人财务顾问提出两个方案：

一、由梦琪公司向元歌个人定向增发股份若干万股，换取其持有的东皇公司100%股权，东皇公司成为梦琪上市公司全资子公司。而元歌在梦琪公司的股权比例大于50%，控股了梦琪公司。完成后，再对梦琪上市公司进行更名。

二、由梦琪公司向元歌个人定向增发股份若干万股，吸收合并东皇公司。从而元歌在梦琪公司的股权比例大于50%，控股了梦琪公司。完成后，再对梦琪上市公司进行更名。

假设元歌接受了第一个方案建议，2021年1月1日，梦琪公司向元歌定向发行股票18 000万股，换取其东皇公司100%股权，东皇公司成为梦琪上市公司全资子公司。而元歌在梦琪公司的持股比例为 $18\,000\div(15\,000+18\,000)=54.55\%$，控股梦琪公司。

本例中，表面上是梦琪公司收购了东皇公司100%股权，成为法律上的母公司。但是，由于元歌持有梦琪公司54.55%的股权，控制了梦琪公司。所以从会计角度看，东皇公司是购买方，梦琪上市公司为被购买方。这被称作"反向购买"。

注：以下内容可先初步了解，待学完合并报表内容后再回来深入学习本部分内容。

尽管以后编制合并报表的主体是梦琪上市公司（即法律上的母公司），但从逻辑上应视为是子公司，比如梦琪公司的固定资产公允价值大于账面价值4 500万元，合并报表中应按公允价值进行调整并列报。准则规定的合并报表编制原则如下：

一、合并财务报表中，法律上子公司（东皇公司）的资产、负债应以其在合并前的账面价值进行确认和计量。

二、合并财务报表中的留存收益和其他权益性余额应当反映的是法律上子公司（东皇公司）在合并前的留存收益和其他权益余额。

三、合并财务报表中的权益性工具的金额应当反映法律上子公司（东皇公司）合并前发行在外的股份面值以及假定在确定该项企业合并成本过程中新发行的权益性工具的金额。但是在合并财务报表中的权益结构应当反映法律上母公司（梦琪上市公司）的权益结构，即法律上母公司发行在外权益性证券的数量及种类。

四、法律上母公司（梦琪上市公司）的有关可辨认资产、负债在并入合并财务报表时，应以其在购买日确定的公允价值进行合并，企业合并成本大于合并中取得的法律上母公司（被购买方）可辨认净资产公允价值的份额体现为商誉，小于合并中取得的法律上母公司（被购买方）可辨认净资产公允价值的份额确认为合并当期损益。

五、合并财务报表的比较信息应当是法律上子公司（东皇公司）的比较信息（即法律上子公司的前期合并财务报表）。

六、法律上子公司（东皇公司）的有关股东在合并过程中未将其持有的股份转换为对法律上母公司股份的，该部分股东享有的权益份额在合并财务报表中应作为少数股东权益列示。因法律上子公司的部分股东未将其持有的股份转换为法律上母公司的股权，其享有的权益份额仍仅限于对法律上子公司的部分，该部分少数股东权益反映的是少数股东按持股比例计算享有法律上子公司合并前净资产账面价值的份额。另外，对于法律上母公司的所有股东，虽然该项合并中其被认为被购买方，但其享有合并形成报告主体的净资产及损益，不应作为少数股东权益列示。

七、反向购买中，被购买方（即上市公司）构成业务的，购买方应按照非同一控制下企业合并原则进行处理。被购买方不构成业务的，购买方应按照权益性交易的原则进行处理，不得确认商誉或当期损益。

**【例5-计算分析题】**甲公司为境内上市公司，专门从事能源生产业务，丙公司旗下的乙公司为国内的房地产公司，丙公司多年来试图进入能源业务并想借壳上市。2017年，发生的企业合并及相关交易或事项如下：

1. 2017年2月20日，丙公司召开董事会，审议通过了以换股方式由甲公司购买其专门从事新能源开发业务的乙公司80%股权的议案。2017年3月10日，乙公司及乙公司控股股东丙公司，以及甲公司各自内部决策机构批准了该项交易方案。2017年6月15日，证券监管机构核准了甲公司以换股方式购买乙公司80%股权的方案。

2017年6月30日，甲公司以3:1的比例向丙公司发行9 000万股普通股，取得乙公司80%股权，有关股份登记和股东变更手续当日完成；同日，甲公司、乙公司的董事会进行了改选，丙公司开始控制甲公司，甲公司开始控制乙公司，甲公司、乙公司普通股每股面值均为1元，2017年6月30日，甲公司普通股的公允价值为每股5元，乙公司普通股的公允价值为每股15元。

2017年7月16日，甲公司支付为实施上述换股合并而发生的会计师、律师、评估师等费用350万元，支付宝马威会计师事务所财务顾问费1 200万元。

2. 甲公司资产、负债等情况如下：

2017年6月30日，甲公司账面资产总额17 200万元，其中固定资产账面价值5 500万元，无形资产账面价值1 500万元，账面负债总额8 000万元，账面所有者权益（股东权益）合计9 200万元，其中，股本6 000万元（每股面值1元）、资本公积1 200万元、盈余公积600万元、未分配利润1 400万元。甲公司除一项无形资产外，其他资产、负债的公允价值与其账面价值相同，该无形资产为一项商标权，账面价值1 000万元，公允价值3 000万元，按直线法摊销，预计尚可使用5年，预计净残值为零。

3. 乙公司资产、负债等情况如下：

2017年6月30日，乙公司账面资产总额34 400万元，其中固定资产账面价值8 000万元，无形资产账面价值3 500万元，账面负债总额13 400万元，账面所有者权益（股东权益）合计21 000万元，其中，股本3 750万元（每股面值1元）、资本公积500万元、盈余公积1 800万元、未分配利润14 950万元。2017年6月30日，乙公司除一项固定资产外，其他资产、负债的公允价值与其账面价值相同，该固定资产为一栋办公楼，账面价值3 500万元，公允价值6 000万元，按年限平均法计提折旧。预计尚可使用20年，预计净残值为零。

4. 2017年12月20日，甲公司向乙公司销售一批产品，销售价格（不含增值税）为100万元，成本为80万元，款项已收取。截至2017年12月31日，乙公司确认甲公司购入的产品已对外出售50%，其余50%形成存货。

其他资料：合并前，丙公司、丁公司分别持有乙公司80%和20%股权，甲公司与乙公司、丙公司、丁公司不存在任何关联方关系；合并后，甲公司与乙公司除资料3所述内部交易外，不存在其他任何内部交易。甲公司和乙公司均按照年度净利润的10%计提法定盈余公积，不计提任意盈余公积。企业合并后，甲公司和乙公司没有向股东分配利润。甲公司和乙公司适用的企业所得税税率均为25%，甲公司以换股方式购买乙公司80%股权的交易适用特殊税务处理规定，即收购企业、被收购企业的原有各项资产和负债的计税基础保持不变，甲公司和乙公司合并前的各项资产、负债的账面价值与其计税基础相同。不存在其他未确认暂时性差异所得税影响的事项。甲公司和乙公司预计未来年度均有足够的应纳税所得额用以抵扣可抵扣暂时性差异。除所得税外，不考虑增值税及其他相关税费，不考虑其他因素。

要求：

1. 根据资料1、资料2及其他有关资料，判断该项企业合并的类型及会计上的购买方和被购买方，并说明理由。

2. 根据资料1、资料2及其他有关资料，确定该项企业合并的购买日（或合并日），并说明理由。

3. 根据资料1、资料2及其他有关资料，计算甲公司取得乙公司80%股权投资的成本，并编制相关会计分录。

4. 根据资料1、资料2及其他有关资料，计算该项企业合并的合并成本和商誉（如果有）。

5. 根据资料1、资料2及其他有关资料，计算甲公司购买日（或合并日）合并资产负债表中固定资产、无形资产、递延所得税资产（或负债）、盈余公积和未分配利润的列报金额。

6. 根据资料3，编制甲公司2017年合并财务报表相关的抵销分录。

【答案】

1. 合并类型：构成业务的反向购买；会计上的购买方为乙公司；会计上的被购买方为甲公司。

理由：2017年6月30日，甲公司以3：1的比例向丙公司发行9 000万普通股，取得乙公司80%股权，丙公司持有甲公司股权比例＝9 000÷（6 000＋9 000）＝60%，丙公司开始控制甲公司，形成反向购买。

2．购买日为2017年6月30日。

理由：2017年6月30日，甲公司以3∶1的比例向丙公司发行9 000万普通股，取得乙公司80%股权，有关股份登记和股东变更手续当日完成；同日，甲公司、乙公司的董事会进行了改选，实质上购买方乙公司取得对被购买方甲公司的控制权。

3．甲公司取得乙公司80%股权投资的成本＝9 000×5＝45 000（万元）

借：长期股权投资　　　　　　　　　　　　　　　　　　　　45 000

　　贷：股本　　　　　　　　　　　　　　　　　　　　　　　9 000

　　　　资本公积——股本溢价　　　　　　　　　　　　　　　36 000

借：管理费用　　　　　　　　　　　　　　　　　　　　　　1 550

　　贷：银行存款　　　　　　　　　　　　　　　　　　　　　1 550

4．企业合并后，乙公司原股东丙公司持有甲公司的股权比例＝9 000÷（9 000+6 000）＝60%；假定乙公司发行本公司普通股股票合并甲公司，在合并后主体享有同样的股权比例，乙公司应当发行的普通股股数＝3 750×80%÷60%−3 750×80%＝2 000（万股），或6 000÷3＝2 000（万股）。即发行2 000万股即可全资控股甲公司。

乙公司合并成本＝2 000×15＝30 000（万元）

合并商誉＝30 000−（9 200+2 000−2 000×25%）＝19 300（万元）

5．合并报表相关项目合并数（从会计角度，甲公司为被购买方，资产、负债应按公允价值计量；合并报表中的留存收益和其他权益应当反映合并方在合并前的留存收益和其他权益份额）。

| 报表项目 | 甲公司 | 乙公司 | 调整 | 合并数 |
|---|---|---|---|---|
| 固定资产 | 5 500 | 8 000 | —— | 13 500 |
| 无形资产 | 1 500 | 3 500 | +2 000 | 7 000 |
| 递延所得税负债 | —— | —— | +500 | 500 |
| 盈余公积 | 600 | 1 800 | —— | 1 440 |
| 未分配利润 | 1 400 | 14 950 | —— | 11 960 |

固定资产的列报金额＝5 500+8 000＝13 500（万元）

无形资产的列报金额＝1 500+3 500+（3 000−1 000）＝7 000（万元）

递延所得税负债的列报金额＝（3 000−1 000）×25%＝500（万元）

盈余公积的列报金额＝1 800×80%＝1 440（万元）

未分配利润的列报金额＝14 950×80%＝11 960（万元）

6．甲公司2017年合并财务报表内部交易相关的抵销分录：

借：营业收入　　　　　　　　　　　　　　　　　　　　　　100

　　贷：营业成本　　　　　　　　　　　　　　　　　　　　　90

　　　　存货　　　　　　　　　　　　　　　　　　　　　　　10

借：递延所得税资产　　　　　　　　　　　　　　　2.5（10×25%）

　　贷：所得税费用　　　　　　　　　　　　　　　　　　　　2.5

# 第二十七章 合并财务报表

## 本章思维导图

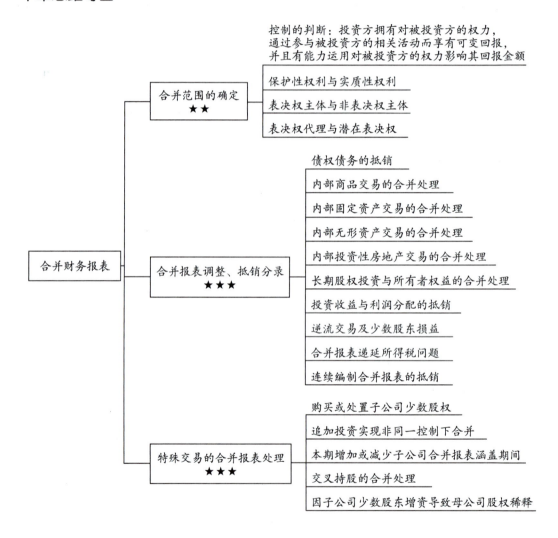

## 本章考情分析

本章考试分值为12～15分。本章在历年命题中几乎均以主观题形式出现，尤其是与长期股权投资的结合，拿下长期股权投资及合并财务会计报表这两章，是过关的关键。由于知识点特别多，建议阅读本章内容之前应先听课，靠记忆是绝对行不通的。

## 本章知识点精讲

### 知识点1 合并范围的确定

一、无论是对于表决权主体还是非表决权主体，合并财务报表的合并范围应当以控制为基础予以确定。

二、控制，是指投资方拥有对被投资方的权力，通过参与被投资方的相关活动而享有可变回报，并且有能力运用对被投资方的权力影响其回报金额。

权力、享有可变回报、通过权力影响可变回报，是控制的三要素。权力，是指能够主导被投资方的经营及财务活动，权力一般来源于表决权。权力的持有人应为主要责任人，权力是一种实质性权利，是持有人在对相关活动进行决策时，有实际能力行使的可执行权利，仅持有保护性权利的投资方不能对被投资方实施控制。可变回报，是不固定且可能随着被投资方业绩而变化的回报。

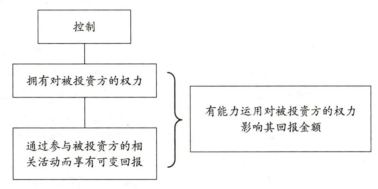

图27-1 控制的含义

在判断投资方是否对被投资方拥有权力时，应注意以下几点：

（一）权力只表明投资方主导被投资方相关活动的现时能力，并不要求投资方实际行使其权力；

（二）权力是一种实质性权利，而不是保护性权利；

（三）权力是为自己行使的，而不是代其他方行使；

（四）权力通常表现为表决权，但有时也可能表现为其他合同安排。

三、投资方通常应当对是否控制被投资方整体进行判断。但在少数情况下，投资方应当将被投资方的一部分视为被投资方可分割的部分，进而判断是否控制该可分割部分。

四、结构化主体，是指在确定其控制方时没有将表决权或类似权利作为决定因素而设计的主体。主导该主体相关活动的依据通常是合同安排或其他安排形式。例如证券化产品、资产支持融资工具、某些投资基金等结构化主体。

五、对于表决权主体，权力来源一般表现为直接或间接持有被投资方半数以上表决权，但是应考虑实质重于形式以及潜在表决权（可转换工具、认股权证、远期股权购买合同或期权产生的权利），例如：

（一）甲公司持有乙公司48%的投票权，剩余投票权由数千位股东持有，但除甲公司之外，没有任何股东单独持有超过1%的表决权，且他们之间或其中一部分股东均未达成进行集体决策的协议。

结论：尽管甲公司并未拥有大多数投票权，但甲公司仍对乙公司拥有权力。

（二）A公司持有B公司40%的投票权，其他12位投资者各持有被投资者5%的投票权，股东协议授予A公司任免负责相关活动的管理人员及确定其薪酬的权利，若要改变协议，须获得2/3的多数股东表决权同意。

结论：尽管A公司并未拥有大多数投票权，但仍对B公司拥有权力。

（三）E企业拥有4名股东，分别为A企业、B企业、C企业和D企业，A企业持有E企业40%的普通股，其他三位股东各持有20%，E企业的相关活动由其董事会主导，董事会由6名董事组成，其中3名董事由A企业任命，剩余3名分别由B企业、C企业和D企业任命。A企业和B企业单独签订合同安排，规定B企业任命的董事必须与A企业任命的董事以相同方式进行表决。

结论：A公司对E企业拥有权力。

（四）A公司与B公司分别持有丙公司70%及30%的表决权。根据A公司与B公司签订的期权合同，B公司可以在目前及未来两年内以固定价格购买A公司持有的被投资方50%的表决权。该期权在目前为重大价内期权。

结论：B公司行权可能性极大，行权后将持有丙公司80%的表决权，对丙公司拥有权力。

（五）B公司为A公司的第一大股东，其对A公司的持股比例为40%，A公司剩余股东的持股比例高度分散。除B公司外，A公司的其他前十位股东的单家持股比例均小于3%，合计不超过10%。剩余股东持股比例均小于0.1%。A公司的各股东均未持有潜在表决权。A公司最高权力机构为股东大会，与A公司相关活动有关的重大决议应由出席股东大会的股东所持表决权的1/2以上表决通过。在历年来的股东大会中，出席股东大会的股东所持的表决权总数未超过47%。

结论：历年出席股东大会的股东所持的表决权总数未超过47%，B公司所持40%的表决权已超过了出席股东大会的股东所持过半数的表决权，B公司对A公司拥有权力。

以下是不拥有被投资企业权力的例子：

（一）A公司持有B公司70%的表决权，目前B公司已进行破产重整，法院清算工作组主导B公司相关活动。

结论：被投资企业相关活动被政府、法院、接管人、清算人、监管人等其他方主导的，持有半数以上表决权的投资方并不拥有实质性权利，所以不拥有对被投资方的权力。

（二）甲公司持有乙公司45%的投票权，其他2位投资者各持有被投资者26%的投票权，剩余投票权由其他3位股东持有，各占1%。所有股东不存在影响公司决策的其他安排。

结论：甲公司尽管是乙公司第一大股东，但不能证明其对乙公司拥有权力。

（三）丙公司持有丁公司45%的投票权，其他11位投资者各持有被投资者5%的投票权，股东之间不存在合同安排以互相协商或作出共同决策。

结论：丙公司尽管是丁公司第一大股东，但不能证明其对丁公司拥有权力。

（四）B公司为A公司的第一大股东，其对A公司的持股比例为40%，第二、第三、第四大股东的持股比例分别为12%、10%、8%。A公司剩余股东的持股比例高度分散。A公司最高权力机构为股东大会，与A公司相关活动有关的重大决议应由出席股东大会的股东所持表决权的1/2以上表决通过。在历年来的股东大会中，出席股东大会的股东所持的表决权总数为85%左右。

结论：历年出席股东大会的股东所持的表决权总数为85%左右，B公司所持40%的表决权未能超过出席股东大会的股东所持过半数的表决权，B公司对A公司不拥有权力。

**【例1-多选题】**下列各项中，投资方在确定合并财务报表合并范围时应予考虑的因素有（　　）。

A．被投资方的设立目的

B．投资方是否拥有对被投资方的权力

C．投资方是否通过参与被投资方的相关活动而享有可变回报

D．投资方是否有能力运用对被投资方的权力影响其回报金额

**【答案】**ABCD

## 学堂点拨

合并财务报表的合并范围是指纳入合并财务报表编报的子公司的范围，应当以控制为基础予以确定。权力、享有可变回报、通过权力影响可变回报，是控制的三要素：一是因涉入被投资方而享有可变回报；二是拥有对被投资方的权力，并且有能力运用对被投资方的权力影响其回报金额。除此之外，还应该综合考虑所有相关事实和情况，其中，对被投资方的设立目的和设计的分析，贯穿于判断控制的始终。

**【例2-多选题】**下列各项中，被投资方不应纳入投资方合并财务报表合并范围的有（　　）。

A．投资方和其他投资方对被投资方实施共同控制

B．投资方拥有被投资方半数以上表决权，但不能控制被投资方

C．投资方未拥有被投资方半数以上表决权，但有权决定其财务和经营政策

D．投资方直接拥有被投资方半数以上表决权，但被投资方已经被宣告清理整顿

**【答案】**ABD

## 学堂点拨

纳入投资方合并财务报表合并范围的前提是实施控制，选项A和B没有达到实施控制；选项D已宣告被清理整顿的原子公司不是母公司的子公司，不纳入合并报表范围。

**【例3-多选题】**下列项目中，属于A公司合并范围的有（　　）。

A．A公司持有被投资方半数以上投票权，但是这些投票权不是实质性权利

B．A公司持有被投资方48%的投票权，剩余投票权由数千位股东持有，但没有股东持有超过1%的投票权，没有任何股东与其他股东达成协议或能够作出共同决策

C．A公司持有被投资方40%的投票权，其他十二位投资者各持有被投资方5%的投票权，股东协议授予A公司任免负责相关活动的管理人员及确定其薪酬的权利，若要改变协议，须获得三分之二的多数股东表决权同意

D．E公司拥有4名股东，分别为A公司、B公司、C公司和D公司，A公司持有E公司40%的普通股，其他3位股东各持有20%，董事会由6名董事组成，其中4名董事由A公司任命，剩余2名分别由B公司、C公司任命

**【答案】**BCD

学堂点拨

　　投资方虽然持有被投资方半数以上投票权，但当这些投票权不是实质性权利时，其并不拥有对被投资方的权力，选项A不纳入合并范围。

【例4-多选题】下列被投资企业中，应当纳入甲公司合并财务报表合并范围的有（　　　）

A. 甲公司持有43%股份，且甲公司的子公司丙公司持有8%股份的被投资企业

B. 甲公司持有40%股份，且受托代管乙公司持有的30%股份的被投资企业

C. 甲公司持有40%股份，且甲公司的母公司持有11%股份的被投资企业

D. 甲公司在报告年度购入了47%股份的境外被投资企业

E. 甲公司持有38%股份，且甲公司根据章程有权决定被投资企业的财务和经营政策

【答案】ABE

学堂点拨

　　选项C，甲公司不能对其实施控制，但甲公司的母公司能够对其实施控制，应纳入甲公司的母公司合并财务报表；选项D，甲公司在报告年度购入了47%股份的境外被投资企业，不能对其实施控制，不纳入合并范围。

### 知识点2　合并范围的豁免——投资性主体

　　母公司应当将其全部子公司（包括母公司所控制的被投资单位可分割部分、结构化主体）纳入合并范围。但是，如果母公司是投资性主体，则只应将那些为投资性主体的投资活动提供相关服务的子公司纳入合并范围，其他子公司不应予以合并（即豁免），母公司对其他子公司的投资应当按照公允价值计量且其变动计入当期损益。

　　投资性主体是指同时满足以下三个条件的企业：一、该公司是以向投资方提供投资管理服务为目的，从一个或多个投资者处获取资金；二、该公司的唯一经营目的，是通过资本增值、投资收益或两者兼有而让投资者获得回报；三、该公司按照公允价值对几乎所有投资的业绩进行计量和评价。

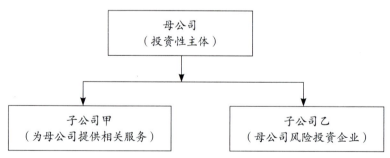

图27-2　投资性主体母公司对子公司的投资举例

　　一个投资性主体的母公司如果其本身不是投资性主体，则应当将其控制的全部主体，包括投资性主体以及通过投资性主体间接控制的主体，纳入合并财务报表范围。

　　当母公司由非投资性主体转变为投资性主体时，除仅将为其投资活动提供相关服务的子公司纳入

合并财务报表范围编制合并财务报表外，企业自转变日起对其他子公司不再予以合并，其会计处理参照部分处置子公司股权但不丧失控制权的处理原则。

当母公司由投资性主体转变为非投资性主体时，应将原未纳入合并财务报表范围的子公司于转变日纳入合并财务报表范围，原未纳入合并财务报表范围的子公司在转变日的公允价值视同为购买的交易对价，按照非同一控制下企业合并的会计处理方法进行会计处理。

**【注意】** 从下个知识点开始，讲解将打乱教材的顺序，本着由浅入深、循序渐进的学习方法，攻克会计历史难题——合并报表。

## 知识点3　债权债务的抵销

集团内部的关联交易，可以产生债权债务。对于每个独立的企业，债权债务是客观存在的，但是站在企业集团主体的角度，不存在债权同时也不存在债务，编制合并报表时应进行抵销。

**【例5-分析题】** 母公司2017年11月向子公司拆借资金1 000万元，会计处理时，母公司借记"其他应收款"，子公司贷记"其他应付款"。在编制合并会计报表时，站在企业集团主体的角度，集团不存在此债权债务，合并报表的阅读者也不应该看到此债权债务的财务信息。

合并报表抵销分录如下（单位：万元）：

借：其他应付款　　　　　　　　　　　　　　　　　　　　　　　1 000
　　贷：其他应收款　　　　　　　　　　　　　　　　　　　　　　1 000

明白人不必细说，债权债务的抵销分录可能还包括：

1. 借：应付账款
　　　贷：应收账款

2. 借：应付票据
　　　贷：应收票据

3. 借：应付股利
　　　贷：应收股利

4. 借：应付利息
　　　贷：应收利息

5. 借：应付债券
　　　贷：债权投资

另外，因债权计提的坏账准备也应同时进行抵销。

借：应收账款——坏账准备
　　贷：信用减值损失

**【注意】** 因抵销分录用于合并会计报表项目的抵销，故抵销分录应以报表项目列示。

## 知识点4　内部商品交易的合并处理

一、内部商品交易，销售方确认营业收入和营业成本，但站在企业集团的角度看，该营业收入及营业成本均不属于集团的营业收入和营业成本，应进行抵销。

**【例6-分析题】** "八个干果"饮料有限公司是大胡饮料集团（母公司）的子公司，母公司占其

70%的股份。2017年11月6日，母公司向"八个干果"饮料公司销售商品一批，成本价为500万元，销售价为800万元。至2017年年末，"八个干果"饮料公司已将该批商品全部对外销售，销售价为999万元。

单位：万元

|  | 母公司 | 子公司 | 合计 |
|---|---|---|---|
| 营业收入 | 800 | 999 | 1 799 |
| 营业成本 | 500 | 800 | 1 300 |

【分析】从上表可以看出，若不进行抵销，此项交易体现为集团营业收入为1 799万元，集团营业成本为1 300万元。但实质上集团的"真实收入"为999万元，"真实成本"为500万元，即营业收入和营业成本各"虚增"800万元。合并报表抵销分录如下（单位：万元）：

1. 借：营业收入　　　　　　　　　　　　　　　　　　　　　800
　　　贷：营业成本　　　　　　　　　　　　　　　　　　　　　　　800

2. 若上述内部交易至年末子公司并未将该商品对外进行出售，则集团营业收入和营业成本"虚增"的金额分别为800万元和500万元，同时，子公司存货项目"虚增"300万元。

合并报表抵销分录如下（单位：万元）：

借：营业收入　　　　　　　　　　　　　　　　　　　　　　800
　贷：营业成本　　　　　　　　　　　　　　　　　　　　　　　500
　　　存货　　　　　　　　　　　　　　　　　　　　　　　　　300

需要说明的是，从税务角度来看，由于母、子公司均为独立纳税主体，子公司该批存货的账面价值和计税基础均为800万元，因合并报表抵销的300万元应于合并报表抵销分录中确认递延所得税资产，分录如下（单位：万元）：

借：递延所得税资产　　　　　　　　　　　　　　　75（300×25%）
　贷：所得税费用　　　　　　　　　　　　　　　　　　　　　　75

3. 从前两种情况下的抵销分录可以看出，不管存货是否对外出售，内部交易虚增的"营业收入"800万元已即成事实，均应进行抵销。若期末存货对外出售80%（即剩余20%），则剩余存货包括的内部交易损益应予以抵销，金额=300×20%=60（万元），倒挤营业成本=800-60=740（万元）。分录如下（单位：万元）：

借：营业收入　　　　　　　　　　　　　　　　　　　　　　800
　贷：存货　　　　　　　　　　　　　　　　　　　　　　　　　60
　　　营业成本　　　　　　　　　　　　　　　　　　　　　　　740

若期末存货剩余30%，分录如下（单位：万元）：

借：营业收入　　　　　　　　　　　　　　　　　　　　　　800
　贷：存货　　　　　　　　　　　　　　　　　　　　90（300×30%）
　　　营业成本　　　　　　　　　　　　　　　　　　710（800-90）

【注意】也许您会问"母公司只持有子公司70%的股份，为何抵销时不是按70%的比例进行抵销"，按持股比例抵销是"所有权理论"下的产物，目前我国及国际会计准则均主要采用"实体理论"，在企业集团经济实体的角度，此项商品交易应全额进行抵销，而不是按比例抵销。

【教材例27-21】甲公司本期个别利润表的营业收入有5 000万元，系向A公司销售产品取得的销售收入，该产品销售成本为3 500万元，销售毛利率为30%。A公司在本期将该批内部购进商品的60%实现销售，其销售收入为3 750万元，销售成本为3 000万元，销售毛利率为20%，并列示于其个别利润表中；该批商品的另外40%则形成A公司期末存货，即期末存货为2 000万元，列示于A公司的个别资产负债表中。期末此项交易产生的尚未支付的账款为4 900万元。

要求：编制合并报表抵销分录。

【答案】期末存货包含的未实现关联交易损益＝（5 000－3 500）×40%＝600（万元）

应抵销的营业成本倒挤＝5 000－600＝4 400（万元）

借：营业收入 5 000
　　贷：营业成本 4 400
　　　　存货 600
借：应付账款 4 900
　　贷：应收账款 4 900

本期合并报表中确认营业收入3 750万元

本期合并报表中确认营业成本＝3 500×60%＝2 100（万元）

本期期末合并报表中列示的存货＝3 500×40%＝1 400（万元）

二、回顾教材第七章长期股权投资【例7-12】：甲公司持有乙公司20%的股份，采用权益法核算，2017年乙公司将成本为600万元的商品以1 000万元的价格出售给甲公司，期末甲公司仍未将该商品对外出售。

针对该项未实现关联交易，甲公司个别会计报表的会计处理是通过"长期股权投资"和"投资收益"进行调整，但在合并报表层面，应调整"营业收入""营业成本""存货"等项目。

本例中，应恢复"长期股权投资——损益调整"80万元，同时贷记"存货"80万元。合并报表调整分录如下（单位：万元）：

借：长期股权投资——损益调整 80
　　贷：存货 80

回顾第七章【例7-12】：假设该项交易为顺流交易，即甲公司将商品出售给乙公司，在合并报表层面，应调整"营业收入""营业成本"，并恢复"投资收益"80万元。

合并报表调整分录如下：

借：营业收入 200（1 000×20%）
　　贷：营业成本 120（600×20%）
　　　　投资收益 80

三、对存货跌价准备的考虑。

【例7-分析题】甲公司2017年12月10日将一批成本为800万元的商品销售给子公司乙公司，售价为1 000万元。2017年年末仍未对外出售，该批存货的可变现净值为960万元，乙公司计提了40万元存货跌价准备。

【分析】从集团层面，该批存货并未发生减值，编制合并报表时应进行抵销（单位：万元）。

借：营业收入 1 000

| | | |
|---|---|---|
| 贷：营业成本 | | 800 |
| 存货 | | 200 |
| 借：存货——存货跌价准备 | | 40 |
| 贷：资产减值损失 | | 40 |

【注意】若该批存货期末的可变现净值低于800万元，例如为790万元，乙公司计提了210万元存货跌价准备。则即使从集团的角度看，该批存货也发生了10万元的减值，存货跌价准备的抵销以存货中未实现内部销售利润为限。

| | | |
|---|---|---|
| 借：存货——存货跌价准备 | | 200 |
| 贷：资产减值损失 | | 200 |

【教材例27-25】甲公司系A公司的母公司，甲公司本期向A公司销售商品2 000万元，其销售成本为1 400万元；A公司购进的该商品当期全部未实现对外销售而形成期末存货。A公司期末对存货进行检查时，发现该商品已经部分陈旧，其可变现净值已降至1 840万元。为此，A公司期末对该存货计提存货跌价准备160万元，并在其个别财务报表中列示。

合并报表抵销分录（单位：万元）：

| | | |
|---|---|---|
| 借：营业收入 | | 2 000 |
| 贷：营业成本 | | 1 400 |
| 存货 | | 600 |
| 借：存货——存货跌价准备 | | 160 |
| 贷：资产减值损失 | | 160 |

【教材例27-26】假设期末对存货进行检查时，发现该商品可变现净值已降至1 320万，A公司计提了680万元存货跌价准备。

合并报表抵销分录（单位：万元）：

| | | |
|---|---|---|
| 借：营业收入 | | 2 000 |
| 贷：营业成本 | | 1 400 |
| 存货 | | 600 |
| 借：存货——存货跌价准备 | | 600 |
| 贷：资产减值损失 | | 600 |

【注意】存货跌价准备的抵销以存货中未实现内部销售利润为限。

四、对土地增值税和增值税的考虑

1. 集团内转让房地产缴纳的土地增值税

土地增值税是按照纳税人转让房地产所取得的增值额和对应税率计算缴纳的，土地增值税的确认应与房地产增值的实现相对应。因此，在销售企业的个别财务报表中，应在转让房地产取得增值额的当期，将土地增值税计入损益。

集团为了出售目的而持有房地产的，在合并财务报表中，集团内部转让房地产的期间，由于内部交易未实现损益已被抵销，集团层面没有实现房地产增值，因而合并利润表中没有反映该项转让交易的利得。相应地，集团内公司缴纳的土地增值税也不应确认为当期损益，而应在合并资产负债表中将其作为一项资产列示；待房地产从该集团出售给第三方，在集团合并利润表中实现增值利得时，再将已缴纳的土地增值税转入当期损益。

2. 集团内交易中产生的单方计提的增值税

集团内成员企业将自产产品销售给其他成员企业，如按照税法规定，销售企业属增值税免税项目，销售自产产品免征增值税，而购买企业属增值税应税项目，其购入产品过程中可以计算相应的增值税进项税额用于抵扣。由于税项是法定事项，在集团内部企业间进行产品转移时，进项税抵扣的权利已经成立，原则上不应抵销，在合并财务报表层面应体现为一项资产。

另外，在内部交易涉及的产品出售给第三方之前，对合并财务报表而言，该交易本身并未实现利润。因此，在编制合并财务报表并抵销销售企业对有关产品的未实现内部销售损益与购买企业相应的存货账面价值时，该部分因增值税进项税额产生的差额在合并财务报表中可以确认为一项递延收益，并随着后续产品实现向第三方销售时再转入当期损益。

【例】2020年11月20日，纯生农场股份有限公司向其子公司销售农产品1 000万元，成本为650万元。按照税法规定，纯生公司销售自产农产品（未深加工）免征增值税，而购买企业子公司用于加工面粉并出售，属增值税应税项目，其购入产品过程中可以计算相应的增值税进项税额用于抵扣，计算确定的进项税为100万元。至2020年年末，子公司尚未将生产的产品对外出售。不考虑其他因素。

合并报表抵销分录：

借：营业收入　　　　　　　　　　　　　　　　　　　　　　1 000
　　贷：营业成本　　　　　　　　　　　　　　　　　　　　　　650
　　　　存货　　　　　　　　　　　　　　　　　　　　　　　250
　　　　递延收益　　　　　　　　　　　　　　　　　　　　　100

假设2021年子公司将商品向外部独立第三方销售，则2021年末合并报表抵销分录：

借：递延收益　　　　　　　　　　　　　　　　　　　　　　100
　　贷：营业成本　　　　　　　　　　　　　　　　　　　　　　100

**学堂点拨**

在不考虑增值税的情况下，站在集团角度反映的存货账面价值应为650万元，存货在子公司个别报表上反映的金额为1 000万元，因此应抵销存货金额为350万元（1 000-650），但在考虑增值税的情况下，子公司购入农产品可按买价抵扣进项税额，税法规定抵扣率为10%，则实际在子公司个别报表上反映的存货金额为900万元［1 000×（1-10%）］，因此抵销分录中，存货可抵金额只有250万元（900-650），与母公司未实现内部交易收益350万元之间的差为100万元先计入"递延收益"，待存货最终对第三方销售时再转入"营业成本"。

**知识点5　内部固定资产交易的合并处理**

与上个知识点原理相同，内部交易固定资产的抵销与商品交易的抵销相同，同时，还需进行内部未实现交易损益对应的折旧计提的抵销。

【教材例27-36】A公司和B公司同为甲公司控制下的两个子公司。A公司于2017年1月1日，将自己生产的产品销售给B公司作为固定资产使用，A公司销售该产品的销售收入为1 680万元，销售成本为1 200万元。B公司购买的该固定资产用于公司的行政管理，购入后另支付安装费用12.345 6万元，当月投入使用，其折旧年限为4年，预计净残值为零。为简化合并处理，假定该内部交易固定资产在交易当年按12个月计提折旧。

【分析】合并财务报表抵销分录（单位：万元）：

借：营业收入　　　　　　　　　　　　　　　　　　　　　　　　1 680
　　贷：营业成本　　　　　　　　　　　　　　　　　　　　　　　　　　1 200
　　　　固定资产　　　　　　　　　　　　　　　　　　　　　　　　　　　480
借：固定资产——累计折旧　　　　　　　　　　　　　　120（480÷4）
　　贷：管理费用　　　　　　　　　　　　　　　　　　　　　　　　　　　120

上例中，若该固定资产在A公司账面上也作为固定资产核算，账面价值为1 200万元，售价为1 680万元，则合并财务报表抵销分录（单位：万元）：

借：资产处置收益　　　　　　　　　　　　　　　　　　　　　　　480
　　贷：固定资产　　　　　　　　　　　　　　　　　　　　　　　　　　　480
借：固定资产——累计折旧　　　　　　　　　　　　　　120（480÷4）
　　贷：管理费用　　　　　　　　　　　　　　　　　　　　　　　　　　　120

补充：若固定资产用于生产车间使用，假设当年投产的产品全部完工，对外销售比例为60%。

抵销折旧时：

借：固定资产　　　　　　　　　　　　　　　　　　　　　　　　　120
　　贷：营业成本　　　　　　　　　　　　　　　　　　　　72（120×60%）
　　　　存货　　　　　　　　　　　　　　　　　　　　　　48（120×40%）

【例8-单选题】甲公司拥有乙和丙两家子公司。2016年6月15日，乙公司将其产品以市场价格销售给丙公司，售价为100万元（不考虑相关税费），销售成本为76万元。丙公司购入后作为固定资产使用，按4年的期限、采用年限平均法对该项资产计提折旧，预计净残值为零。假定不考虑所得税的影响，甲公司在编制2018年合并资产负债表时，应调减"未分配利润"项目的金额为（　　　　）万元。

A. 15　　　　　　　　B. 6　　　　　　　　C. 9　　　　　　　　D. 24

【答案】A

### 学堂点拨

　　未实现关联交易损益调减应调"未分配利润"24万元，抵销对应的折旧调增"未分配利润"（100-76）÷4×1.5=9（万元），合计调减"未分配利润"项目的金额为15（万元）。

## 知识点6　内部无形资产交易的合并处理（略）

注：抵销原理与前两个知识点相同。

## 知识点7　内部投资性房地产交易的合并处理

【例9】A公司和B公司同为甲公司控制下的两个子公司。A公司于2017年1月1日，将办公楼转为向B公司出租并作为投资性房地产进行核算，采用成本模式。该办公楼2017年1月1日的账面原价为

8 000万元，累计折旧为5 000万元，剩余折旧年限为10年，不考虑净残值。年租金为400万元，至期末B公司尚未向A公司支付租金。为简化合并处理，假定该内部交易固定资产在交易当年按12个月计提折旧。

合并报表抵销分录（单位：万元）：

借：固定资产 8 000
  投资性房地产——累计折旧 5 000
  贷：投资性房地产 8 000
    固定资产——累计折旧 5 000

【注意】从集团层面，该办公楼仍为固定资产。

借：投资性房地产——累计折旧 300
  贷：固定资产——累计折旧 300

借：营业收入——其他业务收入 400
  贷：管理费用——B公司 400

借：管理费用——A公司 300
  贷：营业成本——其他业务成本 300

借：其他应付款 400
  贷：其他应收款 400

## 知识点8 长期股权投资与所有者权益的合并处理（合并日或购买日）

【例10-分析题】假设母公司投资1 000万元创办一家全资子公司，子公司会计报表上反映为"股本1 000万元"，并滋生"资本公积、盈余公积、未分配利润"等，母公司会计报表上反映为"长期股权投资"。从集团角度，子公司的资产、负债为母公司的经营业务拓展而来，不产生新的所有者权益，故合并报表中应进行长期股权投资与所有者权益的抵销（为了便于理解，我们可以暂且假设子公司当年净利润为0，并且也无其他所有者权益项目发生）。

我国企业合并会计准则将企业合并分为同一控制下企业合并和非同一控制下企业合并，分别适用权益结合法和购买法。

购买法是站在购买方的角度看待合并，购买方获得了对被合并主体的控制权，在初始确认时，资产和负债以公允价值计量，并包括合并前未确认的资产及负债，以及在此基础上确认的合并商誉（或廉价购买利得）。这种方法下的合并会计报表信息更具可比性和相关性。

对于同一控制下企业合并，应视同为投资方与被投资方的合并，不是收购行为，采用权益结合法。被合并企业的资产和负债仍按账面价值反映，不确认合并前未确认的资产、负债以及合并商誉，合并利润表反映全年的经营成果。同一控制下企业合并的基本处理原则是视同合并后形成的报告主体在合并日及以前期间一直存在，在合并日编制合并财务报表时，应将母公司长期股权投资和子公司所有者权益抵销，但子公司原由企业集团其他企业控制时的留存收益在合并财务报表中是存在的，所以对于被合并方在企业合并前实现的留存收益（盈余公积和未分配利润之和）中归属于合并方的部分，在合并工作底稿中，应编制下列会计分录：

借：资本公积

　　贷：盈余公积

　　　　未分配利润

表 27-1　非同一控制下合并与同一控制下合并比较

| 购买法 | 权益结合法 |
|---|---|
| 确定购买日 | 确定合并日 |
| 按公允价值重新计量被购买方资产、负债，包括未确认的资产、负债 | 无 |
| 确认、计量合并商誉 | 无 |
| 长期股权投资与所有者权益抵销，确认商誉，确认少数股东权益 | 长期股权投资与所有者权益抵销，确认少数股东权益，同时恢复合并日前留存收益 |

相对于权益结合法，在购买法下：

一、对于被合并企业的资产增值，要按公允价值重新计量；

二、对于投资成本大于被投资企业可辨认净资产公允价值份额的差额，确认为商誉（而不是在个别报表中冲减资本公积）；

三、被投资企业的净利润要考虑调整后资产公允价值补提的折旧摊销。

合并报表资产和净资产同时增加了，净利润减少了，购买法下的净资产收益率、每股收益是都降低了。

如果您是母公司的总经理，董事会以净资产收益率作为您的业绩考核指标以决定奖金的发放，您更希望采用购买法还是权益结合法？

【教材例27-14】甲公司2020年4月1日自母公司手中以28 600万元的价格取得A公司80%的股权，A公司净资产的公允价值为35 000万元。甲公司在购买A公司过程中发生审计、评估和法律服务等相关费用120万元。上述价款均以银行存款支付。甲公司与A公司均为同一控制下的企业。A公司采用的会计政策与甲公司一致。

假设母公司当初取得A公司股权时不存在合并商誉，A公司股东权益总额为32 000万元，其中股本为20 000万元，资本公积为8 000万元，盈余公积为1 200万元，未分配利润为2 800万元。合并后，甲公司在A公司股东权益中所拥有的份额为25 600万元。

甲公司对A公司长期股权投资的初始投资成本为25 600万元。购买该股权过程中发生的审计、估值等相关费用直接计入当期损益，即计入当期管理费用。

【分析】会计处理（单位：万元）：

1. 甲公司个别会计报表2020年4月1日：

借：长期股权投资——A公司　　　　　　　　　　　　　　　　25 600

　　管理费用　　　　　　　　　　　　　　　　　　　　　　　 120

　　资本公积　　　　　　　　　　　　　　　　　　　3 000（倒挤）

　　贷：银行存款　　　　　　　　　　　　　　　　　　　　 28 720

2. 2020年4月1日甲公司合并报表抵销分录：

| 借：股本 | 20 000 |
| 　资本公积 | 8 000 |
| 　盈余公积 | 1 200 |
| 　未分配利润 | 2 800 |
| 　　贷：长期股权投资 | 25 600 |
| 　　　少数股东权益 | 6 400 |

【注意】子公司所有者权益中不属于母公司的份额，应当作为少数股东权益，在合并资产负债表中所有者权益项目下以"少数股东权益"项目列示。

同时，按持股比例恢复A公司留存收益，

| 借：资本公积 | 3 200 |
| 　　贷：盈余公积 | 960（1 200×80%） |
| 　　　未分配利润 | 2 240（2 800×80%） |

接上例，假设上例为非同一控制下企业合并，则处理如下（单位：万元）：

1. 甲公司个别会计报表2020年4月1日：

| 借：长期股权投资——A公司 | 28 600 |
| 　管理费用 | 120 |
| 　　贷：银行存款 | 28 720 |

2. 假设股东权益公允价值与账面价值的差额为：存货公允价值大于账面价值500万元，固定资产公允价值大于账面价值3 200万元，应收账款公允价值小于账面价值700万元。则2020年4月1日合并报表调整分录（单位：万元）：

| 借：存货 | 500 |
| 　固定资产 | 3 200 |
| 　　贷：应收账款 | 700 |
| 　　　资本公积 | 3 000 |

【注意】此处假设不考虑递延所得税。

3. A公司调整后的资本公积＝8 000＋3 000＝11 000（万元）

A公司调整后的股东权益＝32 000＋3 000＝35 000（万元）

合并商誉＝28 600－35 000×80%＝600（万元）

【注意】我国会计准则合并商誉的确定是基于"母公司理论"，换句话说，并不是经济实体的全部商誉。

4. 购买日2020年4月1日甲公司合并报表抵销分录（单位：万元）：

| 借：股本 | 20 000 |
| 　资本公积 | 11 000 |
| 　盈余公积 | 1 200 |
| 　未分配利润 | 2 800 |
| 　商誉 | 600 |
| 　　贷：长期股权投资 | 28 600 |

| | | 少数股东权益 | | 7 000 |

**【注意】**要强调的是，尽管在购买日对被投资企业的资产、负债按公允价值进行了调整，但毕竟是在合并报表中进行的，所以在期末编制合并表时，以及在以后期间编制合并报表中，都仍需进行同样的账务处理，借：××资产，贷：资本公积。

## 知识点9 长期股权投资与所有者权益的合并处理（日后）

取得被投资企业的股权后，被投资企业的股东权益会发生增减变化，比如净利润的实现及股利分配、资本公积和其他综合收益的变化等。在合并报表中，投资企业应由成本法恢复为权益法：

1. 借：长期股权投资
     贷：投资收益

2. 借：长期股权投资
     贷：资本公积

3. 借：长期股权投资
     贷：其他综合收益

4. 按权益法调整利润分配会计处理，结合下表理解：

借：投资收益
   贷：长期股权投资

表 27-2  成本法与权益法下子公司宣告分配股利的处理方式比较

| | 成本法 | 权益法 |
|---|---|---|
| 子公司宣告分配股利 | 借：应收股利<br>　贷：投资收益 | 借：应收股利<br>　贷：长期股权投资 |

**【例11-分析题】**甲公司2020年1月1日自母公司手中以28 600万元的价格取得A公司80%的股权，A公司净资产的公允价值为35 000万元。甲公司在购买A公司过程中发生审计、评估和法律服务等相关费用120万元。上述价款均以银行存款支付。甲公司与A公司均为同一控制下的企业。A公司采用的会计政策与甲公司一致。

2020年A公司实现净利润10 500万元，向股东宣告分配现金股利4 500万元，提取盈余公积2 000万元。其他资料与上例前同。

2020年12月31日调整分录（单位：万元）：

1. 借：长期股权投资　　　　　　　　　　　　　　　　　　　8 400
     贷：投资收益　　　　　　　　　　　　　　　　　　　　　8 400

2. 借：投资收益　　　　　　　　　　　　　　　　　　　　　3 600
     贷：长期股权投资　　　　　　　　　　　　　　　　　　　3 600

3. 长期股权投资与所有者权益的抵销：

借：股本　　　　　　　　　　　　　　　　　　　　　　　20 000

　　资本公积　　　　　　　　　　　　　　　　　　　　　　8 000

　　盈余公积　　　　　　　　　　　　　　　　　　　3 200（1 200＋2 000）

未分配利润 6 800（2 800＋10 500－4 500－2 000）

  贷：长期股权投资 30 400（25 600＋8 400－3 600）

   少数股东权益 7 600

4. 恢复留存收益：

借：资本公积 3 200

  贷：盈余公积 960（1 200×80%）

   未分配利润 2 240（2 800×80%）

**【教材例27-16改】**甲公司2020年1月1日以定向增发公司普通股票的方式，购买取得A公司70%的股权。甲公司定向增发普通股股票10 000万股（每股面值为1元），市场价格每股为2.95。甲公司并购A公司属于非同一控制下的企业合并，假定不考虑所得税、甲公司增发该普通股股票所发生的审计以及发行等相关的费用。

A公司在购买日股东权益总额为32 000万元，其中股本为20 000万元，资本公积为8 000万元、盈余公积为1 200万元、未分配利润为2 800万元。A公司购买日应收账款账面价值为3 920万元、公允价值为3 820万元；存货的账面价值为20 000万元、公允价值为21 100万元；固定资产账面价值为18 000万元、公允价值为21 000万元。购买日股东权益公允价值总额为36 000万元。

A公司2020年全年实现净利润10 500万元，A公司当年提取盈余公积2 000万元、向股东分配现金股利4 500万元。截至2020年12月31日，应收账款按购买日确认的金额收回，确认的坏账已核销；购买日存货公允价值增值部分，当年已全部实现对外销售；购买日固定资产原价公允价值增加系公司用办公楼增值。该办公楼采用的折旧方法为年限平均法，该办公楼剩余折旧年限为20年，预计净残值为零，假定该办公楼评估增值在未来20年内平均摊销。

要求：

1. 计算甲公司合并成本及合并商誉。

2. 编制购买日按公允价值调整A公司资产、负债账面价值的合并报表调整分录。（单位：万元；不考虑递延所得税）

3. 计算A公司调整后的净利润。

4. 按权益法编制甲公司合并报表调整分录（单位：万元）。

5. 计算调整后的甲公司长期股权投资金额及A公司股东权益金额。

6. 计算少数股东损益及少数股东权益。

7. 编制长期股权投资与所有者权益抵销的会计分录（单位：万元）。

**【答案】**

1. 合并成本＝10 000×2.95＝29 500（万元）

合并商誉＝29 500－36 000×70%＝4 300（万元）

2. 借：存货 1 100

  固定资产 3 000

  贷：应收账款 100

   资本公积 40 00

3. A公司调整后的净利润＝10 500＋100－1 100－3 000÷20＝9 350（万元）

【注意】应收账款按收购时的确认的金额收回，从合并报表层面没有损失，但A公司个别会计报表反映损失100万元，应加回利润100万元；购买日增值1 100万元的存货本期已全部对外出售，无论售价是多少，该部分利润从合并报表层面仅为"成本"的收回，应调减利润1 100万元；固定资产在A公司个别报表层面依然以原账面为基础计提折旧，但从合并报表层面应以公允价值为基础，应调减利润150万元。

净利润调整分录如下：

借：应收账款      100

    贷：信用减值损失      100

借：营业成本      1 100

    贷：存货      1 100

借：管理费用      150

    贷：固定资产——累计折旧      150

4. 借：长期股权投资      6 545（9 350×70%）

    贷：投资收益      6 545

借：投资收益      3 150

    贷：长期股权投资      3 150（4 500×70%）

5. 调整后的甲公司长期股权投资金额＝29 500＋6 545－3 150＝32 895（万元）

调整后的A公司股东权益金额＝32 000＋4 000＋9 350－4 500＝40 850（万元）

6. 少数股东损益＝9 350×30%＝2 805（万元）

少数股东权益＝40 850×30%＝12 255（万元）

7. 借：股本      20 000

    资本公积      12 000（8 000＋4 000）

    盈余公积      3 200

    未分配利润      5 650（2 800＋9 350－4 500－2 000）

    商誉      4 300

    贷：长期股权投资——A公司      32 895

       少数股东权益      12 255

【注意】本抵销分录是合并报表抵销分录中"含金量"最高的会计分录，验证该分录正确与否的技巧是倒挤商誉的金额，并与计算出的合并商誉进行对照看是否相符。

## 知识点10   投资收益与利润分配的抵销

从个别会计报表角度，母公司和子公司均可以进行利润分配，但从"母公司理论"角度，合并报表应反映的利润分配信息仅应当是母公司进行的利润分配。母公司的投资收益和少数股东损益应与子公司的利润分配抵销。抵销分录为：

借：投资收益

    少数股东损益

    贷：提取盈余公积

　　　　　向股东分配利润

　　　　　年末未分配利润

若子公司存在年初未分配利润，则

借：投资收益

　　少数股东损益

　　年初未分配利润

　　　贷：提取盈余公积

　　　　　向股东分配利润

　　　　　年末未分配利润

【例12-计算分析题】甲公司2020年1月1日购买A公司70％股份，能够对A公司实施控制。购买日A公司股东权益总额为32 000万元，其中股本为20 000万元，资本公积为8 000万元、盈余公积为1 200万元、未分配利润为2 800万元。

A公司2020年全年实现净利润12 000万元，A公司当年提取盈余公积2 400万元、向股东分配现金股利6 000万元。甲公司编制2020年度合并财务报表时，A公司本年净利润调减150万元。

要求：

1．计算2020年少数股东损益及甲公司确认的投资收益。

2．编制投资收益与利润分配的抵销分录（单位：万元）。

3．编制与应付股利有关的会计分录（单位：万元）。

【答案】1．少数股东损益＝（12 000－150）×30％＝3 555（万元）

甲公司确认的投资收益＝（12 000－150）×70％＝8 295（万元）

2．借：投资收益　　　　　　　　　　　　　　　　　　　　　　　8 295

　　　　少数股东损益　　　　　　　　　　　　　　　　　　　　　3 555

　　　　年初未分配利润　　　　　　　　　　　　　　　　　　　　2 800

　　　　　贷：提取盈余公积　　　　　　　　　　　　　　　　　　　　2 400

　　　　　　　向股东分配利润　　　　　　　　　　　　　　　　　　　6 000

　　　　　　　年末未分配利润　　　　　　　　　　　　　　　　　　　6 250

3．借：应付股利　　　　　　　　　　　　　　　　　　　　　　　4 200

　　　　　贷：应收股利　　　　　　　　　　　　　　　　　　　　　　4 200

【注意】长期股权投资与所有者权益的抵销命题典型七步：

1．编制甲公司购买日取得70％股权会计分录。

2．计算合并成本及合并商誉。

3．编制购买日调整A公司资产、负债账面价值分录。

4．计算调整后净利润并编制利润调整分录。

5．编制恢复权益法会计分录。

6．编制长期股权投资与所有者权益抵销分录。

7．编制投资收益与利润分配抵销分录。

## 知识点11 逆流交易及少数股东损益

母公司向子公司出售资产所发生的未实现内部交易损益，应当全额抵销"归属于母公司所有者的净利润"。

子公司向母公司出售资产（逆流交易）所发生的未实现内部交易损益，应当按照母公司对该子公司的分配比例在"归属于母公司所有者的净利润"和"少数股东损益"之间分配抵销。此处体现了实体理论。

【例13-分析题】S公司是P公司的子公司（80%），2020年1月2日，S公司以800万元的价格将其生产的产品销售给P公司，销售成本为500万元，P公司购买该产品作为管理用固定资产使用。假设P公司对该固定资产按10年的使用寿命采用年限平均法计提折旧，预计净残值为0。为简化抵销处理，假定P公司该内部交易形成的固定资产按12个月计提折旧。不考虑所得税影响。

【分析】少数股东应分摊的内部未实现损益=300×20%=60（万元）

2020年合并报表抵销分录（单位：万元）：

1. 借：营业收入 800
    贷：营业成本 500
        固定资产 300
   借：少数股东权益 60
    贷：少数股东损益 60
2. 借：固定资产——折旧 30
    贷：管理费用 30
   借：少数股东损益 6（30×20%）
    贷：少数股东权益 6

【例14-计算分析题】甲公司2018年10月1日取得乙公司80%股份，能够控制乙公司的生产经营决策。2019年甲公司实现净利润800万元，乙公司按购买日公允价值持续计算的净利润为200万元。2019年3月1日，乙公司向甲公司出售一批存货，成本为1 200万元，未计提存货跌价准备，售价为1 500万元，至2019年12月31日，甲公司将上述存货对外出售70%，假定不考虑所得税等其他因素的影响。

要求：

1. 编制合并报表抵销分录（单位：万元）。
2. 计算2019年合并净利润。
3. 计算2019年少数股东损益。
4. 计算2019年归属于甲公司股东的净利润。

【答案】

1. 借：营业收入 1 500
    贷：营业成本 1 410（1 500-300×30%）
        存货 90
   借：少数股东权益 18
    贷：少数股东损益 18（90×20%）
2. 2019年存货中包含的未实现利润=（1 500-1 200）×（1-70%）=90（万元）
   2019年合并净利润=800+（200-90）=910（万元）

3. 该关联交易为逆流交易，该未实现交易损益90万元应冲抵少数股东损益18（90×20%）万元。2019年少数股东享有的损益＝200×20%－90×20%＝22（万元）。

4. 2019年归属于甲公司股东的净利润＝910－22＝888（万元）

或：2019年归属于甲公司股东的净利润＝800＋200×80%－90×80%＝888（万元）

【注意】第二种方法从数学角度来说符合要求，但是此处建议用方法一倒推。在实务中，合并利润表"净利润"项目下设两个项目：归属于母公司所有者的净利润、少数股东损益。但该两个项目不可以直接按持股比例进行计算，应按本例中的方法进行，先计算少数股东损益，然后倒推归属于母公司所有者的净利润。

【教材例27-52改】甲公司是A公司的母公司，持有A公司80%的股份。2020年5月1日，A公司向甲公司销售商品1 000万元，商品销售成本为700万元，甲公司以银行存款支付全款，将购进的该批商品作为存货核算。截至2020年12月31日，该批商品仍有20%未实现对外销售。2020年年末，甲公司对剩余存货进行检查，发现未发生存货跌价损失。除此之外，甲公司与A公司2020年未发生其他交易（不考虑所得税等影响）。

合并报表抵销分录（单位：万元）：

借：营业收入    1 000

    贷：营业成本    940

        存货    60（300×20%）

同时，由于该交易为逆流交易，应将内部销售形成的存货中包含的未实现内部销售损益60万元在甲公司和A公司少数股东之间进行分摊。归属于少数股东的未实现内部销售损益分摊金额为12万元（60×20%），并同时调减少数股东权益。

借：少数股东权益    12

    贷：少数股东损益    12

## 知识点12 合并报表递延所得税问题

一、因存在的未实现关联交易损益，抵销了存货、固定资产及折旧等，但是母、子公司都是独立的纳税主体，故从这个角度看，要确认对应的递延所得税资产。

二、由于抵销了计提的坏账准备、存货跌价准备、固定资产减值准备等，也需要同时抵销因此而确认的递延所得税资产。

三、非同一控制下合并，合并报表中被投资企业的资产、负债应按公允价值反映，也产生递延所得税问题。

【教材例27-53】甲公司为A公司的母公司。甲公司本期个别资产负债表应收账款中有1 700万元为应收A公司账款，该应收账款账面余额为1 800万元，甲公司当年对其计提坏账准备100万元。A公司本期个别资产负债中列示有应付甲公司账款1 800万元。甲公司和A公司适用的所得税税率均为25%。

【分析】抵销分录为（单位：万元）：

借：应付账款    1 800

    贷：应收账款    1 800

| | |
|---|---|
| 借：应收账款——坏账准备 | 100 |
| 　　贷：信用减值损失 | 100 |
| 借：所得税费用 | 25 |
| 　　贷：递延所得税资产 | 25 |

**【教材例27-54】**甲公司持有A公司80%的股权，是A公司的母公司。甲公司2017年利润表列示的营业收入有5 000万元，是当年向A公司销售产品取得的销售收入，该产品销售成本为3 500万元。A公司在2017年将该批内部购进商品的60%实现对外销售，其销售收入为3 750万元，销售成本为3 000万元，并列示于其利润表中；该批商品的另外40%则形成A公司期末存货，即期末存货为2 000万元，列示于A公司2017年的资产负债表中。甲公司和A公司适用的企业所得税税率均为25%。

**【分析】**抵销分录（单位：万元）：

| | |
|---|---|
| 借：营业收入 | 5 000 |
| 　　贷：营业成本 | 4 400 |
| 　　　　存货 | 600 |

存货中未实现内部销售利润导致账面价值小于计税基础，应确认递延所得税资产为：600×25%＝150（万元）。

| | |
|---|---|
| 借：递延所得税资产 | 150 |
| 　　贷：所得税费用 | 150 |

**【例15-计算分析题】**甲公司2017年1月1日以定向增发公司普通股票的方式，购买取得A公司70%的股权。甲公司定向增发普通股股票10 000万股（每股面值为1元），甲公司普通股股票面值每股为1元，市场价格每股为2.95元。甲公司并购A公司属于非同一控制下的企业合并，假定不计算甲公司增发该普通股股票所发生的审计以及发行等相关的费用。A公司和甲公司所得税税率均为25%。

A公司在购买日股东权益总额为32 000万元，公允价值为35 000万元，差额系A公司办公楼增值。办公楼账面价值为18 000万元、公允价值为21 000万元。

A公司2017年全年实现净利润10 500万元，A公司当年提取盈余公积2 000万元、向股东分配现金股利4 500万元。截至2017年12月31日，应收账款按购买日确认的金额收回，确认的坏账已核销；购买日固定资产原价公允价值增加系公司用办公楼增值。该办公楼采用的折旧方法为年限平均法，该办公楼剩余折旧年限为20年，假定该办公楼评估增值在未来20年内平均摊销。假设2017年按12个月折旧，预计净残值为0。

要求：

1. 编制购买日按公允价值调整固定资产账面价值的会计分录。

2. 计算甲公司合并成本及合并商誉。

3. 编制2017年补提折旧及有关递延所得税调整分录。

**【答案】**

| | |
|---|---|
| 1. 借：固定资产 | 3 000 |
| 　　　贷：资本公积 | 3 000 |
| 　　借：资本公积 | 750 |
| 　　　贷：递延所得税负债 | 750 |

2. 调整后的A公司股东权益公允价值＝32 000＋（3 000－750）＝34 250（万元）

合并成本＝10 000×2.95＝29 500（万元）

合并商誉＝29 500－34 250×70%＝5 525（万元）

【注意】考虑所得税的情况下，合并商誉也发生了变化。

3. 借：管理费用 150

      贷：固定资产——累计折旧 150

  借：递延所得税负债 37.5

      贷：所得税费用 37.5

【例16-分析题】A公司和B公司同为甲公司控制下的子公司。A公司于2017年1月1日，将自己生产的产品销售给B公司作为固定资产使用，A公司销售该产品的销售收入为1 680万元，销售成本为1 200万元。B公司以1 680万元的价格作为该固定资产的原价入账。B公司购买的该固定资产用于公司的销售业务，该固定资产属于不需要安装的固定资产，当月投入使用，其折旧年限为4年，预计净残值为零。B公司对该固定资产确定的折旧年限和预计净残值与税法规定一致。为简化合并处理，假定该内部交易固定资产在交易当年按12个月计提折旧。

【分析】借：营业收入 1 680

      贷：营业成本 1 200

          固定资产 480

  借：固定资产——累计折旧 120

      贷：销售费用 120

  借：递延所得税资产 90（360×25%）

      贷：所得税费用 90

【例17-单选题】甲公司持有乙公司80%的股权，能够控制乙公司。2019年6月30日，甲公司购买乙公司生产的产品1件，购买价为1 000万元，增值税款130万元，乙公司销售成本为700万元。甲公司购入后作为固定资产用于行政管理上，预计使用年限为5年，采用年限平均法计提折旧，不考虑净残值。甲、乙公司所得税税率均为25%。甲公司2019年合并报表中因该事项应确认的递延所得税资产为（ ）万元。

A. 75          B. 7.5          C. 67.5          D. 52.25

【答案】C

**学堂 点拨**

> 合并报表抵销了固定资产包含的未实现交易损益300万元，同时，抵销折旧30万元，甲公司2019年合并报表中因该事项应确认的递延所得税资产＝（300－30）×25%＝67.5（万元）。

【链接】2007年上市公司年报显示，与子公司、联营企业、合营企业相关的递延所得税资产对递延所得税资产总额的影响达79.1%。固定资产折旧对递延所得税负债总额的影响为33%。

以上数据来源于《企业会计准则讲解2010》。企业所得税法规定，符合条件的居民企业之间的股息、红利等权益性投资收益为免税收入，则不会产生暂时性差异，或即使存在，也是递延所得税负债，而不是递延所得税资产。那么，2007年因与子公司、联营企业、合营企业相关的递延所得税资产对递延所得税资产总额的影响达79.10%，它主要来自于哪些呢？

第一个可能就是合并报表中因内部交易抵销未实现交易损益而确认的递延所得税资产，第二个可能就是因2017年股市大跌，对长期股权投资计提减值进而确认的递延所得税资产。

表27-3 合并报表涉及的三种情况递延所得税

| 成因 | 合并报表会计分录 |
|---|---|
| 因调整子公司资产账面价值，从而产生递延所得税负债（也有产生递延所得税资产的可能） | 借：资本公积<br>　　贷：递延所得税负债 |
| 因抵销存货、固定资产等包含的未实现关联交易损益，而确认递延所得税资产 | 借：递延所得税资产<br>　　贷：所得税费用 |
| 因坏账准备、存货跌价准备等已被抵销，从而相应抵销确认的递延所得税资产 | 借：所得税费用<br>　　贷：递延所得税资产 |

## 知识点13 连续编制合并报表的抵销

原理：母公司每年都需要编制合并会计报表，在本期编制合并报表时，前期由于内部交易形成的未实现交易损益仍存在于母公司（或子公司）的个别会计报表中，并对应相应的资产项目。本期编制合并报表时，应抵销"期初未分配利润"及对应的资产项目。其他相关的抵销原理相同。

### 一、债权债务及坏账准备

期初应收账款100万元，坏账准备10万元；

期末应收账款400万元，坏账准备40万元。

借：应付账款　　　　　　　　　　　　　　　　　　　　　　　　　　400

　　贷：应收账款　　　　　　　　　　　　　　　　　　　　　　　　400

借：应收账款——坏账准备（上年）　　　　　　　　　　　　　　　　10

　　贷：期初未分配利润　　　　　　　　　　　　　　　　　　　　　10

【注意】上年因内部债权债务计提的坏账准备，在本年编制合并报表时继续抵销，因上年计提坏账准备对应的"信用减值损失"已结转并形成期初未分配利润，故抵销时应调增"期初未分配利润"。

借：应收账款——坏账准备（本年）　　　　　　　　　　　　　　　　30

　　贷：信用减值损失　　　　　　　　　　　　　　　　　　　　　　30

【例18-计算分析题】A公司为甲公司的子公司，2017年年初关联应收账款余额为500万元，期初坏账准备80万元；2017年年末，应收账款余额为400万元，本年转回坏账准备15万元，期末坏账准备余额为65万元。

要求：编制有关抵销分录（单位：万元）。

【答案】借：应付账款　　　　　　　　　　　　　　　　　　　　　　400

　　　　　　贷：应收账款　　　　　　　　　　　　　　　　　　　　400

借：应收账款——坏账准备　　　　　　　　　　　　　　　　　80
　　　贷：期初未分配利润　　　　　　　　　　　　　　　　　　　80
借：信用减值损失　　　　　　　　　　　　　　　　　　　　　15
　　　贷：应收账款——坏账准备　　　　　　　　　　　　　　　　15

## 二、内部交易形成存货

**【教材例27-21改】**A公司为甲公司的子公司，甲公司2018年个别利润表的营业收入有4 000万元，系向A公司销售P产品取得的销售收入，该产品销售成本为2 800万元，销售毛利率为30%。A公司在本期将该批内部购进商品的60%实现销售，并列示于其个别利润表中；该批商品的另外40%则形成A公司期末存货，即期末存货为1 600万元，列示于A公司的个别资产负债表中。

2019年，甲公司再向A公司销售P产品6 000万元，成本为4 200万元。A公司2019年对外销售并结转成本4 500万元，期末内部购进形成的存货为3 100万元。假设存货发出计价采用先进先出法。

要求：

1．编制2018年合并报表抵销分录（单位：万元）。

2．编制2019年合并报表抵销分录（单位：万元）。

**【答案】**1．借：营业收入　　　　　　　　　　　　　　　　　　4 000
　　　　　　　贷：营业成本　　　　　　　　　　　　　3 520（4 000-480）
　　　　　　　　　存货　　　　　　　　　　　　　　　　　　　480

期末存货中未实现内部销售利润＝（4 000-2 800）×40%＝480（万元）

2．（1）2019年A公司销售结转成本大于1 600万元，说明期初存货本年已全部对外出售，抵销分录为：

借：期初未分配利润　　　　　　　　　　　　　　　　　480
　　　贷：营业成本　　　　　　　　　　　　　　　　　　　480

**【注意】**期末存货本期销售，未实现内部销售利润虚增本期营业成本600万元，应抵销。同时该未实现内部销售利润600万元依然包含在年初未分配利润中，也应抵销。

（2）本期内部交易按常规抵销分录进行：

借：营业收入　　　　　　　　　　　　　　　　　　6 000
　　　贷：营业成本　　　　　　　　　　　　　5 070（6 000-930）
　　　　　存货　　　　　　　　　　　　　　　　　　930

期末存货中未实现内部销售利润＝3 100×（6 000-4 200）÷6 000＝930（万元）

## 三、内部交易形成固定资产

**【教材例27-36改】**A公司和B公司同为甲公司控制下的两个子公司。A公司于2017年1月1日，将自己生产的产品销售给B公司作为固定资产使用，A公司销售该产品的销售收入为1 680万元，销售成本为1 200万元。B公司以1 680万元的价格作为该固定资产的原价入账。B公司购买的该固定资产用于公司的行政管理，该固定资产属于不需要安装的固定资产，当月投入使用，其折旧年限为4年，预计净残值为零。为简化合并处理，假定该内部交易固定资产在交易当年按12个月计提折旧。

要求：

1. 编制甲公司2017年合并报表抵销分录（单位：万元）。

2. 编制甲公司2018年合并报表抵销分录（单位：万元）。

3. 编制甲公司2019年合并报表抵销分录（单位：万元）。

【答案】1. 借：营业收入                                                              1 680

        贷：营业成本                                                  1 200

               固定资产                                                480

       借：固定资产——累计折旧                          120

        贷：管理费用                                                 120

2. 借：期初未分配利润                                    480

        贷：固定资产                                          480

       借：固定资产——累计折旧                          120

        贷：期初未分配利润                         120

       借：固定资产——累计折旧                          120

        贷：管理费用                                          120

3. 借：期初未分配利润                                    480

        贷：固定资产                                          480

       借：固定资产——累计折旧                          240

        贷：期初未分配利润                         240

       借：固定资产——累计折旧                          120

        贷：管理费用                                          120

## 四、涉及长期股权投资的连续编制合并报表抵销分录

按知识点9【教材例27-16改】，在编制2018年合并报表时，有关抵销、调整分录如下：

1. 借：存货                                                    1 100

     固定资产                                                  3 000

        贷：应收账款                                         100

               资本公积                                      4 000

2. 借：年初未分配利润                                    1 150

     应收账款                                                  100

        贷：存货                                         1 100

               固定资产——累计折旧                      150

3. 借：长期股权投资                           6 545（9 350×70%）

        贷：年初未分配利润                          6 545

       借：年初未分配利润                         3 150

        贷：长期股权投资                   3 150（4 500×70%）

【例19-计算分析题】甲公司2018年1月1日以银行存款29 900万元的价格取得A公司80%的股权，能够控制A公司。甲公司与A公司在收购前不存在关联关系。

购买日，A公司可辨认净资产的公允价值为35 000万元，账面价值为32 000万元，其中股本为20 000万元，资本公积为8 000万元，盈余公积为1 200万元，未分配利润为2 800万元。差额为一项使用寿命为5年的专利技术公允价值为3 000万元，购买日前A公司未确认该项资产。

2018年A公司实现净利润5 000万元，向股东分配现金股利2 100万元，当年实现其他综合收益（贷方）300万元。

2019年A公司实现净利润0元，A公司本年未进行利润分配，也不存在其他综合收益、资本公积的增减变动。甲公司和A公司2018年和2019年未发生任何关联交易，甲公司也不存在联营企业。假设不考虑所得税因素，不考虑投资收益与利润分配的抵销。

要求：

1. 编制购买日合并报表调整和抵销分录（单位：万元）。

2. 编制2018年12月31日合并报表调整和抵销分录（单位：万元）。

3. 编制2019年12月31日合并报表调整和抵销分录（单位：万元）。

【答案】

1. 编制购买日合并报表调整和抵销分录：

| | | |
|---|---|---|
| 借：无形资产 | 3 000 | |
| 　　贷：资本公积 | | 3 000 |

合并商誉＝29 900－35 000×80%＝1 900（万元）

| | | |
|---|---|---|
| 借：股本 | 20 000 | |
| 　　资本公积 | 11 000（8 000＋3 000） | |
| 　　盈余公积 | 1 200 | |
| 　　未分配利润 | 2 800 | |
| 　　商誉 | 1 900 | |
| 　　贷：长期股权投资 | | 29 900 |
| 　　　　少数股东权益 | | 7 000 |

2. 2018年A公司调整后的净利润＝5 000－3 000÷5＝4 400（万元）

| | | |
|---|---|---|
| 借：管理费用——专利技术摊销 | 600 | |
| 　　贷：无形资产——累计摊销 | | 600 |
| 借：长期股权投资 | 3 520 | |
| 　　贷：投资收益 | | 3 520 |
| 借：投资收益 | 1 680 | |
| 　　贷：长期股权投资 | | 1 680 |
| 借：长期股权投资 | 240 | |
| 　　贷：其他综合收益 | | 240 |

调整后长期股权投资余额＝29 900＋3 520－1 680＋240＝31 980（万元）

A公司股东权益＝32 000＋3 000＋4 400－2 100＋300＝37 600（万元）

少数股东权益＝37 600×20%＝7 520（万元）

| | | |
|---|---|---|
| 借：股本 | 20 000 | |
| 　　资本公积 | 11 000（8 000＋3 000） | |

| | | |
|---|---|---|
| 其他综合收益 | | 300 |
| 盈余公积 | | 1 200 |
| 未分配利润 | 5 100（2 800＋4 400－2 100） | |
| 商誉 | | 1 900 |
| 　　贷：长期股权投资 | | 31 980 |
| 　　　　少数股东权益 | | 7 520 |

3. 借：无形资产     3 000

　　　贷：资本公积     3 000

　　借：期初未分配利润——专利技术     600

　　　　贷：无形资产——累计摊销     600

　　借：长期股权投资     3 520

　　　　贷：期初未分配利润     3 520

　　借：期初未分配利润     1 680

　　　　贷：长期股权投资     1 680

　　借：长期股权投资     240

　　　　贷：其他综合收益     240

2019年A公司调整后的净利润＝0－3 000÷5＝－600（万元）

借：管理费用——专利技术摊销     600

　　贷：无形资产——累计摊销     600

借：投资收益     480

　　贷：长期股权投资     480

调整后长期股权投资余额＝31 980－480＝31 500（万元）

A公司股东权益＝37 600－600＝37 000（万元）

少数股东权益＝37 000×20%＝7 400（万元）

| | | |
|---|---|---|
| 借：股本 | | 20 000 |
| 　资本公积 | 11 000（8 000＋3 000） | |
| 　其他综合收益 | | 300 |
| 　盈余公积 | | 1 200 |
| 　未分配利润 | 4 500（2 800＋4 400－2 100－600） | |
| 　商誉 | | 1 900 |
| 　贷：长期股权投资 | | 31 500 |
| 　　　少数股东权益 | | 7 400 |

【注意】再次强调，该分录中的商誉为客观存在，不可以倒挤，只可用于验证是否准确。

## 知识点14　追加或处置少数股权的合并报表处理

在实体理论下，母公司作为大股东，与少数股东均属于整个集团的股东，具有相同的地位。在不影响控制权的情况下，母公司少数股权的增减变动，视同为权益性交易（即与所有者以其所有者的身份进行的交易，而非市场性交易）。这种交易，被认为是股东之间享有子公司权益份额的重新分配，认为股东的权益是对等的。

故母公司股东享有子公司份额的增加或减少，均通过所有者权益（资本公积）进行调整，不反映商誉、投资收益等。

母公司按新增持股比例计算应享有自购买日开始持续计算的净资产份额（比如金额为888万元），与新增长期股权投资支付对价（比如999万元）之间的差额（比如111万元），在合并资产负债表中应调整所有者权益相关项目，首先调整归属于母公司的资本公积（资本溢价或股本溢价），资本公积不足冲减的，冲减归属于母公司的盈余公积，盈余公积不足冲减的，冲减归属于母公司的未分配利润。

母公司在不丧失控制权的情况下部分处置对子公司的长期股权投资，在合并财务报表中，处置价款（如3 000万元）与处置长期股权投资相对应享有子公司自购买日或合并日开始持续计算的净资产份额（如2 000万元）之间的差额（如1 000万元），应当调整资本公积（资本溢价或股本溢价），资本公积不足冲减的，调整留存收益。

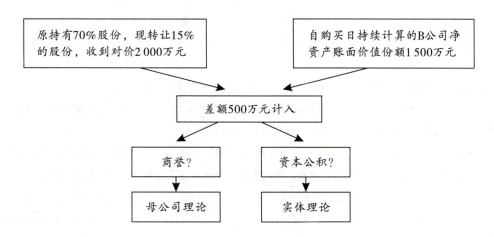

图27-3　母公司在不丧失控制权的情况下部分处置对子公司的长期股权投资

【教材例27-46改】2018年12月26日，甲公司以7 000万元取得A公司60%的股权，能够对A公司实施控制，形成非同一控制下的企业合并，当日A公司可辨认净资产公允价值为9 000万元，甲公司合并商誉为1 600万元。

2019年12月23日，甲公司又以银行存款2 000万元自A公司的少数股东取得A公司15%的股权。本例中甲公司与A公司的少数股东在交易前不存在任何关联方关系（不考虑所得税等影响）。

2019年12月23日，A公司自购买日开始持续计算的净资产账面价值为10 000万元。

【分析】甲公司按新增持股比例计算应享有自购买日开始持续计算的净资产份额为1 500万元（10 000×15%），与新增长期股权投资2 000万元之间的差额为500万元，在合并资产负债表中应调整所有者权益相关项目，首先调整归属于母公司的资本公积（资本溢价或股本溢价），资本公积不足冲减的，冲减归属于母公司的盈余公积，盈余公积不足冲减的，冲减归属于母公司的未分配利润。即不产生新的商誉或廉价购买利得。

2019年甲公司个别报表分录如下（单位：万元）：

借：长期股权投资　　　　　　　　　　　　　　　　　　　　　　　　2 000

　　贷：银行存款　　　　　　　　　　　　　　　　　　　　　　　　　　　2 000

2019年甲公司合并报表调整分录：

借：资本公积　　　　　　　　　　　　　　　　　　　　500（2 000－1 500）

　　贷：长期股权投资　　　　　　　　　　　　　　　　　　　　　　　　　500

【注意1】静态地看，追加15%少数股权后，甲公司长期股权投资＝7 000＋（10 000－9 000）×60%＋（2 000－500）＝9 100（万元），享有的A公司净资产份额＝10 000×（60%＋15%）＝7 500（万元），差额1 600万元依然是初始合并时确认的商誉。

【注意2】母公司不丧失控制权情况下处置子公司部分股权时，在合并财务报表中，可以把子公司净资产分为两部分：

①归属于母公司的所有者权益（包含子公司净资产和商誉）；

②少数股东权益（包含子公司净资产，但不包含商誉）。

母公司购买或出售子公司部分股权时，为两类所有者之间的交易。当母公司购买少数股权时，按比例把少数股东权益（包含子公司净资产但不包含商誉）的账面价值调整至归属于母公司的所有者权益；当母公司出售部分股权时，按比例把归属于母公司的所有者权益（包含子公司净资产和商誉）的账面价值调整至少数股东权益。

【例20-计算分析题】甲公司2016年至2018年与乙公司有关投资业务如下：

甲公司2016年1月1日取得乙公司80%的股权，成本为17 300万元，购买日乙公司可辨认净资产公允价值为19 200万元。该项合并为非同一控制下的企业合并。

2018年1月1日，甲公司将其持有乙公司股权的1/4对外出售，取得价款5 300万元。出售投资当日，乙公司自甲公司取得其80%股权之日持续计算的可辨认净资产总额为24 000万元（2016年1月1日至2017年12月31日，乙公司累计实现净利润4 800万元，未进行利润分配），乙公司个别财务报表中账面净资产为20 000万元。该项交易后，甲公司持有乙公司剩余股权比例为60%仍能够控制丙公司的财务和生产经营决策。

要求：

1. 计算2018年1月1日甲公司个别财务报表中因出售乙公司股权应确认的投资收益。

2. 计算合并财务报表中因出售乙公司股权应调整的资本公积，并编制调整分录。

3. 计算合并财务报表中因出售乙公司股权应确认的投资收益。

4. 计算2018年12月31日编制合并财务报表时确认的对乙公司商誉的金额。

【答案】1. 个别财务报表中因出售乙公司股权应确认的投资收益＝5 300－17 300×1/4＝975（万元）

2. 合并财务报表中因出售丙公司股权应调整的资本公积＝5 300－24 000×80%×1/4＝500（万元）

借：投资收益　　　　　　　　　　　　　　　　　　　　　　　　　　975

　　贷：资本公积　　　　　　　　　　　　　　　　　　　　　　　　　　500

　　　　长期股权投资　　　　　　　　　　　　　　　　　　　　　　　　475

单位：万元

| 初始合并成本 | 17 300 |
|---|---|
| 合并商誉 | 17 300－19 200×80％＝1 940 |
| 出售1/4股权所得 | 5 300 |
| 乙公司自甲公司取得其80％股权之日持续计算的可辨认净资产总额 | 24 000 |
| 1/4股权对应份额 | 24 000×80％×1/4＝4 800 |
| 合并报表应确认资本公积 | 5 300－4 800＝500 |
| 个别报表结转1/4长期股权投资成本 | 17 300×1/4＝4 325 |
| 个别报表确认的投资收益 | 5 300－17 300×1/4＝975 |
| 抵销分录，差额计入长期股权投资 | 借：投资收益　　　　　　　975<br>　　贷：资本公积　　　　　　500<br>　　　　长期股权投资　　　475 |
| 抵销前合并报表长期股权投资余额 | 17 300＋4 800×80％－4 325＝16 815 |
| 抵销后合并报表长期股权投资余额 | 16 815－475＝16 340 |
| 抵销后商誉计算验证 | 16 340－24 000×60％＝1 940 |

从上表可以看出，投资收益、资本公积的合并报表调整，直接对应长期股权投资，并不影响合并商誉的金额。也就是说，不需要进行其他处理。

3. 出售少数股权未丧失控制权，合并财务报表中不确认损益。

4. 合并财务报表中确认的对丙公司商誉＝17 300－19 200×80％＝1 940（万元）

在不丧失控制权的情况下，商誉不因投资持股比例的变化而变化，虽然出售了1/4股份，但合并财务报表的商誉仍为初始取得控股权时确认的商誉1 940万元。

## 知识点15　追加投资能够对被投资企业实施控制（20％＋35％）

追加投资能够对被投资企业实施控制，应区别多次交易是否属于"一揽子交易"。

如果分步取得对子公司股权投资直至取得控制权的各项交易属于"一揽子交易"，应当将各项交易作为一项取得子公司控制权的交易进行会计处理。

如果不属于"一揽子交易"，在个别财务报表中购买日之前持有的股权投资因采用权益法核算而确认的其他综合收益，应当在处置该项投资时采用与被投资单位直接处置相关资产或负债相同的基础进行会计处理；确认的除净损益、其他综合收益和利润分配外的其他所有者权益变动，应当在处置该项投资时，转入处置当期投资收益。购买日之前持有的股权投资按照《企业会计准则第22号——金融工具确认和计量》的有关规定进行会计处理的，购买日公允价值与其账面价值的差额及原计入其他综合收益的累计公允价值变动应当在改按成本法核算时转入当期损益。

在合并财务报表中，购买方对于购买日之前持有的被购买方的股权，按照该股权在购买日的公允价值进行重新计量，公允价值与账面价值的差额计入当期投资收益。购买日合并成本与享有的被购买方可辨认净资产公允价值的份额，确定购买日应予确认的商誉（或廉价购买利得）。购买日之前持有的被购买方的股权涉及权益法核算下的其他综合收益以及除净损益、其他综合收益和利润分配外的其他所有者权益变动的，与其相关的其他综合收益、其他所有者权益变动应当转为购买日所属当期损益，由于被购买方重新计量设定受益计划净负债或净资产变动而产生的其他综合收益除外。

**【教材例27-48改】** 2016年1月1日，甲公司以现金4 000万元取得A公司20%股权并具有重大影响，按权益法进行核算。当日A公司可辨认净资产公允价值为1.8亿元。2018年1月1日，甲公司的全资子公司乙公司支付现金9 000万元取得A公司35%股权，由此，甲公司取得对A公司的控制权。

2018年1月1日，甲公司原持有的对A公司20%股权的公允价值为5 000万元，账面价值为4 600万元（其中，与A公司权益法核算相关的累计净损益为150万元、累计其他综合收益为450万元）；A公司2018年1月1日可辨认净资产公允价值为2.2亿元（不考虑所得税等影响），可辨认净资产账面价值也为2.2亿元，其中股本15 000万元、资本公积1 000万元、盈余公积2 000万元、未分配利润4 000万元。

要求：

1. 计算甲公司的合并成本和合并商誉。

2. 在合并报表中，对原持有股权按照公允价值进行重新计量（单位：万元）。

3. 调整合并报表投资收益（单位：万元）。

4. 编制购买日合并报表抵销分录（单位：万元）。

**【答案】** 1. 甲公司能够控制A公司，应将A公司纳入合并报表范围。

合并成本＝9 000＋原持有股权的公允价值5 000＝14 000（万元）

合并商誉＝14 000－22 000×55%＝1 900（万元）

2. 借：长期股权投资      400（5 000－4 600）

    贷：投资收益      400

3. 借：其他综合收益      450

    贷：投资收益      450

4. 借：股本      15 000

    资本公积      1 000

    盈余公积      2 000

    未分配利润      4 000

    商誉      1 900

    贷：长期股权投资      14 000

        少数股东权益      9 900（22 000×45%）

**【教材例27-47改】** 2018年10月10日，甲公司以每股3元的价格购入A上市公司股票500万股，并由此持有A公司5%股权。投资前甲公司与A公司不存在关联关系。甲公司将对A公司的该项投资分类以公允价值计量且其变动计入其他综合收益的金融资产进行核算。

2019年1月1日，甲公司以现金2.2亿元为对价，向A公司大股东收购A公司55%的股权，从而取得对A公司的控制权；A公司当日股价为每股4元，A公司可辨认净资产的公允价值为3亿元。甲公司购买

A公司5%股权和后续购买55%的股权不构成"一揽子交易"（不考虑所得税等影响）。

要求：

1．编制甲公司2018年有关会计分录（单位：万元）。

2．编制甲公司2019年1月1日购买55%股权会计分录（单位：万元）。

3．计算购买日合并商誉。

4．编制购买日合并报表抵销分录。（略）

【答案】1．2018年10月10日：

借：其他权益工具投资——成本　　　　　　　　　　　　　　　1 500

　　　贷：银行存款　　　　　　　　　　　　　　　　　　　　　　　1 500

2019年12月31日：

借：其他权益工具投资——公允价值变动　　　　　　　　　　　500

　　　贷：其他综合收益　　　　　　　　　　　　　　　　　　　　　　500

2．借：长期股权投资　　　　　　　　　　　　　　　　　　　22 000

　　　贷：银行存款　　　　　　　　　　　　　　　　　　　　　　22 000

借：长期股权投资　　　　　　　　　　　　　　　　　　　　2 000

　　　贷：其他权益工具投资——成本　　　　　　　　　　　　　　1 500

　　　　　其他权益工具投资——公允价值变动　　　　　　　　　　500

借：其他综合收益　　　　　　　　　　　　　　　　　　　　　500

　　　贷：盈余公积　　　　　　　　　　　　　　　　　　　　　　　　50

　　　　　利润分配——未分配利润　　　　　　　　　　　　　　　　450

3．合并商誉＝（22 000＋2 000）－30 000×60%＝6 000（万元）

## 知识点16　本期增减子公司的合并报表编制涵盖期间

### 一、本期增加子公司

（一）同一控制下合并

资产负债表调整年初数，视同该子公司从设立时就被母公司控制。相应地，合并资产负债表的留存收益项目应当反映母子公司如果一直作为一个整体运行至合并日应实现的盈余公积和未分配利润；利润表及现金流量表从年初算起。

（二）非同一控制合并

资产负债表不调整年初数；利润表及现金流量表从购买日算起。

### 二、本期减少子公司

（一）合并资产负债表将其排除在外。

（二）编制合并利润表时，应当将该子公司期初至处置日的收入、费用、利润纳入合并利润表；编制合并现金流量表量时，应当将该子公司期初至处置日的现金流量纳入合并现金流量表，并将出售该子公司所收到的现金扣除子公司持有的现金和现金等价物及相关处置费用后的净额，在投资活动

"处置子公司及其他营业单位所收到的现金"项目反映，若为负数，在"支付的其他与投资活动的关的现金"项目列示。

表 27-4  增减子公司后合并报表涵盖期间对比

| 合并财务报表类型 | 合并类型 | 增加子公司 | 处置子公司 |
|---|---|---|---|
| 合并资产负债表 | 同一控制下 | 调整年初数 | 无须将该子公司纳入编制范围 |
| | 非同一控制下 | 不调整年初数 | |
| 合并利润表 | 同一控制下 | 从年初算起 | 期初至处置日 |
| | 非同一控制下 | 从购买日算起 | |
| 合并现金流量表 | 同一控制下 | 从年初算起 | 期初至处置日 |
| | 非同一控制下 | 从购买日算起 | |

## 知识点 17  处置子公司丧失控制权（60%－20%＝40%）

一、处置子公司导致丧失控制权需用到"成本法转权益法"，在个别会计报表中，剩余持股比例部分应视同取得投资时点即采用权益法核算，即对剩余持股比例投资追溯调整，将其调整到权益法核算的结果。

在合并报表中，对于剩余股权，应当按照丧失控制权日的公允价值进行重新计量。

处置股权取得的对价和剩余股权公允价值之和，减去按原持股比例计算应享有原有子公司自购买日开始持续计算的净资产份额与商誉之和的差额，计入丧失控制权当期的投资收益。

与原有子公司的股权投资相关的其他综合收益、其他所有者权益变动，应当在丧失控制权时一并转入当期损益（由于被投资方重新计量设定受益计划净负债或净资产变动而产生的其他综合收益除外）。

二、企业通过多次交易分步处置对子公司股权投资直至丧失控制权，在合并财务报表中，首先应判断分步交易是否属于"一揽子交易"。

如果分步交易不属于"一揽子交易"，则在丧失对子公司控制权以前的各项交易，应按"不丧失控制权的情况下部分处置对子公司长期股权投资"的规定进行会计处理。

如果分步交易属于"一揽子交易"，则应将各项交易作为一项处置原有子公司并丧失控制权的交易进行会计处理，其中，对于丧失控制权之前的每一次交易，处置价款与处置投资对应的享有该子公司自购买日开始持续计算的净资产账面价值的份额之间的差额，在合并财务报表中应当计入其他综合收益，在丧失控制权时一并转入丧失控制权当期的损益。

【链接】《企业会计准则第42号——持有待售的非流动资产、处置组和终止经营》第二十九条规定："企业因出售对子公司的投资等原因导致其丧失对子公司控制权，且该子公司符合终止经营定义的，应当在合并利润表中列报相关终止经营损益。"

链接长期股权投资的【教材例7-17】：2017年1月1日，甲公司支付600万元取得乙公司100%的股权，投资当时乙公司可辨认净资产的公允价值为500万元，商誉100万元。2017年1月1日至2018年12月

31日，乙公司的净资产增加了75万元，其中按购买日公允价值计算实现的净利润50万元，持有的非交易性权益工具投资以公允价值计量且其变动计入其他综合收益的金融资产的公允价值升值25万元。2019年1月8日，甲公司转让乙公司60%的股权，收取现金480万元存入银行，转让后甲公司对乙公司的持股比例为40%，能够对其施加重大影响。2019年1月8日，即甲公司丧失对乙公司的控制权日，乙公司剩余40%股权的公允价值为320万元。假定甲、乙公司提取盈余公积的比例均为10%。假定乙公司未分配现金股利，并不考虑其他因素。

【分析】甲公司在其个别和合并财务报表中的处理分别如下（单位：万元）：

甲公司个别财务报表的处理：

1. 确认部分股权处置收益

借：银行存款　　　　　　　　　　　　　　　　　　　　　　　　480

　　贷：长期股权投资　　　　　　　　　　　　　　　360（600×60%）

　　　　投资收益　　　　　　　　　　　　　　　　　　　　　　120

2. 对剩余股权改按权益法核算

借：长期股权投资　　　　　　　　　　　　　　　　　　　　　　30

　　贷：盈余公积　　　　　　　　　　　　　　　2（50×40%×10%）

　　　　利润分配　　　　　　　　　　　　　　18（50×40%×90%）

　　　　其他综合收益　　　　　　　　　　　　　　　10（25×40%）

经上述调整后，在个别财务报表中，剩余股权的账面价值为270（600×40%+30）万元。

合并财务报表中应确认的投资收益=处置股权取得的对价和剩余股权公允价值之和-按原持股比例计算应享有原有子公司自购买日开始持续计算的净资产份额与商誉之和的差额+其他综合收益、资本公积结转=（480+320）-（500+75）-100+25=150（万元）。由于个别财务报表中已经确认了120万元的投资收益，在合并财务报表中作如下调整：

1. 在合并报表中，剩余股权按公允价值计量。剩余股权40%账面价值270万元按丧失控制权日的公允价值320万元重新计量，差额计入投资收益。

借：长期股权投资　　　　　　　　　　　　　　　　　　　　　　50

　　贷：投资收益　　　　　　　　　　　　　　　　　　　　　　50

2. 对个别财务报表中的部分处置收益的归属期间进行调整：在个别报表中，处置损益（投资收益）为120万元，从合并报表层面，处置日之前甲公司实现的净利润50万元的60%份额应归属于以前年度，应调整留存收益，同时抵销投资收益。

借：投资收益　　　　　　　　　　　　　　　　　　　　　　　　30

　　贷：盈余公积　　　　　　　　　　　　　　　3（50×60%×10%）

　　　　未分配利润　　　　　　　　　　　　　27（50×60%×90%）

3. 从合并报表层面，丧失控制权时应按全部其他综合收益、资本公积的份额结转投资收益。个别报表中确认的其他综合收益的40%份额，应确认为2019年合并报表投资收益。

借：其他综合收益　　　　　　　　　　　　　　　　　　　　　　10

　　贷：投资收益　　　　　　　　　　　　　　　　　　　　　　10

【注意】命题上可以要求先进行2017年取得股权的有关会计处理及合并成本、合并商誉计算，再

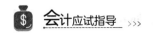

要求编制2018合并报表分录，然后再要求进行2019的个别报表及合并报表处理。从计算份量上，也可被认为是一道综合题。

【教材例27-50改】2018年11月20日，甲公司与乙公司签订不可撤销的转让协议，约定甲公司向乙公司转让其持有的A公司100%股权，对价总额为7 000万元。双方协议约定，乙公司应在2018年12月31日之前支付2 900万元，以先取得A公司30%股权；在2017年12月31日之前支付4 100万元，以取得A公司剩余70%股权。2016年12月31日甲公司"长期股权投资——A公司"账面价值为4 567万元。

2018年12月31日至乙公司支付剩余价款的期间，A公司仍由甲公司控制。2018年12月31日，乙公司按照协议约定向甲公司支付2 900万元，甲公司将A公司30%股权转让给乙公司，股权变更手续已于当日完成；当日，A公司自购买日持续计算的净资产账面价值为5 000万元。

2019年9月30日，乙公司向甲公司支付4 100万元，甲公司将A公司剩余70%股权转让给乙公司并办理完毕股权变更手续，自此乙公司取得A公司的控制权；2019年1月1日至2019年9月30日，A公司实现净利润1 000万元，无其他净资产变动事项（不考虑所得税等影响）。当日，A公司自购买日持续计算的净资产账面价值为6 000万元。

【分析】本例中，甲公司通过两次交易分步处置其持有的A公司100%股权：第一次交易处置A公司30%股权，仍保留对A公司的控制权；第二次交易处置剩余70%股权，并丧失对A公司的控制权。上述两次交易属于"一揽子交易"。

个别报表会计处理（单位：万元）：

2018年12月31日，甲公司转让A公司30%股权，甲公司个别会计报表会计处理：

借：银行存款  2 900
  贷：长期股权投资  1 370.1（4 567×30%）
    其他综合收益  1 529.9

【注意】2014版《长期股权投资准则应用指南》明确个别报表也不确认投资收益。

合并报表会计处理：

因属于"一揽子交易"，暂不确认投资收益。处置价款（2 900万元）与处置投资对应的享有该子公司自购买日开始持续计算的净资产账面价值的份额（5 000×30%=1 500万元）之间的差额1 400万元，在合并财务报表中应当计入其他综合收益，在丧失控制权时一并转入丧失控制权当期的损益。合并报表调整分录：

借：其他综合收益  129.9
  贷：长期股权投资  129.9（1 529.9－1 400）

【注意】2018年仍保留对A公司的控制权，2018年仍应编制合并报表。

假设甲公司取得的A公司100%股权为2018年1月1日，以银行存款支付价款4 567万元，当日A公司可辨认净资产公允价值为4 200万元，与账面价值相同，具体构成：股本3 500万元、资本公积100万元、盈余公积200万元、未分配利润400万元。年末，A公司自购买日持续计算的净资产账面价值为5 000万元，增加额为当年实现净利润800万元，假设未计提盈余公积，也未进行利润分配。则2018年12月31日甲公司合并报表中长期股权投资与所有者权益的抵销分录如下：

借：长期股权投资——损益调整  800

| | | |
|---|---|---|
| 贷：投资收益 | | 800 |
| 借：股本 | | 3 500 |
| 　　资本公积 | | 100 |
| 　　盈余公积 | | 200 |
| 　　未分配利润 | 1 200 （400＋800） | |
| 　　商誉 | 367（4 567－4 200） | |
| 　　贷：长期股权投资 | 3 867 （4 567＋800×100％－1 370.1－129.9） | |
| 　　　少数股东权益 | 1 500 （5 000×30％） | |

　　2019年9月30日，甲公司转让A公司剩余70％股权，丧失对A公司的控制权，不再将A公司纳入合并范围。甲公司应终止确认对A公司的长期股权投资及少数股东权益等，并将处置价款4 100万元与享有的A公司净资产份额4 200万元（6 000×70％）之间的差额100万元，计入当期损益；同时，将第一次交易计入其他综合收益的1 500万元转入当期损益。

　　2019年9月30日，个别会计报表：

| | |
|---|---|
| 借：银行存款 | 4 100 |
| 　　贷：长期股权投资 | 3 196.9（4 567×70％） |
| 　　　投资收益 | 903.1 |

　　**【注意】**因失去控制权，该次直接确认投资收益，同时结转第一次交易确认的其他综合收益，投资收益合计为2 433万元。

| | |
|---|---|
| 借：其他综合收益 | 1 529.9 |
| 　　贷：投资收益 | 1 529.9 |

　　合并会计报表调整分录：

| | |
|---|---|
| 借：长期股权投资 | 700（1 000×70％） |
| 　　贷：投资收益 | 700 |

　　**【注意】**假设2019年1月1日至9月30日A公司净资产的增加额全部为净利润。

| | |
|---|---|
| 借：投资收益 | 100 |
| 　　贷：长期股权投资 | 100 |

　　**【注意】**处置价款4 100万元与享有的A公司净资产份额4 200万元（6 000×70％）之间的差额100万元计入当期损益。2017年9月30日合并报表长期股权投资与所有者权益的抵销分录略。

| | |
|---|---|
| 借：长期股权投资 | 129.9 |
| 　　其他综合收益 | 1 400 |
| 　　贷：投资收益 | 1 529.9 |

　　**【注意】**教材例题的分录有一点点瑕疵，但不影响考试的主观题命题，应引起重视。本例中，最终的投资收益总额为2 433万元，与7 000万元减去4 567万元的差额吻合。

## 知识点18　其他特殊问题

一、交叉持股的合并处理：在由母公司和子公司组成的企业集团中，子公司可能也持有母公司一定比例的股份，形成交叉持股。

对于子公司持有的母公司股权，应当按照子公司取得母公司股权日所确认的长期股权投资的初始投资成本，将其转为合并财务报表中的库存股，在"减：库存股"项目列示；对于子公司持有母公司股权所确认的投资收益（如利润分配或现金股利），应当进行抵销处理。子公司将所持有的母公司股权分类为以公允价值计量且其变动计入其他综合收益的金融资产的，按照公允价值计量的，同时冲销子公司累计确认的公允价值变动。

借：库存股
　　贷：长期股权投资
借：投资收益
　　贷：长期股权投资
借：其他综合收益
　　贷：其他权益工具投资

二、因子公司少数股东增资导致母公司股权稀释：如果由于子公司的少数股东对子公司进行增资，导致母公司股权稀释，母公司应当按照增资前的股权比例计算其在增资前子公司账面净资产中的份额，该份额与增资后按母公司持股比例计算的在增资后子公司账面净资产份额之间的差额计入资本公积，资本公积不足冲减的，调整留存收益。

【教材例27-51】2017年1月1日，甲公司和乙公司分别出资800万元和200万元设立A公司，甲公司、乙公司的持股比例分别为80%和20%。A公司为甲公司的子公司。2018年1月1日，乙公司对A公司增资400万元，增资后占A公司股权比例为30%。增资完成后，甲公司仍控制A公司。A公司2017年实现净利润1 000万元。

【分析】

1. 增资前甲公司享有的A公司净资产账面价值为1 600万元；
2. 增资后甲公司享有的A公司净资产账面价值为1 680（2 400×70%）万元；
3. 增资后A公司合并资产负债表中应调增资本公积80万元。

【注意】此种情况下，按"转让少数股权丧失控制权"的处理原则。但是，从命题上来说，也可以进行因子公司少数股东增资导致母公司丧失控制权的命题，应引起重视。

三、对于站在企业集团合并财务报表角度的确认和计量结果与其所属的母公司或子公司的个别财务报表层面的确认和计量结果不一致的，在编制合并财务报表时，应站在企业集团角度对该特殊交易事项予以调整。例如：（一）母公司将借款作为实收资本投入子公司用于长期资产的建造，母公司应在合并报表层面反映借款的资本化金额；（二）子公司作为投资性房地产的办公楼，出租给集团内其他企业使用，母公司应在合并财务报表层面作为固定资产反映。

# 第二十八章　每股收益

## 本章思维导图

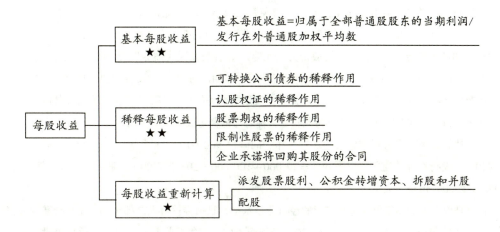

每股收益

- 基本每股收益 ★★ —— 基本每股收益＝归属于全部普通股股东的当期利润/发行在外普通股加权平均数
- 稀释每股收益 ★★
  - 可转换公司债券的稀释作用
  - 认股权证的稀释作用
  - 股票期权的稀释作用
  - 限制性股票的稀释作用
  - 企业承诺将回购其股份的合同
- 每股收益重新计算 ★
  - 派发股票股利、公积金转增资本、拆股和并股
  - 配股

## 本章考情分析

　　本章考试分值在2分左右，属非重点章节，主要考核基本每股收益和稀释每股收益的计算。

## 本章知识点精讲

 **知识点1　基本每股收益**

微信扫一扫
习题免费练

　　基本每股收益＝净利润/普通股股数

　　但是，上述公式的表达是不精准的！

　　一、分子"净利润"应为"归属于全部普通股股东的当期净利润"，若存在优先股，净利润须剔除优先支付的优先股股利。例如，甲上市公司2017年年末普通股股本为20 000万股，2017年实现净利润14 900万元，优先股为50 000万元，年股息率为6%。则归属于全部普通股股东的当期净利润＝14 900－50 000×6%＝11 900（万元）。

　　二、分母"普通股股数"应为"当期实际发行在外普通股的加权平均数"。例如，甲公司2017年年末20 000万股普通股股本，包括2017年10月1日向丙公司定向增发的普通股4 000万股，也就是说2017年年初股本为16 000万股。由于分子"净利润"是动态指标，那么分母中的"普通股股数"应为"发行在外普通股加权平均数"，即16 000×12/12＋4 000×3/12＝17 000（万股），基本每股收益＝

11 900/17 000＝0.70（元/股）。

当期实际发行在外普通股的加权平均数＝期初发行在外普通股股数＋当期新发行普通股股数×已发行时间/报告期时间－当期回购普通股股数×已回购时间/报告期时间。

基本每股收益公式的准确表达应为：

基本每股收益＝归属于全部普通股股东的当期净利润/当期实际发行在外普通股的加权平均数

公司库存股不属于发行在外的普通股。

## 知识点2 稀释每股收益原理及可转债的稀释作用

稀释每股收益的计算和列报主要是为了避免每股收益虚增可能带来的报表使用者信息误导。例如，甲公司在过去的几年里总资产净利率（或净经营资产净利率）保持在10%左右，2017年年初按面值发行了10亿元可转换公司债券（转股价为20元/股），转股期限为债券发行1年后，该可转债税后年利率3%，可以看出公司此举将产生7%的经营差异率。但由于股本暂时没有增加，将会提高2017年基本每股收益金额。为了能够提供一个更可比、更有用的财务指标，需要假设公司发行在外的可转债均已转换为普通股，并在此基础上计算每股收益，称之为稀释每股收益。

在上述假设下，甲公司调整后的2017年净利润＝11 900＋100 000×3%＝14 900（万元），调整后的2017年发行在外普通股加权平均数＝17 000＋100 000÷20＝22 000（万股），稀释每股收益＝14 900÷22 000＝0.68（元/股）。

也就是说，若2018年仍保持2017年的经营业绩水平，且债券持有人全部于2018年年初转换为普通股，2018年的每股收益将是0.68元/股。2017年利润表中，"每股收益"项目下"稀释每股收益"以0.68元/股体现，对财务信息使用者来说，是对决策更为有用的信息。需要强调的是，在债券不是按面值发行的情况下，应以实际利率法计算财务费用及对净利润的影响额。

目前，我国企业发行的潜在普通股主要有可转换公司债券、认股权证、股份期权等。

【教材例28-2改】甲上市公司是国内一家蓄电池生产企业，2018年归属于普通股股东的净利润为36 000万元，期初发行在外普通股股数40 000万股，年内普通股股数未发生变化。2018年1月1日，公司按面值发行60 000万元的三年期可转换公司债券，债券每张面值100元，票面固定年利率为2%，利息自发行之日起每年支付一次，即每年12月31日为付息日。该批可转换公司债券自发行结束后12个月以后即可转换为公司股票，转股价格为每股10元，即每100元债券可转换为10股面值为1元的普通股。债券利息不符合资本化条件，直接计入当期损益，公司所得税税率为25%。

【分析】假设不具备转换选择权的类似债券的市场利率为7%。公司在对该批可转换公司债券初始确认时，根据《企业会计准则第37号——金融工具列报》的有关规定将负债和权益成分进行了分拆。2018年度稀释每股收益计算如下：

基本每股收益＝36 000÷40 000＝0.90（元/股）

每年支付利息＝60 000×2%＝1 200（万元）

负债成分公允价值＝1 200×（P/A，7%，3）＋60 000×（P/F，7%，3）

＝1 200×2.624 3＋60 000×0.816 3＝52 127（万元）

【注意】为阅读和理解方便，此处取整数，下同。

权益成分公允价值＝60 000－52 127＝7 873（万元）

假设转换则不需支付利息，所增加的净利润＝52 127×7%×（1－25%）＝2 737（万元）

假设转换，所增加的普通股股数＝60 000÷10＝6 000（万股）

稀释每股收益＝（36 000＋2 737）÷（40 000＋6 000）＝0.84（元/股）

是否产生了稀释作用，一算便知，没必要计算增量股每股收益。

## 知识点3　认股权证的稀释作用

认股权证是一种约定持有人可以在规定的某段期间内，有权利按约定价格向发行人购买标的股票的权利凭证。公司发行认股权证时，可以向原普通股股东无偿等比例配送，也可以收取少量的费用。

【教材例28-3】2017年1月1日，甲公司对外发行1 000万份认股权证，行权日为2019年3月1日，每份认股权证可以在行权日以7元的价格认购本公司1股新发的股份。甲公司2017年度归属于普通股股东的净利润为2 750万元，发行在外普通股加权平均数为5 000万股，该普通股平均每股市场价格为8元。

要求：根据以上资料，分别计算甲公司2017年度基本每股收益和稀释每股收益。

【答案】

基本每股收益＝2 750÷5 000＝0.55（元/股）

若到期日持有者行权，将增加普通股股数1 000万股，但由于行权价为7元，相对增加的普通股股数＝1 000×（1－7/8）＝125（万股）。

稀释每股收益＝2 750÷（5 000＋125）＝0.54（元/股）

## 知识点4　股票期权的稀释作用

【例-计算题】甲上市公司是为了进一步建立、健全公司长效激励机制，吸引和留住优秀人才，充分调动公司核心骨干人员的积极性，有效地将股东利益、公司利益和核心团队与个人利益结合在一起，共同关注公司的长远发展。2017年7月1日实施股权激励计划，授予20名中高层员工共200万份股票期权，每份期权于2年后的到期日可以3元/股的价格购买1股甲公司普通股，该股票期权在授予日的公允价值为3.45元/份。甲公司2017年普通股平均市场价格为6元/股。

甲公司2017年实现归属于普通股股东的净利润为1 500万元，发行在外普通股的加权平均数为5 000万股。

要求：计算甲公司2017年稀释每股收益。

【答案】

由于行权价为3元/股，该期权实质上增加的普通股股数＝200×（1－3/6）＝100（万股）

甲公司2017年稀释每股收益＝1 500÷（5 000＋100×6/12）＝0.297（元/股）

## 知识点5　限制性股票的稀释作用

限制性股票指公司为了实现某一特定目标，公司先将一定数量的股票赠与或以较低价格售予激励对象。只有当实现预定目标后，激励对象才可将限制性股票抛售并从中获利；若预定目标没有实现，公司有权将免费赠与的限制性股票收回或者将售出股票以激励对象购买时的价格回购。

对于处于成熟期的企业，由于其股价的上涨空间有限，因此采用限制性股票模式较为合适。

实务中，我国上市公司限制性股票数量占股本总数的比例一般在3%以下，故稀释作用可忽略不计，教材中的例4假设公司发行在外普通股加权平均数仅为200万股，方使每股收益由2.47元被稀释到2.46元。建议考生们无须对该知识点作深入理解。

## 知识点6 企业承诺将回购其股份的合同

企业承诺将回购其股份的合同中规定的回购价格高于当期普通股平均市场价格时，应当考虑其稀释性。

增加的普通股股数＝回购价格×承诺回购的普通股股数/当期普通股平均市场价格－承诺回购的普通股股数

【教材例28-5改】甲公司2018年度归属于普通股股东的净利润为4 000万元，发行在外普通股加权平均数为10 000万股。2018年3月2日该公司与股东签订一份远期回购合同，承诺1年后以每股5.5元的价格回购其发行在外的2 400万股普通股。假设该普通股2018年3月至12月平均市场价格为5元。

要求：计算甲公司2018年基本每股收益和稀释每股收益。

【答案】

2018年基本每股收益＝4 000÷10 000＝0.40（元/股）

调整增加的普通股股数＝2 400×5.5÷5－2 400＝240（万股）

【注意】以高于市场平均价回购，相当于增加了部分普通股。

稀释每股收益＝4 000÷（10 000＋240×10/12）＝0.39（元/股）

## 知识点7 派发股票股利、公积金转增资本、拆股和并股

企业派发股票股利、公积金转增资本、拆股或并股等，会增加或减少其发行在外普通股或潜在普通股的数量，但并不影响所有者权益总额，这既不影响企业所拥有或控制的经济资源，也不改变企业的盈利能力。为了保持会计指标的前后期可比性，企业应当在相关报批手续全部完成后，按调整后的股数重新计算各列报期间的每股收益。上述变化发生于资产负债表日至财务报告批准报出日之间的，应当以调整后的股数重新计算各列报期间的每股收益。

【教材例28-8改】甲上市公司2017年和2018年归属于普通股股东的净利润分别为3 588万元和6 240万元，2017年1月1日发行在外的普通股8 000万股，2017年4月1日为收购乙公司40%股权按市价定向增发普通股1 600万股，2018年7月1日分派股票股利，以2017年12月31日总股本9 600万股为基数每10股送3股，假设不存在其他股数变动因素。

要求：

1. 计算2017年度基本每股收益。

2. 计算2018年度基本每股收益。

【答案】1. 2017年度发行在外普通股加权平均数＝8 000×1.3×12÷12＋1 600×1.3×9÷12＝11 960（万股）

2017年度基本每股收益＝3 588÷11 960＝0.30（元/股）

2. 2018年发行在外普通股加权平均数＝（8 000＋1 600）×1.3＝12 480（万股）

2018年度基本每股收益＝6 240÷12 480＝0.50（元/股）

【注意】尽管2018年7月1日分派股票股利，但为了保持会计指标的前后期可比性，2018年年报披露每股收益时，应调整（或表达为重新计算）2017年每股收益。

## 知识点8　配股

企业当期发生配股的情况下，计算基本每股收益时，应当考虑配股中包含的送股因素，据以调整各列报期间发行在外的普通股的加权平均数。

上述变化发生于资产负债表日至财务报告批准报出日之间的，应当以调整后的股数重新计算各列报期间的每股收益。

【教材例28-9】某企业2017年度归属于普通股股东的净利润为23 500万元，2017年1月1日发行在外普通股股数为8 000万股，2017年6月10日，该企业发布增资配股公告，向截止到2017年6月30日（股权登记日）所有登记在册的老股东配股，配股比例为每4股配1股，配股价格为每股6元，除权交易基准日为2017年7月1日。假设行权前一日的市价为每股11元，2016年度基本每股收益为2.64元。

【分析】2017年度比较利润表中基本每股收益的计算如下：

配股股数＝8 000÷4＝2 000（万股）

每股理论除权价格＝（11×8 000＋6×2 000）÷（8 000＋2 000）＝10（元）

行权前发行在外普通股的每股公允价值为11元，每股理论除权价格为10元，这相当于公司发行了新股，说明该项配股实质上降低了每股收益。

调整系数＝11÷10＝1.1

因配股重新计算的2016年度基本每股收益＝2.64÷1.1＝2.4（元/股）

2017年度基本每股收益＝23 500÷（8 000×1.1×6/12 ＋ 10 000×6/12）＝2.5（元/股）

# 第二十九章 公允价值计量

## 本章思维导图

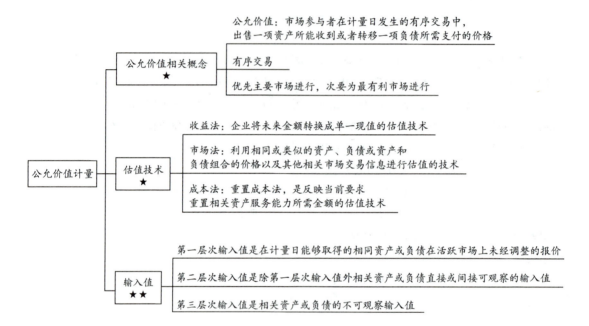

## 本章考情分析

本章考试分值在2分左右，2016年首次出现考题，且为客观题，学习本章应注意对公允价值及相关概念的理解。

## 本章知识点精讲

### 知识点1 公允价值基本概念

微信扫一扫
习题免费练

一、公允价值，是指市场参与者在计量日发生的有序交易中，出售一项资产所能收到或者转移一项负债所需支付的价格。

二、企业以公允价值计量相关资产或负债，应当假定市场参与者在计量日出售资产或者转移负债的交易，是当前市场情况下的有序交易。企业应用于相关资产或负债公允价值计量的有序交易，是在计量日前一段时期内该资产或负债具有惯常市场活动的交易，不包括被迫清算和抛售。

三、企业以公允价值计量相关资产或负债，应当假定出售资产或者转移负债的有序交易在该资产或负债的主要市场进行。不存在主要市场的，企业应当假定该交易在相关资产或负债的最有利市场进行。主要市场，是指相关资产或负债交易量最大和交易活跃程度最高的市场。最有利市场，是指在考虑交易费用和运输费用后，能够以最高金额出售相关资产或者以最低金额转移相关负债的市场。

企业根据可合理取得的信息，能够在交易日确定相关资产或负债交易量最大和交易活跃程度最高的市场的，应当将该市场作为相关资产或负债的主要市场。

企业根据可合理取得的信息，无法在交易日确定相关资产或负债交易量最大和交易活跃程度最高的市场的，应当在考虑交易费用和运输费用后能够以最高金额出售该资产或者以最低金额转移该负债的市场作为最有利市场。

不存在主要市场或者无法确定主要市场的，企业应当以相关资产或负债最有利市场的价格为基础，计量其公允价值。企业在确定最有利市场时，应当考虑交易费用、运输费用等。（但因为交易费用不属于相关资产或负债的特征，在确定公允价值时不予考虑。）

四、企业以公允价值计量相关资产或负债，应当充分考虑市场参与者之间的交易，采用市场参与者在对该资产或负债定价时为实现其经济利益最大化所使用的假设。

市场参与者应当具备下列特征：（一）市场参与者应当相互独立，不存在关联方关系；（二）市场参与者应当熟悉情况，根据可获得的信息，包括通过正常的尽职调查获取的信息，对相关资产或负债以及交易具备合理认知；（三）市场参与者应当有能力并自愿进行相关资产或负债的交易，而非被迫或以其他强制方式进行交易。

企业在确定市场参与者时至少应当考虑下列因素：（一）所计量的相关资产或负债；（二）该资产或负债的主要市场（或者在不存在主要市场情况下的最有利市场）；（三）企业将在主要市场或最有利市场进行交易的市场参与者。

【例1-多选题】2018年12月31日甲公司吸收合并乙公司，该合并属于非同一控制下合并，购买日乙公司有一批100吨的原材料存货，甲公司应当以公允价值计量这批存货。根据市场交易情况，该原材料在A城市和B城市有两个活跃的交易市场。甲公司能够进入这两个市场，假定在A城市的市场出售这批存货的交易费用（如相关税费等）为600万元，将这批存货运抵A城市的成本为40万元；在B城市的市场出售这批存货的交易费用为640万元，将这批存货运抵B城市的成本为80万元。2018年12月31日该原材料的市场交易数据如下：A城市销售价格为52万元/吨，历史交易量为980万吨；B城市销售价格为56万元/吨，历史交易量为200万吨。根据以上资料，下列说法中正确的有（    ）。

A．A城市的市场为该原材料的主要市场

B．在甲公司无法确定主要市场情况下，B城市的市场为该原材料的最有利市场

C．甲公司在估计这批存货的公允价值时，应当使用在主要市场中出售该原材料将收到的价格，并考虑运输费用，但不考虑交易费用

D．这批存货的公允价值计量应使用A城市的市场中的价格5 200万（52×100），减去运输费用40万元，公允价值为5 160万元

【答案】ABCD

## 学堂点拨

甲公司根据市场交易数据能够确定A城市的市场拥有最大交易量、交易活跃程度最高，判定A城市的市场为该原材料的主要市场。因此，甲公司应当以A城市的市场价格为基础估计这批存货的公允价值。

甲公司在估计这批存货的公允价值时，应当使用在主要市场中出售该原材料将收到的价格，并考虑运输费用，但不考虑交易费用。因此，这批存货的公允价值计量应使用A城市的市场中的价格5 200万（52×100），减去运输费用40万元，从而这批存货的公允价值为5 160万元。

假定甲公司无法获得这批存货在A城市和B城市的历史交易量，由于甲公司无法确定该原材料的主要市场，甲公司应当在考虑交易费用和运输费用后将能够获得经济利益最大化的市场确定为最有利市场，即在该市场中出售这批存货收到的净额最高。由于市场参与者在B城市的市场中出售该存货能够收到的净额为4 880万元（5 600－640－80），高于在A城市的市场出售该存货能够收到的净额4 560万元（5 200－600－40），因此，在甲公司无法确定主要市场情况下，B城市的市场为最有利市场。甲公司应当以B城市的市场价格为基础估计这批存货的公允价值。

甲公司估计这批存货的公允价值时，应当使用最有利市场的价格，并考虑运输费用，但不考虑交易费用，即B城市的市场中的价格5 600万元减去运输费用80万元，从而这批存货的公允价值为5 520万元。

选项A、B、C、D均正确。

**【例2-多选题】**甲公司是一家日化公司，取得了竞争对手乙公司100%股权，并对乙公司进行了吸收合并。甲公司决定不再使用乙公司的商标，所有产品统一使用甲公司的商标。乙公司商标声誉良好，对其他企业而言具有价值50万元。下列说法中正确的是（　　）。

A．因公司自身放弃使用该商标，将其公允价值确定为零

B．市场参与者应当相互独立，不存在关联方关系。企业以公允价值计量相关资产或负债，应当基于市场参与者之间的交易确定该资产或负债的公允价值

C．甲公司应当基于将该商标出售给熟悉情况、有意愿且有能力进行交易的其他市场参与者的价格50万元确定其公允价值

D．企业以公允价值计量相关资产或负债，应当充分考虑市场参与者之间的交易，采用市场参与者在对该资产或负债定价时为实现其经济利益最大化所使用的假设

**【答案】**BCD

## 学堂点拨

A选项，甲公司以公允价值计量该商标时，不能因为公司自身放弃使用该商标，就将其公允价值确定为零，而是应当基于将该商标出售给熟悉情况、有意愿且有能力进行交易的其他市场参与者的价格50万元确定其公允价值。

**【例3-多选题】**下列项目中，相关资产或负债的交易活动通常不应作为有序交易的有（　　）。

A．在当前市场情况下，市场在计量日之前一段时间内不存在相关资产或负债的惯常市场交易活动

B．在计量日之前，相关资产或负债存在惯常的市场交易，但资产出售方或负债转移方仅与单一

的市场参与者进行交易

C. 资产出售方或负债转移方处于或者接近于破产或托管状态，即资产出售方或负债转移方已陷入财务困境

D. 资产出售方为满足法律或者监管规定而被要求出售资产，即被迫出售

【答案】ABCD

**学堂点拨**

有序交易，是在计量日前一段时期内该资产或负债具有惯常市场活动的交易，不包括被迫清算和抛售。

【例4-单选题】下列关于主要市场或最有利市场的说法中，正确的是（　　）。

A. 对于相同资产或负债而言，不同企业的主要市场相同

B. 企业正常进行资产出售或者负债转移的市场是主要市场或最有利市场

C. 相关资产或负债的主要市场要求企业于计量日在该市场上实际出售资产或者转移负债

D. 企业应当从自身角度，而非市场参与者角度，判定相关资产或负债的主要市场

【答案】D

**学堂点拨**

选项A，对于相同资产或负债而言，不同企业可能具有不同的主要市场。选项B，通常情况下，如果不存在相反的证据，企业正常进行资产出售或者负债转移的市场可以视为主要市场或最有利市场。选项C，相关资产或负债的主要市场应当是企业可进入的市场，但不要求企业于计量日在该市场上实际出售资产或者转移负债。

【例5-单选题】下列关于市场参与者的说法不正确的是（　　）。

A. 企业在确定市场参与者时应考虑所计量的相关资产和负债

B. 企业在确定市场参与者时应考虑该资产或负债的主要市场

C. 企业应从自身持有资产、清偿或者以其他方式履行负债的意图和能力角度计量相关资产或负债的公允价值

D. 企业以公允价值计量相关资产或负债，应当基于市场参与者之间的交易确定该资产或负债的公允价值

【答案】C

**学堂点拨**

企业应当从市场参与者角度计量相关资产或负债的公允价值，而不应考虑企业自身持有资产、清偿或者以其他方式履行负债的意图和能力。

**知识点2** 公允价值估值技术——收益法

## 一、公允价值初始计量

相关资产或负债的公允价值是脱手价格，即出售该资产所能收到的价格或者转移该负债所需支付的价格。在大多数情况下，相关资产或负债的进入价格等于其脱手价格。但在下列情况中，企业以公允价值对相关资产或负债进行初始计量的，不应将取得资产或者承担负债的交易价格作为该资产或负债的公允价值：

（一）关联方之间的交易。（但有证据表明关联方之间的交易是按照市场金额进行的除外）

（二）被迫进行的交易，或者资产出售方（或负债转移方）在交易中被迫接受的交易。

（三）交易价格所代表的计量单元不同于以公允价值计量的相关资产或负债的计量单元。例如，以公允价值计量的相关资产或负债仅是交易（如：企业合并）中的一部分，而交易除该资产或负债外，还包括按照其他会计准则应单独计量但未确认的无形资产。

（四）进行交易的市场不是该资产或负债的主要市场（或者在不存在主要市场情况下的最有利市场）。

## 二、估值技术

企业以公允价值计量相关资产或负债，应当使用在当前情况下适用并且有足够可利用数据和其他信息支持的估值技术。

估值技术通常包括市场法、收益法和成本法。

市场法是利用相同或类似的资产、负债或资产和负债组合的价格以及其他相关市场交易信息进行估值的技术。企业应用市场法估计相关资产或负债公允价值的，可利用相同或类似的资产、负债或资产和负债的组合（例如，一项业务）的价格和其他相关市场交易信息进行估值。

收益法是企业将未来金额转换成单一现值的估值技术。企业使用收益法时，应当反映市场参与者在计量日对未来现金流量或者收入费用等金额的预期。企业使用的收益法包括现金流量折现法、多期超额收益折现法、期权定价模型等估值方法。

现金流量折现法是企业在收益法中最常用到的估值方法，包括传统法（即折现率调整法）和期望现金流量法。

为避免重复计算或忽略风险因素的影响，折现率与现金流量应当保持一致。

（一）使用合同现金流量：应当采用能够反映预期违约风险的折现率。

（二）使用概率加权现金流量：应当采用无风险利率。

（三）使用包含通货膨胀影响的现金流量：应当采用名义折现率。

（四）使用排除通货膨胀影响的现金流量：应当采用实际利率。

（五）使用税后现金流量的，应当采用税后折现率。

（六）使用税前现金流量的，应当采用税前折现率。

（七）使用人民币现金流量的，应当使用与人民币相关的利率等。

根据对风险的调整方式和采用现金流量类型，可以将现金流量折现法区分为两种方法，即传统法和期望现金流量法。

传统法是使用在估计金额范围内最有可能的现金流量和经风险调整（市场观察）的折现率的一种折现方法。

期望现金流量法是使用风险调整的期望现金流量和无风险利率，或者使用未经风险调整的期望现金流量和包含市场参与者要求的风险溢价的折现率的一种折现方法。

【例6-多选题】甲公司是一家环保公司，取得了竞争对手乙公司100%股权，并对乙公司进行了吸收合并。对乙公司在购买日的P生产设备采用现金流量法计算其公允价值。假定适用的一年期无风险利率为6%，具有相同风险状况的资产的系统性风险溢价为2%。假设该设备只能使用1年，且现金流量全部发生在年末。

P 设备可能的现金流量及概率 单位：万元

| （1）可能的现金流量 | 概率 | 概率加权现金流量 |
| --- | --- | --- |
| 600 | 30% | 180 |
| 800 | 50% | 400 |
| 1 000 | 20% | 200 |
| （2）期望现金流量 | | 780 |

甲公司确定P设备公允价值说法正确的有（ ）。

A. 采用传统法确定的P设备公允价值为740.74万元

B. 采用期望现金流量法（调整现金流量法）确定的P设备公允价值为722.22万元

C. 采用期望现金流量法（调整折现率法）确定的P设备公允价值为722.22万元

D. 期望现金流量法的两种方法计算结果是相同的

【答案】ABCD

学堂点拨

选项A正确。传统法是使用在估计金额范围内最有可能的现金流量和经风险调整（市场观察）的折现率的一种折现方法。P设备公允价值=800÷（1+6%+2%）=740.74（万元）。

选项B正确。采用期望现金流量法（调整现金流量法）时，现金流量的风险调整=780－780×1.06÷1.08=14.44（万元），P设备公允价值=（780－14.44）÷（1+6%）=722.22（万元）。

选项C正确。采用期望现金流量法（调整折现率法）时，P设备公允价值=780÷（1+6%+2%）=722.22（万元）。

选项D正确。调整现金流量法下，P设备公允价值=［780－（780－780×1.06÷1.08）］÷（1+6%）=780÷1.08=722.22（万元）。与第二种做法结果相同。

答案为选项A、B、C、D。

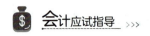

## 知识点3　公允价值估值技术——成本法

成本法，通常是指现行重置成本法，是反映当前要求重置相关资产服务能力所需金额的估值技术。

在成本法下，企业应当根据折旧贬值情况，对市场参与者获得或构建具有相同服务能力的替代资产的成本进行调整。折旧贬值包括实体性损耗、功能性贬值以及经济性贬值。企业主要使用现行重置成本法估计与其他资产或其他资产和负债一起使用的有形资产的公允价值。

【例7-分析题】甲公司于2018年4月30日盘盈了一台数控设备，成新率为70%。按会计制度规定，采用重置成本法估计该数控设备的公允价值。同行业企业乙公司有一台相同的数控设备，购置于2015年4月30日，购置价格为1 200万元，2015年4月30日至2018年4月30日，此类数控设备价格指数在年度递增率分别为上涨3%、2%和2%。

【分析】甲公司估计该设备公允价值=1 200×1.03×1.02×1.02×70%=900.15（万元）。

【例8-单选题】下列项目中，不属于估值技术的是（　　）。

A. 市场法　　　　　　B. 收益法　　　　　　C. 成本法　　　　　　D. 售价法

【答案】D

### 学堂点拨

估值技术通常包括市场法、收益法和成本法。

【例9-单选题】下列关于估值技术的说法不正确的是（　　）。

A. 企业使用估值技术的目的是估计市场参与者在计量日当前市场情况下的有序交易中出售资产或者转移负债的价格

B. 企业在应用估值技术估计相关资产或负债的公允价值时，应当根据可观察的市场信息定期校准估值模型

C. 如果企业所使用的估值技术未能考虑市场参与者在对相关资产或负债估值时所考虑的所有因素，那么企业通过该估值技术获得的金额不能作为对计量日当前交易价格的估计

D. 企业应当优先使用市场法确定资产或负债的公允价值

【答案】D

### 学堂点拨

相关资产或负债存在活跃市场公开报价的，企业应当优先使用该报价确定该资产或负债的公允价值，其他情况下准则未规定企业应当优先使用何种估值技术。

## 知识点4　公允价值层次

企业使用估值技术时，应当优先使用可观察输入值，仅当相关可观察输入值无法取得或取得不切实可行时才使用不可观察输入值。

第一层次输入值是在计量日能够取得的相同资产或负债在活跃市场上未经调整的报价。活跃市场，是指相关资产或负债的交易量和交易频率足以持续提供定价信息的市场。

第二层次输入值是除第一层次输入值外相关资产或负债直接或间接可观察的输入值。

第三层次输入值是相关资产或负债的不可观察输入值。

公允价值计量结果所属的层次，由对公允价值计量整体而言重要的输入值所属的最低层次决定。一只木桶能盛多少水，并不取决于最长的那块木板，而是取决于最短的那块木板，这叫"木桶效应"。

公允价值计量结果所属的层次，取决于估值技术的输入值，而不是估值技术本身。企业在确定公允价值计量结果所属的层次时，不应考虑为取得基于公允价值的其他计量所作的调整。

**【例10-多选题】**下列公允价值层次中，属于第三层输入值的有（　　　）。

A．股票投资期末收盘价

B．无风险利率

C．股票波动率

D．期望股息率

**【答案】** CD

**学堂点拨**

> 选项A为第一层输入值；选项B为第二层输入值；选项C和D为不可观察的输入值，属于第三层次。

**【例11-多选题】**通常情况下，下列公允价值层次中，不能作为第一层次输入值的有（　　　）。

A．异常的市场报价

B．正常报价间隔期间可观察的利率和收益率曲线

C．无法由可观察市场数据验证的利率

D．企业在计量日能够取得的相同资产或负债在活跃市场上未经调整的报价

**【答案】** ABC

**学堂点拨**

> 选项A，异常的市场报价不能作为第一层次输入值；选项B应作为第二层次输入值；选项C应作为第三层次输入值。

# 第三十章　政府及民间非营利组织会计

## 本章思维导图

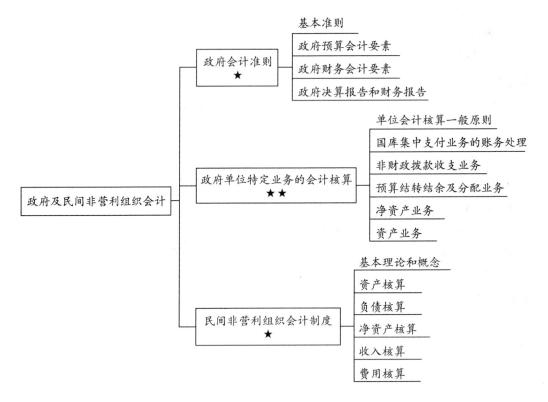

## 本章考情分析

　　本章为2018年教材新增章节，进行命题的可能性还是有的，估计会设计一个多选题进行考核。然而，本章涉及的知识点很多，要想有把握地取得这2分的多选题，恐怕需要花费10个小时以上的时间进行学习，性价比不高。根据成本效益原则，本书作者不建议在本章投入太多时间。

## 本章知识点精讲

### 知识点 1  政府会计准则——基本准则

微信扫一扫
习题免费练

一、2015年10月23日，中华人民共和国财政部令第78号公布《政府会计准则——基本准则》。该准则分总则、政府会计信息质量要求、政府预算会计要素、政府财务会计要素、政府决算报告和财务报告、附则6章62条，自2017年1月1日起施行。

准则适用于各级政府、与本级政府财政部门直接或者间接发生预算拨款关系的国家机关、军队、政党组织、社会团体、事业单位和其他单位。军队、已纳入企业财务管理体系的单位和执行《民间非营利组织会计制度》的社会团体，不适用本准则。

政府会计由预算会计和财务会计构成。预算会计实行收付实现制，国务院另有规定的，依照其规定。财务会计实行权责发生制。

政府会计核算应当采用借贷记账法记账。

政府会计信息质量要求，除没有"谨慎性"要求外，与企业会计准则基本一致。

二、政府预算会计要素。

政府预算会计要素包括预算收入、预算支出与预算结余。预算收入一般在实际收到时予以确认，以实际收到的金额计量；预算支出一般在实际支付时予以确认，以实际支付的金额计量。预算结余是指政府会计主体预算年度内预算收入扣除预算支出后的资金余额，以及历年滚存的资金余额。

预算结余包括结余资金和结转资金。结余资金是指年度预算执行终了，预算收入实际完成数扣除预算支出和结转资金后剩余的资金。结转资金是指预算安排项目的支出年终尚未执行完毕或者因故未执行，且下年需要按原用途继续使用的资金。

三、政府财务会计要素。

本准则所称财务会计，是指以权责发生制为基础对政府会计主体发生的各项经济业务或者事项进行会计核算，主要反映和监督政府会计主体财务状况、运行情况和现金流量等的会计。

政府财务会计要素包括资产、负债、净资产、收入和费用。

资产的计量属性主要包括历史成本、重置成本、现值、公允价值和名义金额。

负债的计量属性主要包括历史成本、现值和公允价值。

净资产是指政府会计主体资产扣除负债后的净额。

四、政府决算报告和财务报告。

政府决算报告是综合反映政府会计主体年度预算收支执行结果的文件。政府财务报告是反映政府会计主体某一特定日期的财务状况和某一会计期间的运行情况和现金流量等信息的文件。

政府财务报告应当包括财务报表和其他应当在财务报告中披露的相关信息和资料。包括政府综合财务报告和政府部门财务报告。

政府综合财务报告是指由政府财政部门编制，反映各级政府整体财务状况、运行情况和财政中长期可持续性的报告。

政府部门财务报告是指政府各部门、各单位按规定编制的财务报告。

财务报表是对政府会计主体财务状况、运行情况和现金流量等信息的结构性表述。财务报表包括会计报表和附注。会计报表至少应当包括资产负债表、收入费用表和现金流量表。

政府会计主体应当根据相关规定编制合并财务报表。

## 知识点2 政府单位特定业务的会计核算

### 一、单位会计核算一般原则

（一）单位预算会计

单位预算会计采用收付实现制，国务院另有规定的从其规定。

预算会计恒等式：预算收入－预算支出＝预算结余

（二）单位财务会计

单位财务会计实行权责发生制。

反映单位财务状况的等式：资产－负债＝净资产

反映运行情况的等式：收入－费用＝本期盈余

本期盈余经分配后最终转入净资产。

### 二、国库集中支付业务的账务处理

（一）直接支付业务

【案例1】2018年10月9日，某事业单位根据经过批准的部门预算和用款计划，向同级财政部门申请支付第三季度水费105 000元。10月18日，财政部门经审核后，以财政直接支付方式向自来水公司支付了该单位的水费105 000元。10月23日，该事业单位收到了"财政直接支付入账通知书"。该单位应做如下账务处理：

借：事业支出　　　　　　　　　　　　　　　　　　　　　　105 000

　　贷：财政拨款预算收入　　　　　　　　　　　　　　　　　　　105 000

同时，借：单位管理费用　　　　　　　　　　　　　　　　　　105 000

　　　　贷：财政拨款收入　　　　　　　　　　　　　　　　　　　　105 000

【案例2】2018年12月31日，某行政单位财政直接支付指标数与当年财政直接支付实际支出数之间的差额为100 000元。2019年年初，财政部门恢复了该单位的财政直接支付额度。2019年1月15日，该单位以财政直接支付方式购买了一批办公用品物资（属于上年预算指标数），支付给供应商50 000元价款。该行政单位应做如下账务处理：

1．2018年12月31日补记指标：

借：资金结存——财政应返还额度　　　　　　　　　　　　　100 000

　　贷：财政拨款预算收入　　　　　　　　　　　　　　　　　　　100 000

同时，借：财政应返还额度——财政直接支付　　　　　　　　100 000

　　　　贷：财政拨款收入　　　　　　　　　　　　　　　　　　　　100 000

2．2019年1月15日使用上年预算指标购买办公用品：

借：行政支出　　　　　　　　　　　　　　　　　　　　　　　50 000

贷：资金结存——财政应返还额度        50 000

同时，借：库存物品        50 000

       贷：财政应返还额度——财政直接支付        50 000

### （二）授权支付业务

【案例3】2007年3月，某科研所根据经过批准的部门预算和用款计划，向同级财政部门申请财政授权支付用款额度180 000元。4月6日，财政部门经审核后，以财政授权支付方式下达了170 000元用款额度。4月8日，该科研所收到了代理银行转来的"授权支付到账通知书"。该科研所应做如下账务处理：

借：资金结存——零余额账户用款额度        170 000

       贷：财政拨款预算收入        170 000

同时，借：零余额账户用款额度        170 000

       贷：财政拨款收入        170 000

【案例4】2017年12月31日，某事业单位经与代理银行提供的对账单核对无误后，将150 000元零余额账户用款额度予以注销。另外，本年度财政授权支付预算指标数大于零余额账户用款额度下达数，未下达的用款额度为200 000元。2018年度，该单位收到代理银行提供的额度恢复到账通知书及财政部门批复的上年年末未下达零余额账户用款额度。该事业单位应做如下账务处理：

1. 注销额度：

借：资金结存——财政应返还额度        150 000

       贷：资金结存——零余额账户用款额度        150 000

同时，借：财政应返还额度——财政授权支付        150 000

       贷：零余额账户用款额度        150 000

2. 补记指标数：

借：资金结存——财政应返还额度        200 000

       贷：财政拨款预算收入        200 000

同时，借：财政应返还额度——财政授权支付        200 000

       贷：财政拨款收入        200 000

3. 恢复额度：

借：资金结存——零余额账户用款额度        150 000

       贷：资金结存——财政应返还额度        150 000

同时，借：零余额账户用款额度        150 000

       贷：财政应返还额度——财政授权支付        150 000

4. 收到财政部门批复的上年年末未下达的额度：

借：资金结存——零余额账户用款额度        200 000

       贷：财政应返还额度——财政授权支付        200 000

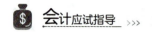

### 三、非财政拨款收支业务

（一）事业（预算）收入

【案例5】某事业单位部分事业收入采用财政专户返还的方式管理。2017年9月5日，该单位收到应上缴财政专户的事业收入5 000 000元。9月15日，该单位将上述款项上缴财政专户。10月15日，该单位收到从财政专户返还的事业收入5 000 000元。财会部门根据有关凭证，应做如下账务处理：

1. 收到应上缴财政专户的事业收入时：

借：银行存款    5 000 000
  贷：应缴财政款    5 000 000

2. 向财政专户上缴款项时：

借：应缴财政款    5 000 000
  贷：银行存款    5 000 000

3. 收到从财政专户返还的事业收入时：

借：银行存款    5 000 000
  贷：事业收入    5 000 000

同时，借：资金结存——货币资金    5 000 000
  贷：事业预算收入    5 000 000

【案例6】2018年3月，某科研事业单位（增值税一般纳税人）对开展技术咨询服务，开具的增值税专用发票上注明的劳务收入为200 000元，增值税税额为12 000元，款项已存入银行。财会部门根据有关凭证，应做如下账务处理：

1. 收到劳务收入时：

借：银行存款    212 000
  贷：事业收入    200 000
    应交增值税——应交税金（销项税额）    12 000

同时，借：资金结存——货币资金    212 000
  贷：事业预算收入    212 000

2. 实际缴纳增值税时：

借：应缴增值税——应交税金（已交税金）    12 000
  贷：银行存款    12 000

同时，借：事业支出    12 000
  贷：资金结存——货币资金    12 000

（二）捐赠（预算）收入和支出

【案例7】2017年3月，某事业单位接受了甲公司捐赠的一批实验材料，甲公司所提供的凭据表明其支付了运输费1 000元。假设不考虑相关税费，做出如下账务处理：

借：库存物品    101 000
  贷：捐赠收入    100 000
    银行存款    1 000

| 同时，借：其他支出 | 1 000 |
| --- | --- |
| 　　贷：资金结存——货币资金 | 1 000 |

值得注意的是：

1. 单位取得捐赠的货币资金按规定上缴财政的，应当按照"应缴财政款"科目相关规定进行财务会计处理，预算会计不作处理。单位接受捐赠人委托转赠的资产，应当按受托代理业务相关规定进行财务会计处理，预算会计不作处理；

2. 单位作为主管部门或上级单位向其附属单位分配受赠的货币资金，应当按照"对附属单位补助费用（支出）"科目相关规定处理；

3. 单位按规定向其附属单位以外的其他单位分配受赠的货币资金，应当按照"其他费用（支出）"科目相关规定处理；

4. 单位向政府会计主体分配受赠的非现金资产，应当按照"无偿调拨净资产"科目相关规定处理；

5. 单位向非政府会计主体分配受赠的非现金资产，应当按照"资产处置费用"科目相关规定处理。

### （三）债务预算收入和债务还本支出

单位从同级财政取得政府债券资金的，不应计入债务预算收入，应当在财务会计中借记"银行存款""零余额账户用款额度"等科目，贷记"财政拨款收入"科目；同时在预算会计中借记"资金结存"等科目，贷记"财政拨款预算收入"科目。同级财政以地方政府债券置换单位原有负债的，单位应当借记"长期借款""应付利息"等科目，贷记"累计盈余"科目；预算会计不作处理。

### （四）投资支出

【案例8】2018年7月1日，某事业单位以银行存款购入5年期国债100 000元年利率为3%，按年分期付息，到期还本，付息日为每年7月1日，最后一年偿还本金并付最后一次利息。财会部门根据有关凭证，应做如下账务处理：

1. 2018年7月1日购入国债：

| 借：长期债券投资 | 100 000 |
| --- | --- |
| 　　贷：银行存款 | 100 000 |
| 同时，借：投资支出 | 100 000 |
| 　　　　贷：资金结存——货币资金 | 100 000 |

2. 2019—2022年，每年计提债券利息时：

| 借：应收利息 | 3 000 |
| --- | --- |
| 　　贷：投资收益 | 3 000 |

每年7月1日实际收到利息时：

| 借：银行存款 | 3 000 |
| --- | --- |
| 　　贷：应收利息 | 3 000 |
| 同时，借：资金结存——货币资金 | 3 000 |
| 　　　　贷：投资预算收益 | 3 000 |

3. 2023年7月1日，收回债券本息：

| 借：银行存款 | 103 000 |
| --- | --- |

|       |       |
|-------|-------|
| 贷：长期投资 | 100 000 |
| 投资收益 | 3 000 |
| 同时，借：资金结存——货币资金 | 103 000 |
| 贷：其他结余 | 100 000 |
| 投资预算收益 | 3 000 |

## 四、预算结转结余及分配业务

### （一）财政拨款结转结余的核算

【案例9】2018年6月，财政部门拨付某事业单位基本支出补助4 000 000元、项目补助100 000元，"事业支出"科目下的"财政拨款支出（基本支出）""财政拨款支出（项目支出）"明细科目的当期发生额分别为4 000 000和800 000元。月末，该事业单位将本月财政拨款收入和支出结转，应做如下账务处理：

1. 结转财政拨款收入：

|       |       |
|-------|-------|
| 借：财政拨款预算收入——基本支出 | 4 000 000 |
| ——项目支出 | 1 000 000 |
| 贷：财政拨款结转——本年收支结转——基本支出结转 | 4 000 000 |
| ——项目支出结转 | 1 000 000 |

2. 结转财政拨款支出：

|       |       |
|-------|-------|
| 借：财政拨款结转——本年收支结转——基本支出结转 | 4 000 000 |
| ——项目支出结转 | 800 000 |
| 贷：事业支出——财政拨款支出（基本支出） | 4 000 000 |
| ——财政拨款支出（项目支出） | 800 000 |

【案例10】2018年年末，某事业单位完成财政拨款收支结转后，对财政拨款各明细项目进行分析，按照有关规定将某项目结余资金45 000元转入财政拨款结余，该单位应做如下账务处理：

将项目结余转入财政拨款结余：

|       |       |
|-------|-------|
| 借：财政拨款结转——累计结转——项目支出结转 | 45 000 |
| 贷：财政拨款结余——结转转入 | 45 000 |

### （二）非财政拨款结转的核算

【案例11】2018年1月，某事业单位启动一项科研项目。当年收到上级主管部门拨付的非财政专项资金5 000 000元，为该项目发生事业支出4 800 000元。2018年12月，项目结项，经上级主管部门批准，该项目的结余资金留归事业单位使用。该事业单位应做如下账务处理：

1. 收到上级主管部门拨付款项时：

|       |       |
|-------|-------|
| 借：银行存款 | 5 000 000 |
| 贷：上级补助收入 | 5 000 000 |
| 同时，借：资金结存——货币资金 | 5 000 000 |
| 贷：上级补助预算收入 | 5 000 000 |

2. 发生业务活动费用（事业支出）时：

借：业务活动费用                4 800 000

  贷：银行存款                   4 800 000

同时，借：事业支出              4 800 000

    贷：资金结存——货币资金            4 800 000

3. 年末结转上级补助预算收入中该科研专项资金收入：

借：上级补助预算收入             5 000 000

  贷：非财政拨款结转——本年收支结转        5 000 000

4. 年末结转事业支出中该科研专项支出：

借：非财政拨款结转——本年收支结转        4 800 000

  贷：事业支出——非财政专项资金支出        4 800 000

5. 经批准确定结余资金留归本单位使用时：

借：非财政拨款结转——累计结转         200 000

  贷：非财政拨款结余——结转转入         200 000

（三）非财政拨款结余的核算

（四）经营结余、其他结余及非财政拨款结余分配

【案例12】2018年12月，某事业单位对其收支科目进行分析，事业预算收入和上级补助预算收入本年发生额中的非专项资金收入分别为1 000 000元、200 000元，事业支出和其他支出本年发生额中的非财政非专项资金支出分别为800 000元、100 000元，对附属单位补助支出本年发生额为200 000元。经营预算收入本年发生额为94 000元，经营支出本年发生额为64 000元。年末，该事业单位应做如下账务处理：

1. 结转本年非财政、非专项资金预算收入：

借：事业预算收入              1 000 000

  上级补助预算收入             200 000

  贷：其他结余               1 200 000

2. 结转本年非财政、非专项资金支出：

借：其他结余               1 100 000

  贷：事业支出——其他资金支出         800 000

    其他支出              100 000

    对附属单位补助支出           200 000

3. 结转本年经营预算收入：

借：经营预算收入               94 000

  贷：经营结余                94 000

4. 结转本年经营支出：

借：经营结余                64 000

  贷：经营支出                64 000

【案例13】2018年年终结账时，某事业单位当年经营结余的贷方余额为30 000元，其他结余的贷方余额为40 000元。该事业单位按照有关规定提取职工福利基金10 000元。该事业单位应做如下账务

处理：

1. 结转其他结余：

| | |
|---|---|
| 借：其他结余 | 40 000 |
| 贷：非财政拨款结余分配 | 40 000 |

2. 结转经营结余：

| | |
|---|---|
| 借：经营结余 | 30 000 |
| 贷：非财政拨款结余分配 | 30 000 |

3. 提取专用基金：

| | |
|---|---|
| 借：非财政拨款结余分配 | 10 000 |
| 贷：专用结余——职工福利基金 | 10 000 |
| 同时，借：本年盈余分配 | 10 000 |
| 贷：专用基金——职工福利基金 | 10 000 |

4. 将"非财政拨款结余分配"的余额转入非财政拨款结余：

| | |
|---|---|
| 借：非财政拨款结余分配 | 60 000 |
| 贷：非财政拨款结余 | 60 000 |

## 五、净资产业务

【案例14】2018年5月5日，某行政单位接受其他部门无偿调入物资一批，该批物资在调出方的账面价值为20 000元，经验收合格后入库。物资调入过程中该单位以银行存款支付了运输费1 000元。财会部门根据有关凭证，不考虑相关税费，应做如下账务处理：

| | |
|---|---|
| 借：库存物品 | 21 000 |
| 贷：银行存款 | 1 000 |
| 无偿调拨净资产 | 20 000 |
| 同时，借：其他支出 | 1 000 |
| 贷：资金结存——货币资金 | 1 000 |

【案例15】2018年7月5日，某事业单位经批准对外无偿调出一套设备，该设备账面余额为100 000元，已计提折旧40 000元。设备调拨过程中该单位以现金支付了运输费1 000元。财会部门根据有关凭证，不考虑相关税费，应做如下账务处理：

| | |
|---|---|
| 借：无偿调拨净资产 | 60 000 |
| 固定资产累计折旧 | 40 000 |
| 贷：固定资产 | 100 000 |
| 借：资产处置费用 | 1 000 |
| 贷：库存现金 | 1 000 |
| 同时，借：其他支出 | 1 000 |
| 贷：资金结存——货币资金 | 1 000 |

## 六、资产业务

【案例16】2020年3月5日，某事业单位（为增值税一般纳税人）购入物资一批，取得的增值税专用发票上注明的物资价款为20 000元，增值税为2 600元，已经税务局认证。款项尚未支付，当日收到物资，经验收合格后入库。3月10日，该单位以银行存款支付了价款23 400元。财会部门根据有关凭证，应做如下账务处理：

1. 2020年3月5日购入物资：

借：库存物品 20 000

应交增值税——应交税金（进项税额） 2 600

贷：应付账款 22 600

2. 2020年3月10日支付价款：

借：应付账款 22 600

贷：银行存款 22 600

同时，借：事业支出 22 600

贷：资金结存——货币资金 22 600

【案例17】2018年6月30日，某行政单位经批准以其1部公务轿车置换另一单位的办公用品（不符合固定资产确认标准）一批，办公用品已验收入库。该轿车账面余额20万元，已计提折旧10万元，评估价值为12万元。置换过程中该单位收到对方支付的补价1万元已存入银行，另外以现金支付运输费5 000元。不考虑其他因素，应编制如下会计分录：

借：库存物品 115 000（120 000－10 000＋5 000）

固定资产累计折旧 100 000

银行存款 10 000

贷：固定资产 200 000

库存现金 5 000

应缴财政款 5 000（10 000－5 000）

其他收入 15 000

同时，借：其他支出 5 000

贷：资金结存——货币资金 5 000

【案例18】2019年7月18日，某行政单位（为增值税一般纳税人）经批准购入一栋办公大楼，取得的增值税专用发票上注明的价款为8 000 000元，增值税税额为720 000元，该单位以银行存款支付了相关款项。财会部门根据有关凭证，应做如下账务处理：

2019年7月18日购入设备时：

借：固定资产 8 000 000

应交增值税——应交税金（进项税额） 720 000

贷：银行存款 8 720 000

同时，借：事业支出 8 720 000

贷：资金结存——货币资金 8 720 000

【案例19】2019年7月30日，某行政单位计提本月固定资产折旧50 000元。财会部门根据有关凭证，应作如下账务处理：

借：业务活动费用 50 000

贷：固定资产累计折旧 50 000

【案例20】2019年12月末，某事业单位（为增值税小规模纳税人）对固定资产进行盘点，盘亏笔记本电脑一台，账面余额为12 000元，已计提折旧2 000元，报经批准后应由单位职工张三赔偿5 000元，款项已经收到，其他损失由单位承担。财会部门根据有关凭证，应做如下账务处理：

1. 固定资产转入待处置资产时：

借：待处理财产损溢——待处理财产价值      10 000

    固定资产累计折旧      2 000

      贷：固定资产      12 000

2. 收到张三赔偿款时：

借：库存现金      5 000

      贷：待处理财产损溢——处理净收入      5 000

3. 固定资产报经批准予以核销时：

借：资产处置费用      10 000

      贷：待处置资产损溢——待处理财产价值      10 000

借：待处理财产损溢——处理净收入      5 000

      贷：应缴财政款      5 000

【案例21】2019年5月，某事业单位为开展专业业务活动及其辅助活动人员发放工资500 000元，津贴300 000元，年终奖100 000元，按规定应代扣代缴个人所得税30 000元，该单位以国库授权支付方式支付薪酬并上缴代扣的个人所得税。财会部门根据有关凭证，应做如下账务处理：

1. 计算应付职工薪酬时：

借：业务活动费用      900 000

      贷：应付职工薪酬      900 000

2. 代扣个人所得税时：

借：应付职工薪酬      30 000

      贷：其他应交税费——应交个人所得税      30 000

3. 实际支付职工薪酬：

借：应付职工薪酬      870 000

      贷：零余额账户用款额度      870 000

同时，借：事业支出      870 000

        贷：资金结存——零余额账户用款额度      870 000

4. 上缴代扣的个人所得税时：

借：其他应交税费——应交个人所得税      30 000

      贷：零余额账户用款额度      30 000

同时，借：事业支出      30 000

        贷：资金结存——零余额账户用款额度      30 000

【例1－多选题】某事业单位进行的下列会计处理中，正确的有（　　　）。

A. 当月增加的固定资产，当月开始计提折旧；当月减少的固定资产，当月不再计提折旧

B. 自创商誉及内部产生的品牌、报刊名等，不应确认为无形资产

C. 已交付使用但尚未办理竣工决算手续的公共基础设施，应当按照估计价值入账，待办理竣工决算后再按照实际成本调整原来的暂估价值

D. 因动用而发出无须收回的政府储备物资，政府会计主体应当在发出物资时将其账面余额予以转销，计入当期费用

【答案】ABCD

## 知识点3 民间非营利组织会计制度

### 一、基本理论和概念

（一）民间非营利组织包括依照国家法律、行政法规登记的社会团体、基金会、民办非企业单位和寺院、宫观、清真寺、教堂等。

适用本制度的民间非营利组织应当同时具备以下特征：

1. 该组织不以营利为宗旨和目的；
2. 资源提供者向该组织投入资源不取得经济回报；
3. 资源提供者不享有该组织的所有权。

（二）会计核算应当以权责发生制为基础，会计记账应当采用借贷记账法。

### 二、资产核算

与企业会计准则规范的资产核算基本一致。

受托代理资产是指民间非营利组织接受委托方委托从事受托代理业务而收到的资产。在受托代理过程中，民间非营利组织通常只是从委托方收到受托资产，并按照委托人的意愿将资产转赠给指定的其他组织或者个人。民间非营利组织本身只是在委托代理过程中起中介作用，无权改变受托代理资产的用途或者变更受益人。

民间非营利组织应当对受托代理资产比照接受捐赠资产的原则进行确认和计量，但在确认一项受托代理资产时，应当同时确认一项受托代理负债。

### 三、负债核算

与企业会计准则规范的负债核算基本一致。

### 四、净资产核算

民间非营利组织的净资产是指资产减去负债后的余额。净资产应当按照其是否受到限制，分为限定性净资产和非限定性净资产等。

如果资产或者资产所产生的经济利益（如资产的投资收益和利息等）的使用受到资产提供者或者国家有关法律、行政法规所设置的时间限制或（和）用途限制，则由此形成的净资产即为限定性净资产，国家有关法律、行政法规对净资产的使用直接设置限制的，该受限制的净资产亦为限定性净资产；除此之外的其他净资产，即为非限定性净资产。

民间非营利组织的董事会、理事会或类似权力机构对净资产的使用所作的限定性决策、决议或拨款限额等，属于民间非营利组织内部管理上对资产使用所作的限制，不属于本制度所界定的限定性净资产。民间非营利组织设立时取得的注册资金，应当直接计入"净资产"。

### 五、收入核算

收入是指民间非营利组织开展业务活动取得的、导致本期净资产增加的经济利益或者服务潜力的

流入。收入应当按其来源分为捐赠收入、会费收入、提供服务收入、政府补助收入、投资收益、商品销售收入等主要业务活动收入和其他收入等。

民间非营利组织在确认收入时，应当区分交换交易所形成的收入和非交换交易所形成的收入。

民间非营利组织对于各项收入应当按是否存在限定区分为非限定性收入和限定性收入进行核算。

如果资产提供者对资产的使用设置了时间限制或者（和）用途限制，则所确认的相关收入为限定性收入；除此之外的其他收入，为非限定性收入。

民间非营利组织的会费收入、提供服务收入、商品销售收入和投资收益等一般为非限定性收入，除非相关资产提供者对资产的使用设置了限制。民间非营利组织的捐赠收入和政府补助收入，应当视相关资产提供者对资产的使用是否设置了限制，分别限定性收入和非限定性收入进行核算。

期末，民间非营利组织应当将本期限定性收入和非限定性收入分别结转至净资产项下的限定性净资产和非限定性净资产。

## 六、费用核算

费用是指民间非营利组织为开展业务活动所发生的、导致本期净资产减少的经济利益或者服务潜力的流出。费用应当按照其功能分为业务活动成本、管理费用、筹资费用和其他费用等。

期末，民间非营利组织应当将本期发生的各项费用结转至净资产项下的非限定性净资产，作为非限定性净资产的减项。

【例2-多选题】以下关于民间非营利组织的会计处理中，说法不正确的有（　　）。

A. 民间非营利组织应当采用收付实现制作为会计核算基础。

B. 民间非营利组织对其受托代理的非现金资产，如果资产凭据上标明的金额与其公允价值相差较大，应以该资产的公允价值作为入账价值。

C. 某企业通过民间非营利组织向儿童福利院赠送玩具，该非营利组织收到玩具时，不进行会计处理

D. 期末，民间非营利组织应当将本期限定性收入和非限定性收入分别结转至净资产项下的限定性净资产和非限定性净资产。

【答案】AC

【学堂点拨】

民间非营利组织采用权责发生制为核算基础，选项A不正确；选项C属于受托代理交易，该非营利组织收到玩具时应借记"受托代理资产"，贷记"受托代理负债"，选项C不正确。

【例3-多选题】下列各项中，属于民间非营利组织应确认为捐赠收入的有（　　）。

A. 接受劳务捐赠　　　　　　　　B. 接受有价证券捐赠

C. 接受办公用房捐赠　　　　　　D. 接受货币资金捐赠

【答案】BCD

【学堂点拨】

对于民间非营利组织接受的劳务捐赠，不予确认，但应当在会计报表附注中作相关披露，选项A不正确。